The Cost of Sexism

Linda Scott

性差別の損失

なぜ経済は男性に支配され、女性は排除されるのか

リンダ・スコット
（オックスフォード大学名誉教授）
月谷真紀［訳］

柏書房

献辞

ジム、キャサリン、ポールのために

Index

目次　性差別の損失

The Cost of Sexism
Linda Scott

真実はあなたを自由にしてくれる。最初は癪に障るけれど。
——グロリア・スタイネム

［第1章］

ダブルXエコノミー

車がガーナの首都アクラの街灯のない通りを走るうちに、胸の鼓動が速くなった。車窓を流れる情景をドライバーが説明してくれる。彼の声は怒りと悲しみにあふれていた。

まだ幼さの残るホームレスの少女たちが何百人も、夜の闇の中で影のように動いていた。裸に近い恰好になってバケツで体を洗っている子たちがいる。プライバシーが持てる場所など彼女たちにはないからだ。折り重なるようにして眠っている子たちもいる。「あの子たちは村から逃げてきたのです」とドライバーは言った。「親に売られそうになってね。見知らぬ男の妻になるために。昼は牛馬のごとく働かされ、夜は性の相手をさせられる。そんな境遇から逃れられると信じて、都会に逃げてきたのです」

お腹の大きな子、乳幼児を抱いている子がたくさんいた。村ではレイプが日常茶飯事だが、この辺りの路上だって安全ではないとドライバーは言った。「生まれたときからホームレスとして育つ世代が現れようとしています」とドライバーはつらそうに言った。「彼らは家族も地域社会も知らない。善悪の判断をどうやって覚えるのでしょう。あの子どもたちが大人になったら、ガーナはどうなるのでしょう」

少女たちの多くは市場で客が買ったものを頭に載せた籠で運ぶ仕事をしているが、売春に身を落とす子たちもいる。なかにはいにしえの悪夢に取り込まれてしまう子もいる。今でも西アフリカから世界中の犯罪組織に人を送り込んでいる人身売買だ。

ホテルのロビーに入ると、異次元の世界から戻ったような気がした。長年、世界の貧困地域でフィールドワークをしてきたが、ガーナ入りした初日の夜に見たあの情景ほど胸を揺さぶるものはなかった。

私は有望なプロジェクトを始めるために、午後に到着したばかりだった。オックスフォード大学のチームで、農村の少女たちが学校を中退しない手助けのための介入をテストすることになっていた。介入といっても単純なこと――生理用ナプキンを無償で提供するだけだったが、試してみる価値は間違いなくあった。女の子に中学を卒業させることが貧困国の経済を押し上げる強力な手段であるのはすでにわかっていた。女性が教育を受ければ、労働力の規模だけでなく質も上がり、それが経済成長の起爆剤になる。しかも教育を修了した若い女性は第一子を生む年齢が高くなり、持つ子どもの数も減るから、人口増の爆発的なペースが抑えられる。女性が教育を受ければ子育てのしかたも変わる。子どもに学業を修めさせ、栄養のある食事をさせ、十分な医療を受けさせることにこだわるようになる。こうした母親たちの行動が、アフリカが陥っている貧困の悪循環にブレーキをかける。

しかしあの晩、少女たちを学校から引きずり出す要因が彼女たちを家から逃げ出させ、結果どうなるかを教えてくれる人に出会った。少女たちの必死の逃走からは下降スパイラルが発生し、それが地域全体に何世代も続く危険と苦しみの波紋を広げていた。その破滅的な要因が世界中に及び、他の国々に暴力と社会不安を持ち込んでいることを私は知っていた。なぜなら人身売買は国際犯罪の中で最も利益の大きい活動の一つだからだ。あの夜の体験によって、自分の仕事に対する私の考えは決定的に変わった。そして感じた「一刻も早くなんとかしなければ」という思いを、片時も忘れたことはない。

女性を経済的に平等に扱うことが、世界で最も犠牲の大きい悪の一部を絶ち、同時に誰もが享受できる繁栄を築くという、この意外な真実が本書の主張の核心である。これから、アクラの暗い路上で見た今のようなエピソードをさらに紹介していく。アフリカの村やアジアのスラムで、さらにロンドンの企業の役員室やアメリカの大学で、私が実際に体験したことを語っていこう。どの場所でも、経済的排除という同じ筋書が繰り返され、必ず負の影響をもたらしていることを示すつもりだ。

この現実を暴露しているのは二〇〇五年以降の圧倒的な量のデータである。経済的な不平等があらゆる国の女性人口に明確なパターンとして表れている。いずれにも、女性の不利な立場を持続させている同じメカニズムがある。どの国でも、女性を経済的に包摂するのを阻む壁は仕事や給与にとどまらず、財産所有権、資本、信用貸し、市場にもそそり立っている。こうした経済的な障壁が、通常は女性に課せられた文化的な制約（移動の制限、産む性としての弱い立場、常にさらされている暴力の脅威）と結びついて、女性特有の影の経済《シャドウ・エコノミー》を作り出している。それを私は「ダブルXエコノミー」〔訳注：女性の性染色体が（男性のXYに対して）XXであることから〕と呼んでいる。

もしグローバル社会が女性の前に立ちはだかる経済的な障害の解消に動けば、空前の平和と繁栄の時代が訪れるだろう。一〇年前から、小さな動きは始まっていた。その動きを推進していたのはまさに、障壁を取り除こうとする意思だった。数はまだ少ないものの、女性を経済的にエンパワーするための運動はいまや全世界に広がり、提携パートナーには世界で最も有力な組織が続々と名を連ねつつある。各国政府、国際機関、大きな財団、世界的な慈善団体、宗教団体、多国籍企業だ。

女性の経済的エンパワーメント運動に、私は黎明期から関わってきた。私の役割は、女性の経済的自立を助けるためのアイデアをテストする研究から始まった。当初は、アフリカを中心に農村地域で活動した。自分や仲間たちのアイデアをテストし、さまざまな国の女性たちとさまざまな現場で一緒に汗を流した。また、この大義を掲げて活動する人々が学びを共有する場として、女性の経済的エンパワーメントの専門家が集まるパワー・シフト・フォーラム・フォー・ウィメン・イン・ザ・ワールド・エコノミーという年次会議を主催した。二〇一五年からは活動の中心を移した。僻地での調査は続けているが、今では世界規模の改革の実行をめぐる高官レベルの政策協議にも参加するようになり、世界各国の首都に足を運んでいる。

まのあたりにした現実に落胆することはしょっちゅうだ。世界経済を管理している各国の財務大臣たちは、女性の声を代表する人々を添え物扱いしてまともに取り合わない。アジア太平洋経済協力会議（APEC）とG20は「女性週間」を開催したり、「エンゲージメント・グループ」を立ち上げたり、公式声明《コミュニケ》に女性に関する文言を入れたりはするかもしれないが、国民の半分を占める人々の特有のニーズに配慮した計画を作ろうとはしない。女性を排除することがいかに自国経済の足を引っ張っているか、国家予算の策定に女性を含めればあれほど切実に求めている経済成長をいかにもたらしうるかを、頑として知ろうとしない。彼らがダブルXエコノミーを蚊帳の外に置く根拠は、ただの偏見にすぎないのに。

だからこそ、あなたの力が必要だ。この本を書くことによって、女性の経済的包摂という大義にたくさんの声と人手と知恵を集めたいと願っている。私は具体的で理にかなった、効果的な行動を提案する。あなたにはこの運動への参加をお願いしたい。性別やジェンダー、人種、出自は関係ない。私が呼びかけているのは、工場で、オフィスで、農場で、家庭で、ネット上で働くあなただ。この本の中で「私たちは〜しなければならない」とか「私たちは〜と考えることができる」と言うときの「私たち」とは皆さんのことだ。

なぜ今頃になってこの影の経済について学んでいるのか。これまでは二つの障害があった。データの欠落と、交換システムに関する偏狭な考え方である。経済計測はお金の交換に注目するが、家計内生産や農場労働など女性の経済的貢献の大半には報酬が支払われない。しかも、通常記録されるデータの最小単位は世帯であり、世帯において女性の所得は男性の家長のものとされるのがふつうだ。この二つの理由だけをとっても、私たちのシステムはたいていの場合、女性の経済活動を把握していない。

さらに、大学から政府まで各種機関は一般的に、データの収集や分析を性別で行ってこなかった。一九七〇年代の女性運動の時代には、学術界に女性がほとんどいなかった。その結果、女性を考慮に入れる学問分野は一つもなかった。過去五〇年間に、女性の学者の数と実績が増すにつれ、「女性についてはどうなのか？」という単純な問いを受けて、学問分野が一つまた一つと——ほんの一部を挙げれば歴史学、人類学、心理学、社会生物学、考古学、医学、生物化学——変化を遂げた。だが知識界の変化の波がまだ及んでいない分野がわずかながらある。経済学がその一つだ。他方で、一貫性のある性別データがないために、女性福祉を地域別、あるいは時系列で、体系的に比較することができなかった。

しかし最大の障害は、経済学者が女性に対して抱いている根深い蔑視感情だった。経済学が女性を考慮に入れてこなかったのはこれが原因である。国家経済の歯車を管理する人々は大学の経済学部の博士課程で教育を受ける。大学で彼らは、経済を下界から遠く離れたところで稼働する公平無私な機械として考えることを覚える。ジェンダー排除のような問題は地べたで起きているのだ。また、女性を一つの階級として卑しめ、数のうちに入れないことも大学で覚える。

男性の経済学者の女性に対する悪意は最近になって『ニューヨーク・タイムズ』、『ワシントン・ポスト』、『フィナンシャル・タイムズ』、『エコノミスト』の記事の主題に取り上げられるようになった。メディアの関心に火をつけたのは、経済学者が仲間内で女性について何と言っているかをショッキングな詳細とともに明るみに出したある調査だった。経済学部の学生と教員が同輩の噂話をするネットのディスカッショングループから、一〇〇万件の投稿が分析された。経済学者が無防備に本音を出す場で男性と女性について言うことが異なるかどうかを見るためだ。女性の学生や教員について最もよく使われた言葉は「もっとイケてる、レズビアン、セクシズム〔訳注：女性蔑視〕、乳房、肛門、結婚しようとしている、フェミナチ〔訳注：先鋭的なフェミニストに対する蔑称〕、ヤリマン、イケてる、ヴァギナ、おっぱい、妊娠している、妊娠、かわいい、結婚、課税、美人、やりたい、萌える、美しい、秘書、振る、ショッピング、デート、非営利、意向、セクシー、デートした、売春婦」だった。男性に関して使われた言葉は「数学者、価格設定、アドバイザー、教科書、モチベーションが高い、ウォートン〔訳注：有名なビジネススクール〕、目標、ノーベル賞、理論家」だった。女性経済学者は記者に、この言葉のリストから年長の経済学者が若手にどうやって女性を貶《おとし》めることを教えているかがわかると語った。[1]

経済学は世界中の大学で最も男性優位の分野である——科学、技術、工学、数学（STEM）分野以上に。科学界では女性の数が増え、国によっては（アメリカなど）いまや科学分野の博士号の半数以上を女性が取得しているが、経済学博士号は三分の一に満たない。[2] 女性の進出が何十年も進まないのは、経済学者が経済学界の男女比を問題だと考えていないからだ。経済学者のシェリー・ランドバーグは次のように説明する。「多様性《ダイバーシティ》それ自体がよいこと、というのはほとんどの学問分野で常識になっている。ところが主流の経済学はそれを退ける傾向がある——多様性の欠如は効率的な市場原理が働いた結果であると信じたがっている証拠だ。経済学分野に女性が少ないとすれば、それは女性が興味を持たないか成果を上げていないせいに違いない、と経済学者は思い込みやすい」[3]

しかし別の理由があることを、経済学部の風土は強く示唆している。女性の経済学教授の四八%が、職場で性差別を経験したと言う。いじめの空気は蔓延している。新米教員、若手教授、博士課程の学生に求められる経済学の研究発表が、必ず男性教員の「発表者を徹底的にやりこめようとする」敵意ある詮索の対象になることを、多くの人が指摘する。学会では不公平に扱われるのを恐れて質問に答えたりアイデアを発表したりしない、と女性の四六%が言う。二〇一八年にアメリカ経済学会は、経済学分野のミソジニー〔訳注：女性に対する嫌悪や蔑視〕のせいで「あってはならない行為が黙認され、ずっと許されてきた」ことを認めた。プリンストン大学の経済学教授リア・ブースタンは、経済学の教授たちは女性を劣った階級とみなし、女性が経済学分野に参入すれば自分たちの地位が危うくなると考えている、と説明する。それで学者たちは女性たちを委縮させ、出て行ってもらおうとしているのだ——自分たちの威信に傷がつかないようにするために。[4]

経済学という学問分野は政府に助言する立場柄、社会に特別に大きな影響力を持っている。「体系的なジェンダーバイアスによって経済学の物の見方が歪めば、経済学者に分析、助言、知恵を求める政策担当者らに影響を及ぼす」と『エコノミスト』は書いている。[5] 経済学教授が現実の女性に対して持っている偏見は、そのまま女性の経済というトピックへの否定的な態度になり、ダブルXエコノミーがグローバルな課題として取り上げられるのを難しくしている。

この頑固な姿勢の裏にある哲学は、そそり立つ障壁にもなっている。哲学の第一原則は、合理的で情報に通じ、自律的に、自分の利益になるよう自由な選択をする個人の集合行動の上に経済は成り立っている、というものだ。このような経済は、放っておけば、アダム・スミスの有名な「見えざる手」に導かれるように、すべての人にとって最適な結果に収斂すると言われている——見た目はどれほど不平等であっても。誰かがこの経済の精妙な働きから便益を得ていないとしたら、その人は生まれながらに欠陥があるか、自分で不利な立場を選んだのだ。

このような基本的前提とは正反対で哲学の誤りを立証する諸条件と、ダブルXエコノミーは格闘している。本書を通じて見ていくように、女性は女性という階級として、選択肢が厳しく制限され、重要な情報が積極的に隠され、少しでも「自分のためにやっている」と見られると罰せられる。こと経済的な選択に関して、女性が自律的に行動できることはめったにない。むしろ不合理に——つまり自己利益に反して行動することを往々にして強いられる。女性は不平等な経済的成果だけでなく、経済的排除に甘んじている——経済学という陰気な学問が概念化するツールすら持ち合わせない状況の中にいる。これについて世間で有力な経済哲学が示せる唯一の説明は（a）どんな形であれ経済に関与する場合、女性は生物学的に劣っているから、あるいは（b）どの国でも、世界経済のどの分野でも、不遇な立場に女性が自ら選んで身を置いているから、というものだ。偏屈でおよそありえない主張である。このように、根本的に、グローバル市場の経済哲学は世界の半分の人々に向き合うことすらできていない。『フィナンシャル・タイムズ』に寄稿したある女性経済学者が警告するように、「男性ばかりが経済学研究と政策アドバイスを行うのは、男性ばかりを医薬の臨床試験の対象にするのと同じくらいよくないことである。人口の少なくとも半数が成果を享受できない」[6]

学界がこのように頑迷なため、ダブルXエコノミーの輪郭を明らかにしたデータ分析は大学ではなく、大きな国際機関の中のジェンダーグループによって行われてきた。今世紀初めに、国連開発計画や世界経済フォーラムなどの主要な機関が女性の地位（教育、雇用、リーダーシップ、医療、法的権利）と国民経済の実績データを比較し始めた。[7] 既成の経済学の基本的前提に立つなら、ジェンダー平等と国民経済の活力にはっきりと相関があるという発見は驚きだった（図1）。ジェンダー平等度が高い国は国民所得と生活水準も高いが、ジェンダー平等度が低い国は貧困と紛争から脱出できずにいた。

当初、人々はこう言っていた。「ああ、きっと、貧しい国々では生き延びる心配をしなければならないから、男性優位にならざるをえないのだ。豊かな国々は食うに困らないから、女性を自由にさせる余裕があるのだ」。[8] しかし生き延びるのに男性優位が必要だというエビデンスは一つもなかった。むしろ今では、行き過ぎた男性優位は紛争につながることが多いだけに、かえって生き延びるチャンスを狭める不安定要素である、と多数のエビデンスの裏付けをもって言うことができる。ところが、ジェンダー平等は贅沢品で、男性の力がどういうわけか国民を繁栄させる、という既定路線の説明が人々の思い込みと一致したため、当時はそれが素直に受け入れられていた。

しかし二〇〇六年に、世界経済フォーラムの年次報告書『Global Gender Gap Report（世界男女格差報告書）』がジェンダーの経済学を別の角度からとらえ始めた。国民経済に女性を平等に包摂することが成長に拍車をかけ、女性を公正に包摂しなければ国は停滞する、という立場を取ったのだ。したがって、国の貧困の解決策は、富裕国に倣《なら》ってジェンダー平等を取り入れることになる。つまり、富裕国は余裕があるから女性を解放できたのではなく、女性を解放したから豊かになった、という学びが示唆された。

今では国際通貨基金、世界銀行、ユニセフ、いくつかのグローバルなシンクタンクからさらにデータが作成され、分析が行われている。[9] 二〇一八年までにこうしたすべての資料が収斂し、ジェンダー平等

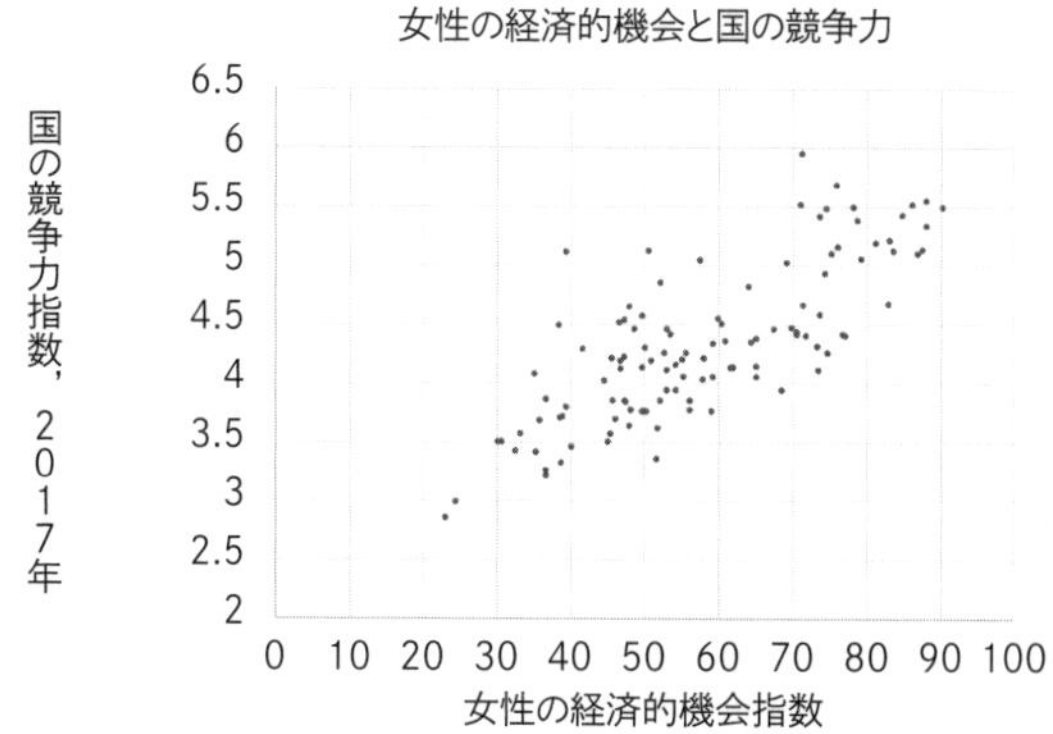

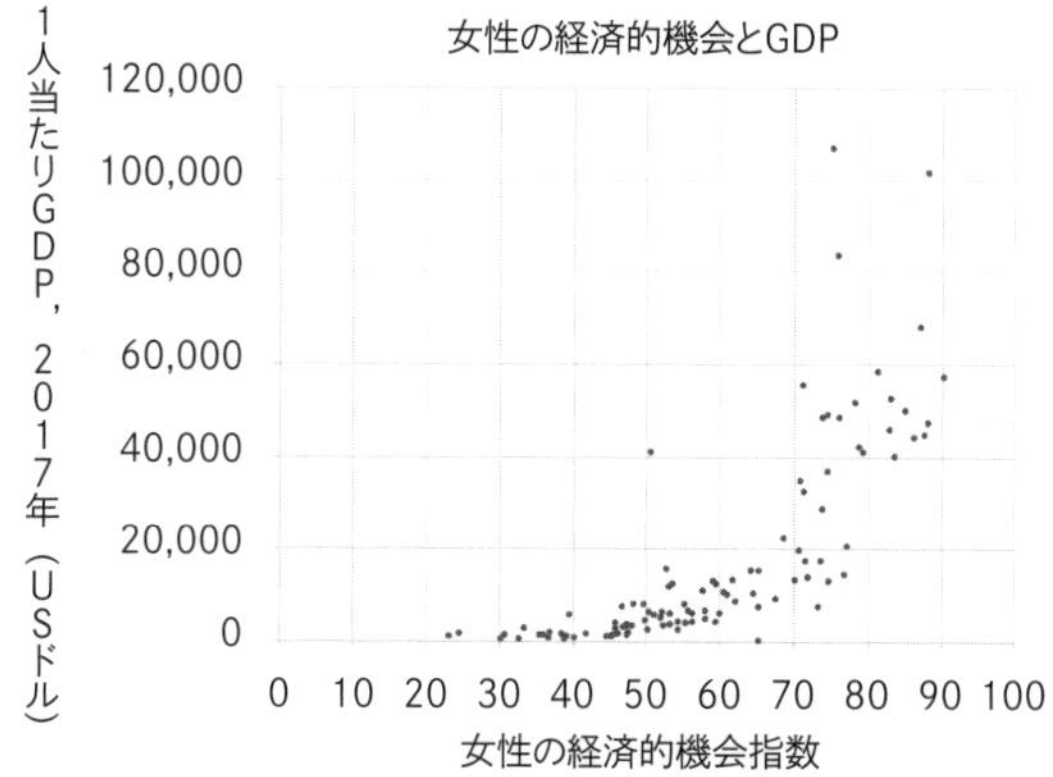

図 1　ここに掲載した 2 つのグラフの点は各国の女性の経済的機会指数のスコアと成長可能性（上のグラフ）もしくは GDP（下のグラフ）との関連を示している。各グラフにはデータが取得可能な約 100 か国が入っている。上のグラフで点が右上方向に向かっているのは，女性に経済的自由があるほど，国の成長可能性の指標である競争力と正の相関があることを表す。下のグラフでも，1 人当たり GDP と女性の経済的エンパワーメントの間に同様のパターンがある。GDP 増加の「前」と「後」を示す 2 つのグラフを突き合わせると，女性の自由が国富に正の効果をもたらすことが示唆される。他のデータも収斂して同じ結論に達している。

出典：World Bank Database for GDP at purchasing power parity; Economist Intelligence Unit for the Women's Economic Opportunity Index; World Economic Forum for the National Competitiveness Index

が国富と全国民の福祉に正の影響を与えること、他方で男性による経済の独占が負の影響を及ぼすことを示した。同じ時期に、小規模な実践研究（私たちがガーナで行ったような）がジェンダー不平等を生み出すメカニズムを調査し、女性の社会参加への制約を取り除くために「何が効果があるのか」を知るためさまざまな介入をテストした。最終的に、経済における女性の役割をめぐる私たちの理解は抜本的に変わった。

ダブルXエコノミーは地下経済、ギグエコノミー、情報経済、非公式経済と同じようにとらえることができる。今挙げたいずれも、世界システムの一部として特定できるが、その中だけでは完結していない。すべてグローバル経済に影響を及ぼしており、グローバル経済の未来によくも悪くも一定の役割を果たすはずだ。ダブルXエコノミーは女性で成り立っている経済である。特有のビジネスのやり方、典型的な製品とサービスがある。そして地下経済と同様、多くの人の目には見えないが、ダブルXエコノミーは過去ずっとそうしてきたように、未来にも影響を及ぼすだろう。女性の経済的エンパワーメント運動の目標は、その未来を悪化させるのではなく、よくすることだ。

女性の経済的エンパワーメント運動を始めたとき、私たちは経済成長を促進するという期待効果を論拠に、ダブルXエコノミーを支持する正当性を主張するようにしていた。この戦略は、相手――成長には関心があっても女性のための社会正義の訴えには心動かされない、主に経済学者と財務大臣にアピールした。やがて私たちは、女性を包摂した（あるいはしなかった）場合に全体に及ぼす効果の大きさと方向を示すわかりやすい表現としてGDPを使うようになった。そのようなわけで本書ではGDPを用いる。経済成長のためだけに女性をエンパワーすべきだと言いたいのではない。やみくもに成長を求めたがるのは家父長的な経済学の明確な特徴である。それを私たちの主目標にすべきではない。

数字はダブルXエコノミーが巨大であることを示している。経済学者がそれを見逃しているのはひとえに、頭として目を向けようとしないからだ。ダブルXエコノミーの大きさをお伝えするために、アメリカ国内のダブルXエコノミーを一つの国として考えると、この国の経済規模はG7に参加できるほどである。女性はすでにグローバルGDPの約四〇%を生産しており、貢献度はまもなく男性と肩を並べるだろう。女性は世界の農業産出高のほぼ五〇%を生産している。人類の半分、国民計算の半分、食糧供給の半分を構成しているにもかかわらず、女性は経済学者と政策担当者から端役扱いされている。[10]

ダブルXエコノミーは経済成長の最も頼もしい源泉でもある。一九七〇年代に北米と西欧で多数の女性たちが労働市場に参入したとき、彼女たちは経済発展の原動力となり、自国を今日の経済大国に押し上げた。働く女性が繁栄を作り出す力を持っていることは、一六三か国のデータによって証明されている。[11] すべての国において男性が経済の基盤を形成しているのは、ほぼ全員が、多少なりとも常に働いているからである。つまり、生産性革命が起きない限り、今後の経済成長は男性の労働力からはもたらされない。男性はすでに最大限に活用されているからだ。しかし女性は労働資源として未活用であるか十分に活用されていないことが多いので、女性の参加を増やせば経済成長が起きる。女性の参入は労働力の上乗せになることがデータで示されているから、新たな潮流はよく恐れられているような男性の失業にはつながらない。女性の経済的包摂はゼロサムゲーム、つまり片方の性が獲得すればもう片方が失う、という考えは間違いであることがわかっている。

女性の経済的エンパワーメントは国の繁栄を促進することによって、すべての国民の環境改善につながる。しかし逆もまたしかりだ。女性に自由がない国では、すべての国民が苦しむ。最も貧しく最も脆弱な国々ではジェンダー平等指数が最低であり、女性の経済的排除は破壊的な影響を及ぼしている。貧困を恒久化し暴力の要因になるだけでなく、飢餓を拡大し、子どもたちのニーズを捨て置き、資源を浪費し、奴隷労働を増長させ、紛争を誘発するのだ。このような社会の極端な男性優位がもたらす破壊的な影響を、世界中の人々が実感している。

女性に力を与えることは、苦難と戦う戦略として今では有効性が実証されている。二〇〇七年のユニセフ『State of the World's Children（世界子ども白書）』の冒頭で「研究に次ぐ研究が私たちに教えるように、女性のエンパワーメント以上に効果のある開発手段はありません」と国連事務総長のコフィー・アナンは書いた。「経済生産性を上げたり、子どもと妊産婦の死亡率を下げたりする可能性がこれほど高い政策は他にありません。栄養状態の改善や、HIV／AIDSの予防を含む健康の増進にこれほど確実な政策は他にありません。次世代の教育機会を高めるのにこれほど強力な政策は他にありません」[12]。ところが、経済力を手にした女性が貧困国の苦しみを緩和できることがわかっていながら、女性を対象とする国際援助は雀の涙ほどしかない。

ダブルXエコノミーを排除することによる機会コストは世界全体で莫大なものになっている。例えば、富裕国は保育に投資していないせいで、フルタイムの仕事を望む何百万人もの女性たちをパートタイム就労か退職に追いやり、数十億ドル分のGDPを失っている。「母親ペナルティ」は賃金の男女格差の単一で最大の要因でもある。世界銀行の推計によれば、不平等な賃金が原因でグローバル経済は毎年一六〇兆USドルを失っており[13]、賃金格差は経済にとって最も重要な仕事の一つである人的資本の育成に対して、ダブルXエコノミーにペナルティを科しているという。

　教育を受けた健康な国民は、現代の経済が持ちうる最も価値ある資源である。ところが西洋では、子どもが公共の資産ではなく私有の贅沢品とみなされるようになった。親は子どもが独り立ちするまでお金と労力を注ぎ込まなくてはならない。子どもは成人した後、親への経済的支援を期待されることはまずない。だから子育ては投資ではなく消費のように感じられてしまう。これから大人になる世代がすぐ上の世代にとっていかに大事かを富裕国の人々が見失ってしまったのは、おそらくそのためだろう。私たちは誰でも自分の生活の安全と幸せを、消防士、警察官、建設作業員、教師、医師、音楽家、司書になる他人の子どもに頼らなければならないのだ。

　ダブルXエコノミーは家族と地域社会に賢明な支出を行うことによって、明るい未来の基礎を築く。女性が服や化粧品に散財する軽薄な消費者であるのにひきかえ、男性は理性と責任感を備えた経済人である、というのがあらゆる国で一般的な通念だが、この信念がまったくのジェンダー・イデオロギーであることをエビデンスは明らかにしている。男性は、全体の傾向として、お金を家族と分かち合うよりも自分の個人的な楽しみに使いがちで、わが子の教育よりもアルコール、タバコ、ギャンブル、買春、銃のような悪習への支出を優先することさえある。それに対して女性は、全体の傾向として、家族とりわけ子どもと地域社会にまずお金を使う。ゴールドマン・サックス社のグローバル・マーケッツ・インスティチュートによる報告書は、BRIC（ブラジル、ロシア、インド、中国）と「ネクスト11」の国々（バングラデシュ、エジプト、インドネシア、イラン、メキシコ、ナイジェリア、パキスタン、フィリピン、トルコ、韓国、ベトナム）が市場経済の安定に必要な中間層を創出するには、ジェンダー平等を達成しなければならないと述べた。ゴールドマン・サックスによれば、家庭の福利——栄養、教育、医療、衣類、保育、家庭用耐久財——の向上に女性がお金を使うことが、中間層を構築するという。[14] 最も貧しい地域社会においてさえ、女性を経済的にエンパワーすれば教育、栄養、医療への支出が増え、その過程で国が強くなることを、研究は繰り返し証明してきた。

女性が物質的な幸福を実現する主役であるにもかかわらず、ダブルXエコノミーは徹底して過小評価されている。女性は評価に値しないという思い込みが世界中で根強いためだ。例えば、世界経済フォーラムが毎年収集している「Wage Equality for Similar Work（同一労働に対する賃金平等）」データにそれが表れている。[15] 世界経済フォーラムの経営者意識調査では、一三二か国の経営者に「あなたの国では、同一労働に対して男女の賃金はどのくらい平等ですか?」と質問している。回答の総和がそのまま実質賃金の報告になるわけではないが、その国の規範的慣行がどのようなものか、つまり女性が慣習上そして暗黙的に公正に賃金を支払われているかは推定できる。図2でわかるように、同一労働に対して男女平等に賃金を支払う慣習がある国は世界のどこにもない。どんな仕事をしようと女性には男性の約六五%の価値しかない、というのが世界的な目安なのである。この偏見があらゆる経済分野で女性を劣った立場に追いやっている。

どのセクター、どの職業、どの国のどの職種でも、女性は男性より賃金が安い。どのような手法を用いていても、賃金に関する情報源はすべてこの結論になる。データの不正操作がなければ別の結果は出てこない。残念なことに、男性優位を擁護したい人はたくさんいて、「賃金の男女格差など作り話だ」という主張を量産してネット上にばらまくために積極的にデータを不正操作する。このようなネットの

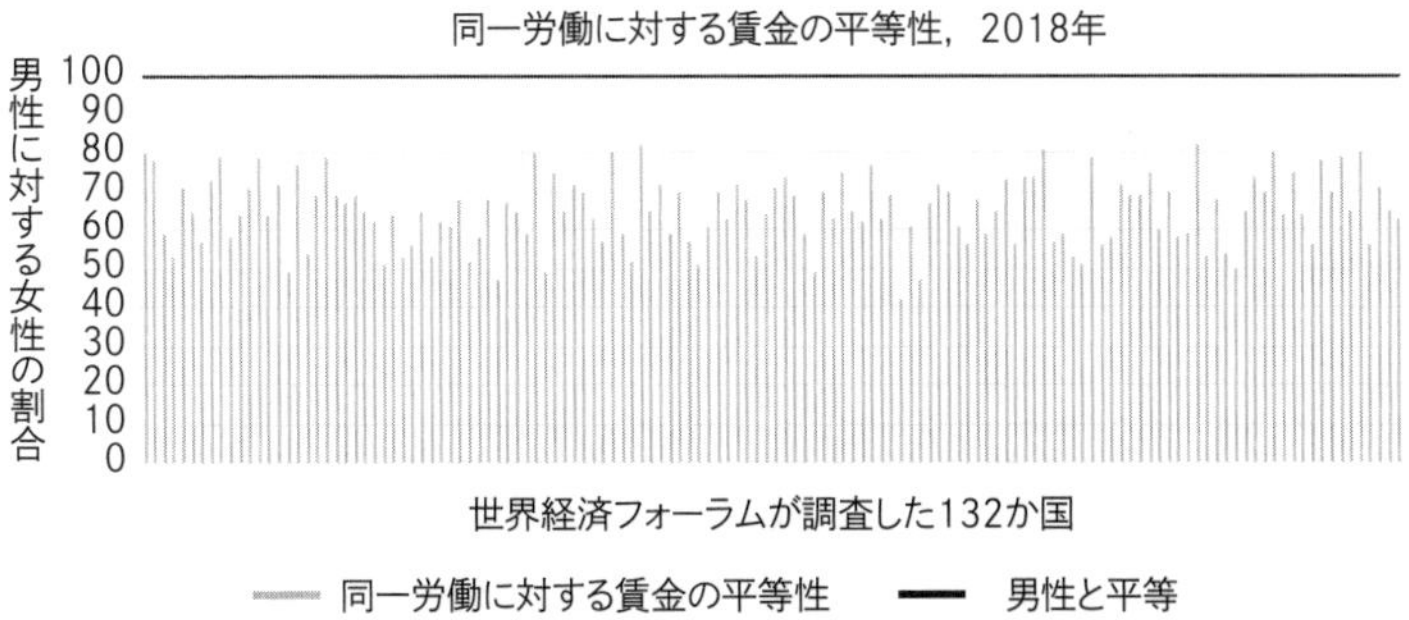

図２　同一労働に対する賃金の平等性の指標は，同一または同等の仕事に対して女性に支払われる賃金が男性の賃金の何％かで表わされている。黒い線は女性が男性と平等の賃金を支払われる水準を示す。世界のどの国でも，女性は慣習的に同一労働に対して平等に支払われていないことが容易にわかる。国はアルバニアからベネズエラまでアルファベット順に表示されている。

出典：World Economic Forum, *The Global Gender Gap Report*, 2018

荒らし屋は賃金データを改竄して、明らかに性別で偏った影響、特に女性のキャリアに対する家事と育児の影響を調整し、性差別など存在しないと勝ち誇ったように言い立てる。

実は、ダブルXエコノミーの苦境の核にあるのは無償奉仕の負担である。いわゆる家庭での「責任」が職場において女性にペナルティを科し、女性個人の経済的リスクを高めている。どの国でも、女性が働く時間は総合すれば男性と同等（あるいは男性以上）だが、女性は無給の家事労働という負担を負っているために、有給の仕事と余暇に充てる時間が少ない。男性のほうが有給で働く時間を長くでき経済的利益を得られるのは、女性が家庭で彼らに無償奉仕しているからだ。

国際比較が女性と政府にとってのこのトレードオフを証明している。図３に示すように、女性の労働参加はスウェーデン、アメリカ、イギリスなどの富裕国の一人当たりＧＤＰの相対的な高さにつながっている。いずれの国でも働く女性の数が男性とほぼ同じだが、

ジェンダー別の有給労働と無給労働

	労働参加率（男性に対する女性の割合）	1人当たりGDP（1000USドル）	無給労働に費やす1週間当たりの時間（男性に対する女性の割合）	1週間当たりの総労働時間（男性に対する女性の割合）	世界経済フォーラムの経済参加と機会の格付け（144か国中），2017年
スウェーデン	95	51.5	1.3	1.00	12
アメリカ	86	59.5	1.6	1.01	19
イギリス	87	44.1	1.8	1.04	53
メキシコ	59	19.9	2.8	1.02	124
トルコ	44	26.9	3.6	1.15	128
インド	35	7.2	6.8	1.21	139

図3　この表の上から下までで異なる働く女性の割合は，各国の1人当たりGDPと多少なりとも相応している。これが働く女性と国富の関連である。3列目は，その国の女性が男性と比較して無給労働に費やす割合を示す。4列目は有給・無給を含む総労働時間を男性との比較で示す。5列目は世界経済フォーラムの経済参加と機会の格付け指数における各国のランクを示す。女性は家事労働が多いほど，経済的な機会が少なくなる。

出典：労働と経済的な参加と機会の格付けについてはWorld Economic Forum, *The Global Gender Gap Report*, 2017;1人当たりGDPについてはCIA, *World Factbook*, 2017; 時間の使い方についてはOrganisation for Economic Co-operation and Development database，2018年11月2日にアクセス。

有給の労働時間は少ない。これらの国々の女性たちはいまだに男性よりも家事時間が長い。スウェーデンでは三〇％長く，イギリスではその倍近い。そのため，女性と男性は総合的な労働時間が等しいが，男性はほとんどの労働時間に対して賃金を支払われているのに対して，女性は無給で働く時間が長い。メキシコ，トルコ，インドでは女性の労働参加率が低いため，結果としてGDPが少ない。女性を家庭に置いていることがこれらの国々では大きな機会コストになっている。この国々の女性たちは男性の三～七倍家事をしている。トルコとインドでは家事負担があまりに偏っているので，家の仕事をする女性の一日当たりの労働時間は男性より一～二時間長い。夫がテレビを観ている間も妻たちは床を磨いているのだ。

したがって、女性が経済力を持てるかどうかは家庭での立場と逆相関している。女性は家事をするほど経済的な機会を持ちにくい。家庭での従属的な立場も女性に不均衡な損失とリスクを押しつける。女性は通例として自分の野心より夫の野心を優先することを期待されている。子どもが生まれると、仕事を辞めるかパートタイムに移るのはほぼ必ず女性である。男性はキャリアを構築し続けるが、女性のキャリアは伸び悩むか立ち消えになる。女性は配偶者のために転居するのがあたりまえとされているのに、夫が転居を嫌がるから女性は昇進の機会を辞退する。女性の家庭での「責任」が徐々に職場での相対的な低賃金と昇進の遅さという結果をもたらすが、影響はそれだけにとどまらない。もし離婚したり夫が亡くなったりすれば、女性と子どもは経済的に苦労し、貧困に陥ることもめずらしくない。経済的な不利益が生涯を通じて蓄積するために、女性の年金や退職勘定〔訳注：積立式の個人年金〕は男性に比べて非常に少なく、女性が高齢期に貧困に陥りやすく家族や政府に負担をかける原因になっている。[16]

女性の家庭での労働は経済システムが機能するために不可欠である。ところが、経済活動の代用データとして金銭のみを測定する従来の慣習は、家庭で行われる労働に価値が付与されないことを意味してきた。残念ながら、この手抜かりはやがて、経済学者が家事労働をまったく価値がないかのように扱う傾向に発展していった。フェミニストの経済学者や女性の経済的エンパワーメント活動家が政府と経済顧問にこの無給労働の価値を計算し、経済モデルに入れるよう強く働きかけているのにはこうした事情がある。

ダブルXエコノミーは自身が生産に寄与している富の平等なシェアを享受したためしがない。主な理由は、女性が家族の資産を平等に所有したことがないからだ。世界的に、土地所有者のうち女性は二〇%に満たない。土地は社会の富の主要な保有形態であった期間が長く、女性は必ずといっていいほど土地の所有を禁じられてきたため、現在、女性が所有する資本は世界中で男性よりはるかに少ない。富が拡大し、裕福になる女性も現れているが、女性はいまだに公正なシェアを得ていない。[17]

今日、女性が所有する富が少ないもう一つの理由は、女性が安全に自分のものとしてお金を持つ手段も、それを投資する能力も持ってこなかったことだ。ダブルXエコノミーは何世紀もの間、金融システムから締め出されてきた。西洋の女性が自分の名義で銀行口座を開設しクレジットカードを持つ権利を勝ち取ったのは一九七〇年代になってからであり、今は開発途上国の女性たちが同じ権利を求めている。残念ながら、女性を迎え入れることが金融セクターにとって得策であっても、金融界ではいまだに女性軽視が幅を利かせている。銀行は、女性は人材として投資リスクが高い、女性の関心事は仕事ではなく子どもである、顧客としても利益にならないなど、ありとあらゆる口実をひねり出して抵抗する。しかし金融セクターが女性を貶めるために言うことをまともに受け取ってはいけない。なぜなら金融機関は自社の記録を性別で取っていないので、彼らの言い分の根拠はエビデンスではなくステレオタイプだからである。[18] 知らずにものを言っているのだ。

とかく開かれた交易と自由貿易を自賛する世界の中で、ダブルXエコノミーは市場に参入するときいつもジェンダーの壁に阻まれてもがく。西洋ではギルド、労働組合、協同組合、販売委員会は歴史的に女性を締め出してきたし、今でも世界にはそのような地域がある。しかしなんといっても市場も利益も非常に大きいグローバル貿易のレベルで、女性はほぼ全面的に排除されている。国際貿易に参加したり大型の企業間売買契約を取ったりする女性はごく少ない。どちらも男性がビジネスの実に九九%を牛耳っている経済分野である。だが国際通貨基金によれば、グローバル貿易のジェンダーバランスを改善することは有益だという。経済の多様性によって不況に対する耐性が上がり、イノベーションが起きやすくなるからだ。[19]

ダブルXエコノミーは市場でも制約を受けている。女性が生産資源へのアクセスを制限されているためだ。どこの国でも、女性は自分で創業して事業を大きくするのに必要な設備、人員、資材を思うように使えない。顧客も供給業者も女性に対しては不正を働いてもよいと思っている。そのために女性は男性の競争相手と同等の利益が出せていない可能性がある。体系的な制約があるのに、女性の起業家は事業の成長が遅いと批判されることが多い。中傷する人々は「女性はビジネスのことが何もわかっていない」とか「女性は本気で成長する気がない」と主張する。

市場が効率的に機能するには、情報の自由な流通が前提となる。ところがデジタル時代にあっても、女性のほうがデータにアクセスしづらい。先進国の女性は男性と同じようにインターネットや携帯電話などの資源を利用しているが、それ以外の地域にはこれまで情報通信技術へのアクセスに大きなジェンダー格差があった。格差の原因は、女性を家から出さず、外界とのコミュニケーションを統制する古くからの習慣である。

学習に立ちはだかる歴史的なジェンダーの壁によって、ダブルXエコノミーは常に情報へのアクセスを制限されてきた。文字と数学が発明されたときから、社会は女性の教育を制限してきた。古代の文化は女性が読み書きを覚えることを禁じた。今日でも、成人女性は世界人口の他の層に比べて識字率が低い。何千年もの間、（そもそもあったとして）女子教育は家政学が中心で、法律、医学、金融、行政、経営学などの教科は男子だけのものだった。一九世紀まで女性は大学に入学させてもらえず、科学や数学など一部の学問は第二次世界大戦後まで専攻を許されなかった。一九九〇年代にこれらの学科で女性たちが成績格差を埋めたのは、政府がようやく高等数学の授業への平等なアクセスを可能にしたからだ。[20] 言われてきた認知能力の不足は、女性の脳が劣っていたからではなく、女性の学校教育を拒んできた男性のせいである。

今日、世界中の女性が歴史上初めて教育において男性と平等になりつつある。むしろ先進国では、すでに女性が男性と同等以上の教育を修めている。ところが女性はいまだに潜在能力の発揮を阻まれている。G7の国々（アメリカ、イギリス、フランス、ドイツ、イタリア、日本、カナダ）で、二五歳から五四歳までの女性が同年齢の男性よりも高い教育を修了している傾向が一〇％高いことを考えてほしい（図4）。女性の労働参加率はきわめて高く、専門的なトレーニングとスキルを要する専門職と技術職に就いている女性の数が男性と同等であるにもかかわらず、女性は持っている資格に見合ったスピードで昇進していない。公共セクターでも民間セクターでも、男性のほうが要職を占めている確率が二倍ある。G7諸国で女性の所得が男性の六二％しかない一つの理由は、昇進していないことだ。一方、G7諸国で若い女性が高等教育機関に在籍中である割合は、男性よりも二〇％近く高い。これまでの世代を阻んできた障壁が取り除かれなければ、次世代の女性たちもキャリアの進展が遅く、どのライフステージでも不完全就業に甘んじるだろう。

彼女たちの教育にどれだけのものが注ぎ込まれているか考えてみてほしい。家族の貯蓄、政府の貸付

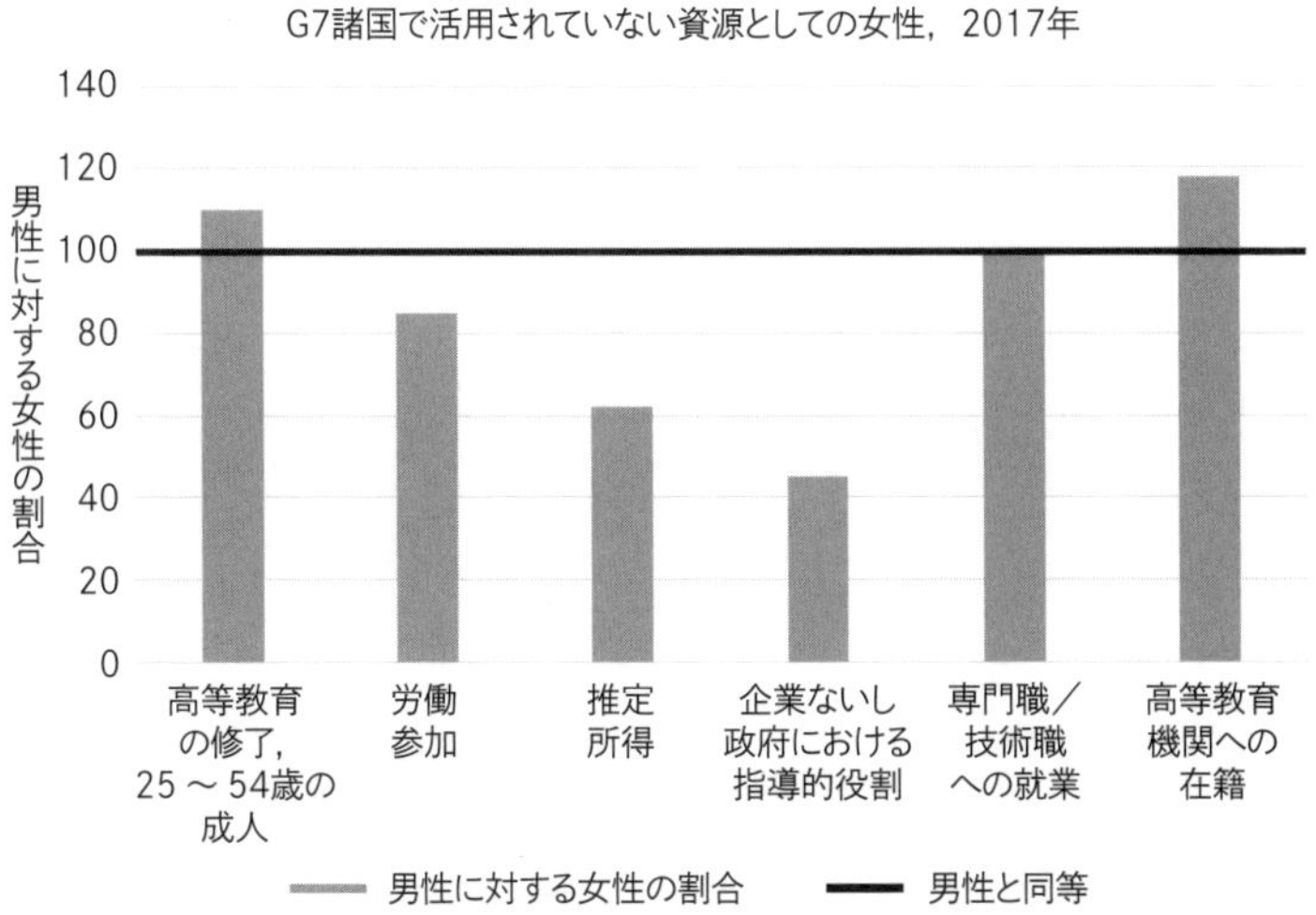

図４　グラフの柱は主要な経済指標を男性に対する女性の割合で示している。黒い線のところで女性が男性と同等になっている。柱が線の上に出ているところは，女性が男性を上回っている。柱が線より低いところでは，平等が達成されていない。左から見ていくと，G7 諸国の女性は高等教育の修了では男性を 10％上回っている。労働参加率は男性の 85％である。賃金は男性の１ドルに対して 62 セント支払われている。指導的な職位についている女性は男性の半数未満である。専門的スキルを要する職に就いている確率は男性と同等である。高等教育に現在在籍している割合は男性より 20％近く高い。

出典：World Economic Forum, *The Global Gender Gap Report*, 2017

金と奨学金、大学への寄付、納税者が支払う税金。Ｇ７諸国は女性の教育に莫大な資源を使っているのに、女性の能力を活用しきれていない。

皮肉にも、Ｇ７諸国は経済成長の鈍化ないしゼロ成長という切迫した見通しに直面している。女性の包摂を進めれば解決できるはずの問題だ。これから出てくる新しい仕事にはスキルの高い労働力が求められるのに要件に見合う人材が足りそうにない、スキル・ギャップの問題も浮上している。Ｇ７諸国が優秀な人々の一部を足蹴にしているのが一因だ。ダブルＸエコノミーは世界で最も無駄にされている資源と言ってよいだろう。

さらに国民経済にとって同じくらい重要なのは、成長の足を引っ張るコストをジェンダー平等によって下げられることである。例えば、地域社会内の経済的なジェンダー不平等と密接に関連するドメスティック・バイオレンスは、国にきわめて高いコストを負わせている。金額にはとうてい表せない人の苦しみは別として、警察の出動、救急外来の受診、女性シェルター、働けない日数、心理カウンセリング、これらはすべて具体的な数字として総コストに集計できる。二〇一四年にコペンハーゲン・コンセンサス・センターは、女性に対するパートナーの暴力が世界経済に年間四兆四〇〇〇億USドルのコストを発生させていると推計した。これはGDPの五・二%に当たる。五・二%を他のものと比較して見るなら、各国が初等教育に費やすのと同じくらい、世界が国際援助に費やす額の三〇倍に相当する。家庭内暴力は子どもの目の前で行われることが多く、男の子は大人になってから同じ行動を繰り返す傾向が高いため、経済への影響は将来にわたって長く続く。

しかしこの事象の発生は世界の中で大きな偏りがある。ジェンダー平等度が最も低い、貧しくて紛争の中にある国々のほうがパートナーによる暴力が多いのだ。例えばスウェーデンで家庭内暴力を経験しているのは女性の二四%であるのに対し、アフガニスタンでは八七%である。[21] もちろん、スウェーデン人女性の二四%が暴力に耐えているというのもあまりにも多すぎる。しかし、裏を返せばスウェーデン人男性の七六%はパートナーを傷つけず、おそらくそもそも他人に暴力を振るったことがないのに対して、アフガン人男性ではそのような人が一三%しかいない点に注目したい。確実に言えるのは、全体の傾向として男性が女性より暴力的になる確率が高いことだ。そして暴力は必ずコストを発生させる。しかしジェンダー平等度の高い国ではあらゆる種類の暴力が少ない。第二次世界大戦後の数十年間で、国家間の暴力さえ減少している。[22]

過去七五年間に世界的に暴力が減少したことは、今では学問と国際政策の世界で「長い平和」と呼ばれている。このトレンドを支える公的機関に国連と欧州連合があり、いずれも、五八〇〇万人の犠牲者を出し人類史上最も凄惨な戦争だった第二次世界大戦のような戦争を二度と起こさないため、一九四〇年代に創設された。平和の実現を主目的とするこれらの機関には、最優先課題としてジェンダー平等を含む憲章がある。実際に、専門家は第二次世界大戦後の国家間暴力が減少した主な要因として、国際的な経済活動の拡大、民主主義の普及、ジェンダー平等の大幅な向上、の三点を挙げている。[23]

戦後秩序は平和を維持する方法として、経済活動を軍事支出から国際貿易に向けようとした。残念ながら一九五〇年代初めには、西洋はソビエト連邦の好戦的な姿勢に応じて再軍備を余儀なくされた。この再軍備について、アメリカ大統領ドワイト・D・アイゼンハワー将軍は次の言葉で嘆いている。

銃が製造され、戦艦が進水し、ロケットが発射されることはめぐりめぐって、食べられずに飢えている人、着るものがなく凍えている人が手にすべきものが奪われることを意味する。武装したこの世界が消費しているのは金銭だけではない。労働者の汗、科学者の才能、子どもたちの希望も消費されている……。これが本来の人間の生き方であろうはずはない。戦争の脅威の雲の下で十字架にかけられているのは人類そのものである。[24]

国際貿易が拡大し、長い平和は保たれたが、冷戦は大規模な軍拡競争を生んだ。世界はいまだに軍備に莫大な支出をしている。今日、アメリカは裁量予算の半分以上を軍に配分しており、トランプ政権下でその金額は急増した。そのお金を一部でも別のところに振り向けたらどんな有意義なことができたか考えてほしい。本書では、戦士国家、男性優位、あらゆる形の暴力と、必要不可欠な資源の分配の関係を折に触れ論じる。

ダブルXエコノミーに制約を課しているのは暴力の脅しである。しかし今では、男性の暴力は人間に生物学的に組み込まれたものではないことがわかっている。もし男性の暴力が本能に根ざした条件であるなら人間は変わりようがなく、女性への攻撃の数が地域や時代によって違うはずはない。スウェーデンのように男性の大多数が暴力的ではない社会は存在しないはずだ。

実際、手元にあるエビデンスから、男性にもジェンダー平等を支持する人々とそうでない人々がいると分けて考えざるをえない。特に西洋の国々では、ほとんどの男性がアクセス、賃金、昇進の平等といった基本原則を受け入れていることが調査によって示されている。とはいえ、経済界に女性が進出し、結果として女性の地位が上がったことに反発する男性たちもいる。そういう男性たちはジェンダー平等の話題が出るとすぐ頭に血が上り、それが周囲の男性たちのふるまいにも影響する。しかも経済組織は、頭に血が上りやすい男性たちには見えない形でジェンダー不平等を居座らせていることが多い。またこのような男性たちが、もっと道理をわきまえた男性たちよりも権力を持ちやすい。彼らがいる組織はいまだに攻撃性をリーダーシップに望ましい資質として扱っているからだ。経済のジェンダー・ギャップがなかなかなくならないのはこうした集団行動と組織規範によるところが大きいと私は思っているが、その影響は性急に女性に落ち度を求める中で見落とされてしまう。というわけで、ここからは集団の役割を強調するとともに、一部の男性とほとんどの男性を区別して述べる。

女性の経済的排除がもたらした悲劇は、女性自身が商品として取り引きされていることである。本章の冒頭で触れた人身売買は世界中で行われており、その規模はかつてないほど大きい。売買される奴隷の大多数、およそ七〇%が女性だ。通常、女性が人身売買の被害者になる原因は経済的脆弱性だが、最近明るみに出たジェフリー・エプスタインの性的人身売買組織からわかるように、人身売買は貧困国に限らない。そしてこの痛ましい事件で明らかになったように、弱い立場の女性たちを保護するための機関が彼女たちを取りこぼすことはよくある。人身売買問題の第一人者であるケビン・ベイルズが、世界から奴隷制をなくす唯一の方法は被害者を経済的にエンパワーすることだと提言するゆえんだ。[25]

ダブルXエコノミーは世界中の職場と市場で敵意に苦しんでいる。ほとんどの女性が職場で性的暴行に遭った経験があるか被害を受けた女性を知っているが、この不都合な現実はあまりにも長い間隠されてきたため、#MeToo運動に人々は驚いた。性加害者はハリウッドだけでなく、工場やハイテク企業にも存在する。農場監督者は女性労働者の後をつけ、周囲に人の目や耳のない野外で彼女たちを襲う。ベンチャーキャピタリストは投資を求める女性を撫でまわそうとし、女性が応じなければ支援を拒絶する。女性は毎日のように通勤途上で暴力の危険にさらされている。女性が安全でいられる業界や国はどこにもない。

ダブルXエコノミーは日常的な偏見によって常に買い叩かれてもいる。企業も他の機関もこの現実に向き合おうとせず、かわりに見栄えはいいが中身の伴わない「ダイバーシティ・プログラム」を隠れ蓑にし、偏見を「アンコンシャス・バイアス」という婉曲表現でごまかす。アンコンシャス・バイアスとは、定着した知覚の癖が脳の情報処理に抜け道を作る特定の認知現象のことだ。情報処理が省略された結果、無意識に不公正な行動が出ることがあるのは確かだが、なぜこのような現象が起きるかといえば、長年の学習によって脳の接続がすでに女性は価値が低いと刷り込まれているからである。ところがこの言葉は今では、無意識にでもあからさまにでも差別行為をする人が身を隠す、責任逃れの煙幕として広く使われている。すべての差別を「アンコンシャス・バイアス」に分類するのは、バイアスを自覚している人々が反省もなく先入観に基づいた行為を続けるのをかばうだけだ。

男性優位の（目安として、従業員の七〇％以上が男性である）企業では、女性に対するセクシャル・ハラスメントと差別が多い。しかし、このような組織では男性従業員を虐待する傾向もはっきりと見られる。いじめと独裁が日常的に行われやすい。男性優位のセクターでは、雇用主が「貪欲な施設」になりやすい。つまり、すべての個人の精神的・感情的エネルギーを無制限に使う権利を要求し、従業員に仕事を最優先することを強い、プライベート時間まで捧げつくすことを求め、家庭生活や睡眠など他の活動の価値を軽んじる。そのような組織にいる男性たちは健康問題、特に心臓病の発生率が非常に高い。まさに日本人が「過労死」（文字通り「働きすぎによる死」を意味する）と呼ぶ状況である。[26] このような企業の有害な環境は男性間の集団力学に一因がある。この集団力学は、緊張が高まると攻撃的行為とともに女性に対するネガティブな態度を増長させやすい。

ジェンダーバランスは職場をもっと人に優しく公正にし、事業成果の向上も後押しする。男女混成のチームから最大の成果が上がることを示す研究が相次いでいる。そのようなチームのほうが優れた製品を作り、イノベーションを生み、収益をもたらしているのだ。役員の女性比率が三〇%以上の企業は収益率が上がり、リスクが低下し、ガバナンスが向上し、説明責任が改善し、人事管理が公正になり、透明性が高まり、オペレーションの環境的な持続可能性が高まり、法外な給与やボーナスを出す傾向が低くなって、業績が大幅に改善している。

企業の経営層が多様になれば政府も国民もその恩恵を受ける。透明性が高まりリスクが低下することで、国全体の経済の安定性が保たれるからだ。女性が企業の経営層に持ち込む価値観によって社会と環境にも多数の恩恵がもたらされる。二〇一二年にカリフォルニア大学バークレー校が行った研究は、役員に占める女性の数が多いほど、企業が再生可能電力に投資し、生産と梱包が環境に与える影響の測定と削減を積極的に行い、供給業者の二酸化炭素削減プログラムを実施し、気候変動の影響を自社の計画と財務上の意思決定に組み入れ、顧客の気候変動リスク管理を支援し、自社事業のエネルギー効率の向上に積極的に取り組み、生物多様性の攪乱を最小化し緩和する傾向が高まることを示した。[27]

したがって、ダブルXエコノミーは家父長制の最もたちの悪い衝動を抑えられる経営者倫理をもたらす。歴史を通じて巨額の金融取引や一攫千金の世界から排除されてきたおかげで、女性はどうやら男性よりも現実的なリスク評価ができるようだ。ずっと子育てを担ってきたおかげで、女性は投資収益率について男性経営者よりも長期的な展望を持ち、環境破壊など長期的なダメージを避ける傾向が高い。歴史的に家庭や人とのつながりを重んじてきたからか、女性のほうが地域社会に投資し、慈善団体に寄付をし、自分が購入する製品や株式に社会的責任を求めがちである。

富裕国ではダブルXエコノミーを包摂することによって効率性と業績が上がり、リスクと無駄は低減する。最貧国はダブルXエコノミーに力を与えることで、極端な男性優位が引き起こす災難に引っ張られる流れに対抗しうる。しかし最大の可能性を秘めているのはその中間の国々、ブラジルやトルコなどの「新興諸国」かもしれない。新興諸国はいずれも、ジェンダーを取り巻く状況が相対的によい富裕国と絶望的な紛争地帯の間に位置している。これらの中間所得国は安定と繁栄の実現に向かって着々と歩みを進めているが、差別的な経済慣行によって人口の半分があまりに不遇な状態に置かれていることは、いまだ脆弱さが残る理由として決して小さくない。新興諸国の家庭内で女性が経済的にエンパワーされれば、家族の意思決定が平等になり、生活が向上し、人間関係のストレスが減り、家族全員のチャンスが広がる。

世界のどの国でも女性は経済的に不利な状況にある。それどころか、地球上のどの集団をとっても、その中で女性は経済的に不平等な立場にあるようだ。宗教、民族、階級、人種、どの集団を見ても、女性が全体として男性と同等に経済的に自立しているところはない。どの集団内でも女性は不平等な立場にあるから、女性の経済的な包摂を進めるプログラムによって、最も隅に追いやられている人々も含む世界人口のすべての層が恩恵を受けるはずだ。

苦しみをなくし、正義を実現し、平和を確かなものにする青写真がこれほど鮮明に描けている時代はいまだかつてなかった。一つの問題を攻略すれば他の多くの問題が解決できる時代はいまだかつてなかった。私たちに実現しうることは、私たちにできるあらゆる取り組み、考案する新しいツール、投資する資金に値するものだ。今こそ、すべての女性と男性がダブルXエコノミーをエンパワーする運動に参加するときである。

［第2章］

ビッグデータの裏にあるもの

ダブルXエコノミーを描写するグラフは何が起きているかを教えてくれるが、理由は説明してくれない。しかし意味のある変化を起こそうとするなら、データの裏に何があるのかを知ることは欠かせない。そうしなければ、実践的手段を取ったとき失敗するか、かえって害を与えてしまうからだ。だから、ビッグデータを確認したら、対象にできる限り肉薄して、スプレッドシートではなくナラティブに近いものを探したい。アフリカの生理用ナプキン・プロジェクトがその後どうなったかを語り、アメリカのビジネススクールのまったく別の話を紹介して、説明させていただきたい。

二〇〇八年に生理用ナプキンの取り組みを始めたとき、私たちは政策サークル内ですでに大きな注目を集めつつあった問いに回答を出せるのではないかと期待していた。初期のデータは女性の中等教育とGDPの増加に強い関連があることを示していたが、最貧国では少女たちは小学校もめったに卒業できなかった。なぜ女の子がドロップアウトしてしまうのか、本当の理由は誰にもわからず、家事労働を当てにされているから、親が男の子の教育にお金を使おうとするから、弟妹の世話をするから、などさまざまな説明が取り沙汰されていた。

ガーナでは、十代の少女たちが学校からドロップアウトするのは物欲のせいだというのが地元の常識になっていた。彼女たちは新しい服や携帯電話と引き換えに性交渉をするのだという。そして妊娠すれば「当然の罰」として学校を退学させられるのだ、少なくとも私はそういいましげに聞かされた。この話はそれだけで完結するようでいて、就学率が上がると低年齢出産率が下がるという別の現象も説明していることを認めないわけにはいかなかった。就学率と妊娠の因果関係を逆にしても筋はとおるように思われたが、なぜどちらかがGDP増の要因になるのかはまだ明らかではなかった(図5)。

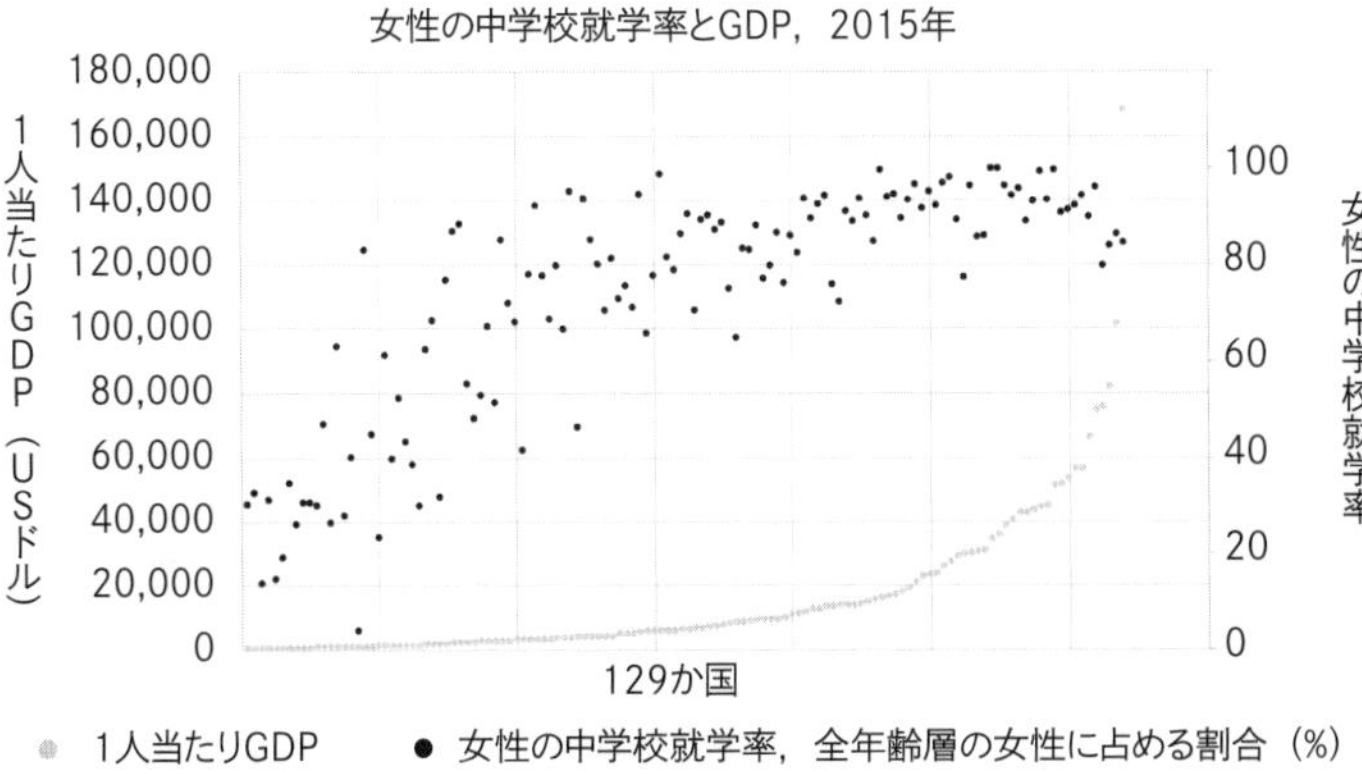

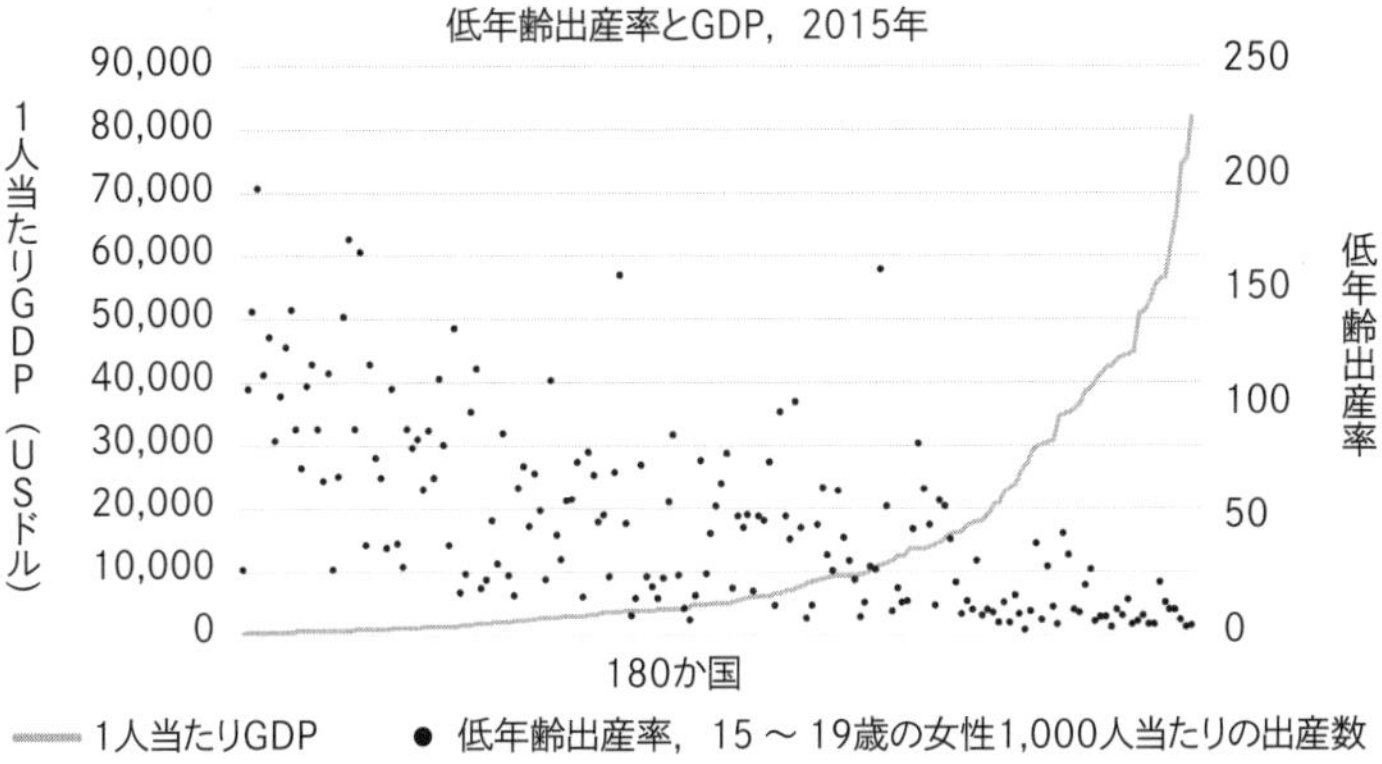

図5　上のグラフは十代の女性の就学率が高いほどGDPが増加することを示している。便益が卒業ではなく在籍によってもたらされていることに注目されたい。少女が学校に長くいればいるほど本人も国も助かるのだ。下のグラフは十代で妊娠する女性が少ないほどGDPが増加することを示している。就学率が上がれば十代の妊娠は減るが，いずれの場合もGDPは増加する。

出典：World Bank Database，2018年12月15日にアクセス（取得可能な最新データ）。

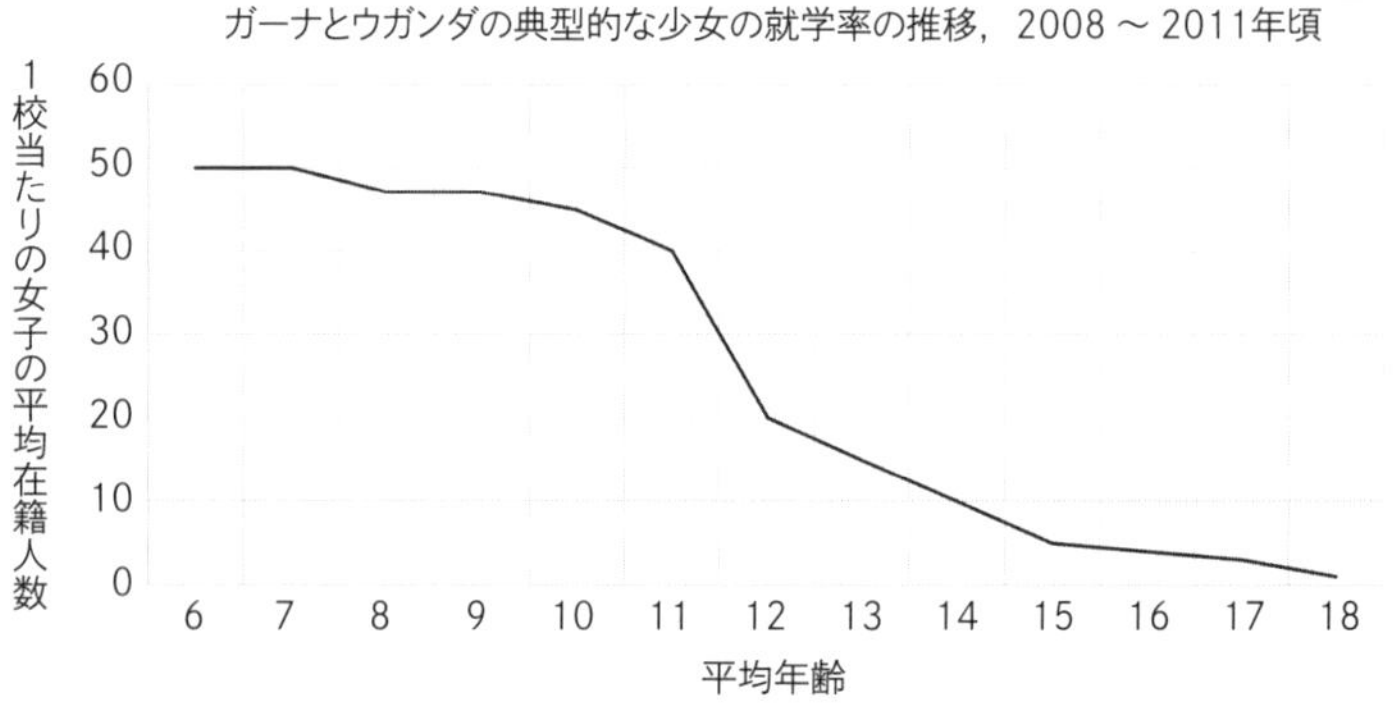

図 6　この線グラフは，同僚と私がガーナと後にウガンダの農村と都市近郊（無作為な介入のトライアルを行った場所）で学校在籍記録を撮った何百枚もの写真とフィールドノートから抽出したものである。このグラフに表れているように，小学校から中学校に進学するとき（大半が 11 歳から 14 歳）に女子生徒の就学率はスキージャンプ台のような線を描く。

　私たちが立てた仮説は、貧困地域の少女たちは生理用品が不十分なため、初潮を迎えてから月に数日家で過ごすようになるのではないか、というものだった。授業を欠席するうちに勉強についていけなくなり、自信を失って、ついにはドロップアウトするのではないか。学校をやめてしまえば、彼女たちには結婚して子どもを産む以外の選択肢がない。このパターンを断ち切ることができれば、少女がもっと教育を受けるようになり、労働参加する女性が増え、経済成長が活性化する——そして少女たちの選択肢が増えるはずだ。生活水準が上がって税基盤も拡大するだろう。政府がもし生理用ナプキンを提供すれば、その経費を相殺するだけの便益が生じるかもしれない。

　私たちの仮説は不合理ではない。就学期間ではなく人生の中で少女たちがドロップアウトする時期（図6）を見ると、初潮、つまり生理の始まりと退学には関連がありうると思われるからだ。論理的には成立する仮説なのに、私たちは国際援助のプロ——慈善団体、政府、国際機関で働く人々――の抵抗に遭った。貧困の村に生理の問題を訴える声はいまだかつてなかったからというのだ。[1] アメリカ合衆国国際開発庁（USAID）は私たちのアイデアをくだらないと一蹴した。他からも、私たちが想定したシナリオは西洋人が描いた絵空事だと相手にされなかった。しかし全員が合意したアプローチとして、女の子に教育を受けさせる意義を親に訴えるポスターを中心に据えたキャンペーンが展開されたが、効果がなかった。

アクラの現場にイギリス人の同僚が合流してから、私たちはフィールドワークの許可を得るために政府に接触したり、倫理承認を求めたり、地元の非政府組織（NGO）を訪ねてフィールドテストの実施に協力を依頼したりし始めた。ところがNGOの訪問を始めると壁にぶつかった。足を運ぶたびに空振りに終わった。NGOのスタッフは、女性はすでに生理用ナプキンを持っていると言う。あるいは生理の手当てには昔からある儀式的な用具を使っていて、それで用が足りていると言う。だがこのような答えはでまかせだ――実際に女性たち本人にこの問題を持ちかけた人などいないのだから。

協力を依頼するために出向いた最後のNGOがケア・インターナショナルのクマシ（ガーナの中央南部にある都市）オフィスだった。面談が始まって二〇分の間は、同僚のポール・モンゴメリーも私も断られるだろうと確信していた。そこへ突然、大柄な男性が遅れて部屋に入ってきた。走ってきたらしく息を切らしている。会話が止まり、全員が彼のほうを向いた。私たちが衛生用品の話をしにくると聞き、問題があるのかどうか自分で確かめてみようと思い立ちまして、と男性は説明した。彼は村に出かけて女性たちに話を聞き、たった今戻ったところだった。「問題は本当にあります」と彼は一言述べ、腰を下ろしながら言葉を継いだ。「皆が話さなかっただけです」。まもなく、ポールと私は男性のトラックに乗り込んで、女性たちと話をし長老たちの承認を求めるために村に向かっていた。

その大柄な男性、ジョージ・アッピアがいつも事前に族長に電話しておいてくれたので、どの評議会に行っても私たちを受け入れる用意が整えられていた。到着すると、女性たちの歌と踊りで迎えられる。大好きな歓迎の儀式だ。だが打ち合わせのために席に着くと、意思決定のために集まるのは男性ばかりだった。毎度、女性も入れてもらえる方法を交渉しなければならなかった。

ある村でのことは忘れられない。私たちは大きな樹の下で、年配の男性だけの評議会と向かい合って座っていた。女性も加えてもらえないかと頼むと、必要ないと自信たっぷりに言われた。私たちは粘った。そこで彼らは女性たちを呼んだが、女性たちが集まったのは遠く離れた別の樹の下で、お互いに顔も見えなければ声も聞こえない。私たちのプロジェクトは実は女性に関わることなので、ここに座ってもらえないでしょうか、と私たちは頼んだ。評議会はＯＫを出し、女性たちが移ってきた。問題について説明しながら、男性たちの目に衝撃の色が浮かび、やがて不快そうになり、最後に無表情になるのがわかった。自分たちは考えたくないし話す気もない問題だと判断したのだ。女性たちともっとプライバシーの保てる場所に行って話し合い、承諾を求めてもいいでしょうかと私は提案した。男性たちはほっとしていた。

学校の誰もいない教室に移動してようやく率直に話せるようになり、私たちのミッションを説明した。女性たちは強い関心を持ってくれたが、生理用ナプキンを見たことがないので、承諾しようにも想像がつかず困っていた。私はどのような製品が出ていていくらで売っているのかを知ろうと、道中のキオスクで生理用ナプキンを買い求めており、いくつか手元にあった。私はトラックのカップホルダーから、ぬるいコカ・コーラが半分残ったボトルを取ってきた。女性たちが間近に集まってきて目を凝らす中、ケア・インターナショナルの若い女性スタッフがナプキンにコーラをかけ、持ち上げて茶色い液体が漏れてこないのを見せた。「ええーっ！」女性たちはいっせいに息をのみ、それから笑い声が上がった。「クイーン・マザー」と呼ばれていたリーダーが、全員一致で研究を承諾しますと高らかに言った。

ただし実際にフィールドテストを始める前に、私たちはガーナ中で何百人もの人々――教師、看護師、学校関係者、親、生徒――をインタビューした。少女たちが学校に行かないのは予想通り、手製の生理用品しかないからだとわかった。しかし彼女たちが学校をドロップアウトするのは学業で自信を失うからではなく、強制結婚、妊娠、決意の家出のためであることも知った。

女の子が初潮を迎えると、地域社会の男性たちから「熟れた」と考えられ、結婚もできるし性の対象にもなるのだ、と私たちは聞かされた。父親は、夫になる男性が娘をもらうかわりに父親に支払う多額の「花嫁代償」を得るために、娘をさっさと結婚させたがる。相場は五〇〇USドルほどで、牛一頭買っても一五〇USドルほど手元に残る金額だ。女の子を結婚させれば親にとっては教育費と扶養の負担もなくなる。だから娘を若いうちに嫁がせるのは非常に得だと思われていた。

父親は通常、娘の夫として最も高値を提示した男性を選ぶか、自分が借金した相手に娘を差し出す取り引きをする。一度ガーナの教師に、娘に結婚相手の選択権はないのかとたずねてみた。「ないです！」彼は吐き捨てるように言った。「女性の身で選ぶなどありえません！」。私はそれ以上深追いしなかった。彼が怒ったのがその慣習に対してなのか、愚かな問いを発した私に対してなのかわからなかった。

結婚後、娘は通常は夫の家族と暮らすために家を出る。実家から離れた別の村に行くことが多い。それ以後は、多少なりとも収入を得れば夫か夫の親族に渡すよう求められる。だから親にしてみれば、娘に学業を続けさせることには何の経済的価値もなかった。親が息子の教育に投資しがちなのは、男の子は家に残って徐々に農業を継ぎ、高齢になった親を支えるようになるからだ。このような文化的なしきたり――開発途上国では一般的な――があるため、息子が偏重される。

ガーナの少女が婚外妊娠する理由はたくさんある。情熱と快楽に流されて、というよくある理由はその一つだ。だが「トランザクショナル・セックス」（なにがしかの恩恵や金品と引き換えの性行為）も非常によくあった。少女たちには他にお金を稼ぐ手段がほとんどないからである。親ではなく親戚に育てられる少女たち――ＨＩＶ／ＡＩＤＳの蔓延を考えればこれはめずらしくない――の中には、初潮を迎えると経済的支援を打ち切られる子たちもいた。一人前の女性になったのだから自活できるはずだというのが親戚の言い分である。母親たち、叔母たち、祖母たちからさんざん耳にしたところによると、女の子は自活するために「彼氏を作る」ことがあたりまえに期待される。学業を続けたいならなおさらだ。妊娠すると、彼氏が結婚してくれる場合もあるが、そうでなければ母子ともに貧困の深みにはまっていく。

レイプされて妊娠するケースも非常に多かった。強制性交がいかに日常的でいかに容認されているかには衝撃を受けた。アフリカ一〇か国の五万人の女子生徒を対象にした二〇一二年の調査は、一六歳の少女の三分の一が一二歳前後――おそらくは生理が始まった頃――から強制性交を経験していることを明らかにした。地域社会がトランザクショナル・セックスに寛容で、多くの大人が自分も強制性交を経験しているほど強姦が起こりやすかった。[2]

ある少女が初潮を迎えたことが地域社会に知れわたると、男性たちが彼女の学校の行き帰りに後をつけるようになる。このストーカー行為――「イブ・ティージング」と婉曲表現で呼ばれる――は開発途上国にはよくある。レイプの「解決策」は加害者が少女の父親と和解する方法として彼女と結婚することである。少女が受けた心の傷を心配する人はほとんどいないようだった。男性からの性的攻撃は生きていれば当然あるものとされていた。性的な自制を求める公衆衛生キャンペーンはさんざん行われているが、望まぬ妊娠と性行為を介して伝染する病気が「ノーを言うだけ（just say no）」でなくならないのは明白だった。

多くの少女が妊娠のために学校を中退しているという地元の常識は本当だったが、それは少女たちが流行の服や格好いい携帯電話を欲しがるからではなかった。それよりも有無を言わせない性的な圧力を受けており強要も多いことと、経済的な選択肢がまったくないことが、少女たちをその境遇に追いやっていた。だが、もしこの圧力にブレーキをかけられればGDPは必ず増加するはずだ。労働供給が増えるからだけではない。低年齢出産に関わるさまざまな社会的コスト、医療コスト、経済的コストが下がるからだ。世界銀行は貧困国が女子生徒に一二年生まで学業を続けさせれば〔訳注：高校卒業に当たる〕、生涯生産力と生涯所得一五兆～三〇兆USドルの損失を避けられると推計した。児童婚は世界に年間GDPの約一・四％、年平均四兆USドルのコストを発生させている。[3]

その変化を起こすためには、初潮の訪れを隠すことがきわめて重要だった。困ったことに少女たちが生理用ナプキン代わりに使っていたものでは生理がばれてしまう。彼女たちはありあわせの布、たいていは古い服の端切れを使い、経血を吸収しそうなマットレスの中身などを用いる場合もあった。ところがそのような素材はふつう吸収力が十分ではなく、漏れてしまうことが頻繁にある。学校のような公共の場でそれが起きてしまえば生理がきているのがわかってしまう。

問題はそれだけではない。布は洗って乾かさなければならないが、水道設備がなく、石鹸がなかったり、人目につかずに手製ナプキンを干す場所がなかったりすることも多い。少女たちは川の水（きれいではない場合が多々ある）で手製ナプキンをすすぎ、人目につかない場所で乾かそうとする。それは日が当たらず不潔なベッドの下であったりする。布は貴重なので、乾ききっていなくても同じものをまた身につけなければならない。一～二日もすると布は誰にでもわかる特徴的な臭いを発するようになる。それを公然と話題にする人もいる。保健機関は手製ナプキンを日に当てて干すよう指導していたが、血のしみのついた布を人目にさらせば少女たちの身がさらに危うくなるだけだ。ガーナ北部の男性たちが私の男性の同僚に、血のついた布が干してあるのを見ると性欲が掻き立てられる、その家の娘が「熟れ頃」という意味だからだ、と言ったことがある。

インフラの不十分さも状況に加担する。学校の数は少なく、遠く離れている。道路は雨風による浸食がひどく、ロッククライミングさながらに横断しなければならない場合もある。体を動かしているうちに下着の中で即席の生理用品がずれ、横漏れしやすくなる。学校はトイレを設置していないところが多く、かといってよそのトイレはふさいであって使えない。トイレがあっても一つを男子と共用にしている学校もある。洗うための水などどこにもない。

生理中にあえて学校に通う女の子たちは一日中漏れを心配していた。彼女たちの不安を増幅したのは授業のスタイルだった。授業では教科の内容が口頭で伝えられ、生徒に口頭で答えさせて成績評価する。

生徒は質問に答えるときに起立することになっている。スカートの後ろに血がついているのではないかという恐れから少女たちは授業への参加に消極的になる。この不安が学習を妨げている。

生理中に登校した少女たちが教室から抜け出して茂みに身を隠し、当てた布を取り換えることが多いのにはこうした事情がある。布の端切れを使用しているがゆえの不便でわずらわしい作業だ。屋外に出て下着を下ろしている間に、チャンスをうかがって待ち伏せしている男性がいれば少女は身の危険にさらされる。既存の慣習が、ばれるリスクを高め、単に恥ずかしい思いをする以上に深刻な帰結をもたらしていた。

このような状況では使い捨てナプキンに大きな利点があるはずだが、西洋には環境上の理由から使い捨てではなく布ナプキンの使用を求めるだろう人々がいることは知っていた。そこで大きな中学校で何種類かの布ナプキンを短期間テストしてみた。布ナプキンを無償提供しても、少女たちは買うお金があって使い捨てナプキンが販売されていれば使い捨てを購入することがわかった。彼女たちはナプキンなしで過ごすくらいなら食事を抜こうとする。しかしほとんどの田舎の村では使い捨てナプキンが販売されておらず、配布が問題になった。[4] 月経カップとタンポンは問題外だった。未婚女性の体の中に異物を入れるのは強いタブーだったからだ。

こうした条件があったため、まずは布ではない市販の生理用ナプキンを、自分たちでトラックで持ち込んでテストした。なぜかをお伝えしたい。使い捨てのほうが衛生的である。あれが「衛生用品《サニタリー・パッド》」と呼ばれている理由を私たちは忘れている。布ナプキンは、どのように作られていてもすべて、同じ衛生上の問題があるのだ。また、市販のナプキンのほうがはるかに安心できる。ビニールの粘着面は漏れを防ぐだけでなく、下着にナプキンを固定してくれるので、数秒で取り換えられる。結局私たちがテスト用に選んだものは、最長八時間もった。栄養状態がよくないため、経血量は西洋よりも少ない。ほとんどの子が一日一枚で過ごせた。つまり一〇個入り一パックで一か月過ごせる。合計一USドル、ごく貧しい地域社会でも出せる金額である。また、ナプキンは裏面の粘着部分以外は土に還る。いずれにしても、廃棄方法にはよい解決策が見つかった。ウガンダ人エンジニアのモーゼス・ムサージが考案した焼却炉はトイレの壁に取り付けることができる。少女たちが誰にも見られずにナプキンを捨てられるように、焼却炉にはトイレの中からアクセスできるスロットがついている。廃棄されたナプキンはマッチ一本擦るだけで医療廃棄物処理用の温度で焼却され、汚染物質はまったく出ない。

この目的のために使い捨てナプキンを使うことと、歯止めのきかない低年齢出産率を放置することのトレードオフも、考えるべきである。爆発的な人口増は環境に多大な影響を与える。しかも、西洋の女性は四〜六倍も多くナプキンを使っており、布ナプキンを清潔に保つ手段も持っている。西洋の女性は対処法に恵まれているのだ。貧しいアフリカの女子生徒に富裕国の罪のしりぬぐいをさせてはいけない。

私たちの目的について少女たちを説得するのは何の苦労もなかった。彼女たちはよりよい人生を送るためには教育が一番のチャンスだとわかっていた。姉がいる子の中にはすでに、生理を親に隠そうとしている子もいた。清潔で高機能で瞬時に装着できる使い捨てナプキンがあれば、彼女たちはプライバシーを守り、初体験を遅らせることができるかもしれない。そのうちに第二次性徴が表れて隠しきれなくなるだろうが、たとえ二、三年でもナプキンが時間を稼げれば、少女たちにとっても、その子どもたちにとっても、社会にとっても大きな違いができるはずだ。ただし、女の子が自分の運命を自分でコントロールするには、前もって初潮について教えておかなければならない。現状は、家族の中でさえ生理について語られることがほとんどないため、女の子は初めての出血にパニックになって母親に言う。すると母親は父親に報告し、結婚の段取りが組まれてしまう。そこで親と学校の許可を得て、私たちは無償のナプキンをテストするとともに、「性教育」も行った。

ガーナでの試験的実施の結果、ナプキンの提供と性教育を受けた女子生徒の登校日数が増えたことがわかった。続いてウガンダで行った大規模な無作為調査では、ナプキン配布と性教育を併せて実施したことにより、中退率が下がるというエビデンスが不十分ながら示された。[5] しかし、ナプキンによって影響を遅らせられる可能性はあっても、この介入では性的・経済的圧力の趨勢は止められないこともわかった。少女たちの選択の自由を実現するには、男性の有害な行動——つまり最高値をつけた者に娘を売ることとイブ・ティージングに、真っ向から取り組んでストップをかける必要があった。

ガーナで試験的実施を行った直後に、私は長年の研究パートナーであるキャサリン・ドーランとともにバングラデシュに飛んだ。そこで私たちは「農村の流通システム」の調査をしていた。これは農村の貧しい女性を雇用して家庭に商品を直接届ける販売ネットワークである。私たちのNGOパートナーのケア・バングラデシュがこのシステムを実施してきた。しかしケアの人たちは別の介入の評価も望んでおり、私たちにそれを見せたいとのことだった。ある日の午後、「情報ボート」——農村の女性たちにインターネットアクセスを提供するための通信技術を積んだ川船——に乗り込もうとした私たちは、待ってくださいと呼び止められた。ある人が生理用品の実験の話を聞きたいと遠路はるばる車でこちらに向かっているという。ようやく私たちに向かって猛烈に飛ばしてくる車が視界に入り、中から背の高い若い男性が飛び出してきた。声が届く距離になるが早いか、彼は説明を始めた。自分は学校で女子生徒向けのスポーツプログラムを運営している。ところが思春期に入ると脱落してしまう子が大勢いる。彼は川の上で私たちと詳しい話をしたいと一緒にボートに乗り込んだ。

彼が話してくれた状況は、私たちがガーナで見てきたものとほぼそっくりだった。ただし二つだけ違いがあった。第一に、少女が婚外性交渉をした結果はバングラデシュではるかに厳しかった。バングラデシュでも父親が娘の結婚を決めるが、もし少女が父親の決めた以外の相手と性交渉すると、たとえそれがレイプであっても、彼女は結婚ができなくなり、家族の「名誉を汚した」と言われてしまう。親族の男性に殺されてしまう場合もある。これは名誉殺人と呼ばれ、中東一帯でもよく見られる衝撃的な慣習だ。父親が決めた相手を拒んだ少女は残酷に罰せられ、ときには顔に酸をかけられてただれさせられたり視力を失ったりする。バングラデシュでもイブ・ティージングは日常茶飯事でリスクが尋常ではないため、娘に学校を辞めさせる親が多かった。

第二の文化的な違いは、バングラデシュ人が花嫁代償ではなく持参金を払うことだった。持参金制度では、家族のほうが新郎に娘をもらってもらうお金を払う。バングラデシュでは持参金が途方もない金額で、貧しい家族の何か月分もの所得になりうる。花嫁の年齢が若いほど持参金の額は少ないので、娘を早く結婚させる経済的なインセンティブが強い。持参金のある文化では特に、女の子が大きな金銭的負担と見られるため、女の子が生まれた時点で親に殺されてしまう場合もある。バングラデシュに多い女児殺しはインドと中国でも広く行われており、国の人口が危険なほど男性に偏ってきた。

若者の話を聞き、ぞっとしながらキャサリンのほうを見ると、目の合った彼女も同じ表情をしていた。

ショックだったのは、ガーナの特殊で地域色の強い事情だと思っていた状況が、世界的なパターンの一事例なのではないかと気づいてしまったからだ。アフリカ諸国とバングラデシュの文化は明確に異なるのに、メカニズム（イブ・ティージングと父親が娘を金銭と交換すること）もそれが生む結果も同じだった。女の子は自立の可能性を奪われて男性に依存させられ、さもなければ家を追われ、顔をめちゃくちゃにされ、あるいは命さえ奪われる。

一〇年後、生理用ナプキン・プログラムは経済開発にすっかり普及した。NGOと政府は少女たちにナプキンが行き渡るよう尽力し、この取り組みに携わる研究者のコミュニティも育った。現地の起業家たちが手の届く価格で環境に優しい製品と捨てやすい手段を作っている。ある日、国連の水と衛生委員会のグループリーダーから政策議論のためナプキンについて話を聞きたいと電話があった。彼女は議論についての説明をしながら、委員会は本当の問題は教育ではなく尊厳であると感じており、ナプキンの入手は人権であるべきだと言った。誇らしかった。私たちがやってきたことがここまで実を結んだのだ。もし外部観察者によるマクロデータの説明――少女たちが流行の服を手に入れるために体を売るとか、学業で自信を失ったからだとか、母親の手伝いをするために家庭に入るのだとか――をうのみにして研究を進めていたら、解決策は的を外し、迷走していただろう。

いま私はウガンダで、農村の女性たちが自分の所得を自分で管理する支援がモバイルバンキング口座によってできるかどうかを評価する研究を行っている。二〇〇〇年代当時、私たちがインタビューした母親たちは娘が学校を卒業せずに結婚する状況を受け入れ、妊娠したり家出したりすれば娘を責めていた。今日、新しい世代の母親たちに何のために貯蓄するかとたずねると、娘に学業を続けさせたいからだと話してくれる。母親自身が学校に通ったかどうかに関係なく、同じ答えが返ってくるのだ。彼女たちは娘には自分と違う道を歩ませたいと願っている。こんな母親たちを経済的にエンパワーすることで、願いを実現する手伝いができる。

さて、同じ落とし穴――量的データだけを見て女性を不当に軽視する結論を出し、不適当な実践的手段につなげてしまう――を見てもらうために、アメリカに話を移そう。データは別のものだが、まったく異なる二つの状況の間には驚くほどの共通点がある。

先進国にももちろん、先進国なりのジェンダー問題が存在する。教育を受けた西洋人は自分たちは性差別などしないと思っているが、ひどいジェンダーバイアスはやはりある。エリート大学の教員の間でさえもだ。二〇一四年に、一流ビジネススクールのジェンダー不平等に関する記事が二本、アメリカのメディアに掲載された。一本は、第三者審査によりUCLAのビジネススクールが「女性教員にとって居づらい」ことが明らかになったと報じた。もう一本は、ハーバード・ビジネススクールが「ジェンダー問題を偽装」していたというものだった。[6]

『ブルームバーグ』の依頼で、私はアメリカの全ビジネススクールに性差別が存在する証拠と見られるものが統計に表れているとするブログ記事を書いた。Association to Advance Collegiate Schools of Business（AACSB）〔訳注：ビジネススクールの国際的な認証機関〕のデータからは、大学教員に女性が占める割合は三〇％に満たないことがわかる（図7）。その大多数が終身在職権のないポストであり、重要な職位はすべて男性で占められていた。女性は在職期間にかかわらず給与が不当に安い。主な問題は採用ではなく退職のほうにあった。教員のポストに女性を採用するスピードを上回る速さで女性たち

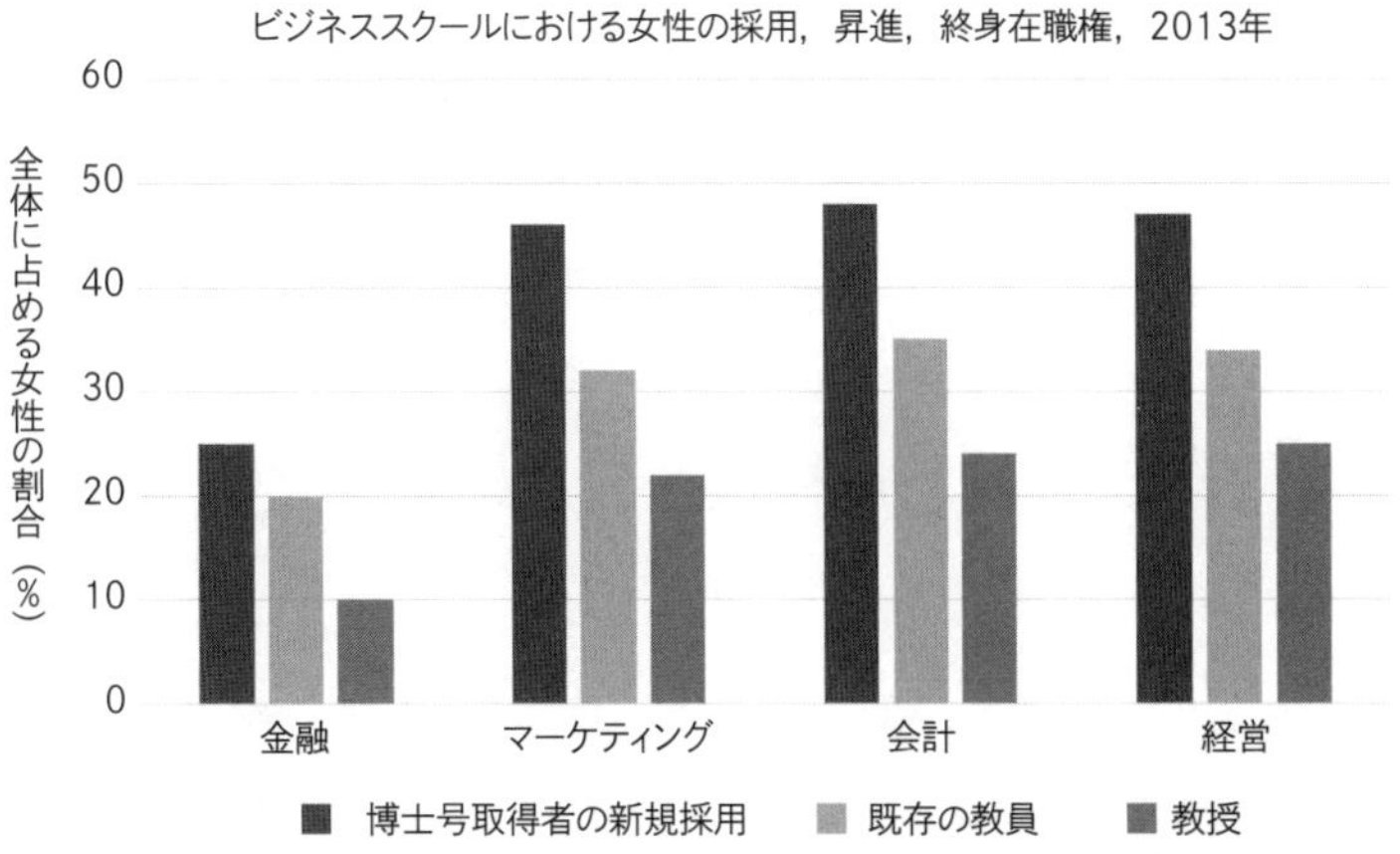

図7　グラフはビジネススクールに最も多い４学部の教員に女性が占める割合を示す。金融学部は４学部の中で大学院から採用する女性の数が最も少なく，在職者数が最も少なく，最高位のポストに昇進する人数が最も少ないことに注目されたい。

出典：American Association of Collegiate Schools of Business

が辞めていくのだ。最も女性の数が少ないのは金融学の教員で、アメリカ全体で八〇％が男性であり、教授（最も高い職位）は九〇％が男性だった。金融学はジェンダー間の賃金格差が最も大きく、女性の採用、在職、昇進の人数は全学部の中で最も少なかった。記事の最後に私はビジネススクールに向け、不平等な扱いの証拠をいつものようにごまかすのでなく正面から認めてほしいと呼びかけた。[7]

金融学部は言い訳を用意している。この分野で成功するだけの数学の能力が女性には足りないのだと。ＵＣＬＡのある金融学教授が私のブログ記事に答える形で『ハフィントン・ポスト』に寄稿し、女性の採用数を増やす特別な取り組みをすれば教員の質が落ちると主張した。[8]他のＵＣＬＡの教員たちは（女性も男性も）私に個人的に連絡してきて、私のブログ記事はジェンダー問題がすべてのビジネススクールに当てはまると示唆してこれが常態であるように見せたと苦情を言った。ＵＣＬＡでは状況が突出してひどいのだという。彼らが特に当惑していたのは、同校のビジネススクールのトップがアメリカでも数少ない女性の学長だからだった。にもかかわらず、彼女はジェンダー問題に取り組んでいないと彼らは感じていた――この懸念は後に別の第三者報告書で裏付けられた。[9]

私は『フィナンシャル・タイムズ』のビジネススクール・ランキングの統計を確認した。ＵＣＬＡはたしかに女性が最も少ないビジネススクールの一つだったが、その仲間には有名どころが並んでいた。ジェンダー平等の最下位グループはコロンビア、シカゴ、ハーバードのような一流校で占められていたのだ。ひるがえってイェール、ＵＣバークレー、ノースウェスタンなど格付けが高くて女性教員の数がもっと多い大学もある。ビジネススクールとしての質の高さとジェンダーバランスは現に両立可能ということだ。

女性教員の数が少ないビジネススクールにはもう一つ共通項があった。いずれも金融学の教員が非常に多く、そのほとんどが退職年齢に近いか超えていたことだ。[10]年配の教授たちが教鞭をとるようになったのは一九七〇年代。女性運動の黎明期であり、「アファーマティブ・アクション」プログラムが導入された影響を直に感じていただろう。一九七二年に始まったアメリカ政府のダイバーシティ政策は、女性を採用するよう各大学に強い圧力をかけた。ところがどういうわけか一握りの一流ビジネススクールは、ダイバーシティが優先課題として強力に推進された四〇年間を経ても、まったく変わってこなかった。意識的な抵抗をしない限りそれは不可能だったはずだ。この男性たちはジェンダー平等の妨害工作のやり方を身につけてきたのだ、と私は確信した。

一九七〇年代の女性運動は、女性が家にいて男性が生計を担う従来のアメリカの結婚にも懐疑の目を向けた。くだんの男性たちのほとんどには専業主婦の妻がいるのではないかと私はにらんだ。彼らの時代にはそれがあたりまえだったからである。予想は当たっていたことを私は後で確認した。なぜそれを知りたかったかというと、専業主婦の妻がいるアメリカ人男性のほうが、女性を採りすぎると組織に弊害が出ると考えやすく、資格のある女性の昇進を妨害しようとすることを示す研究があるからだ。このような男性は家庭と仕事を明確に線引きしたがり、女性は家庭の側にいるべきだと主張する。UCLAのある男性は次のように言った。「私にはわかりませんね。仕事をするつもりなら、仕事をしなくちゃならない。子どもや親などのために別の基準を設けるべきではない。それはあなたが家庭で解決することでしょう」。UCLAの女性教員によれば、彼女たちは家族を持ち出されてよく中傷されるという。「『あれだけの成果を上げているなら、きっと子どもは放ったらかしなんだろう』とか、『母親失格だ』という声が耳に入ってきました[11]」

彼ら年配の金融学教授たちが育ったのは、アメリカ人女性が金融システムからほぼ完全に排除されていた時代でもあった。当時はほとんどの女性が夫と銀行口座を共有するか、現金の「生活費」をもらっていた。女性は自分名義でローンを組んだりクレジットカードを作ったりできなかった。自分の家の財政状態《ファイナンス》をまったく知らない女性も多かった。妻が夫に家計について聞くだけでさえ、反抗的だと世間では思われていたのだ。だから女性が金融《ファイナンス》学部で終身在職権のあるポストに就けるという考えは、彼ら年配男性たちには笑止千万だっただろう。

かつては金融学に特化した博士課程がなかったため、年配の金融学教授たちは経済学部で学問を修めたはずだ。当時の経済学はミルトン・フリードマンが提唱する哲学に魅了されていた。フリードマンは後年ノーベル賞を受賞し、その思想が人気の書籍やテレビ番組を通じて一般に膾炙した人物である。彼は経済に対する政府の介入（アファーマティブ・アクションのような）にほぼことごとく反対し、市場は万人を同じように扱うと主張した。個人が自分の経済状態に不満があっても、自分以外の誰にも責任を問えない。経済学者がこれまでに広めた中で最も無責任な前提の発信源もフリードマンだった。すなわち、企業は自社が事業を行っている地域社会に社会的責任など負っておらず、株主に利益を提供することだけに専念すべきだ、という思想である。

ハーバード・ビジネススクールにもジェンダー問題はあったが、同校の管理運営に携わる人々は問題があることを認めている。新たに学長に就任したニティン・ノーリアは、ビジネススクールのジェンダー状況を改善すべく大胆なプログラムに率先して取り組むとハーバード大初の女性総長に約束した。『スレート』ですらノーリアは本気のようだとしぶしぶ認めている。「証券取引所の立会場の帝王や役員会の大物を育ててきたハーバード・ビジネススクールが、表立って非を認める組織に生まれ変わった。過ちを認め、伝統を問い直す意志が既得権と特権の世界から出てきたのは、それだけでもおそらく寿ぐべきことだろう」[12]。ノーリアは問題に正面から立ち向かった。教員、特に終身在職権のあるポストに就く女性の少なさ。入学資格が男子と同じであるにもかかわらず女子学生の学業成績が低いこと。学生を取り巻く有害な環境。ジェンダーバイアスのある教材。ここもまた金融学が多いハーバード・ビジネススクールの教員たちがどう反応するかは、今のところ誰にもわからない。

これだけナラティブが揃った状況にいてもたってもいられなくなった。私はアメリカのビジネススクールでジェンダーに関するインタビューを行い、「数字の裏」を探ろうと決めた。ジェンダー問題について公に発言することには厳しいタブーがあったから、インタビューの相手は私に話すことでキャリアをまぎれもないリスクにさらしてしまう。そのため、オックスフォード大学の研究倫理委員会から情報源の身元を秘匿するよう求められた。本書で紹介するインタビューで人名も大学名も伏せるのにはこのようなわけがある。インタビューの対象には全米のビジネススクールの教授を選んだ。トップランクの六校、州立大学、知名度の低いビジネススクールも何校か含まれている。回答者には学者として優れ、教師としても経験豊かな人々を選んだ。全員が教授職である。

回答者は最初、校内の信念体系を、特に金融学教授たちが布教したのだと非難した。何人かが「極端な市場経済学」と呼んだ基本的な前提があって、それによれば市場は完璧かつ厳然たるものであり、バイアスも不合理性もないという。市場が生み出す結果はどれだけ不平等であろうと正しい。人間に必要なものは何でもおのずと提供される。市場から出てこないものを人間は手にすべきではない。市場のふるまいを変えようとする「英雄的な挑戦」は必ず失敗に終わる。

ほとんどのインタビューの相手が極端な市場経済学の姿勢を唾棄すべきものと考えていた。五〇年前には流行ったが、「本物の経済学者」の間ではもう通用しないと彼らは言う。極端な市場信者は狂信的で、論理で説得できないのだとも言った。「それ以外の説明をまともに考慮しようとしないのです」とある孤立した金融学教授は言った。「彼らにとっては宗教のようなもので……あれを信じ込んでいる人たちとは話にならない。だからどうしようもないのです」。ビジネススクールに在籍した経験のある労働経済学者は次のように言った。「彼らは自分たちが客観的なだけでなく絶対に正しいと思っている。

あの傲慢さには愕然とさせられます」。極端な市場フレームワークはダイバーシティに無策であることの理論的根拠として手っ取り早いのだ、とインタビューの相手は口々に指摘した。金融学教授になる資格のある女性を市場が供給していないのなら、ビジネススクールは見えざる手が自校の玄関口にそのような女性をそっと置くまで待つべきだ、という理屈である。

この主張を受け入れるには、極端な市場の支持者が有資格者を客観的に判断できると信じなければならない。ところがまさにここに問題があった。例えばUCLAの金融学教授たちによる候補者の資格についての考え方は狭量で、他の教授たちは賛同していなかった。同校の最上位の終身在職権審査委員会までが、ビジネススクールによる女性の終身在職権判断を覆してきた。学部レベルで行われた終身在職権の判断を大学が覆すことはめったにない。これはビジネススクールに組織的なバイアスがある、と最も優秀な学者たちが考えたことを示す危険信号である。

教授の採用、終身在職権、昇進をめぐる資格評価は、候補者の研究についての教員たちの意見に左右される。極端な市場という立場からは、優れた研究は市場が正しくて公平であるという前提に忠実でなくてはならない。定量的手法だけが受け入れられる。サンプルの規模は他の学問分野の標準から見ると天文学的で——百や千単位ではなく、百万単位のデータポイントが求められる。株価や株価収益率のような、通常の業務プロセスで収集される金融データだけに価値がある。

すべての研究が二つのステレオタイプに振り分けられる。「ハード研究」は定量的でサンプル規模が大きく、信念体系と一致し、客観的で難易度が高く男性によって行われている。「ソフト研究」は定性的でサンプル規模が小さく、信念体系に批判的で、主観的で容易で女性のものとされる。女性が却下されるのは「ソフト」研究をしているからだというのが常識になっていた。かりに女性が「ハード」研究をしていれば厳しく詮索され、数学的処理を男性の同僚にやってもらったのだろうと疑われる、と何人かが言った。

「男性の仕事」と「女性の仕事」の区分がほとんどそうであるように、これらの分類は実情において破綻している。例えば、極端な市場主義の経済学者がデータを二次情報源から取得して自分では決して収集せず、ボストンかロサンゼルスでコンピュータ画面の前に座ってラテを飲みながらキーボードを叩いているところを想像してほしい。それを私が先ほど説明したアフリカとバングラデシュでの研究と比較してほしい。私たちは狂犬病と破傷風の予防注射を打ち直し、抗マラリア薬を飲み始め、抗生物質を荷物に入れてから、一〇~三〇時間の飛行機の旅に出る。それからさらに何時間もかけてトラックに揺られ、最後は道なき道を移動したあげく、一日一二時間、清潔とはいいがたい場所でトイレに行き、手を洗い、食事をする日々を送る。プロジェクトごとに何か月も計画に費やし、複雑な予算を組み、たくさんの人々の協力を取り付けて、膨大な定量データと定性データを作成した。しかし極端な市場信奉者の目には、男性がラテ片手にいじりまわした二次データが「ハード」で私たちの研究が「ソフト」なのだ。

研究は経済学から持ち込まれた儀式の中で判断される。採用や昇進の候補者あるいは博士課程の学生が研究会で自分の研究内容をプレゼンテーションすると、男性の教授たちが先を争うように候補者をぼろぼろに切り刻むのだ。五本の指に入る名門大学で終身在職権を得たある女性は次のように回想した。

「最終選考の場にいて、この質問の進め方はアンフェアだと感じました。彼女たちが女性だからというだけではなく、若いこともあって……年配の教員たちはとても慇懃無礼で、本当にいやみな態度でした。

……生きている時代が違う男性ばかりの教員たちが時間を止めているのです」

女性比率が低い学校の全体的な雰囲気は敬意に欠け、侮蔑的で攻撃的である。一流ビジネスクールで一目置かれているある女性は教員会議を次のように描写した。「部屋にいる六五人のうち六〇人が男性です。あの人もこの人も猿山のボス、男性ホルモンが充溢しています」。男性だけのランチ集団はよくある風景。スポーツの集いやスコッチウイスキーのテイスティング会が教員文化の中心を占めている。男女が入り混じった環境であっても、話が下ネタに流れることがある。「本学を去って今は［別の優良スクール］にいる若手教員が私のところにきて、今までに聞いた中で一番嫌な話をしてくれました。『嫌なのはあからさまな猥談ではなく、もっと巧妙に性的な話題です』と。彼女が言うには、もっと巧妙に性的な話題とは他人についての噂話で、その噂の教訓が『自分を支えてくれる妻のいる伝統的な家庭を持つ男性でなければ終身在職権は絶対に得られない』というものなのです」。こうした会話が「セクシャル・ハラスメントの環境」を作っていると「大人な教員」のグループが懸念するようになり、終止符を打とうと会議を召集した。加害者の一人が売られた喧嘩を買うかのごとく、その要請は俺の知的自由の侵害だと言ったという。「『冗談じゃない、猥談と知的自由を一緒にしないで』って感じですよ」

終身在職権を勝ち取った女性たちの中には、戦いに勝ったがゆえにいっそう職場環境が抑圧的でよそよそしくなったと感じる人々がいた。しかし多くは夫がいてそれぞれに仕事を持っており、転居できないかしたがらなかった。学術界では転職とは勤務先の学校を変えることであり、それはほぼ必ず転居を伴う。そのため女性たちは自分を評価しない職場に閉じ込められたように感じていた。男性教員はこの制約をわかっており、報復を恐れずに迷惑行為を続けられると安心しきっているようだった。

金融学の教員たちは有害な職場環境を作っているにもかかわらず、給与の額と助手の数と研究室に最も恵まれている。上層部は彼らを懲戒するリスクを冒したがらない。力の不均衡から、心ある男性たちが盾突くのは難しく――どのビジネススクールにも心ある男性たちはまぎれもなくいる――彼らは戦うリスクを取るよりも膝を屈している。女性たちが声を上げることはめったにない。男性比八八%のビジネススクールで働いていたある女性は、教員会議で一度も発言したことがない、発言しようものなら「ピットブルの群れが首筋に飛びかかってくる」ような反応をされるから、と私に話してくれた。女性であれ男性であれ教員会議にジェンダー問題を持ち出せば、ボス猿たちの逆鱗に触れる。彼らは怒り心頭で口撃してくる。彼らの激怒に付き合わされるのは避けたいと、教員たちの間でジェンダーの話はご法度になる。

何人かのインタビュー相手が例外の存在を口にした。とびぬけて数の多い女性金融学教員の育成、採用、引き留めに成功してきた中西部の一流校だ。その大学の女性が、自校が異色なのは初代学長が礼節に力を入れてきたからだと話してくれた。私から見ると、ふつうの礼儀がそれほどの大きな違いを生むことは多くを語っていた。

ビジネススクールのほとんどの女性教員が学生からの攻撃にも手を焼いていた。MBA学生の間では教師に恥をかかせるのが男を上げることになる。女は生まれつき数字に弱いと思っている彼ら学生はたいてい、女性教授が教えているときに数学的なミスを見つけようとする。ある逸話では、MBA男子学生のグループが学期末までに女性教員を泣かせてやろうと協定を結んだという。彼らは学期末よりだいぶ前に目的を果たした。ビジネススクールは一般的にMBA学生を懲戒処分せず、女性教員は誰も頼れない。

女子学生も攻撃的なカルチャーによって生彩を失っていく。いくつかのトップ校では、女子が入学時には同じ能力を持っていても、最初の学期で成績が下がっていった。教員も男子学生も女性を蔑視していると報告された金融学の授業は、ネガティブな影響が特に大きかった。金融分野に進もうとキャリア計画を立てていた女性たちは「自分には適性がないに違いない」と思い込んでマーケティングに転向した。ビジネススクール内の有害な行動はキャリア選択に影響し、その影響が金融セクターにも及んでいる。

ハーバード大学からの最も率直な告白は、同校の有名なケースメソッドという授業法がバイアスのかかった成績評価を生んでいるというものだった。このメソッドでは学生が実際のビジネスの問題を書き出した教材を渡され、授業中に解決策を討論する。教授は授業の後、記憶を頼りに、発言の中身ではなく参加頻度で成績をつける。女子は試験の成績は遜色ないが、成績の五割を占める授業参加の成績が振るわない。教授が男子のほうを多く当て、男子の発言のほうを多く記憶していることが調査で示された。性別で均等に当てさせるシステムに変え、回答の数を記録する係を補佐につけたところ、成績の差が大逆転した。その年、女子学生の受賞・表彰の数はハーバード・ビジネススクール史上で最多となった。

ハーバードでジェンダー実験を行った最初の年度末に、学内調査で教授、学生、スタッフの七〇%がジェンダーの取り組みによって学内の雰囲気がよくなったと回答した。ＵＣＬＡでの実験結果はそれほどポジティブではなかった。同大学は経営コンサルティング会社のコーン・フェリーに別の第三者レポートを依頼した。この調査で教員は、ジェンダー多様性が進むと大学がよくなるかどうかを質問された。

七八％がよくなると答えた。教員の約二〇％を占める少数の不満な男性たちは自分たち以外の全員を目の敵にし、「逆差別」を受けているとコーン・フェリーに語った。教員の九〇％近くが男性で、しかもその男性たちが意思決定を支配している大学から出たにしてはずいぶん厚かましい言い分である。[13]

コーン・フェリーの報告書は問題を明確に述べ、リーダー層の責任を指摘したが、提言したアクションは若手教員へのメンターシップ、リーダー層へのコーチング、教員の共同作業によるダイバーシティ計画、全員を対象にしたアンコンシャス・バイアス教育、とインパクトのなさそうなものばかりだった。いずれの策も主要な問題に対処していない。すなわち、最大の権力を握っている人たちがジェンダー多様性に徹底的に反発しており、他の教員たちが望んでいることを一顧だにせず、自分のバイアスは完全に正当なものであると感じ、女性を平等に扱う取り組みを自分たちを被害者に仕立てたナラティブにすり替えてしまうという問題である。二年後、同大学は学長を再任した。彼女がジェンダー多様性に積極的でないと報告書で指摘されたにもかかわらずだ。それは実質的に、トップ層が誰も本気でなく、執拗な嫌がらせを続ける許可を極端な市場信者の男性たちに与えた、とビジネススクールにいる女性たちに告げたようなものだった。

このビジネススクールの例でも、大きなグラフの従来的な読み解きが間違っていたことがわかる。世界中の全女性が数学が苦手だからビジネススクールが求める水準に達しなかったのだ、と考えるためには、前時代的なナンセンスを山ほど信じる必要がある。しかしそれに代わるナラティブを裏付ける要因に関しては、ハードデータが存在しない。女性がビジネススクールの教員から消えていくことを示すグラフの線に加えてプロットすべき、最終選考でのいじめ、昼食の席での侮辱的なジョーク、すぐに怒り出す年配男性、われ関せずの管理運営部門、不条理な研究要件、有害な態度の指標が存在しない。

どちらの事例でも、現場の説明は実証的なエビデンスよりも女性に対する偏見――女性はふしだらだ、わがままだ、あるいはバカだという――に基づいていた。だからアフリカのケースでは、禁欲を勧め、「堕落した」少女たちを社会ののけ者にし、おとなしく結婚を受け入れる少女たちを尊ぶことによって少女たちによりよい価値観を植え付けようとするのが、近視眼的な対策になる。しかし少女たちにとっては自分の性がほとんど自分のものでなく、経済的困窮からトランザクショナル・セックスに追い込まれることが多いのだから、少女に不品行の烙印を押すこのような「緋文字」的なやり方では効果がないだろう。男性の攻撃的なふるまいを問題とするか、結婚の慣習を再考することが本当の問題への対処となるが、家父長的な規範に疑問を呈するのを世界中の人々が嫌がる。これほど破壊的な影響を及ぼしていてもだ。

ビジネススクールでは、問題は単純に女性が数学ができず、成功するために必要な「ハード」研究をする能力がないことだと言われていた。もし女性が生物学的に数学が不得意なのであれば、なすすべはあまりないだろう。それがまさに金融学教授たちの望み――つまり何もしないことだった。しかしたとえ女性たちが数学に携わり、しかも正確にやってのけたとしても、金融学の男性たちは自分の偏見を守るためにナラティブを改変し、男性に手伝ってもらったに違いないと言う。だからここでの本当の問題はボス猿男性の女性軽視だった。このような男性が他人の説得で自分は間違っていたと認める可能性は極度に低い。

したがっていずれのケースも、数字の裏にある本当の要因は女性ではなく、意思決定と資源管理の独占によって自分たちが支配している制度を通じて意思を通す男性にあった。攻撃的な男性の行動は、それが報酬を受ける限り続くことを研究は示している。[14] ビジネススクールでは、攻撃する教員たちが最も給与が高く皆の恭順をほしいままにしている。アフリカの父親たちは娘を売って支払いを受け、それによって他の男性たちとの関係をよくしている。レイプ加害者ですら結果責任を負わずに性交渉し、武勇伝にして地位を獲得する。

ダブルXエコノミーに典型的な他の特徴も両方の例に表れている。それぞれ、家父長が全員にかかわる意思決定を行う——無言の無償奉仕と自己犠牲への期待に屈するより教育と自己決定権を追求したい女性たちに結婚の規範を押しつける。アフリカでもアメリカでも出産能力が女性を抑圧する道具として使われている。アフリカの少女たちは子を産むことを強いられ、アメリカの女性たちは仕事を取るなら母親になることを、母親を取るなら仕事をあきらめるよう強いプレッシャーを受けている。どちらのケースでも、妻たるものの役目に関する家父長の考えのせいで女性は教育の成果を奪われている。

どちらの状況でも、女性たちは自分を取り巻く環境がどれほど居づらくても、夫が選択した居住地に縛られており、そのためにもっとよい条件をよそに求めることができない。さらにいずれも、沈黙がネガティブな状況の継続を許している。生理用ナプキンの研究で、私たちは世界中に見られる、月経について語ることのタブーに直面した。ビジネススクールでは、沈黙がボス猿男性たちに実態の直視と責任を回避することを許し、ジェンダー不平等を存続させていた。ジェンダーについての発言がご法度になっているせいで、ビジネススクールは有害な組織文化の責任を負わずにすませることもできていた。いずれの事例でも、沈黙の掟がジェンダー不平等の話題を恥ずべきものとしており、対処のさらなる足枷《あしかせ》になっていた。

二〇一四年時点では、私が調査したビジネススクール教員は八〇％以上が男性で、この男女比は女性にとってだけでなく男性間の強権主義やいじめに関しても問題だった。女性に理解のない攻撃的な男性の小集団は、女性の扱いを不公正と見る人もいた他の男性たちに対して不釣り合いに大きな支配力を振るっていた。かっとなりやすい男性たちは、ときに結婚生活における男女のあるべきふるまいについての硬直した伝統的な考えに入れ込んでいて、発想の転換を促されると報復してくる。

心理学では、このジェンダー役割葛藤への過敏さを「不安定な男らしさ」ないし「男性的ジェンダー役割ストレス」（MGRS）と呼ぶ。伝統的な男らしさという考えに執着しすぎている男性は、たとえささいな、あるいは婉曲な形であってもジェンダー役割に疑問を呈されると過度な怒りで反応する。[15] 経済的な優位性はとりわけ彼らを刺激しやすい問題である。この行動を心理学者は、一生「男として稼ぐ」必要性が男性に染みついていることを指摘して説明している。このプレッシャーにたえずさらされているために、一部の男性は無能と思われる不断のリスクに特に敏感になる。このような男性たちはリスクに直に直面すると、瞬時に巨大な怒りで反応し、今度はその怒りを手放すために自分の男らしさを回復しなければならない。研究室内の実験とフィールド調査では、男性たちは物に当たったり、危険な行為に身を投じたり、お金を使ったり、ギャンブルをしたりして怒りを鎮める。実生活では、このような男性たちは全体の傾向として、暴飲したり、妻を殴ったり、ギャンブルや薬をやったりする。不安定な男性たちが脅威を感じているときに一様にすることの一つが、ジェンダー平等を示唆するか言及する提案を拒絶することだ。ただし重要なのは、不安定な男性が明確に少数派と思われることである。調査では、このようなかった反応を示さなかった男性たちがサンプルの六〇～八〇％だった。

ＭＧＲＳ男性たちが空気を作っている状況の中で、ふつうの男性たちも男らしさの要件にストレスを抱え、黙認したり、自分も攻撃的になったりするなど、通常ならしないようなふるまいをしてしまう。彼らの反応が女性とは無関係で、他の男性たちに向かって忠誠心や「男らしさ」の価値を発信するためのものである点は押さえておきたい。それが結果的に、男性全員が結束して女性に対抗し、もっと生産性のある反応を阻んでしまうことになりやすい。ここからは、腹を立てた個人の反応（不安定な男らしさ）と集団反応（「男同士の絆効果」と呼ぶことにする）を区別しよう。

年配の金融学教授たちが年下の男性たちに、採用、育成、人事管理、昇進、給与慣行においていかに排除の手本を示してきたかに注目してほしい。この男性たちが何十年もかけて後続の男性たちに「男である」とはどういうことかを男同士の連帯の中で教えてきた。男同士の連帯を存続させる一つの方法が、女性を排除しながら新たな男性メンバーを引き上げていくことだった。このような背景があるために、仲間に逆らったと思われずに女性を昇進させるのがいっそう難しくなった。

研究によれば、この状況を解消する鍵は女性の数を増やして集団のジェンダーバランスを変えることである。経験則として、女性の割合が約三〇％になると問題が減り始め、約四〇％でほぼなくなる。しかしビジネススクールは他の多くの男性優位な組織と同じジレンマに陥るだろう。有害な環境をなくすためにはジェンダー比を変える必要があるが、その有害な環境ゆえに女性たちが居つかないのだ。

ビジネススクール各校では二〇一四年以降、ハーバード・ビジネススクールのニティン・ノーリア学長のプログラムと同様の目的を掲げた施策が行われてきた。その結果、ほとんどの学校で過去五年間に女性教員の割合がめざましく増えた。学校の文化を軟化させるための主戦略は、MBA課程に受け入れる学生の男女比を、それまでの典型だった七対三かそれ以上の偏りをなくして均等にすることだった。私のインタビューによると、学生の男女比を変えたことはMBA課程での攻撃を減らし、文化に即効的なプラス効果があった。教員たちはすぐ違いを感じられたと言う。二つ目の戦略は、学生が取る金融学の授業数を、特に最初の一学期間は減らすことだった。こうすれば、金融学の教授たちが男子学生の攻撃に報酬を与え、それを道具に女子学生を委縮させることで例の空気を作るチャンスが小さくなる。学生に一学期目に金融学の授業をみっちり取らせるのが、学校が金融学の教授を見習うべき手本として示すことにもなってきた。金融学の授業数を減らしたおかげで他の教員が尊敬の対象として前面に出るチャンスができた。特にリーダーシップや企業倫理を教える教員がそうだが、このような教科にはそれ自体にポジティブな効果がある。要するに、ビジネススクールはジェンダー問題を存続させていた制度的な課題に対処することによって問題に対処した。そのアプローチが前進を生んだ。

アフリカでもアメリカでも男性の行動に関して見えてきた、きわめて重要な学びがもう一つある。どちらのケースにも心ある男性たちがおり、中には既存の風土に抵抗する人たちもいたことだ。UCLAには同学の女性を擁護する男性たちがたしかにいたし、他大学にもジェンダー多様性を支持する男性たちがいた。ハーバード・ビジネススクールのノーリア学長は本当に「わかっている」ように見えた。アフリカのケースでは、ジョージ・アッピア、ポール・モンゴメリー、モーゼス・ムサージ、アクラで私を案内してくれたドライバー（名前はトーマス・オキエレという）、他にも何人かの教師、現場で働くケア（CARE）の全男性職員など、本書で名前を挙げなかったたくさんの男性たちがいた。（後で知ったが）親戚に頼んでわざわざ町から村に運んでもらわなければならない生理用ナプキンを買うなど、常道に従わず娘の教育を支援する父親たちも少数ながらいた。いずれのケースでも、これら心ある男性たちの行動が、変化を起こすための取り組みにおいて必要不可欠な要素になっている。しかしこの仕事では、心ある男性たちが男として期待されるふるまいの外に踏み出すためにとてつもないリスクを冒していることへの敬意を決して忘れてはならない。

最後に、アフリカ農村の女性たちとアメリカの女性たちには一つ重要な違いがある。アメリカのビジネススクールの女性教員にはお金と教育と社会移動がある。この三つがアフリカでできることの大きな足枷となっている。これらの自由は二百年間の社会運動の直接的な成果だ。女性たちが男同士の連帯に立ち向かおうとするときには、女同士の連帯が大きく物を言う。

しかしアメリカの事例に見られる年配男性たちは、二〇世紀初めの参政権運動を「第一波」として「第二波」と呼ばれることが多い一九七〇年代の女性運動の記憶に、いまだにネガティブに反応している可能性がある。若い女性教員たちは文字通り第二の波の娘たちであるが、彼女たちは自分が五〇年越しの悪意をぶつけられているのかもしれないなどとは思いもしないだろう。

歴史的な視点がなければ、今ここで起きていることを読み解くのは難しいのではないだろうか。次は、大規模に行われてきた何百年にもわたる経済的排除の影響がいかに消えがたく、今、誰にとっても不可欠なもの――すなわち食料供給を脅かしているかを示そう。

［第3章］

必需品を使った支配

ウガンダ農村の校庭に私は手持ち無沙汰に立っていた。現地の研究助手が教室で、学校からいなくなった調査対象の少女たちがどうなったのかを聞き出そうとしている。私が外国人であることがいつもこのような聞き取りの邪魔をするように思われたので、チームが活動を開始してからは、私は外で待つようにしていた。

視界の片隅に、私に近づいてくる高齢女性が入ってきた。私は身構えた。錯乱した様子の険しい顔をしたおばあさんがたまに校庭を徘徊していることがあり、私はその対応が得意ではなかった。研究パートナーのNGOがつけてくれたドライバーのサムが、女性はお金をせがもうとしているのだろうと予想して、間に入ろうと校庭を横切ってこちらにやってきた。西洋人が現地入りした際の物乞いをグローバルな慈善団体は嫌がる。トラブルになりかねないからだ。しかしサムが制する前に女性は立ち止まり、明らかに正気の人の目で私を見つめ、英語で言った。「シスター、私を助けていただけますか」

サムが彼女の肩をそっと抱き、優しく話しかけながら彼女を連れ出した。数秒後、彼女は振り返って「おわびします。知らなかったのです」と言った。二人は校舎の端にある小さな茅葺き屋根の小屋に歩いて行った。

次の学校に向かう車の中で、サムが女性のことを話してくれた。彼女の名前はアグネスといい、裕福な家庭に生まれて教育を受け、同じような境遇の男性と結婚した。夫が若くして亡くなると、ウガンダの慣習どおり、所有していた土地は夫の兄弟たちに譲られ、彼女は生活のすべを失った。やがて実家の父親も亡くなり、これもしきたりどおりに父の土地は兄が継いだので、アグネスは兄の情けにすがって生きるしかなくなった。

アグネスの物語の結末がハッピーエンドであれば、ジェーン・オースティンの小説さながらの筋書と言えただろう。兄は土地を担保に投機をして土地を失った。兄とその家族は今では学校の近くにある小さな家で暮らし、アグネスはその裏の小屋に住んでいる。その小屋は中では立つこともできず、体を丸めてようやく眠れる狭さで、明かりも水もない。彼女は学校で昼食の給仕をするのと引き換えに食べ物をもらっていた。

アグネスとの出会いによって私の中ではっきりと形になったものがあった。それはたぶん、この女性と自分の共通点がいつもより明確に見えたからだろう。私たちは年齢も背格好も同じくらいだった。彼女はしっかりと私の目を見て、私の母国語で話しかけてきた。そして「シスター、私を助けていただけますか」と言った彼女の物腰。この出来事について私は長い間考え、ついに次のような結論に達した。私とアグネスを、それだけでなく結婚を強要される少女たち、家出した少女たち、学校の窓から中をのぞき込む錯乱した目の「おばあちゃんたち」を結びつけているのは、私たちが皆、時期は違っても同じナラティブの中の登場人物であり、決して違う世界の住人ではないことだ。それが一目でわかる、時が静止したままの完全な現在がそこにはずっとあったのだ。

アグネスが飢え、物乞いをし、人がまともに住めないような住居で暮らす身になったのは、女性であるがゆえに土地を相続できなかったからだ。彼女の身の上がジェーン・オースティンの小説、いやドラマ『ダウントン・アビー』とも重なるのは、イギリスとかつてイギリスの植民地だったウガンダに女性の土地所有権をめぐる歴史的なつながりがあることを示唆していた。これをきっかけに、男性だけが土地を所有し相続できるという慣行は他の国々ではどれくらい一般的なのだろうと疑問がわき、私は答えを探して調査を始めた。

そしてわかったのは、『ダウントン・アビー』の原則が壮大な歴史的スケールで実行されてきたことだ。文化が違っても、時代が変わっても、土地は男性から男性にしか譲れなかった。[1] 法がどう定めようと、慣習、宗教的制限、部族の評議会、家族規範、ジェンダー役割が寄ってたかって、女性に土地を持たせなかった。母系社会においてすら、土地は女性を経由して受け継がれるが、その支配権は通常、男性から男性の手に渡る。

女性の相続と財産所有を妨げる法規範と宗教規範は貿易と征服を通じて世界中に広まった。例えば、今日の女性の相続に対するイスラム教の制限は、七世紀のアラブ人による征服と貿易の進路に沿ってまず西アフリカからインドネシアまで広まった。ヨーロッパ人は女性の財産所有を禁じる法律を植民地に持ち込んだが、この制限はすでに何百年も前から――成文法ができる前から本国で使われていた。北米、オーストラリア、アフリカとアジアの大部分で適用されたイギリスのコモンローとナポレオン法典は、既婚女性に財産権をまったく認めなかった。スペインからラテンアメリカにもたらされたローマ法系オランダ法とイベリア法は女性に相続を認める場合もあったが、他の要因が邪魔をして実効力を持たなかった。例えば、娘に相続が認められる場合でも、息子に土地を、女性の相続人には宝石や皿などの財産を与えるのが通常の資産配分だった。仮に女性が土地を相続しても、兄弟か叔父に渡すよう圧力を受けた。

今日の西洋諸国で女性が財産権を持っているのは、一八五〇年から一九八〇年にかけて行われた一連の法改革のおかげだ。しかし、改革によって女性に土地所有の権利が与えられるたびに、その変化は一時的なものでしかなかったことを歴史は示している。例えば中国では宋王朝の時代（九六〇～一二七九年）に女性に財産権が与えられたが、元王朝（一二七一～一三六八年）では孔子思想が再び流行し、女性の財産権は縮小した。明王朝（一三六八～一六四四年）になると女性の財産権はすっかり撤回されてしまった。毛沢東政権下で土地は集団所有化されたが、現代の中国では、夫婦の財産はすべて夫のものとする慣習を追認する法律を政府が制定した。[2] フランス革命によって女性は相続権を勝ち取ったが、五年後に制定されたナポレオン法典でそれを失った。オスマン帝国では女性が土地所有を含む経済的な権利を多数手にしていたが、その権利は一世紀余り後に取り上げられた後、一九二三年にアタテュルク大統領の下で復活した。要するに、今享受している財産権が永久にあると思える女性は一人もいなかった。もし映画『侍女の物語』を観て女性の権利が一夜にして大きく後退する恐怖をあなたが抱いたとしたら、それは抱いて当然の恐怖なのだ。

私が調べて知った歴史的な慣行は、今日の世界における土地所有権の過酷な状況を説明するに十分なほど広く普及し、古くから続いていた。国際連合食糧農業機関（FAO）が、世界の全地域で女性は土地所有者の一八・三％であることを示すかなり完成度の高い国別データを公表している（図8）。女性が所有する土地は男性よりも小さく条件が悪いので、土地の面積に占める女性の所有割合は実際には一八％に満たない。先進諸国では、平等法と女性の財産権ができて一世紀を経た後も、土地所有者に占める女性の割合はグローバル平均よりも少ないたった一六％だった——何世紀にもわたって女性の土地所有が禁じられてきた名残だ。[3]

したがって、世界中の耕作可能な土地の八〇％以上は男性が所有している。[4] この事実だけでも権力と

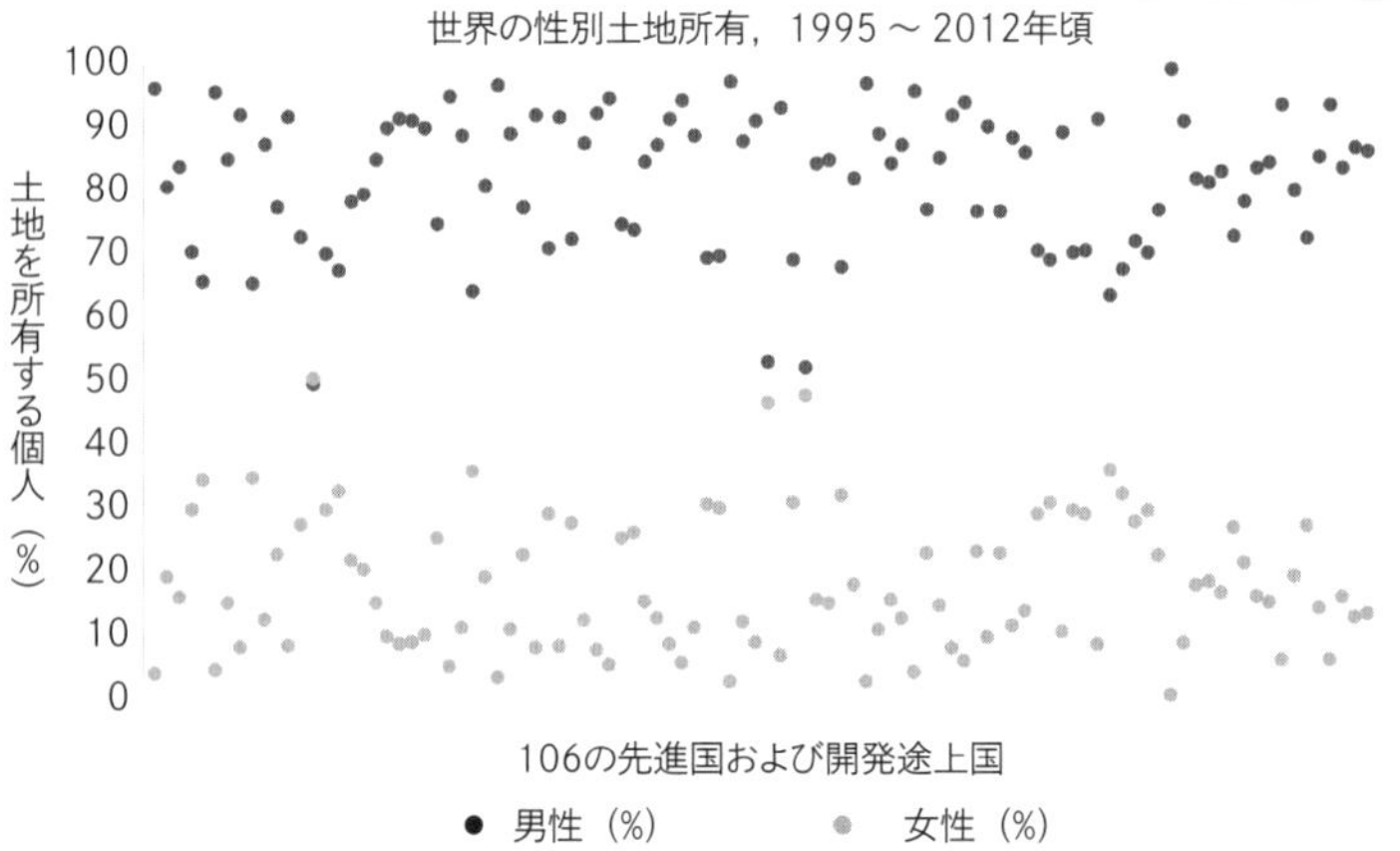

図 8　この散布図は，地域的にバランスをとった世界の約半数の国のサンプルにおいて土地所有に大きな男女差があることを示している。黒い点は富裕国と貧困国ともに大半の国において土地所有者の 70 ～ 90％が男性であることを示す。国はアルジェリアからザンビアまでアルファベット順に並べている。

出典：Food and Agriculture Organization, “Gender and Land Rights Database,” http://www.fao.org/gender-landrights-database/data-map/statistics/en/

富の独占につながっており、考察すべき重要な点である。人類の物質的な富の主要な源泉を独占支配することによって、男性は何百年、いや何千年もの間、世界の資本を操る力を持ち続けてこられたのだ。

　調査してみて、成文法ができる前から一族の慣習によって女性が土地の管理から締め出されてきた事例が世界中にあるとわかった。アグネスの状況は、正式な財産権があっても慣習が女性を脆弱な立場に置くことを示している。ウガンダでは、国の法律が寡婦に財産相続権を与えているが、現実には慣習法、宗教法、制定法の三種類の法があり、この問題の扱いはそれぞれ異なる。政府は制定法を優先すべしとしているが、特に農村では、慣習法と宗教法のほうが影響力がずっと強い。慣習では一族の男性が家族の土地をすべて管理し、男性一人ひとりが死ぬまでの間特定の区画を与えられ、耕作して農地として開発するのも放置するのも自由だ。亡くなると所有地は家族の男性たちに戻され、大部分はその男性の息子（いれば）に譲られ、残りは一族の他の男性たちに再分配される。娘は結婚するまで父親の土地に住むことを許される場合もあり、結婚後はその土地は家族の男性たちに戻される。寡婦には財産が渡らないよう一族は手を尽くす。彼女が再婚する恐れがあるからだ。もし再婚すれば、土地は別の部族に所有され、どの一族にも土地が男性のみに属するものとする決まりがあるため、家族は土地を永久に失うことになる。[5]

東アフリカの慣習では寡婦自身が財産であり、ゆえに財産を所有できないとしている。自分の財産や収入がなければ、子どもを引き取ろうとしても扶養する手段がないため、寡婦はたいてい「妻の相続」という慣習に甘んじるしかない。同じ部族の別の男性の妻になるのだ。再婚相手の男性についての選択権は彼女にはない。亡くなった男性の財産を相続する立場の男性たちが彼女と性交渉したうえで、誰が妻に娶《めと》るかを彼らが決める仕組みになっている。「［葬儀が終わった］その晩に、たくさんの男性たちが彼女のところにやってきて、それに対してなすすべはないのです」とあるケニア人女性がヒューマン・ライツ・ウォッチに説明した。「経済力がない限り断れません。この男性が石鹸をくれたら、あの男性が肉をくれたら、ノーと言えない。性交渉を拒めるのは経済力のある女性だけです。男性は見返りを持ってやってくる。彼女にとって必要な見返りを」[6]。東アフリカの多くの地域社会には「寡婦浄化」の慣習もある。通常は地域社会の外にいるはぐれ者が「浄化人」に指名され、寡婦をレイプする。彼の精子が死んだ夫の霊を取り除き、彼女を「浄化」して、新しい所有者に受け入れられるようにするのだ。

こうしたことすべてはコンドームなしで行われる。ケニアの寡婦浄化人は次のように説明する。「女たちにコンドームは使わない。直にやらないとだめなんでね……精子を出さないと相続できるようにならないから……避妊はしない。俺の子どもを産んだ寡婦が二人いるよ。父親らしいことは何もしていないし、援助もしていない」[7]。ウガンダはＨＩＶ／ＡＩＤＳの感染率が世界でも指折りに高く、女性は男性の二倍感染しやすい。

まさかと思われそうだが、私がここまで述べてきたことはどちらかといえば秩序にのっとった手続きである。「財産略奪」と呼ばれる慣習では、亡くなった男性の家に親族の男性が誰でもやってきて寡婦と子どもたちを追い出し、居座って家と家財の所有権を主張できる。すると他の者が対抗して所有権を主張し、暴力沙汰になることも多い。

寡婦が実家に戻らないのはなぜか。結婚のときに両親が花嫁代償を受け取っている。だから夫の一族に返金しない限り、家族は彼女を取り戻せない。また、娘を引き取れば母子を経済的に支えなければならなくなる。そもそも少女たちが遠くの一族に嫁ぐのは彼女たちが経済的負担だからだ。そのため、実家は寡婦が戻ってくることを許さない場合もある。アグネスがたった一つ幸運だったのは、家族が迎え入れてくれたことだった。

寡婦が仕事に就かないのはなぜか。貧困国に正規雇用は非常に少なく、農村にはほとんど存在しない。正規雇用があるなら、男性が優先的に就職する。慣習として、妻が稼いでくるお金は夫が取り上げる――一世紀前の先進国でもそうだったように、それが夫の権利とみなされている。妻には貯蓄するチャンスがほとんどない。寡婦になれば通常、生活費は数日ももたない。実のところ、妻にお金があることを夫の図々しい親族が知れば、自分たちに権利があるからと力ずくで奪うだろう。

したがって、法に基づいて権利を主張することはこのような女性たちにはまず不可能だ。弁護士を雇うにも、バスに乗って町に出るにも、ましてや裁判中の生活にもお金がかかる。親族が暴力に訴える傾向も障壁になっている。慣習に逆らった寡婦を守るには何年間も二四時間体制で警備をつけなければならない――寡婦の周囲の文字通りすべての人間が彼女の財産を奪おうと考え、その権利が自分にはあると感じているのだから。このような方法で国の制定法を執行するには、ウガンダの警官の数は足りない。結局のところ、女性が手にできる最大の保障は、土地を継いで自分と娘たちに制限付きの安全を提供してくれる息子である。女性が息子を大事にするのを国際社会は事情も知らずに非難することがあるが、彼女たちの態度は切実な恐怖に根ざしている。態度が変わるには経済が変わらなければならない。

ウガンダでは、宗教上のしきたりも相続権の執行に影響を与える。人口の約一二%がイスラム教徒であり、ウガンダのイスラム法の解釈では、夫が亡くなれば子どものいる寡婦は財産の八分の一を受け取れる。しかしウガンダではよくあるように夫に複数の妻がいた場合、その八分の一を残された妻全員で分けなければならない。寡婦に子どもがいなければ、何ももらえないこともある。

とどのつまり、夫を亡くしたウガンダ人女性には貧困と襲撃の危険が間近に迫り、頼る相手もいない。サハラ以南アフリカ全土で同じ話が繰り返し聞かれる。ケニアのこの話のように。

エミリー・オウィノの夫が亡くなってまもなく、義理の家族は彼女の持ち物をすべて――農具、家畜、家財道具、衣類に至るまで――取り上げた。義理の家族は彼女を家に置く条件として、地域の慣習どおりはぐれ者と性交渉して「浄化」しろと主張した。彼らは牧童に金を払い、オウィノを無理やりコンドームなしで性交渉させた。その後農地も取り上げた。彼女は長老と族長に助けを求めたが、何もしてもらえなかった。義理の家族は彼女を子どもたちともども家から追い出し、母子はある人から雨漏りする小さなあばら家を提供されるまでホームレスになった。授業料を払う余裕がなく、子どもたちは学校を中退した。[8]

こんな話が何百万という寡婦および彼女らと夫を共有していた妻たち（そして一家の子どもたち）の数だけあると考えれば、貧困のうちに暮らし、病気に感染し、教育を受けられないアフリカ人の数が増え続け、この地域が経済的に好転するのは不可能に近い理由がわかる。G20に助言するある国際的なシンクタンクのオーナーにこの状況を説明したことがある。彼は驚いていた。アフリカの脱貧困をめぐる提言に女性の境遇を考慮すべきだなどと、彼は考えたこともなかったのだ。

世界中で、土地所有を通じて男性が握っている優位性は、農機具、技術的ノウハウ、肥料や殺虫剤のような投入資本の支配にも波及している。開発途上国ではどこも、銀行がローンの担保として土地しか認めないため、トラクターや脱穀機や大型家畜などの生産設備は男性しか所有できない。

土地を所有する数少ない女性たちも、持っている区画は小さくて土壌が貧しく、耕作する手段が少ないため、なけなしの所有地を失いやすい。農業はリスクの高い事業である。災害に見舞われれば、女性のほうが立ち直るのが難しい。現金化できる資産が少なく、他の方法でお金を稼ぐ機会も乏しいためだ。より脆弱な立場にあるために女性たちはリスクを避けるが、それを金融業界は臆病だからだと解しやすい。女性のリスクが男性のリスクとは異なること、女性の回復力が男性より限られていることに考えが至らない。

ほぼ男性ばかりの農業指導員は、新しい農法や技術について男性にだけ話をする傾向がある。男性のほうがイノベーションを利用しやすい立場にあると考え、情報は女性に「トリクルダウン」すると想定しているのだ。そのため女性たちは新しい手法の情報にうとく、情報を活用する装備も整っていない。新技術を普及させる国際計画はいつもイノベーションが男女平等に利用できると想定しているが、現実は違う。

重い農具は男性向けにできているので、女性が扱えない場合は男性を雇って作業してもらわなくてはならない。ところが男性はたいてい女性のために働くのに抵抗があり、収穫期の後半まで作業を引き延ばすので、女性の収穫量は減ってしまう。農作業で女性が被る数々の不利益が重なり、最終的な食糧生産は二〇〜三〇％少なくなっている[9]。生産資源へのアクセスが男性より少ないことも、多くのジェンダー障壁とともに市場で女性に不利に働いている。

ある日ケニア国境の山の中で私は、自宅周辺の小さな三角形の土地でコーヒーとバナナの事業を始めようとしていた女性と市場の課題について話し合った。ジュリアの夫はウガンダで「ボダボダ」（オートバイの音にちなんで）と呼ばれるオートバイを使ったタクシーサービスを営んでいた。ボダのドライバーはウガンダで毎日のように死傷事故に遭っている。アグネスを思い出して、私は万が一夫が事故で亡くなったら夫の兄弟に家を奪われるのかとジュリアにたずねた。「そんなことする人たちじゃないですよ！」と彼女は笑い飛ばした。彼女が正しいことを願っている。

私たちの会話は生産品を売る物流手段に移った。ジュリアは住まいのある小さな村で農作物の一部を売ることができたが、そこはさらに高い山の上の小さな集落向けに市の立つ町でもある。市場では週に一度、バナナ、コーヒー、トマトなど旬のものがふんだんに売られている。そこでは値段が安いうえに完売するとは限らないため、彼女は谷にある、私がそのとき滞在していたもっと大きな町で売ろうとしていた。しかしジュリアには輸送手段がなく、子どもたちを置いていくわけにもいかない。そこで彼女は山と谷を車で往復する何人かの男性のうちの一人を雇い、幹線道路沿いに売店を持つ友人に作物を届けてもらっていた。運ぶ量が少ないため、ジュリアは男性たちに目の玉が飛び出るほど割高な謝礼を支払っていた。彼女と話しながら私はクリスティーナを思い出していた。クリスティーナは私がインタビューした別の女性で、同じ道路沿いで売店を経営していた。利益はほとんど出ていなかった。ジュリアから法外な謝礼を取っている同じ男性たちから、商品を高い値段で買っていたからだ。

私は頭の中で解決策を探った。ジュリアや他の女性たちがトラックを購入する余裕はないだろうが、もしあれば役に立つのでは？　「ジュリア、もし明日の朝、目が覚めたとき天使がトラックを置いて行ってくれていたらどうする？」と聞いてみた。彼女は間髪を入れず答えた。「夫に運転を習ってもらう！」

この問題はなおも頭から離れなかった。夜になって、私はアフリカの中でも大好きな定宿「ローズ・ラスト・チャンス」で、男性たちは自分の農作物をどうしているのかと聞いて回った。ローズではお湯が出ず最低限の調理設備しかないのに、おいしい食事を出してくれる。コカ・コーラと瓶ビールが冷えている冷蔵庫と水洗トイレがある――どれも贅沢品だ。ローズはこのごく小さな町（郵便局も銀行もない）の中心的人物で、一緒にいてとても気持ちのいい人だ。夕方になると人々がやってきて彼女とビールを飲み、滞在客とも気さくに語り合う。その晩、男性がどうやって作物を売っているかという私の質問に多くの人が答えてくれた。彼らによると、男性たちは協同組合を組織し、町からくる仕入れ業者と定期契約を結んでいるという。男性たちの組合はどこも女性を加入させない。開発途上国の農業組合にはよくあることだ。

世界中で、食品の仕入れ業者が大型契約を結ぶ相手は男性である。下請け、賃金労働者、ただ働きの家族、どんな立場であれ、実作業のほとんどを担うのは女性であるにもかかわらずだ。例えばＦＡＯは南アフリカで砂糖の契約農業の七〇％は女性が行っていると報告している。インドのパンジャブ地方では野菜の契約農業で女性が働く時間は男性よりも長いのに、契約は男性が支配している。中国のある大規模な契約農業事業はあからさまに女性を契約対象から排除したが、何千人もの女性農業従事者が作業の大部分を行った。ケニアでは大型の農業契約を結んでいる女性は全体のわずか一〇％、セネガルでは一％だ。業者が女性農業者との取引を避けるのは、女性は土地の所有権が危うく、大量生産できず、適切な農具や輸送手段を持たず、銀行から信用貸しを受けられないため安定性がなく、一般的に供給リスクがあるからだ[10]。

ローズの宿に集う人たちが話してくれたところによると、毎週同じ曜日にあちこちの町から大きなトラックが谷に乗り入れて、決まった場所に停車して作物を買うという。翌日がトラックのくる日だったので、私は夜明けに起きて自分の目で確かめようと現場に出かけた。男性たちが大量の作物を持ち込んできた。ピックアップトラックを自前で持っているか、共同所有しているらしい。町からのトラックドライバーとは知り合いで、取引は明らかにあらかじめ決められたもののようだった。たまに山のようなバナナを背負い、お腹には赤ちゃんをくくりつけた女性が困った様子でトラックからトラックへと歩き回っているのを見かけた。女性たちはルーティン化した会話と取引に入っていけていない。それにトラックが買うのは一定の量以上で、人が背負ってきた程度の量は相手にされなかった。

女性たちはふつう、自宅近くの小さな土地――夫の温情で「与えられた」――でささやかな作物を栽培したり小型の家畜を育てたりして、かろうじて収入を得ることしかできない。と同時に、夫の土地の農作業は大半を彼女たちが行う。無償でだ。そのうえ家事と育児もしている。手工芸品の販売を試みる場合もある。労働のほとんどを担っていても、女性たちが夫の土地から上がる収入の分け前をもらうことはまずない。そのため、女性たちは大型契約に参加できないだけでなく、夫が得る利益にも一切関われない。夫は妻が植え、育て、処理し、袋詰めした作物を取り上げて市場で売り、そのお金を懐に入れる(図9)。そして自分が必需品だと考えるものを買うお金を妻に渡す。[11]

女性は女性だけの協同組合を作れば毎週大きなトラックに売りに行けるのではないか、と私は考えた。輸送手段は必要だろう。そこで私は皆に天使がトラックを置いて行ってくれたらという例の質問をし始めた。答えてくれた女性たちのうち、自分が運転を習うと言ったのはたった一人だった。なぜ他の人たちは運転しようとしないのだろう。言い分はさまざまだったが、突き詰めれば理由は同じだった。運転は男性がするもので、女性はしない――ネクタイをしたりタバコを吸ったりするようなこと、というのだ。マスメディアの影響が及ばない場所でも、人々はジェンダー・ステレオタイプにどっぷり浸かっていた。

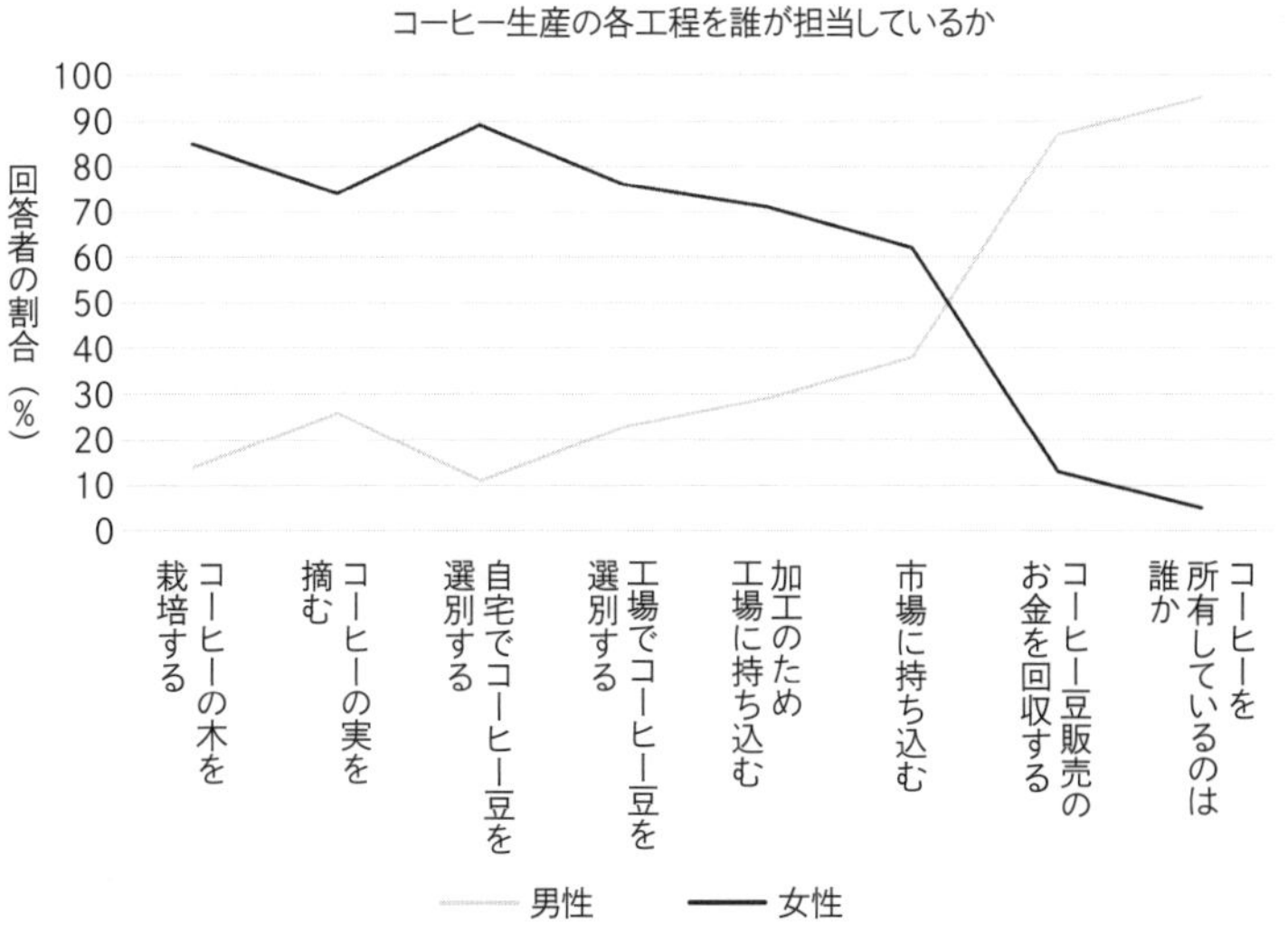

図 9　インターナショナル・ウィメンズ・コーヒー・アライアンスがコーヒー生産の分業についてケニアの男女を調査した。その結果を示すのがこの折れ線グラフである。横軸は植え付けから収穫を経て販売するまでの，コーヒー栽培の各工程である。縦軸は各工程の実作業を行う男女比を示す。工程の初めから終わりまでの線を見ると，作物を市場に持ち込むまでの仕事をほぼすべて女性が行っているが，コーヒーの実際の販売にはほとんど参加していないことがわかる。最後の指標は，女性がコーヒーを育てる作業のほとんどを行っているにもかかわらず，コーヒーを所有しているのは男性だとみなされていることを示している。

出典：Mary Johnstone-Louis, *Case Study: International Women's Coffee Alliance*, Power Shift: The Oxford Forum for Women in the World Economy, 2013, https://www.doublexeconomy.com/wp-content/uploads/2019 /09/Power-Shift-IWCA-Case.pdf

それでも私はあきらめきれなかった。次に考えたのは付加価値をつける可能性だ。わが国のおばあちゃんたちがやっていたではないか。サルサやチャツネやジャムを手作りし、独自のレシピによる個性を売りに利益を上げるのだ。山に戻ると、私は各家庭のキッチンをじっくり観察し始めた。ジュリアのキッチンは家の裏手に石を丸く並べたもので、そこに彼女は毎日薪をくべて料理をしていた。このアウトドアキッチンの上にはひさしがかかっていて、下の土はきれいに均《なら》されていた。もっと立派なキッチンも他にいくつか見たが、どれも屋外にあって並べた石の中に薪をくべて火を使う方式だった。

付加価値商品の評判を築くために必要な安定した味を出すのは、思いどおりにならない薪の火力を使ってでは難しいだろう。それにどれだけ差別化できるのかと私は思案した。アフリカの農村の食事は毎晩同じで味も淡白な傾向がある。どんな調味料が手に入るか聞いてみた。ショウガ、タマネギ、砂糖少々。これだけで個性的な商品を作るのは難しそうだ。

サルサやチャツネがビジネスとして成立するには村の外部に販売するしか方法がないだろう。となると再び悩ましい輸送手段の問題が出てくる。輸送に耐える規格化したコンテナも必要だろう。ジュリアのような人がそんなものをどうやって見つけ、購入資金を調達し、運び、保管するのか、正直なところ見当もつかなかった。さらには殺菌と密封もハードルになる。起業するにはたとえ少額でも資本が必要だ。そんなお金がどこから出てくる？

ジュリアが暮らす村では、キャサリンとアリスという二人の女性が、わが国のおばあちゃんたちにもなじみ深そうな事業を営んでいた。キャサリンはレストランを開いていた。人々が山から下りてきて食べる場所を求める市場の日以外はほぼガラガラだ。けれども料理を作るのに必要最低限の材料を仕入れてわずかな利益を乗せることによって、キャサリンは子どもたちを食べさせて学校にやれるだけの収入を得ていた。アリスは酒場を持っていて、自分が醸造したビールを出している。アリスが作るビールは他の地ビールと同じくトウモロコシと水が原料で、冷やさず甕《かめ》で出され、男性たちがグループで同じ甕から長いゴム製ストローで飲む。ビールは毎晩ここならではの需要があった。というのもこの村では、ウガンダの農村と同じく、男性たちが皆互いにビールを奢《おご》り合うのが夜の習わしとして浸透していたからだ。市場のある日は書き入れ時で、周囲の山からくる男性たちが取引を終え、一服しようと彼女の酒場にやってくる。アリスは特別に恵まれていた。ビールは夫の土地で産する材料を使って作っているのに、夫は彼女の稼ぎに手をつけなかったから――彼が自分の土地でできたものを彼女から取り上げるのは当然の権利ともいえたはずだ。アリスとキャサリンは自分たちが活動できる精一杯の小さな市場で、できたての食事や飲み物を出していた。キャサリンの店の隣にはもう一軒レストランがあり、村にこれ以上レストランが増えたらやっていけないだろう。

私が至った結論は、もっと大きな農業市場へのアクセスが改善されない限り、山の女性たちには厳しい制約があるということだった。輸送手段がない、価格の交渉や大量生産ができない、協同組合から排除されている、移動に制約がある、資本や技術が限定的にしか使えない、これらが重なって経済力を持つことへの厚い障壁になっていた。

外部から働きかけが始まっているのは希望の光だった。多国籍企業の中には大手NGOや政府の助力を得て、女性を支援する取り組みをしているところがある。例えばコカ・コーラとウォルマートは小自作農の女性たちに新しい農法を教え、収穫物の質と量の向上を図っている。モンデリーズ・インターナショナル（キャドバリー、ナビスコ、クラフトが合併してできた）は女性比三〇％以上の協同組合から優先的に購入する強い意向を発表した。こうしたプロジェクトの効果が査定される際、企業は当地の食卓が豊かになり、学校に行く子どもが増え、ドメスティック・バイオレンスが減ることを期待している。これまでの研究で、女性たちが経済的にエンパワーされるとドメスティック・バイオレンスは減少すると言われている。[12]

企業がこのようなプロジェクトに参加する理由はいろいろある。このような取り組みは消費者の態度にも、従業員の採用と引き留めにも好ましく影響する。投資セクターにおいても、社内外のジェンダー差別の解消が株価に好影響をもたらす（後で説明する）ことへの認識が高まっている。しかし企業が農業で女性たちに協力する最大の理由は供給確保である。男性たちが職を求めて都市部や他国に移住する傾向が顕著に増えているが、後に残されて農作業に従事する女性たちはいまだに非常に不利な状況に置かれている。製品の生産に特定の作物を必要とするコカ・コーラやモンデリーズのようなメーカーや、特定の果物と野菜を消費者に直接販売するウォルマートやマークス＆スペンサーのような小売企業は、権利と資源が制約されたままの女性に農業を担わせることが供給に及ぼす影響を懸念し始めている。すでにバナナ、コーヒー、カカオの将来の供給は危機に瀕しており、他の作物も後に続くと見られている。[13]

農業市場のこの非効率性が世界の飢餓と貧困に与える影響には、私たち全員が関心を持たねばならない。国連によると、世界で九億二五〇〇万人が慢性的な飢餓状態にある。食糧生産における女性の不利益を取り除けば、そのうち一億五〇〇〇万人は飢餓から解放される。条件が平等になれば、女性農業者は男性と同じ生産量を上げられることも研究は示している。GDPの主要な源泉を農業に頼る多くの貧困国は、この特定のジェンダー問題を解決するだけでGDPが年に約二・五〜四％増加するだろう。[14]

農業に従事する女性を不利な状況に置くことは、食料不安の一因にもなる。人は飢えれば争うから、食料不安は社会の底辺で摩擦を引き起こしやすい。局地的な紛争は資源にも人的にも損害をもたらし、紛争が広がれば病気も広がる。グローバルな媒体があり密に接続している今の時代、このような紛争はグローバルに影響を及ぼす可能性がある。

富裕国の政府は何をしているだろうか。やるべき水準にはまったく届いていない。農業支援の二大提供者はアメリカ合衆国国際開発庁とイギリス国際開発省〔訳注：二〇二〇年に外務・英連邦省（FCO）と統合し、外務・英連邦・開発省（FCDO）になった〕である。いずれも開発途上国の女性向けプログラムを数多く揃えてはいるが、女性たちに充てられる予算の割合は依然として小さい。他方で男性向けプログラムには多大な額を注ぎ込んでいる。これで施策に「ジェンダー・ニュートラル〔訳注：性別による偏りがない〕」を標榜するのはどう見ても看板に偽りありだ。

土地とお金がすべて男性によって管理されているコミュニティでは、女性が食べ物や住まいにアクセスするには男性の「庇護」の下に入って情けを受けるしかなく、男性に依存してきわめて脆弱な立場にある。女性の一生はほぼ完全に結婚相手の男性の人柄で決まるが、誰と結婚するかは十中八九、女性に決定権がない。女性だって人間なのに、人格を無視されて結婚で売り買いされる。その結果、男性が妻を自分の好きなように使えるモノと見るようになることがめずらしくない。次のように語るコンゴ民主共和国の男性のように。


私は家族とごくふつうに暮らしていたふつうの男です。私の行動は世の男性と何も変わりませんでした。妻は私の奴隷でしたから、何の権利もなく、私を絶対に尊重しなければならなかった。いつも家にいて、他の女性に会いに出かけるなどもってのほかでした。妻は私の従属物でした。結婚にあたって私は花嫁代償を払ったのですから……妻を思いどおりに扱う権限があったのです。いつでもどこでも場所を問わず、私の気分次第でセックスの相手をさせました。拒めば罰を与えました。私は家では完全な暴君でした。[15]

依存状態は往々にして権力を持つ側を嗜虐的にする。だから生きるために男性に依存しなければならない女性たちはたえずドメスティック・バイオレンスの脅威にさらされている。世界保健機関の国際比較調査がドメスティック・バイオレンスの予測因子を（1）子どものときにそのような暴力を目撃していたかどうか、（2）地域社会がそのような暴力を容認しているかどうか、（3）男女に大きな経済格差があるかどうか、であるとしている。[16] 開発途上国の農村地域には三つの因子すべてが存在する傾向が高く、これらがあいまって暴力が世代から世代へと受け継がれてしまっている。貧困国では、女性が「言うことを聞かなければ」殴るように地域社会が求めさえする。家庭内の暴力があたりまえすぎて、夕食を焦がした程度の小さな罪であっても男性が妻を殴るのは正当だ、と女性たち自身が研究者に語ることもよくある。[17]

『American Journal of Public Health（アメリカ公衆衛生ジャーナル）』に掲載された二八か国の最近の調査で、経済的により対等な立場である、特に土地や大型家畜のような生産的資産の所有権があると、親密なパートナーからの暴力が大きく減少することがわかった。[18] どの国でも、女性が自分を虐待する家庭にとどまる最も多い理由は他に生きる手立てがないことである。女性の経済的エンパワーメント運動に携わる私たちがよく目にするのは、女性が初めて稼いだお金を使って、暴力を振るう男性のもとを去る姿だ。
暴力がわざと飢えさせるという形を取ることも多い。機嫌を損ねた男性が女性に――子どもたちが道連れになる場合もある――食べる資格を取り戻したと自分が思うまで、食事を与えないのだ。例えば二〇一一年のテキサス大学の調査では、バングラデシュの農村の既婚女性の半数が前年にパートナーから身体的な虐待を受けていた。当地の文化では女性が自宅を離れることが許されないため、家に入ってくるものはすべて家長が持ち込まなければならず、意図的に食事させないことが手軽な体罰の手段になっている。「どんなに殴られても出ていけないのです」とある女性は報告した。「怒ると食べ物を持ち帰ってくれません。子どもの分さえも」。回答者の多くは、食べ物をくださいと頼んでさらに殴られるリスクを冒すよりも空腹を選んでいた。ある女性は娘たちに食べ物を譲ったが、自分が空腹だとは言わなかった。「言えばその晩、夫に殴られるでしょうから」[19]
食物の配分を男性が支配していることは、家族の中で女性が最後に食べ、最も量が少ないという一般的な慣習に如実に表れている。食事時間や食事の部屋が別であったり「女性向け」とされる別の献立があったりするのはすべて、不平等な食物配分が慣習化し「わが国の文化の一部」になったものだ（先進国では、通常より大きな食品パッケージを「男性サイズ」と称するところにこの習慣の名残が見られる）。
「朝、父にはお茶にクリームを添えて出されるのに、父の姉妹にはお茶しか出ませんでした」とパキスタン人活動家のマララ・ユスフザイは、パシュトゥーン族として過ごした父親の幼少時代について書いている。「卵があれば、それは男の子だけのためでした。夕食に鶏をつぶしたとき、女の子がもらえるのは手羽と首の肉で、風味のよい胸肉は父と父の兄と祖父が食べました。『幼いときから、姉妹との違いを感じていた』と父は言います」[20]。マララは祖母が何を食べていたのか書いていないが、もし他の家庭と同じであれば、父の母親は全員が食べ終わるまで手をつけず、後で残り物を食べ、ときには何も食べずにすませることもあっただろう。食べる物が少ないときはそれが女性の役回りなのだ。

「食事は最後で最も少ない」ルールは非常に一般的であると認識されるようになったため、各種国際機関が生物種レベルで栄養上の影響を与えているかどうかのデータを収集し、専門家が性別栄養指標を開発している。[21]特に懸念されるエビデンスは、女性に最後に一番少なく食べさせることが新生児に与える影響を示している。

二一世紀の国際胎児・新生児成長コンソーシアム(略称INTERGROWTH-21st)は産科研究者のコンソーシアムで、出生時体重についてのグローバルな調査を最近行った。出生時の低体重は幼少時に多数のリスクをもたらすだけでなく、一生を通じて病気と虚弱体質のもとになる。栄養不良の母親から生まれた子どもは五歳までに亡くなる可能性が二〇%高い。[22]しかし、他国に比べて小さな赤ちゃんが生まれる国々は文化的嗜好が違うだけだ(とかなんとか。「あの国の文化だから」は不合理なあれこれを隠蔽するためによく使われる言葉だ)と長い間言われてきた。いずれにせよ、INTERGROWTH-21stは出生時体重は母親がどれだけ食べケアされてきたかを示す関数だとはっきり立証した。小さな赤ちゃんが生まれてくる国々は女性たちが粗末に扱われている――特に食事が最後で一番少ない国々である。[23]

それだけではない。この研究チームによれば、女性の栄養と医療は妊娠前から子どもに影響を与える。女性は受胎前から何年にもわたってケアする必要があるという。先天性欠損症は遺伝的なものもあるが、女性の栄養状態が悪いことも原因になりうる。これは幼少時も含む。というのも女性の一生分の卵子は生まれたときすでに体内にあるからで、低栄養状態が続くと卵子が損傷を受けやすい。だから女性に少ししか食べさせない慣習は国民を本来の体格よりも小さくしているだけでなく、病気や先天性欠損症のある体で生まれさせているのだ。

先日、憂慮すべき経験をした。ニューヨークのフェミニスト学者のグループ（開発途上国に行ったことのある人は一人もいない）から、国際機関は「最後に一番少なく」食べる慣習に介入すべきではない、それは「覇権国」による文化侵害になると上から目線で言われたのだ。このフェミニストたちは「最後に一番少なく」ルールが無害で、むしろ趣があるとさえ考えているようだった。私と同僚たちにとっては、世の中に真実を伝えることがいかに大切かを知る恐ろしい教訓になった。暴力の脅威が付随する意図的な飢餓は無害でもなければ文化的な個性でもない。そんなものは誰かの文化的特権ではない。人権侵害以外の何物でもない。

食物の支配に加え、男性の家長が土地を支配していることは、女性の住む権利も支配していることを意味する。男性家長は、いつ追い出されるかわからない暗黙の脅威を通じてだけでなく、外出を直接禁じるという形で、女性の居場所を決める権限を手にしている。通常、このような制約は純潔を守ったり維持したりするためとして合理化されるが、移動や通信の制限は実質的に女性に依存を強いている。

今では女性のエンパワーメント水準を評価する調査が国際的に多数行われ、標準的な質問項目が定まりつつある。その一つが、女性が夫の許可なしに外出できるかどうかを問うものだ。この質問がエンパワーメントの有効な代用データになるとわかったのは、女性が村、家の敷地内、家からさえも出ることを許されない状況があまりにもよく見られるからである。こうした制約が重視されるばかりに、特に出産時に女性が命を落とす場合もある。夫がその場におらず女性が医療を求める許可をもらえないせいだ。ウガンダのある年配の女性は、夫の承諾をとらずに家から出たことは一度もない、そういう女性にも生まれてこのかた会ったことがないと私に話してくれた。

農村の文化の中で暮らす女性たちは先進国の女性たち以上に無償奉仕の負担に苦しんでいる。水道や電気のようなインフラがなく、家電などの省力化製品も使えないため、彼女たちが家事に費やす時間は桁違いに長い。料理に使う薪を探し、重い水を運ぶのに毎日数時間かけている。洗濯は特に時間のかかる重労働だ。川かバケツの水ですべての衣類を手洗いしなければならない。薪を燃やす炉での料理は健康に悪影響が大きく、時間もとられる。こうした悪条件が重なった結果、開発途上国の女性たちは同胞の男性たちや他国の女性たちよりも深刻な時間貧困に陥っており、これが彼女たちの農業生産性を下げている。FAOはこのような時間の使い方を変えるために公共財と耐久消費財への投資を推奨している。例えばタンザニアでは、家事の省力化に投資すると無償労働が年間八〇億時間（四六〇万人分の有償フルタイム職に相当）も節約できると推計している。[24]

一九七〇年代にデンマーク人経済学者のエスター・ボーズラップが述べたように、アフリカの家族農業社会では女性が伝統的に昼も夜もない過酷な労働に従事している。妻は当時も今と変わらず、無償で夫の土地で働かされると同時に育児と家事をすべて担っていた。[25] 手工芸品や小さな菜園の作物を作って売り、みずから稼ぐことも期待されていた。その収益で自分や子どもたちの生活費を賄う――つまり妻も子どもも夫からの扶養は受けられなかった。女性たちは昼も夜も働いた。男性は有閑階級だった。畑にくるのは「監督」するためだけ。収入を増やしたければ働き手である妻をさらに買う。女性は無償で働き生活費は自分で負担していたから、労働力を追加するコストは最初に支払う花嫁代償だけですんだ。女性には何も手に入らず、何も所有できなかった。自分自身の体でさえも。

今日でも、女性たちは菜園の作物と手工芸品を売ってお金を稼ごうとしている。いまだに子育て、特に教育は女性の責任とされている。車に乗っていると、ほとんど往来がないため道らしい道もない場所でさえ、彼女たちがヤムイモやトマトを手に近づいてくる。幹線道路を走ると道沿いに彼女たちが手工芸品を布の上に並べて立っている。どの品物も隣の女性の商品と変わりばえしない。伝統的な手法で作ったものばかりだからだ。現地で見てさえ陳腐だから、ネット販売したり西洋に持って行ったりしても売れないだろう。それでも女性たちは土地も賃金もない無一文の身だから、目新しさのない商品をこんな粗末な市場に持ってくるしか生計を立てる手段がないのだ。

男性たちが生産手段を所有していれば雇用主にもなりやすいのは、『資本論』を読んだことがなくてもわかる。女性たちは無償の家族労働者としてだけでなく有償労働者としても農業に参加している。FAOの調査によれば女性が農作業の43％に従事しているが、同機関はこの数字は低すぎると注意書きをつけている。女性たちは多大な農作業を家事と子育てのかたわら行っているため、植え付け、耕作、収穫にどれだけ時間を費やしても自分たちを農業従事者と自覚していないことが多いのだ。そんな女性たちはFAOが調査にきても、該当する欄にチェックマークを入れず、統計から漏れてしまう。[26]

農業で賃金労働している女性たちは季節労働者、非正規労働者、パートタイマーであることが多い。つまり最も賃金が安くて不安定な身分に集中している。農業では女性労働者に対する暴力も蔓延している。保護がもっと手厚いと思われそうなアメリカでさえ、農場監督者が畑で女性たちを襲う。ほとんどのケースで、雇用主は一切の同情を示さない。法廷もだ。[27]

農作業の種類にも男女の分断がある。重機を使った賃金の高い仕事はすべて、本当に男性がする必要があるかどうかに関係なく「男性の仕事」と見なされる。どれが「男性の仕事」と考えられるかは賃金水準によって変わる。女性が主に行っていた農作業の賃金が上がると、男性が参入してその仕事を奪う。するとその仕事が、長年何かしら理由をつけて女性の仕事とされていたにもかかわらず「男性の仕事」になる。FAOが労働時間、資格、経験でデータを補正し、「同じ仕事」で男女を比較すると、世界的に女性は農作業に対して男性よりも大幅に安い賃金を支払われている。[28]

フェミニストは何十年もの間、家事をするから女性が低く評価されるのだ、農業のような「重要な」仕事をすれば自由への道が開けると信じてきた。フェミニストの学者たちは農作業に尊厳があるという前提を使って、産業資本主義やヨーロッパの植民地主義から女性の隷属が始まったとも主張してきた。この考えが本当なら、女性が膨大な農作業をする文化はジェンダー平等であるはずだ。

ではそれについて見ていこう。経済協力開発機構が社会制度・ジェンダー指数（SIGI）と呼ばれるスコアを算出している。本章で述べてきたような虐待、つまり差別的な家族規範、女性に対する暴力、資源特に土地と資本の利用制限、息子偏重、女児殺しの慣習が存在するかどうかを査定するために作られたものだ。SIGIスコアは、安全、資源、平等な扱い、人として尊重される権利が、農作業に従事する女性が多い国々で全般的に最も低いことを示している。[29]

ウガンダで活動する私のチームが現在、これらの条件が女性に及ぼす影響を評価しようと心理テストを実施している。そして女性たちが男性よりも大幅に高いメンタルヘルス・リスクにさらされていることがわかった。女性の権利が非常に少ない国々で行われた他の調査と重なる結果である。[30] 私があまりにもよく見かけた、校庭をさまよう錯乱した高齢女性たちは、経済的に不安定で虐待される人生に耐えてきた――それが彼女たちの精神状態に作用した可能性は高い。

私たちには人間社会の一員として、このような女性たちに同情を寄せ、特定の性別に課せられた自由と安全への経済的な障壁を取り除く努力をして手を差し伸べる義務がある。女性が土地の権利を獲得するための支援プログラムがさまざまな場所で実行されているが、これを世界中に広げなければならない。技術と市場へのアクセス支援も同様だ。各国政府が援助の配分をもっと公平にすべきなのは言うまでもない。ごくシンプルで、地元の慈善団体や教会グループのような小さなボランティア組織ができる介入もある。例えば、メリンダ・ゲイツが著書『いま、翔び立つとき――女性をエンパワーすれば世界が変わる』（久保陽子訳、光文社、２０１９年）で、女性が最後に一番少なく食べる慣習を農夫とその家族が寸劇で演じるのを観たエピソードを語っている。観衆の男性たちは、お腹を空かせた女性と子どもを待たせて男性が先に食べる姿を隣人の演技で見て恥じ入った。強く心を動かされた彼らは自分たちの行動を変えると誓った。このような反応を知ると、皆で力を合わせれば女性の経済的自由はきっと実現できると思える。

本章で述べてきた状況の中で暮らしている何億人もの女性たちは、経済的排除によってその境遇に閉じ込められている。男性が土地を独占していることの結果が彼女たちの苦しみだ。たしかに文化的規範や宗教的な慣習も加担しているが、文化や宗教の違いはうわべにすぎない。国と時代と文化を超えて共通するパターンは、経済依存が移動の制限、食と住の不確実さ、いわれなき暴力へのさらされやすさにつながっていることである。

［第4章］

言い訳にならない言い訳、言い訳できない扱い

女性が耐えている苦しみを正当化する言い訳などありえないが、それでも人は言い訳しようとする。これほど大きな不平等を説明しきるためには同じくらい巨大な神話が必要だから、擁護派は人間の動物としての性質や太古の人類を持ち出す。彼らは男性優位は自然で必然的である、動物の母親と同じように人間の母親も巣を守るべきだ、男性が養うものだ、男性のほうが危険な、大変な、あるいは重要な仕事をしているから優れているのだ、と主張する。科学、宗教、民話――役に立つものなら何でも――を使い、男女の力関係を変えようとすれば人類は滅亡すると警告して締めくくる。男性優位は不変であると断言する。

女性の経済的エンパワーメントを使命として引き受けると、遅かれ早かれこうした妄言を浴びせられることになる。反撃するための回答をここに紹介する。

男性優位は自然で必然的である

アメリカ人女性の四〇％が一家の大黒柱であることを示す二〇一三年のピュー・リサーチ・センターの統計を示され、保守系メディアの論客エリック・エリクソンは激昂して次のように言った。

リベラルが保守派に反科学的だと言うのはもう慣れっこだ。だがこれを擁護して悪いことではないと言うリベラルは、それこそ反科学的だ。生物学を見れば――自然界を見れば――人間社会でも動物社会でも男女の役割は、概して男性が優位な役割だ。女性は、男性と対等ではない、競うのではない、補完する役割だ。われわれは補い合う関係を持つ能力を失い……そのために分断している。[1]

エリクソンによる男性優位の「科学的な」正当化は誤解に基づいている。理由を示そう。

人間に最も近い霊長類の一種は女性優位なのだ。ボノボはチンパンジーに非常によく似ているため、二〇一二年にようやく独立種と確認された。[2] チンパンジーと同様、ボノボもDNAの九九％が人間と共通している。この二種の霊長類は遺伝的にほぼ同じで、DNAの九九・六％を共有している。しかし、生物学的な特性はほとんど見分けがつかないにもかかわらず、彼らの社会システムは正反対である。[3]

チンパンジーは家父長制だ。群れにはボス猿を頂点としたオスたちのヒエラルキーがあり、その底辺にメスがいる。オスたちはたえず地位を争っているが、縄張りを守ったり、他の群れの縄張りを襲ったり、集団で近隣の一族を威嚇したりするときには結束する。メスはいつもいじめられ攻撃されている。オスもメスも狩りと採集をするが、オス同士はおそらく同盟関係を築くために餌を分け合う傾向があり、通常はメスや子どもとは重要な関係を作らない。

それに対してボノボは母権制だ。メスたちは一頭のリーダーを持たず、集団で統治する。オスとメスは一緒に狩りと採集を行い、互いと子どもに餌を分け合う。オスもメスも勇猛に狩りをするが、仲間との衝突は避ける。争いが発生しそうになると気をそらして緊張をほぐすために遊ぶか交尾をし、それから落ち着いて餌を分け合う。ボノボの群れ同士の喧嘩は非常にまれだ。チンパンジーや人間とは違って、ボノボは同類を殺さない。

ボノボの母権制の基盤は、若いメスが群れに加わるときに築く協調関係である。霊長類の若い個体はすべて、繁殖するために別の群れに移るが、自分が生まれた群れをオスが離れる種とメスが離れる種がある。メスが移動する種は通常、オスの優位性と攻撃性を顕著に示す。メスの移動先の群れでオスが優位でいられるのは血縁の絆がすでにあるからで、メスはよそ者であり結束の基盤が弱いからだろうと科学者は推測している。しかしボノボはメスが新しい群れに加わると、古参の複数のメスたちとすぐに絆を作る。特に性交渉することがその方法であり、以後も生涯にわたって関係を育て続ける。この行動によってメスたちはオスに立ち向かえるほどの強い連携を築き上げる。なぜ霊長類の中でボノボだけがこのような行動をとるのかはわかっていない。

科学者はボノボを「平等主義者」と評する。人間はリーダーシップを支配することと同一視しがちだが、違う真実を――暴力に基づく専制がなくても社会秩序が成り立ちうることを――ボノボは見せてくれる。私は女性が支配すべきだという考えに与《くみ》しない。ジェンダー間の不公正の根には男性間の支配欲のエスカレートがあると思っているからだ。支配への衝動は不必要なものであり、破壊的で、すべての人を抑圧し、しかもまったく気まぐれだ。ボノボには積極的な規制が一つある。女家長たちはオスの性的攻撃を許さない。チンパンジーにおいては、攻撃的なオスのほうが父親になりやすい。メスがオスを受け入れる時期も、受け入れない時期も関係なく、発情期に交尾を強要するからだ。科学者のバーバラ・スマッツは、タンザニアのゴンベ国立公園で次のようなやりとりを観察した。

それは不穏な光景だ。がっしりと筋肉がつき毛を逆立てた成体のオスのチンパンジーが、ときどき直立し荒々しく枝を払いながら森の藪の中を突き進んでいる。他のチンパンジーたちは悲鳴を上げたり服従の唸り声を発したりしながら散っていく。彼が乱暴狼藉の締めとして標的にし、蹴ったり全体重をかけて踏みつけたりした小柄なメスは、縮こまり恐怖に顔を歪めて歯をむき出す。数秒で終わるかもしれない――彼女はほとんど抵抗できない――が、被害者は明らかにトラウマを負い、オスが普段どおりの行動に戻ってからも長いことときしるような押し殺した叫びを上げている。[4]

攻撃するオスをなだめて将来的に暴力に遭わないようにするために、発情期のメスのチンパンジーは自分をいじめたことのあるオスにまず自分を差し出す。しかしメスは発情期の間、無関係のオス全員とも積極的に交尾する。これは父親が誰かをわからなくするためであるようだ。メスがそうするのは、オスのチンパンジーが生まれたばかりの子どもを母親と群れの目の前で殺し、ときには食べてしまうことさえあるからだろうと考えられている。自分の子どもは殺さないだろうから、母親はすべてのオスと交尾することによって父親が誰かをあいまいにし、生まれてくる子どもの命を守るのだと推測されている。

しかしオスのチンパンジーが自分の子どもを知る方法は通常はない。チンパンジーを観察している科学者が父親を判別するにも、糞をＤＮＡ検査にかけるしか方法がないのだ。どれが自分の子どもかがオスにわかるまれなケースは二つある。一つは、発情期の間ずっとボス猿がメスをガードして他のオスを寄せ付けない場合である。しかしその場合も、メスが妊娠しない可能性はある。特定のメスから自分の子どもだけが生まれるようにするには、長期間にわたってオスが繰り返し彼女をガードしなければならず、野生では非現実的だろう。

子どもの父親がわかるもう一つのまれなケースは、メスが交尾の相手を選ぶ場合だ。ときどき、オスとメスが餌を分け合い互いの身づくろいをする交際期間を経て、発情期になると連れ立ってそっと森に入ることがある。制御下の実験ではメスのチンパンジーがこうした「いいひと」タイプを選ぶが、野生ではこのような結果はまれである。攻撃的なオスはメスを力で圧倒するだけでなく他のオスたちも支配するからだ。

メスは交尾の相手を選べず、選べるなら違うタイプの相手を選ぶだろう。となれば、最も優れたオスがメスに最も好まれるためその特性が遺伝する、という進化論にありがちなナラティブを当然視することはできない。むしろチンパンジーのレイピストは基本的に暴力で遺伝子プールに押し入るとともに、行動を通じてその仕組みを強化している。

集団的な攻撃性の文化は行動と生物学の両方にルーツがある。例えば、テストステロン〔訳注：代表的な男性ホルモン〕は支配衝動をあおり、地位争いを刺激する。オスの霊長類が地位を脅かされる状況になると、テストステロンが上昇し、攻撃性を生じやすい。残念なことに、テストステロンの上昇と暴力の増加は相互作用でエスカレートし、攻撃的な社会環境を醸成する。個体のテストステロンの上昇が暴力的な行動を引き起こし、すると集団のテストステロンが増加して全体の攻撃性が上がり、さらに自己防衛的な反応を誘発するという具合だ。こうして競争の激しいオスの集団は不安と攻撃衝動をあおり合い、エスカレートする一方の争いのサイクルに入ってしまいかねない。不幸にも、この集団の力学が、地位に最も執着し、挑発に最も敏感で、最も攻撃的な反応をし、他のオスをいじめるのが最も上手いオスをトップに押し上げる。リーダーになるのは最も賢い者ではなく最もうぬぼれの強い者だ。

この集団行動が継続すれば、メンバー間の全体的な攻撃性が永久的に増す結果になりうる。テストステロンは社会的環境に反応して上昇したり下降したりするが、高いテストステロン値が個体の特性のようになることもある。人間の男性を対象にした研究室内の実験では、個人の高テストステロン値が強欲と背徳行為のほか暴力と支配にも関連していた――そして浅はかなリスクテイキングを生じさせる点は一貫していた。テストステロン値の高い人間の男性は、自分に逆らった者をより冷酷に罰し、自分を援助する者により気前よく報酬を与える。このような男性は、ふつうの男性に比べて凶暴な犯罪者になる可能性とCEOになる可能性がともに高い。人間のオスにおける高いテストステロン・レベルと攻撃性向はどちらも遺伝する。

　外見から習慣まで、生命体のすべてを遺伝子が決めると広く信じられていた時代があったが、今の科学者は、遺伝子と行動と（ホルモンレベルのような）生体内作用が依存し合って生物とその子孫に影響すると考えている。だから男性の攻撃性がたえず報酬を得る（特にレイプという強制的な再生産を通じて）文化では、後続の世代において暴力が繰り返され、その度合いが次第に高まっていく可能性がある。ところが科学者の間にも、次世代に受け継がれる特徴がその種にとって最も優れているとする既定の仮説が残ったままだ。しかし本当は、ある種にとってどの特徴が適応的なのかは何世代も――霊長類の場合は百年、千年単位となる――経なければ判断できないし、大規模な生息環境の中で見なければ評価できない。長い目で見れば、今生き残っているものが不幸な未来を作り出す可能性もある。

　その可能性を示すのが「戦士チンパンジー」である。一九九五年に、ウガンダにあるキバレ国立公園のンゴゴ研究地区で、通常よりも好戦的なチンパンジーの群れが目撃された。彼らは他のチンパンジーより体が大きくて力が強く、寿命も長い。繁殖するのも早く、通常の群れより三倍大きな群れを形成する。この「ギャングスター・チンパンジー」は他の群れに戦いを仕掛け、縄張りを獲得し交尾の相手を強奪するために相手を殺す。二五年間研究されていても、主要な動機が縄張りの併合にあるのかメスの強奪にあるのか、判断はついていない。

この群れを研究している霊長類学者によると、戦士チンパンジーには非常に有利な環境が整っているという。ンゴゴでは年間を通じて果実がふんだんに実る。天敵はおらず、観察されていた期間にはこの群れを脅かす病気もなかった。恵まれた生息環境のおかげで、非適応的な行動にもかかわらず戦士チンパンジーたちが生き延びてこられた可能性がある。安楽な生活の中で、彼らは動物性タンパク源として好んでいたレッド・コロブス・モンキーを絶滅寸前にまで追い込んだ。このギャングスターがやがて生息地の他のチンパンジーたちを征服したら、それを理由に彼らが生存競争の「最適者」だと私たちは考えるかもしれない――長期的視野を持たない限り。

攻撃的な猿たちがキバレ国立公園を征服しつくしたら、もう行くところはない。行動に大きな変化が起きない限り、戦士たちは枯渇した食物をめぐっておそらく殺し合いを始めるだろう。生き延びる望みはただ一つ、戦うかわりに分かち合う選択をすることだ。そうしなければ、彼らの攻撃的な行動はおよそ適応的ではなかったことになる。

ホモ・サピエンスは約七万年前に同じ課題に直面したが、それに対してとった行動は暮らしていた土地を捨て、アフリカから北上して東欧、中央アジア、中東へ、また南東方面にはオーストラリアへおそらく小舟に乗って移動することだった。以来、人類は砂漠、山岳地、北極圏に至るまで地球上のあらゆる生息地に入植してきた。そのような場所に適応するには食物や住居を意識的に変える必要があった。

柔軟な行動を発達させるにつれ、脳は大きくなり、形を変え、複雑になった。[6]

人間の脳はボノボとチンパンジーに構造が似ているが、平和な親戚と比較してみると、私たちの使命にとって重要な可能性が見出せる。ボノボには驚くべき共感力がある。彼らの「読む」能力は脳の大脳辺縁系に由来する。人間の大脳辺縁系のほうがはるかに発達している点を除けば、彼らの大脳辺縁系は人間のものとよく似ている。人間と同じように、ボノボは自分が他者を苦しませていることがわかり、行動を修正できる。ボノボはきわめて協調的でコミュニケーション能力が高いが、これについては人間のほうがはるかに秀でている。人間とボノボは繁殖のためだけでなく娯楽として性交渉する数少ない種であり、快楽や愛情を求めて同性とも異性ともつがう。ボノボはよく向かい合わせで交尾し、口と口でキスをするが、いずれもめずらしい行動だ。ボノボの遊びは人間のように驚くほど多彩である。人間とボノボは脳の構造のおかげで攻撃衝動を抑制できる。チンパンジーにはこれができない。

しかしチンパンジーの家父長的な社会システムは人間をそっくり真似ているかのようだ。レイプ文化、地位への執着、支配欲は人間と瓜二つである。先ほど示唆したように、チンパンジーの暴力性は生まれつきの性質ではなく種の進化とともに進化した可能性がある。同じことが人間にも言えるのではないかと私は思っている。

進化学者によると、同盟を組んだ男性の集団同士が優位性を争う暴力闘争の中で人間の心は進化した。今の科学では、テストステロンそのものが支配衝動の表現と理解するのが最も正しいと考えられている。支配欲はさらに社会的支配志向性（ＳＤＯ）という人格的な特性になる。ＳＤＯの高い人々は自分の所属集団が支配する厳格な社会的ヒエラルキーを好み、その権力を維持するために暴力を用いることに賛同する。ＳＤＯの高い人は男性で、性差別主義者、同性愛嫌い、人種差別主義者である傾向が高い。このような人は権威主義的で男性優位の政治構造を好みやすい。ＳＤＯが遺伝する可能性を示唆するエビデンスもある。平等主義的な価値観を持つ人よりＳＤＯタイプの人の比率が高い組織の意思決定と規律は、個々人の日常的な体験に深く影響を及ぼし、女性の包摂は確実に減少する。ＳＤＯタイプがトップの地位を占めている集団には特にそれがあてはまる。[7]

したがって進化学者は、男性が暴力を使って社会的優位性を獲得してきた歴史は長いものの、人間の支配志向はきわめて順応性が高いと強調している。これは部分的には真実である。人間の脳は状況を見きわめて反応をすばやく抜本的に変える特殊な能力を人類に与えているからだ。人類の親戚がいまだにアフリカにしか生息していないのに、ホモ・サピエンスが全世界にいる理由の一つはこの能力である。

しかしホモ・サピエンスはアフリカを出てまもなく、やがて人類を地球上で最も暴力的で破壊的な種にする行動を示した。[8] 先行人類はホモ・サピエンスが出現する前に滅亡していたとかつては信じられていたが、考古学上の新たな発見は、人類がヨーロッパからアジア一帯に移住しながら他のホモ属を殺戮しつくしたことを示唆している。さらに人類が陸と海に進出したときに、驚くべき数の他の哺乳類——大型のネズミ、ジャイアント・ウォンバット、マンモス、マストドン、ジャイアント・ライオン、ジャイアント・ナマケモノ——も姿を消した。北米では四七種の大型動物のうち三四種が絶滅に追い込まれた。南米では六〇種のうち五〇種が。オーストラリアでは、体重一〇〇ポンド〔訳注：約四五キログラム〕以上あった二四種のうち二三種を人類が絶滅させた。[9]

人類はこうして十数万年にわたって地球を死の土地に変えてきた。戦士チンパンジーがいずれ直面するだろう地点に、私たちはついに到達したのだ。生息地の限界を広げきった人類は、いまや存亡が脅かされている。襲撃と略奪を正当化するために経済学にまで「最適者生存」説をとってきた私たちは今、分かち合いを選択しなければならない。さもなければ死ぬだろう。男性優位は厄災であることがもうわかっている。

男性が養うものだ

男性は何千年にもわたって経済資源を支配してきたが、それは男性が妻子をまともに養ってきたことを意味しない。

人類の最初の経済は狩猟採集システムだった。神話では、男性が狩りをする間、女性は子どもたちを見守れるように家の近くで採集していたという。したがって異性同士の組み合わせがカップルとその子どもにバランスのよい食生活を保証した。この「男女の分業」が今では経済の中のあらゆる役割の原型になっている。ほとんどの文化が「男性の仕事」と「女性の仕事」を分けているからだ。

よくできた神話だが、事実に反している。太古の狩猟採集社会がどのようであったかは、現代の人類学者が観察した数少ない「採食民」社会を見ることによって推測できる。採食民社会では女性がよく狩りをする。彼女たちは通常、家の近くで小動物を殺す。男性も同様だ。男性は大型動物を狩りはするが、このような遠征の頻度は少ない。実は大型の獲物を狩るのは食物を得る手段として効率が悪く、肉は通常、食生活の主役ではない。ほとんどの集団は主に植物性の食物で暮らしている。それでも男性たちは大型動物の狩りについて微に入り細を穿って物語る——どうやら果てしなく——ので、肉が男らしさと分かちがたく一体化する。狩りの役割は栄養価の高い食物の獲得というより、男性間の「ステータス・シグナリング」であると理解したほうがよい、と示唆する人類学者もいる。[10]

最古の人類は核家族を形成していなかった。チンパンジーやボノボと同じく、人間はもともと、たえず顔ぶれの変わる小さな集団を作って採食に出かけ、大きな群れに戻って眠ったり食物を分配したりする「離合集散」社会の動物だった。食物分配の慣習のおかげで採食民のすべてのメンバーは平等に栄養がとれていたとかつては考えられていたが、後の研究によって分配の構成は男女間で不平等だったことが明らかになった。[11]

二〇世紀の狩猟採集民の歯の記録を分析していた人類学者は、女性のほうが肉と脂肪を食べられずにきたため常に栄養不足であることを発見した。不平等が起きる理由はいくつかある。第一に、男性が狩りに出かけると、獲物を殺したその場で最も栄養と脂肪分の豊富な部位を食べてから、残りの肉を集団に持ち帰る。持ち帰ってからは、食物分配のしきたりによって誰が最初に食べるか、各人がどの部位をもらえるかが決まるが、しきたりは女性に不利にできている場合が多い。ある人類学者は「食物分配の優先順位——高齢男性、狩りをした男性、子ども、犬、そして女性——は、女性が最も栄養不良になりやすいことを示唆している」と述べている。[12] さらにタブーによって特定の食物が特定の人と特定の時期に禁じられており、これもまた女性に不利にできている傾向がある。採食民の食物分配におけるジェンダー不平等のパターンは、女性の慢性的な栄養不良をもたらして低出生率と出生時の低体重や高い母子死亡率を引き起こすほどに深刻な場合が多い。適応の結果とはとても言えない。[13]

狩りをする男性は部落に戻る前に獲物の一番よい部位を食べる慣習により、誰よりも栄養状態がよく、体が大きく頑強になり、他の男性たちよりも賛美される。食物分配の慣習は地位と権力を授け、長老を頂点としその次に狩人がおさまるヒエラルキーを確立する。これらの慣習は明らかに、女性や子どもを養うためというより男性のステータスのためのものだ。女子どもは食べ残ししかもらえないのだから。

不平等な食物分配のエビデンスは、先史時代の人々の遺骨にも見ることができる。二〇〇八年に発表されたある研究は、世界各地で発掘された歯の入手可能な記録をすべて鑑定した。すべての大陸で、女性のほうが男性よりも虫歯が多いことを研究者たちは発見した。[14] その説明として最も可能性が高いのは、女性は炭水化物、男性は肉を多く食べていたことで、これは民族学的データと一致している。しかし考古学者らは、女性の遺骨に見られる栄養不良の一因は、彼女たちが行っていた重労働を相殺できるだけのカロリーを摂取していなかったことだと示唆している。一部の発掘現場では、女性の骨にかかったストレスから彼女たちが過酷な肉体労働をしていたことがわかっている。[15]

少なくとも後期旧石器時代には、組織的な家父長制の萌芽が早くも見え始めていた。[16] 男性たちの小集団が他者、特に女性たちに対して権力を振るうために手を組んだ。その集団はボス猿的な男性を中心に組織されることが多かった。彼らが作ったルールと慣習がやがて法と制度に進化し、より大きな社会に家父長制の支配が定着した。例えば、採食民の男性たちはひそかに集会を開いて神秘的な秘密を守る友愛組織を結成した。女性たちはこうした男同士の連帯から断固として排除され、たまたま儀式の場に出くわしたり秘密を目撃したりすれば、容赦なく罰を受け、たいていは殺された。男性だけの組織は、重要な情報から女性を締め出す慣習とともに歴史を通じてよく見られる。

攻撃的な男性の行動は時とともに規模も拡大していった。狩猟採集民は他の一族のメンバーとときには死ぬまで戦い、男性は女性を殴り殺す。しかし人間の攻撃性が他の霊長類の攻撃性と違うのは、一族が外部集団に示す好戦性が動物より強いことだ。女性は戦争する部族間の交渉の道具として使われる。進化学の第一人者リチャード・ランガムは、オーストラリアのアボリジニにおいて部族間抗争で女性がどのように使われているかを次のように述べている。女性たちは「性的な使命を帯びて危険な状況下に送り出されることもあった。潜在的な攻撃者たちが集団に近づいてくると、一つの対応策として、歓迎のために女たちが送りこまれる。送られた相手は、攻撃を控えるつもりなら女性の使者たちと性交渉を持ち、平和な意図を伝える。そうでなければ、女性を送り返して攻撃する。ふたつの部族間の和平交渉の最終段階は、かならずと言っていいほど妻の交換をともなった」(『善と悪のパラドックス──ヒトの進化と〈自己家畜化〉の歴史』、リチャード・ランガム著、依田卓巳訳、NTT出版、二〇二〇年、二六八ページより引用)[17]。歴史の始まりからずっと、女性たちは戦争の駒、戦利品、同盟を結ぶ手段だった。どれほど恐ろしい思いをしたことだろう。

人間が集落を形成し始めると、集団間の闘争は襲撃になり、暴力によって物資を獲得するという新たな生計基盤が確立した。最も攻撃的な襲撃者が集落を全滅させていくにつれ──ギャングスター・チンパンジーが他の群れを破壊するように──人間の暮らし方はいっそう暴力性を増していった。戦士チンパンジーと同じく、自分たちよりも平和的なコミュニティを破壊し繁殖のために女性を強奪するうちに、私たち人類は暴力による支配へと偏向していったはずだ。やがて狩りと襲撃は戦士経済という現象となって世界中を覆いつくした。

以降、人類の歴史は『ゲーム・オブ・スローンズ』の四〇〇〇シーズンのように進んでいった。戦士社会は征服によって富を築いた。[18] 王や皇帝とその取り巻きが富を管理し、最も優れた戦士に富を分配したので、彼らは狩人と同じように、物質的な利益と名声を手にした。社会で最も暴力的なこの男性たちは複数の妻という報酬も与えられたから、彼らほど好戦的でない男性たちよりも遺伝子プールに自分の痕跡を残す機会に恵まれた。それもまた、支配を選ぶ道に人類を押しやっただろう。

人間社会は女性が武器を持ったり使い方を覚えたりすることを強く阻んできた。一般的に女性は戦うことを教わらず、あるいはスポーツのように体を強靭にし技能を伸ばす活動への参加を許されなかった。体の大きさや強さは十分な栄養と運動の関数だから、女性を家の中に閉じ込め十分に食べさせない規範が女性の体を小さく弱くしてきた。

男女の栄養的な格差は広がってきた可能性がある。例えば、〇～一〇〇〇年に現在のペルーにあった二つの遺跡――いずれも支配的な「ボス猿」、厳格なヒエラルキー、エリート階級の聖職者を持つ戦士文化が存在した――から出土した女性の遺骨には、発育中の長期にわたる栄養不良の明らかな痕跡など、栄養的な不平等がどの社会階級にもあった証拠が見られる。[19] 幼少時の栄養不良は成長を妨げ認知能力の発達を損なうから、男性が食物を女性に与えなかったことが女性の体格と思考力を劣らせてきたはずだ。こうした結果は家父長制が男性優位を正当化する新たな口実を与えるばかりだった。

戦士経済の台頭とともに、家父長制は暴力と強欲という二つの角を持つ獣になった。家庭においても戦争においても、家父長が他の人々に対してとった態度には現代の経済哲学の原型が見られる。征服者はその力があるというだけで、行く先々のあらゆるものを破壊するか収奪する権利があった。勝者総取り、力が正義だ。軍事指導者は全住民を支配下に置き、「主人」である自分の権利を「奴隷」である全員に強要した。これには往々にして、何らかの神の計画としてすべてを正当化する宗教的信念が伴っていた。[20]

農業は戦争と足並みを揃えて発達した。土地所有がしばしば紛争を引き起こしたからだ。これまで見てきたように、農業経済は女性にとって過酷なうえに女性を十分に養えていない。ただし、一部の説のように女性の従属が農業に端を発している、と信じるべき理由はない。農業が出現する前から女性が長きにわたって虐待されてきたエビデンスが十分すぎるほどある。また、牧畜社会など非農業経済も好戦的であり女性を従属させている。

西洋の国々が産業化すると、家庭は現金で食品その他の必需品を購入するようになった。それでもなおこれらの資源を管理するのは男性だった。男性が有給の仕事を独占していたからだ。つまり、一人の男性が稼ぎ手となる核家族が出現したのは産業化の時代だった。しかし今日のポスト産業化社会でさえ、権力を持つ男性の養い手が「自分の」女性と子どもを罰するために食品その他の必需品を与えないことがある。貧しい国々とまったく同じように。

西洋の国々では二〇世紀半ばまでに、独立した核家族が社会の理想として普及した。この性別役割分業が一九七〇年から衰退していったことは保守派を嘆かせた——彼らはこの体制が自然であり維持すべきだと考えているからだ。しかし男性一人が養う「伝統的な」核家族が標準だったのは、二〇万年の人類史の中で一五〇年ほどにすぎない。[21] この家族の形はどうやら消えてゆこうとしているから、結局は人類発展の歴史における小さな脱線だったことになるのではないだろうか。

男性が女性と子どもを養う情け深い役割は自然に与えられたものではない。むしろ人類史を通じて、男性は資源分配をわが物顔に管理してきた。それが必需品を、ときには度を超す形で与え**ない**権力を男性に与えたのだ。

女性は家にいて子どもの面倒を見る、それが自然なあるべき姿だ

「女性が平均的に男性より稼ぎが少ないのは事実である」とティム・ワーストールは二〇一五年に『フォーブス』誌に書いている。「これが差別の結果であるのは事実とは思われない。どちらかといえば、親になった際の男女の対応が違うためと思われる。哺乳類で胎生種であることが人間の一生の要をなすと考えると、男女の賃金格差は解決策のないものごとの一つなのではあるまいか[22]」

近年、ワーストールのような男女格差の擁護派は、女性を家庭に追い返す理由として母性を取り上げるようになっている。子どものいる女性は働くのをやめるべきだ、働き続けるのであれば賃金を下げるべきだという要求を正当化するために、人間の動物としての側面を持ち出すのだ。しかし一口に哺乳類と言っても、子育ての方法はさまざまである。例えば霊長類の子育てには、母親がすべてやる方法と、群れのメンバーがオスもメスも世話を分担する方法の二とおりがある。後者の場合、母親が子育ての中心であるのは変わりないが、彼女が採食行動をしている間は他の者が赤ちゃんを見るなどして母親を助ける。このように赤ちゃんの世話を分担することを「アロマザリング」という。「母親以外による子育て」という意味だ。

チンパンジーの母親は出産のとき、場合によっては一か月もの間、群れから姿を消し、その後も誰にも赤ん坊を触らせようとしない。生後二年まで赤ん坊は母親の体にしがみついている。子どもは五歳になるまで母親から数フィート〔訳注：約一メートル〕の範囲内にいて、採食や狩りについていき、母親を見ながら自活の方法を覚える。しかし母親がそうするのは「自然の理《ことわり》として」ではなく、危害を加えるオスのチンパンジーから子どもを守るためだ。これに対して、ボノボはアロマザリングする種である。母親は他のメスと子育てを分担するだけでなく、オスが子どもを抱いたり、遊んでやったり、一緒に食べたり寝たりするのを許す。

つまり、私たちに最も近いどちらの種も、子どもを養うのは主として母親である。実のところ、霊長類はすべて、また他の哺乳類も、母親が養い手だ[23]。親として子どもに最大の投資をする性である母親は、父親よりも種の存続に重要な役割を果たしているが、子どもを連れて行こうと置いていこうと、採食に出かけて食物を持ち帰ることができて初めて子どもを養える。

人間はアロマザリングする種である。採食民の母親は乳幼児を伴って狩猟採集に出かけるが、集団内で子育ての分担もする。むしろ子育ての分担は人類の歴史が始まって以来ほぼずっとあたりまえに行われてきた。他人の子を世話したり養子をとったりすることは昔からあったし、デイケアは私たち人類にとって昨日今日始まったことではない。もう一つの人間ならではの特徴は、母乳を与える以外は男性でも女性とまったく同じように子どもを世話できることだ[24]。アロマザリングは人類の最も有利な適応形質と考えられているから、母親が養うのを邪魔し父親を疎外する構造のポスト産業経済のような社会は、人類の進化上の優位性を損なっている。

男性のほうが女性より大変で、危険で、重要な仕事をしている

賃金が男性の一ドルに対して女性は七五セントであるという二〇一一年のホワイトハウス報告書が出た後、スティーブ・トバクはCBSニュース・オンラインに憤った記事を書いて賃金格差を正当化しようとした。男性は危険な仕事を引き受けているのだから「賃金が高いのは当然だ」との言い分だ。そして危険とされる職業を次のように列挙した。「漁師、伐木作業者、パイロット、農業家と牧畜家、屋根職人、製鉄所や製鋼所の工員、廃物・リサイクル品回収業者、産業機械の設置・修理作業員、トラック運転手、建設作業員[25]」

挙げられた職業のいくつかはとりたてて危険ではなく、漁業や農業のように世界中で多くの女性を雇用している職業もあることにあなたはお気づきだろう。しかしトバクは、あたかも女性が臆病だからだと言わんばかりに、女性がこれらの職に就かないことを選択していると主張する。彼は、ステレオタイプな職業分類によって経済格差を正当化するよくある手口をなぞっているのだ。

男性はたしかに女性よりはるかに頻繁にリスキーな行動をとる。しかしみずから危険を求める性向はそれほど肯定的に評価すべきものとは限らない。男性のリスク好きは、例えば薬物を乱用したり事故に遭ったりする傾向が高いという形で表れる。リスキーな状況に身を置くとテストステロンが上昇し、そのせいで脅威を過小評価し無謀な行動に走る——危険な仕事に適した特性とは言えない。

あらゆる犯罪、なかでも暴力犯罪が女性より男性に圧倒的に多いのは、男性の危険を求める性向も一因である。データが存在するすべての国（約一〇〇か国）で、収監者の九〇％以上を男性が占め、暴力

犯罪のほぼ一〇〇%を男性が行っている。ほとんどの暴力は男性から女性に対してではなく、男性間で起きている。突出して多い経緯は、二人の男性がステータスをめぐって激しく口論し、最終的にどちらかが相手に手を出して殺してしまうというものだ。国連薬物犯罪事務所は、世界中で殺人犯の九六%が男性であり、被害者の七〇%は男性であると報告している。伝統的な男らしさへの執着が最も強い者が最も犯罪を起こしやすい。彼らの行動は高くつく。アメリカでは年間数百万件の犯罪が発生し、被害者に一五〇億ドルの損失、警察と刑務所に一七九〇億ドルのコストをもたらしている。[26]

男性が浅はかなリスクテイキングの結果これだけ命を落としやすいのだから、子どもを養おうとする母親の足を引っ張ることは子どもの人生を看過できないほど不安定にする。子どもが父親を失う確率は母親を失う確率よりはるかに高いのだ。大局的に見て、無分別なリスクをとる者の賃金を高くし、後に残されて子どもを養う可能性が高い者の賃金を安くするのは不合理である。

この「危険に対して支払っている」説を主張する人々は、狩猟採集神話をよく持ち出す。狩猟は危険なだけでなく、足が速いとか遠くまで見通せるといった「男らしい」能力や、銃を使ったり罠を仕掛けたりする「男性ならではの」技能を要すると言われている。[27]また狩猟は男性が家の外で働き女性が家にいる理由の起源だとも言われている。しかし、狩猟は数千年前からスポーツでもあったし、特権階級のレジャー活動でさえあったのだから、これをそもそも「仕事」に分類することについては再考すべきである。

男が狩りをするという神話的な歴史は時として話を膨らまされ、現代の仕事において新規顧客の開拓でも昇給交渉でも男性のほうが積極的であるとか、男性はよりよい仕事に就くために転居をいとわないが女性はそうしたがらない、という主張になる。「原初の」性別役割分業は、職場で男性が女性に攻撃的にふるまう口実にも使われる。「男性とはこういうものだから」、女性は「耐性をつけて」うまくやるすべを身につけなければならないというのだ。

この手の風説は、一九六〇年代に大流行した人間の起源をめぐる考古学説も根拠にしている。[28] この「男性＝狩猟者説」の影響は原始人の漫画や博物館の再現画にいまだに見ることができる。毛皮をまとった男たちが棍棒を振りかざして大型動物を威嚇しているあれだ。レベッカ・ソルニットが二〇一五年に『ハーパーズ・バザー』誌への寄稿でこの神話を端的にまとめている。

人間とは何か、過去にどうであったか、将来どうなりうるかが話題になると、遅かれ早かれ誰かが男性＝狩猟者説の話をする。それは男性についてだけでなく、女性と子どもについての話でもある。バリエーションは無数にあるが、内容はどれも同じだ。原始時代には男性が外に出て狩りをし、肉を持ち帰って女子どもに食べさせた。女性と子どもは何もせず男性に頼りきっていた。ほとんどのバージョンが核家族に設定されている。男性は自分の家族だけを養い、女性には子育てを助け合う横のつながりがない。どのバージョンでも女性は子どもを産むお荷物である。[29]

二〇世紀半ばの考古学者の言によれば、狩りをする男性は人間の女性にはない殺しの本能を持つ肉食獣だった。彼は背が高く、サバンナの彼方にいる大型の獲物を見つけるために直立歩行した。大きな脳のおかげで、人間を動物から初めて分岐させたもの、すなわち道具、とりわけ獲物を殺す道具を考案した。狩りをする男性は男だけの集団で旅をし、長期にわたって家を留守にすることもめずらしくなかった。

この筋書は完全に偽りであることが明らかにされている。私たちに肉食獣の歯はない。先祖の遺骨にだってない。原始人は背が高くなく、サバンナで暮らしてもいなかったし、大型の獲物を狩りはしなかった。彼らは洞穴ではなく森の中で暮らし、主に菜食で、脳の大きさはチンパンジーほどだった。獲物を狩るより獲物になるほうが多かった。[30] 道具を発明したのが男性だったのか女性だったのかはわかっていない。にもかかわらず男性＝狩猟者説は経済における性別役割を強要し続けている。

経済的なジェンダー不平等を正当化しようとする人々は、男性の仕事が女性に比べて「重労働」で「大変」だとも主張する。女性は弱くて男性がする仕事ができないから、賃金が低く待遇が悪いのは正当化されるのだ、と彼らは言いたいらしい。経済開発および国際政策の世界におけるこの考えの発祥は、女性の経済的従属が始まったのは耕作する体力がなかったからだと述べたデンマークの経済学者エスター・ボーズラップである。ボーズラップは一九七〇年にこの主張で多大な影響を与えたが、その影響力はいまだに見ることができる。[31] 例えば『エコノミスト』誌は二〇一一年に「The Plough and the Now: Deep-Seated Attitudes to Women Have Roots in Ancient Agriculture（鋤《すき》と今──根深い女性観のルーツは古代農業にあり）」という記事を掲載した。鋤が登場する前は女性は対等な存在であり、鋤の影響が以後五〇〇〇年にわたって女性に不平等をもたらしたことを証明した、と称する新たな研究を紹介するものだ。[32] ハーバード大学のアルベルト・アレシナおよびネイサン・ナンとUCLAのパオラ・ジュリアーノによるこの研究は、今では多くの大学の必読文献であり、経済的なジェンダー不平等を正当化するまた一つの決まり文句となった。

女性の経済的な従属はたかだか五〇〇〇年の農耕技術のせいにするにはあまりにも徹底しており、あまりにも普及し、あまりにも根強い。それに鋤は通常、人間が押したり引いたりするものではなく、大型の役畜に装着して使う。鋤には早くから車輪がつけられ、その後は座席が設けられて動物に引かせた。上半身の強さが実際どれだけ必要かは疑問だ。

狩猟と同じく、女性が鋤を使えないというよりは、鋤を使う姿が目にとまっていないのである。昔から、夫や父親が亡くなったり体が動かなくなったりすれば女性が鋤で畑を耕した。男性たちが戦争に行ったときにも女性たちは鋤を使った――そして男性たちが戻らなければ鋤を使い続けた。例えば二度の大戦中、イギリスとアメリカでは女性が政府によって農作業に動員された――そして鋤で畑を耕していたことは、当時の募集資料を見れば明白だ[33]（図10）。

女性は鋤を押すだけの体力があるだけではない。役畜のかわりに鋤を引くこともできる。ドイツではあたりまえだったとされる情景をあるアメリカ人が記している、一八七〇年に書かれた紀行文を私は見つけた。男性が妻に鋤を装着し、自分は小さな座席に座って煙草を吸いながら妻に役畜さながらに鋤を引かせるのだという。そのアメリカ人はドイツ人女性が夫のためにこの作業をするのを誇りにしていたと述べていた（女性たちの誰とも実際に話してはいなかったのに）。そして彼は、当時初めて社会運動を組織していたアメリカ人女性を、夫を大事に思わない自分勝手で文句を言ってばかりの怠け者だと非難していた。[34]

私はこの話の真偽を疑っていたが、やがて別の写真を見つけた。今度は一九〇〇年代初めのカナダの

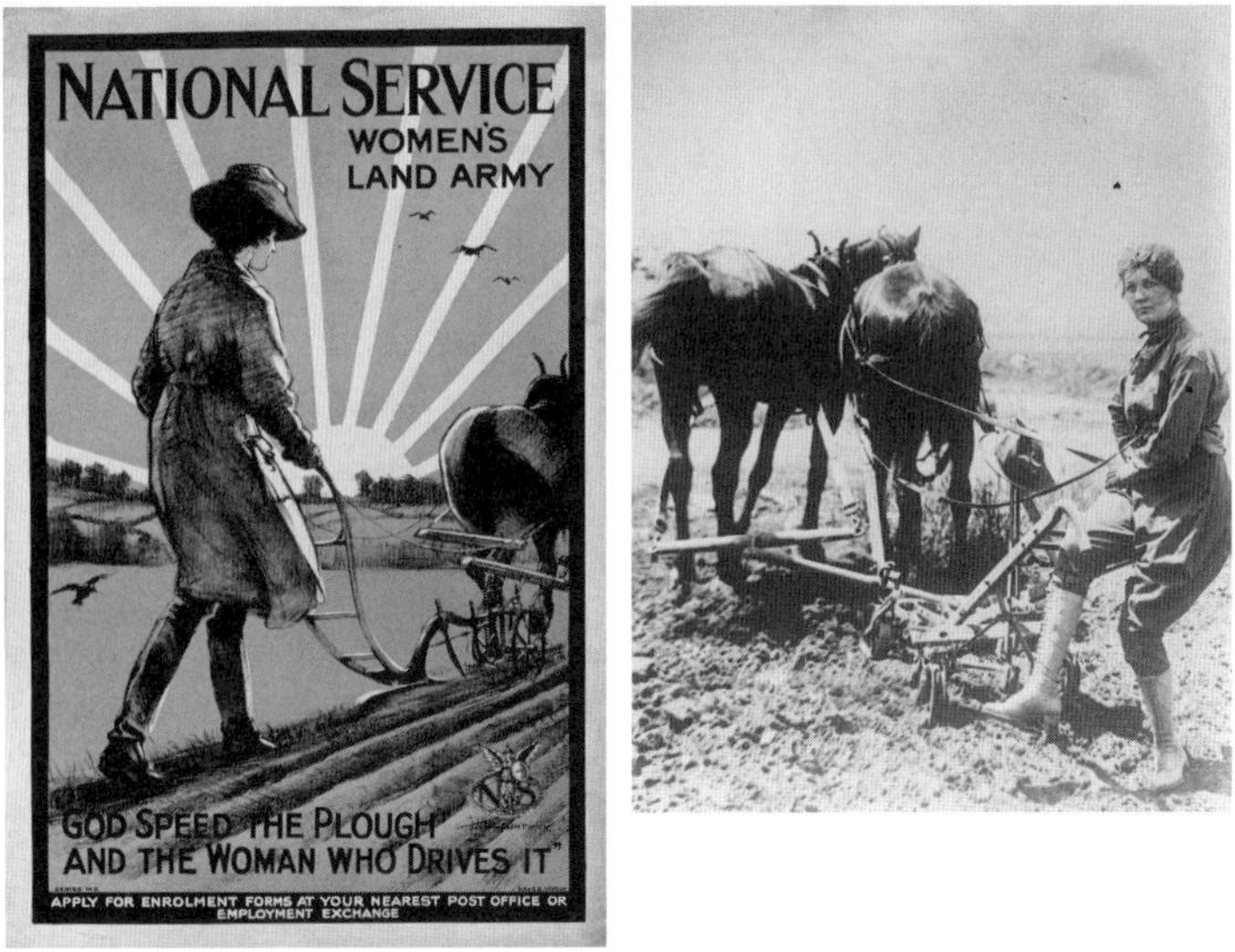

図 10　左，第 1 次世界大戦中のイギリス女性農業部隊の募集ポスター。右，戦時中のアメリカの女性農場労働者《ファーマレット》。

出典：Land Army photo by Hulton-Deutsch Collection / Corbis Historical / Getty Images; farmerette photo by Bain News Service / Buyenlarge / Getty Images

ものだ。写真では、一二人のロシア人移民の女性たちが鋤につながれ、一人の男性が押そうとしていた。この写真がすべてを語っていると思う。ジェンダー不平等は鋤についてのおとぎ話によっても、男性の仕事のほうが能力や労力を要するという雑な職業分類によっても正当化できない。要するに女性の経済的従属は、男性が女性を自分の下で低賃金か無給で働かせる権力を持っていることに由来している。理由は男性のほうが力が強く勇敢で重要な、生まれながらに優れた生き物だからではなく、男性が攻撃的で資源を管理しているからだ。

　女性の仕事は国家経済の発展にとってずっと重要だったが、現場で顧みられることはほとんどなく、歴史家にはたいてい無視されている。顕著な例が、古代貿易路の時代の中国の絹織物生産である。紀元前一三〇年に漢が西洋と交易を始め、中国は地中海、西アジア、インド亜大陸を結ぶ貿易網に参加した。この交易路は、絹貿易によって中国が豊かになったことからシルクロードの名で知られる。しかしシルクロードの歴史を目が痛くなるほど読みあさっても、中国を築き上げた高級織物を作っていた女性たちへの言及はまったく出てこない。[35]

中国の絹生産はきわめて過酷な労働であり、女性の従属の象徴である纏足《てんそく》はここから生まれた。二一世紀初めにローレル・ボッセンとヒル・ゲイツが中国を訪れ、纏足をしている最後の存命者たちをインタビューした。ボッセンとゲイツは、纏足の目的がそれまで考えられていた性的なものではなかったことを実証した。足を変形させるこの風習は、三〜五歳の少女たちを動けなくして、長時間じっと座って糸をつむがせるために行われていた。過去のある時期、絹織物の需要が非常に大きく、女性たちはノルマを達成するために昼も夜も必死に働いた。プレッシャーのあまりの強さから、母親たちは自分の娘の体を変形させるようなことまでしていたのだ。纏足の風習は何世紀も続いた。[36] これを大変な、危険な、重要な仕事と言わずして何と言おう。

男性優位は普遍的で不変である

男性優位は戦争や病気と同じく、人類がたしかに普遍的に経験していることである。[37] しかし私たちは紛争や感染を野放しにはしていない。家父長制にも同じように接するべきだ。暴力的で強欲な男性たちによる支配は常にあったが、それは大きな害をもたらす。私たちには変えられないものなのだろうか。

答えを示すために、考えるヒントとしてある話を紹介したい。神経科学者で霊長類学の第一人者であるロバート・サポルスキーは、ストレスを研究するために一九七〇年代後半から同じヒヒの群れを観察してきた。ストレスが人間の健康に与える影響に関心を持つ科学者はヒヒを研究する。ヒヒと人間の遺伝物質が近い（九四％）からではなく、ヒヒの社会構造と行動が人間とよく似ているためだ。

ヒヒのヒエラルキーの頂点には一頭のボス猿がおり、彼は喧嘩で挑戦者に勝ってその地位を獲得し、維持している。ボスはほとんどの時間を他のヒヒを脅したりちょっかいを出したりして過ごす。餌探しは自分でやらずにメスにやらせ、群れが攻撃されれば自分は安全な場所に隠れて他のオスたちに戦わせる。[38] つまりボス猿は臆病者のたかり屋で、なおかつ弱い者いじめをする輩なのだ。

他のオスたちは全員、ボスの下で階層を形成し、自分の下にいる者たちを支配する権利を有している。すべてのオスはメスをいじめることができる。ヒヒは餌探しにあまり時間を使わなくてすむので、残りの時間はお互いへの嫌がらせに明け暮れている。はたから見ると不健全で情けない。

サポルスキーは長年かけてこの群れのすべてのオスの血液サンプルを集め、スタンフォード大学に戻ってからサンプルを検査し、ヒエラルキーの順に並べた。すると頂点にいるヒヒの血液にはアドレナリン、コルチゾール、ノルエピネフリンなどのストレスホルモンがなく、地位が下がるにつれストレス関連物質のレベルが上がることがわかった。[39] これらの物質の増加は、人間にとってもヒヒにとっても生命への実質的な脅威である。

やがてサポルスキーが観察していた群れに劇的な変化が訪れた。近くにある観光客向けロッジのゴミ箱に肉が捨てられ、ヒヒたちがそれを見つけた。地位の高いオスたちは下位のオスやメスたちに分けようとせず、自分たちで全部食べた。そしてボス猿と取り巻きたちは急死した。肉は牛結核菌に汚染されていたのだ。

新たな暴漢の集団がトップに台頭するかと思いきや、そうはならなかった。ボス猿たちが死んだ後に残った群れはメスと、地位が低くかつてサポルスキーが親和的で協調性が高いとみなしたオスたちの比率が高くなった。善良なオスたちとメスたちは、虐待が少なく、協調的で、これまでよりも平等で健全な風土を創り出した。

代替わりしてオスメスの比率が正常に戻ってからも、群れは新しい秩序の下で暮らしていた。ヒヒのオスは交尾のために群れを移動するが、新しくできた優しい群れはときどきよそ者が入ってきてもこの道徳律を維持した。平和な群れは新入りのオスに行儀のよいふるまいを求めた。特にメスが、新しい気風を受け入れないオスとの交尾を拒んだ——そして元からいるオスが彼女たちに味方した。[40]

ヒヒが変われるなら、人間だって変われる。私たちのほうが霊長類の親戚よりはるかに順応性がある。自分の身が危ういと察知し、状況を判断し、具体策を練り、その策を実行できる能力は人間が抜群に秀でている。顎の形や頭蓋内腔や求愛ダンスなどより、変化を起こす力にこそ人間らしさがある。

そこで問題は、利己的で地位にとりつかれた戦士チンパンジー的な経済を変え、別の未来を作り出す自制心とやる気が私たちにあるかどうかだ。男性優位は人類を絶滅の淵に連れてきてしまった。もし女性に対する経済的な制約を取り除くことによってブレーキをかける意思が私たちにあるなら、そもそもなぜどのようにしてこのような制約が出現したのかを理解するのが第一歩となるだろう。経済的な家父長制が狩猟や鋤とともに始まったのでないなら、ダブルXエコノミーはいつ誕生したのだろうか。

［第5章］

お金のためでなく愛のために

女性は財産を所有できない。彼女自身が財産だからだ。娘が若いほど父親が得る対価は高くなる。寡婦は子どものそばにいたければ「妻の相続」の慣習に従わなければならない。男性はレイプすれば相手の父親に代価を払って結婚しなければならない。男性が農産物を増やしたければ妻の数を増やすだけでよい。

　これらの掟が私の頭の中をぐるぐると回っていた。いずれも経済的取引を司るルールであるが、結婚にまつわる条件でもあった。どの原則でも、女性は取引を行うのではなく、お金か貴重品と引き換えに取引され、その際に合意を求められることはない。ガーナの教師が私に強い口調で言ったとおりだ。

「女性の身で選ぶなどありえません！」

　こうしたルールがアフリカで実践されるのを見てきたが、アフリカ特有のものではないのを私は知っている。そのいくつかが他の土地でも実践されているのを見たからだ。歴史を読めば別の時代や場所にも同じルールが登場する。そしてある小論文が頭から離れなかった。かつては首を傾げたが、そこに書かれていたことを私は今のあたりにしていた。

　ゲイル・ルービンの「The Traffic in Women（女性の交換）」を初めて読んだのは、博士号取得を目指して勉強しているときだった。[1]この論文は当初、女性に注目した初の人類学論文集としてレイナ・ライターが編纂し一九八〇年代初めに刊行された書籍『Toward an Anthropology of Women（女性の人類学に向かって）』に収録されていた。ルービンは、女性の従属は狩猟採集民に普遍的だったと思われる、女性を取引する慣習に起源があると仮説を立てていた。女性は自分の意思で交換に応じたのではなく、男性の暴力によって強いられたのだとルービンは強調していた。人類史の九九％は採食民システムだったから、ルービンの洞察には深い含意があった。

現代アフリカにその名残があることに鑑み、狩猟採集民から工業国に至るまで一筋の流れがあるのではないかと私は考えた。それが、今のダブルXエコノミーがどのようにして誕生したのかという疑問への答えとなるはずだ。そこで私はルービンの出発点から、現在の経済体制までの道筋を研究し始めた。所有権の調査をしたときと同じく、多数の場所の多数の社会を取り上げた文献を幅広く読みあさった。歴史上のすべての人間集団をくまなく調べるのではなく、現在のダブルXエコノミーに一貫する普遍的なパターンを説明できるような証拠の優越があるかどうか判断することを目指した。

採食民社会の九〇%で、集団間を移動するのは女性であり、彼女たちの移動にはモノとの交換が伴うようだ。女性の移動、男性の攻撃性、家父長制は、霊長類においては一夫多妻制とも関連がある――そして人間の採食民社会の八五%は一夫多妻制だ。実は二〇世紀半ばになるまで、世界の大部分は一夫多妻制だった。世界の主要な宗教のうち、ヒンドゥー教、仏教、ユダヤ教では一夫多妻を禁じていない。これらの宗教が生活に根づいている地域では一夫多妻制があたりまえだった。イスラム教は一夫多妻制を容認している。儒教文化は複数の妻を管理する経験が男性の精神的修養の一環と考えていた。主要な宗教の中で一夫多妻をはっきりと禁じてきたのはキリスト教だけである。[2]

一夫多妻制はあなたがおそらく思っているよりも最近まで一般的だった。複数の妻ないし妾を持つことは、中国では一九四九年に中華人民共和国が建国されるまで合法だった。インドでは一九五五年のヒンドゥー婚姻法制定まで、ヒンドゥー教徒の男性が複数の妻を娶ることが許されていた。イスラム教徒が多数派を占める国家でもチュニジアやトルコなど少数の国々は一夫多妻を違法としてきたが、ほとんどのイスラム国家は許容している。そして世界で最大級のイスラム教徒人口を擁する国であるインドは、イスラム教徒の男性が複数の妻を持つことを例外的に認めている。今日でも、アフリカ、中東、中央アジアと南アジア、マレー諸島の五八か国で一夫多妻は受け入れられている。

すべての一夫多妻制の社会で、複数の妻を持つことは男性が富と地位を見せつける手段だった。高位の男性が複数の妻を持てたのに対して、「庶民の」男性は法律か宗教によって妻の数を一人に制限されることが多かった。例えばインドでは歴史的に、妻の数はカーストによって決まっていた。

しかしルービンの小論文まで、この広くはびこった女性売買の影響をわざわざ考察する学者はほとんどいなかった。むしろ、人類学者は女性の交換を美化して描いてきた。少なくとも初の経済人類学の書として一九二五年に刊行されたマルセル・モースの『贈与論』以来そうだった。モースの本は貨幣経済以前の社会に関するあらゆる既存の説明を踏まえており、アメリカ北西部からオセアニアのトロブリアンド諸島まで包括的に分析するとともに、古代社会の経済慣行についてわかっていることを網羅していた。

前近代的な社会は交換の儀式を通じて部族間で取引を行う。儀式と取引される商品を采配するのは常に男性だ。してみると家父長制経済のルーツは明らかに最初期の交換の形態にある。ところがモースは、このような儀式には互酬の倫理があり、資本主義社会の利己主義とは対照的だと主張した。

そして、これらの制度のすべてがあらわしているのは、ただひたすら一つの事象、一つの社会体制、一つの明確な心性である。それは、すべてのものごと、食べ物であれ、女性であれ、子どもであれ、財であれ、護符であれ、土地であれ、労働であれ、サービスであれ、宗教上の役職であれ、位階であれ、すべてのものごとは、受け渡しとお返しの対象となるということだ。何もかもがやりとりされる。あたかもそれは、物と人とをともに含み込むような霊的な実質があって、それがクランどうしや個人どうしのあいだで、位階や性や世代の違いに沿って、不断に交換されているかのようである。[3]（『贈与論』、森山工訳、岩波文庫、二〇一四年、一〇七－一〇八ページより引用）

モースによるこのような儀式の評価——何十年もの間、多くの人類学者が共有していた——はバラ色に染められていた。この儀式的な取引は、現代世界が足元にも及ばない人間同士の網の目のような連帯を築くことによって集団全体を利するという。狩猟採集経済が「人身売買経済」と言い換えられてもおかしくないことに、誰も気づかなかったようだ。男性にとっての善は女性にとっても善であり、女性がみずから喜んで取引の対象になるという言外の前提がそこにはあった。

しかし『贈与論』が何か国語に翻訳されようと、採食民社会の女性の交換がモースの説明が述べるよりはるかに不幸だったことを民族誌の記録は証言している。リチャード・ランガムは二〇一九年の著書で、狩猟採集民の道徳が集団全体を利するという長年の考えへの反証として、一九三八年の民族誌に初めて記されたオーストラリアのアボリジニの慣習を次のように短く紹介している。「特別な儀式では既婚女性が複数の男性と性交を求められることもあった。訪問客の夜の相手をさせられたり、借金の帳消しや和解のために夫から喧嘩相手に肉体を貸し出されたりすることも」あった。女性たちは資本主義よりも優しく穏やかな交換システムの印としてみずから望むどころか、このような経験を暴力ととらえていた。ランガムは続けて次のように書いている。「明らかに妻たちは強制的な交わりを楽しんでいなかった。……オーストラリアの先住民の女性は儀式に駆り出される恐怖におびえながら生きていた」。民族誌に記されたアボリジニの行動は「ふつうの男性の道徳的活動」であり、集団同士の向社会的とされるこのような行動が男性を利しても女性を傷つけるという世界にはびこる現実を示す、とランガムは結論している。[4]

歴史家にも同じように盲点がある。同盟の結成、紛争の解決、契約の締結、戦士への報酬に女性が使われたことを記しながら、歴史家はその取引が女性に与えた影響を常に無視してきた。むしろそのような交換に選ばれることを「名誉」だったとする主張も多い。例えばゴードン・マキューアンはインカ帝国についての説明で、女性を強制労働者や通貨代わりにさえするこの文化の常軌を逸した扱いを、女性たちは特権と感じていたと主張している。[5]

インカ皇帝は忠実な貴族や戦功を上げた戦士に、貢献を称えて妻を――時には数多く――与え、気前よく報いた。支配者の資産として女性を供給するのは献上制度だった。属州は容姿で選んだ一〇～一二歳の少女を年貢として納めていた。首都に連れてこられた少女たちは見た目で格付けされ、等級分けされた。最高級は女祭司に、その下が皇帝の第二夫人になり、三番目が貴族と戦士に与えられた。最も美しくない者は召使になった。五番目のグループは宮廷付の芸人として雇われ、機織りをして日々を過ごした。そしてマキューアンによれば、少女たちは皆、そこにいられるだけで感激していたという。

インカの事例は不快きわまりないが、女性をモノとして取引する古くから世界中にあった慣習を追跡する中で最も説得力のあるリンクを私はここに見つけた。こう考えるとよい。西半球に暮らす人々はシベリアを出てから二万五〇〇〇年の間、他のホモ・サピエンスとは没交渉だった。ところがスペイン人が一六世紀に現在のペルーに到着したとき、そこで出合ったインカ帝国の文化には一夫多妻制、家父長制、男性の攻撃性、女性の交換が根づいていた――同じ現象が少なくとも四〇〇〇年前から記録に残るユーラシアそっくりに。このつながりは、家父長制、一夫多妻制、女性の交換が、インカ人の祖先の採食民がユーラシア大陸を出る前からすでにユーラシア大陸に存在していたことを強くうかがわせる。

インカ帝国と他地域の社会の慣習には多くの類似点がある。複雑な社会が誕生して以来、男性による使い道に従って女性を分類することは一般的だった。古代ギリシャと古代ローマを含め、ユーラシア大陸のほぼすべての古代社会が、戦争で捕らえた女性たちは戦士の報酬にふさわしいと考えていた。

私が追跡した慣習は、もっと広範囲にわたる文化の記録にも見られた。ときには動揺するほどなじみ深い場所で、見覚えのある形で。おとぎ話から歴史書までさまざまなところで王は見ず知らずの人間に娘を与えている。娘の気持ちがどうだったのかはたいてい書かれていない。旧約聖書、インドの聖典『ヴェーダ』、北欧神話などの口承伝承、歌、伝説には、女性の交換、父親が娘を使う権利、女性の同意の不在、一夫多妻制、妻の相続、レイプの解決法としての結婚が形をさまざまに変えながら語られている。[6]

メソポタミアで文字というテクノロジーが誕生すると、女性の売買が女性自身にもたらした経済的な帰結を明らかにする記録が残された。[7] 世界最古の成文法は四〇の条文が石板に刻まれて不完全に残っているウル・ナンム法典（紀元前二一〇〇年頃）である。その中では、財産権は男性に与えられている。結婚は夫に独占的な性的サービスを与え、その権利が他の男性によって侵害されることから守るのを主目的とした正式な契約だった。条文には罰金も含まれているので、女性と性交渉をした賠償金として他の男性に請求される銀の量から女性の価値が推し測れる。罰金には最も安い奴隷から最も高い処女の娘まで段階をつけた値段表が示されている。

ウル・ナンム法典は男性が富を管理することを定めるか、強く提案している。女性は所有されるものであり、その価値は出産や家事ではなく性的サービスにあった。夫は性を専有するのと引き換えに妻を扶養した。女性は男性を頼る以外に経済的手段がなかった。花嫁は父親と未来の夫が交わす契約のもとに買われていった。夫は家庭の外で自由に性交渉できたが、妻が同じことをすれば罰として殺されることもあった。とどめに、離婚は夫にとっては簡単だったが妻には不可能だった。

約三五〇年後にメソポタミアで書かれたハンムラビ法典には、同じ取り決めがより詳細かつ残酷に登場する。ハンムラビ法典は一夫多妻制があたりまえだったこと、女性は父親によって交換され、男性との関係によって厳格な等級分けがされていたことを示している。列挙された罰を見れば、ルールを発布し、必要に応じて施行したのは国家だったが、実態として体罰を与え、物資やお金をすべて管理し、女性を意のままに売り払う権限が主に家長にあったのは明らかだ。

ハンムラビ法典が定めるレイプの扱いは見慣れたものだが、さらに忌まわしい条項が加わっている。レイプ犯は父親に罰金を払って娘と結婚する。娘は父親にとってもう価値がないからだ。しかし結婚を認めるか、娘を別の形で処分するか――例えば娘を売春婦として追い出すか、「姦婦」として殺させるかは父親に任されている。

姦通が夫に対して不義をした妻だけでなく、父親が決めた以外の男性と性交渉をした娘にも適用されることに注目してほしい。以来四〇〇〇年間、どのような形であれ姦通した女性に対する最も一般的な刑罰は死だった。バングラデシュ、パキスタン、中東の名誉殺人は非常に長い系譜の先にある。そして今もなお、アンゴラ、バーレーン、カメルーン、赤道ギニア、エリトリア、イラク、ヨルダン、クウェート、レバノン、リビア、マレーシア、フィリピン、タジキスタンには、レイプ被害者の父親が被った経済的損失を償うためにレイプ犯が被害者と結婚しなければならないとする法律がある。

今の活動家はレイプによる結婚の規定がヨーロッパの植民地法から発祥したものだと主張しているが、この慣習はご覧のとおり、実は三〇〇〇年以上前から存在していた。また、多くの西洋人が地理的分布から推測するようにイスラム教の慣習であるわけでもない。この決まりは旧約聖書にさえ出てくる。「ある男がまだ婚約していない処女の娘に出会い、これを捕らえ、共に寝たところを見つけられたならば、共に寝た男はその娘の父親に銀五〇シェケルを支払って、彼女を妻としなければならない。彼女を辱めたのであるから、生涯彼女を離縁することはできない」[8]

古代の法典には被害者への損害賠償についての言及はない——彼女の幸福は関心の対象外であるようだ。

ハンムラビ法典からおよそ五〇〇年後の中期アッシリア時代の法典には、現代のダブルXエコノミーに存在する女性への経済的制約を見ることができる。女性が男性に経済的に完全に依存し、男性が財産所有を独占することに加え、ここには移動の制約、交換システムからの排除、みずから商取引に参加することへの障壁が登場する。女性が読み書きの学習を許されなかったこともわかる。それもまた女性たちを金融システムから排除しただろう。

ウル・ナンム法とハンムラビ法も相続権に言及しているが、父親から息子への遺産相続――あるいは少なくとも男性親族が資産を保持すること――の重視は、中期アッシリア法でより前面に押し出されている。中期アッシリア社会では、夫が亡くなると残された妻は貧困に陥った。現在の開発途上国とまったく変わらない（インドだけでもそのような寡婦が四〇〇〇万人いる）。

中期アッシリア法では、妻は日常的な家財道具にさえ共同所有権を持っていないようだ。この法典では、妻が夫の家から何かを持ち出せばそれは窃盗に当たると定め、罰として両耳を切り落とすよう勧めている。夫が亡くなっていたり体が不自由であったりして妻を罰せられない場合は、国家が彼女を殺すとしている。

中期アッシリア法は女性に移動とプライバシーを認めない具体的な慣行を定め、それによって自由な経済参加を阻んでいた。法典は、一人の男性に属する女性たちが家の外でヴェールを着用しなければならないとしている。他の人々に自分が男性の管理下にあることを表明するためだ。彼女たちが外出するときにはお目付け役が同行した。[9] 監視下で出かけるとき以外、女性たちは家から出られなかった。ここまでする管理のおかげで、夫は女性たちが産む子どもが自分の子であると確信できた。狩猟採集民は女性たちを無頓着に回し合う様子を見るに、これを意に介さないようだ。自分が父親かどうかに男性がこだわるのは、一部の人々が主張するように「自然な」ことではなさそうである。妻を性的に独占することへの男性の病的とも言える欲求は、妻に近づく人間を管理する手段（罰金や移動制限）の発明とともに生じたのかもしれない。

女性にとって、目印も同行者もなしには家から出られないことの経済的な帰結は大きい。このような制約があれば、夫に知られずに家の外で稼ぐことは不可能だっただろう。家の中にあるものすら所有できなかった女性たちは、自分を所有する男性に完全に依存していた。機織りや縫い物をしても、彼女たちの作品を売った利益はおそらく男性家長のものにされただろう。アフリカで農業をする既婚女性たちが労働の成果を所有できないのとまったく同じように。それは男性たちが女性労働者だけでなく、土地、建物、織機、糸といった資本設備と材料をすべて所有していたからだ。

　女性のヴェール着用や隔離や外出に付き添いがつく慣習は、他の信念や慣習やものごとと同様に、貿易と征服によって世界中に広まっていったようだ。ヴェール着用と隔離を経済参加から女性を排除するシステムの目印と考えるなら、ダブルXエコノミーの軌跡を古代の中東から東はインドへ、西は北アフリカへ、北は地中海を経てヨーロッパへとたどることができる。古代ギリシャなど一部の社会では、女性は父親の家から夫の家に直行して外の世界とはまったく接触がなかったほど隔離が徹底していた。

　通常はヨーロッパの歴史の源流とされる地中海文化には、女性のヴェール着用、隔離、男性による結婚の取り決め、男性による資産管理、相続からの排除が全般的に存在した。中世ヨーロッパには、ある程度のヴェール着用と隔離、男性による全資産の管理、親に決められた結婚、女性が相続することへの制約があった。スペイン人は新世界にこうした慣習の多くを持ち込んだが、自分たちもまた中東から北上したイスラム教の戒律に影響を受けていた。何らかの形のヴェール着用、隔離、外出時の付き添いは世界のほとんどの地域で慣習的に行われ、隔離はアフリカから中東やインド亜大陸までの地域で今でも行われている。[10]

　女性がずっと家の中で働いてきたのは子どものためというのが通説だが、女性が家で働いていたのは外出を許されなかったからだと言っても同等に説得力がある。同じ意図から生まれたアイテムや慣習にはパルダやクロイスター、ヒジャブやウィンプル、マンティリャやシェイテル、ハーレムやコンヴェントなど、さまざまな名前がついている。[11]

ここまで見てきたように、古代の法体系にある規定の多くは今でも世界中で施行されている。女性への制約は世界中に張り巡らされた巨大な歴史の根から発しているように思われる。なかでもむごい児童婚や女性器切除のような慣習を「その国の文化だから」と大目に見たり擁護したりするのをよく目にする。しかし実は、搾取し管理するためのこの痛ましい制度は皆の文化の歴史なのだ。

さらに言えば、きわめて制約の厳しい慣習が今も行われている国や地域でも、その文化の中にいる人々は必ずしもそれらを継続すべきだと考えてはいない。いまだ残る古い慣習について中東の男女がどう考えているかを最近調査した『Understanding Masculinities（男らしさを理解する）』では、態度が真っ二つに分かれた。[12]こうした問題の多くについて男性と女性は意見を異にしたが、ほぼすべての項目において男性同士も意見が対立した。男女とも大多数が、自国の文化には制約的な慣習がたしかにあるが、女性の平等を実現するためにもっと努力すべきだという点では一致している。だから、このような慣習があるからといってその国の人々が変化を望んでいないと決めつけるべきではない。

古代法の束縛の対象は既婚女性だけではなかった。アッシリアで妻たちを排除したヴェール着用は、男性の「庇護下」にない女性に対しては攻撃の道具となり、それもまた世界中に伝播した。中期アッシリア法は男性が所有していない女性はヴェールを着用できないとしていたから、彼女たちが守られていないことは誰にでもわかった。初めて女性に注目した古代史の試みとして一九八六年に出版された『男性支配の起源と歴史』（奥田暁子訳、三一書房、一九九六年）でゲルダ・ラーナーは、この条項の目的は女性が一人の男性の庇護下にいないがゆえにあらゆる男性のものである状態を明白にすることにあり、性暴力を誘発したと述べている。中期アッシリア法はこのように女性が安心して独身のままでいたり家の外で働いたりできなくし、暴力を避けるために結婚するようしむけた。その結果、女性は経済的自立を阻まれることになった。

結婚していない働く女性を恥の見本、性暴力に値する「ふしだらな女」とさえする扱いは、世界中に普及した現象である。この態度は少なくとも二〇世紀後半まで北米と西欧に存在したし、これから見るように、現代の開発途上国の働く女性たちは不道徳だと罵られ、たえずハラスメントと暴力にさらされている。

メソポタミアでヴェール着用の法を破った罰は厳しかった。法は市民に、ヴェールをかぶった売春婦を城門まで連れて行って衣服を剥ぎ取り、五〇回殴打して、頭から熱いタールをかけるよう求めた。奴隷の女性が同じ罪を犯した場合は耳を切り取って衣服を剥ぐべしとされた。そして法を破った女性を手助けした男性も厳しい罰を受けた。そのような女性を目撃しても捕まえなかった男性は「鞭打ち五〇回」を受け、衣服を脱がされ、両耳に穴をあけられて背中に縛りつけた紐を通されることになっていた。もし男性の中にヴェールを着用しない女性を支援する者がいると家父長たちが思わなければ、男性への刑罰は不要だったはずだ。

メソポタミアは独裁制の複雑な都市国家群で、公式経済と農業技術を有する社会だった。遠方と多種多様な財を交易し、大規模な戦争を行った。最初の常設軍、最初の征服戦争、攻撃の範囲と威力を高めるための数々の武器のイノベーションはこの帝国で生まれた。戦争で捕らえられた女性たちが奴隷として大勢入ってきたことは、彼女たちの扱いに関する多数の法律から明らかだ。そしてもちろん、妻を多く獲得した戦士がその分だけ遺伝子プールの暴力性の濃度を高めた。

マルコム・ポッツとトーマス・ヘイデンは『Sex and War（性と戦争）』で、暴力的な男性が再生産に成功したことが、破壊主義的な遺伝子が戦争文化に拍車をかけてエスカレートさせていく状況をもたらしたと述べている。ポッツはバングラデシュ独立戦争直後の一九七一年に救援活動を行うためバングラデシュを訪れた。産婦人科医だったポッツは、世界史上最大の組織的レイプの被害者となったバングラデシュの女性たちの治療に当たった。以来、彼はベトナム、カンボジア、アフガニスタン、エジプト、ガザ地区、リベリア、アンゴラでボランティア活動を行い、毎回レイプ被害に対応した。『Sex and War（性と戦争）』はその経験から生まれている。[13]

同書で、ポッツとジャーナリストのヘイデンは、チンパンジーの行動を手始めに紛争下の男性による女性への暴力を網羅的に取り上げ、人類史のあらゆる戦争の典型と思われるものを検証している。ポッツとヘイデンは、戦争では通常、八人ほどの男性からなる分隊が組織され、彼らが緊密に連携して同書でいう「チーム攻撃」を遂行する事実を指摘している。チームは襲撃を戦略的に計画する。レイプを攻撃の一環として利用し、女性に対して行う暴力を通じて互いの絆を深める。テストステロンの上昇、危険に際して分泌されるアドレナリン、男同士の絆が組み合わさると、彼らは通常の行動と人格の枠外に踏み出す。ポッツとヘイデンは、このような状況においては自分たちも含めすべての男性がレイプできてしまうと述べている。戦士の男性がどれほど成功したか。著者たちが示すエビデンスは人類史および人類の遺伝子に残っている。すなわち、中央アジアの男性の八％が、十三世紀にモンゴルの侵略を率い常習的にレイプをしていたチンギス・ハンのDNAを有している。つまり今生きている一六〇〇万人の男性が、特定されたY染色体を通じて彼の遺伝子を今も持っているのだ。しかしだからといって暴力は永続すると早合点してはいけない。バイキングは野蛮さで歴史に名だたる戦士だったが、現在のスカンジナビア人は平和主義とジェンダー平等の手本と見られている。

戦士文化は男性を幼少期から戦うように訓練した。採食民社会と同じく、大人の男になるための通過儀礼には苦痛か恐怖が伴う試練がつきものであり、逃げようとした少年を殺してしまう文化もあった。「男らしさを獲得する」ための極度のプレッシャーはここから始まっている。歴史を通じてずっと、男性たちは自分が男であることをたえず証明するよう期待され、文句も言わず苦痛に耐え、感情を表に出さず、ためらいなく人殺しや拷問をしていたのだ。

これは脳の配線が共感《エンパシー》するようにできている生き物にとっては酷なことだ。二〇一九年にアメリカ心理学会（APA）が「有害な男らしさ」の特徴を認定した。「有害な男らしさ」とは幼少時に強要された好ましくない男らしさが心をむしばんでいる状態をいい、特別な治療法のガイドラインが必要とされている。APAの発表によれば、今回の認定は「伝統的な男らしさは心理学的に有害であり、男の子に感情を抑制させる社会的しつけは内面と外面に影響を及ぼすダメージとなることを示す、四〇年来の研究」を根拠にしている。[14]

戦士社会が戦争のために育てる少年たちは、女性たちから引き離されて共同生活を送ることが多かった。男性だけで隔離されて暮らしていれば、競争と攻撃性の影響を相殺する力が働かない。ここから典型的に生まれるのは硬直した独裁的なヒエラルキーであり、これはいじめによって強化され、女性を見下す行動に表れる。

男性が戦闘のために徴集されるのは、女性が身の自由を奪われ交換の道具にされたのと同じく、選択の結果ではなかったことを認識しなければならない。男性たちは戦えと命令され、いつ、どこで、誰のために戦うのかを自分では選べなかった。脱走すればほぼ必ず死をもって罰せられた。今日の考古学者たちはかつての戦士を美化してはならないと力説する。どれほど鍛えられようと、戦士たちも人間だ。恐怖や苦痛を感じていたに違いない。心的外傷後ストレス障害という言葉が当時なかったからといって、彼らがＰＴＳＤを経験しなかったわけではない。

古代社会のボス猿男性たちは、大勢の男性奴隷を指揮して緻密な灌漑システムや帝国を結ぶ道路を建設させた。またもちろん、皇帝たち、王たち、ローマ皇帝やファラオは、自分が支配する男たちを使って自分に捧げる記念碑を作らせたがった。彼ら古代の家父長たちは男性も女性も冷酷に支配し搾取したのだ。

俯瞰すると、この歴史の中に今日のダブルＸエコノミーの発祥地点が見つかる。有史時代の最初期から、「妻たち」は同意なく無期限の契約で売買され、所有者同士が気ままに交換できた。妻たちは賃金をもらえず、財産を所有できず、無一文だった。彼女たちはほんのささいな規則違反のために体罰を受け、一生残る傷を負わされたり殺されたりすることさえあった。食事を満足に与えられず、衰弱させられた。囚われの身であり、抵抗すれば暴力の脅威にさらされた。武器を持つことはほとんど常に禁じられていたから、身を守る手段がなく、逃げるすべもなかった。情報に触れることは厳しく制限され、外界とのやりとりは管理されていた。今の時代にこのようなことが発覚すれば、国際社会では「奴隷状態」と呼ばれる。

ダブルXエコノミーの最も忌まわしい一面は今でも奴隷である。人身売買の対象になるのは圧倒的に女性が多く、最も経済的な権利を奪われている人々が狙われる。国際労働機関（ILO）の推計によれば今日、世界には四〇〇〇万人の奴隷がおり、うち七一％が女性で、一五四〇万人が結婚を強要された女性たちである。[15]

花嫁と物資の交換は持参金や花嫁代償という形で続いている。インドでは、政府が違法としたにもかかわらず、持参金が生死にかかわる問題となっている。インドの結婚では長い交渉を経て交換が行われるが、花婿とその家族が持参金が足りない、約束されたものをもらっていないなどと後から抗議することがある。彼らは要求をどんどん吊り上げ、花嫁の家族は金の工面に追われ続ける。やがてはまるで花嫁を人質にとった強請《ゆす》りになる。花嫁の家族の金策が尽きれば、花婿とその家族は彼女を殺す。典型的な方法は妻に灯油をかけて火を点けることだ。花婿と親族は互いにアリバイを証言するので、警察が殺人罪を適用できたためしはめったにない。花嫁焼殺は横行しており、当局の推計では一時間に一人のインド人女性がこの死に方をしている。女性の権利団体によればもっと多く、一五分に一人以上だという。

かつての結婚の慣習が今に残るもう一つの例が、父親に対価を支払わずに花嫁を獲得することを目的とした「レイプによる結婚」または「誘拐婚」である。この犯罪行為は貧しい男性だけでなく、金銭以外の理由、例えば薬物依存症や犯罪歴などがあって家族に認められなさそうな男性が行う。男は女性を拉致する。他の男たちや家族が手伝う場合もある。男は彼女を監禁場所に連れて行き、他の男性から結婚相手として望まれなくなるよう繰り返しレイプする。その後、女性の父親のところに行き、結婚を申し込む。家族は娘が処女を失ったことを恥じ、たいていは娘に承諾するよう圧力をかける。レイプによる結婚は世界のどこでも起きているが、最も多いのはおそらく中央アジアだ。ソビエト連邦崩壊後、この犯罪は増加した。例えばキルギスタンでは約三分の一の結婚がこのような経緯で行われている。[16]

西洋の結婚はなぜ、どのようにして世界の他の地域とまったく異なるものになったのか、あなたの頭には疑問が浮かんでいるかもしれない。ヨーロッパで変化が始まったのは、キリスト教を国教とした古代ローマ帝国から司祭たちが布教のため北上したときだった。[17] 伝道師たちは自分の信仰にそぐわないと見た多くの文化的慣習をやめさせていった。結婚の基本を変える彼らの取り組みは、やがてダブルXエコノミーに多大な影響を及ぼした。

キリスト教は使徒パウロの解釈によるイエスの教えに基づき、妻を一人しか持つべきではないという立場をとった。ヨーロッパの初期教会の指導者たちは、性行為を最小限にするためにも一夫一婦制を提唱した。性行為は罪深いと信じ、パートナーが一人しかいなければ行為の発生を制限できると考えたのだ。また花嫁の同意がなければ結婚してはならないとも主張した。司祭たちが特に女性の味方だったわけではない。女性に対するイエスの接し方が、神の目から見れば女性も人間である――対等でさえある――と示唆する箇所が福音書にあったため、女性に同意の意思表示をする権利を持たせるべきだということになったのだ。こうして、ヨーロッパに到来したカトリックの司祭たちは、すべての結婚が一夫一婦制であること、花嫁の同意がなければ結婚してはならないことを求めた。

紀元七〇〇年までにイングランドとフランスは正式にキリスト教国となったが、ゲルマン民族のキリスト教化は遅かった。改宗した最後の地域はスカンジナビアで、一一〇〇年頃だった。古代スカンジナビア人とカトリック司祭の接触は、「異教徒」の結婚からキリスト教婚への移行に表れている。北欧神話は父親が本人の同意なく娘を売り、男性が複数の妻を持っていた文化を描写している。カトリック司祭が現地を訪れたとき目にした慣習は神話が語っているままの状況だった。司祭たちは女性の売買と一夫多妻制をやめさせる取り組みを文書に残している。北欧を始め「キリスト教世界」に組み入れられた他の地域で司祭たちの取り組みが成功したことはご存じのとおりだ。ヨーロッパ全土が一夫一婦制になった。これほど広大な範囲で多種多様な民族にこの変化が普及した、世界で最初の地域だった。

初期のカトリック教会が女性を解放しようとしたわけではない点は明確にしておかなくてはならない。教会の方針は女性に冷酷なものが多く、結婚改革の適用が表面的であったり、妨害されたり、捻じ曲げられたりすることも頻繁にあった。それでも、教会は根本的な変化をもたらした。女性の人格を正式に認め、妻は所有物ではなく家庭経済のパートナーだと示唆したからだ。

しかし経済的従属は何世紀も続いた。[18] 慣習も、その後の成文法も、出所にかかわらずすべての家計資産と、家族が稼いだすべての所得の管理権を夫に与えていた。ヴェール着用と女性の隔離は続いた。家の外で働く女性たちもいたが、彼女たちは階級が低く、「外聞が悪い」と思われ、男性からの性的攻撃の対象になりやすかった。

女性たちが不幸な結婚から逃れられなかったのは、経済的に脆弱であっただけでなく離婚がほぼ不可能だったからでもある。宗教裁判所は夫の蒸発、極度の虐待、姦通（死罪ではないが厳しく罰せられた）を理由にまれに離婚を認める場合があった。しかしドメスティック・バイオレンスは横行していた。慣習法でも教会法でも夫が妻を殴るのは合法だった。フランスの条文にはこうある。「妻が夫に何かを拒んだ場合、殺したり不自由な体にしたりしない限り、夫が妻を殴るのは合法である」[19]

夫の蒸発もあたりまえのようにあった。男性は仕事があると聞けば家を離れてその土地に出かけた。長距離貿易のために家を留守にすることもめずらしくなかった。女性は慣習的に家にいるものとされていたため、こうした機会や取引から排除されていた。海運が発達すると男性たちは海に出て行き、ヨーロッパで多発した戦争にも駆り出された。このような出先でいつ命を落としてもおかしくなかった。ところが、残されたきりの妻たちは、教会が夫の長期不在を死亡と認めるまでいつまでも待っていなくてはならなかった。夫の死亡宣言が出て初めて、妻は再婚して子どもたちとともに貧困から脱出できた。夫に蒸発されたり死なれたりした妻とその子どもたちは、貧困者の中で最も目立つ集団だった。[20]

やがて女性の経済的に脆弱な立場はヨーロッパで正式な法として定められた。イギリスでは「夫婦一体の原則（coverture）」という慣習法の概念が成文法になった。この法の原理では、既婚女性は夫の「庇護下にある（covered）」ため、法的・経済的身分を持たないとされた。夫婦一体の原則の下、女性は結婚する際にすべての資産の管理権を夫に引き渡した。イギリスは後にこの法をカナダ、オーストラリア、アメリカに輸出した。同じ概念はローマ法系オランダ法にも出てくる。他のヨーロッパ諸国も、妻を法的に被保護者扱いすることによって同じ結果をもたらした。

中世、ルネッサンス期、大航海時代に財産を所有できた女性たちがいたと懸命に主張する歴史家が少なくないが、これらはたいてい特異な例であり、要するに、その裏に通例が存在したことを示す例外である。当時、実際にどれだけのヨーロッパ人女性が財産を持っていたかを判断するのは難しい。しかし大多数の場合、持参金や相続という形であれ、女性が持っていたのは所有権ではなく用益権、つまり本人が結婚するか亡くなるまで、あるいは息子が成人するまでの使用権にすぎなかったようだ。

ある人が本当に土地を所有しているかどうかの判断基準は、その土地を売却したり、損壊したり、抵当に入れたり、譲渡したりできるかどうかである。少なくとも不動産に関しては、本当の所有権を持っていた女性が多くいたとは思えない。図11のグラフは例外的な事例を一般化したり、使用権と財産権を混同したりすることの問題点を物語っている。図が示すのは、イタリア、スペイン、南フランス、北フランス、ドイツの四世紀にわたる男女別の土地の「譲渡」(売却や寄付など)である。八〇〇年から一二〇〇年までの間、男性がヨーロッパの富と生産資源を管理していたことは否定の余地がない。[21]

ヨーロッパの一般的な農家は、働き手として二人以上の健康な大人を必要とする結束の固い経済単位だった。人々は愛情からというより労働の担い手を求めて結婚した。しかし、このような家庭で女性たちはその働きが重要で必要とされていたから「伴侶」として大切にされた、と歴史家が結論づけるのはいささか短絡的である。必要不可欠な仕事が文化の中で敬意を払われているかといえばそうでないのはすでに見てきた。ドメスティック・バイオレンスの非常な多さなど、既婚女性が置かれていた境遇を考えれば、夫と尊重し合える関係にあった女性はごく少なかっただろうと私は考えている。[22]

家計の基盤が農業ではなく商売であっても、女性は経済力を持てなかった。例えば、女性はしばしば職人の工房を手伝う貴重な働き手になり、みずから技能を習得する場合もあったが、独立して自分の工房を構えることはできなかった。ギルドが女性を加入させなかったからだ。夫が亡くなれば妻が工房の経営を続けることを許されたが、それも再婚するまでの間に限られていた。既婚女性は夫に依存するも

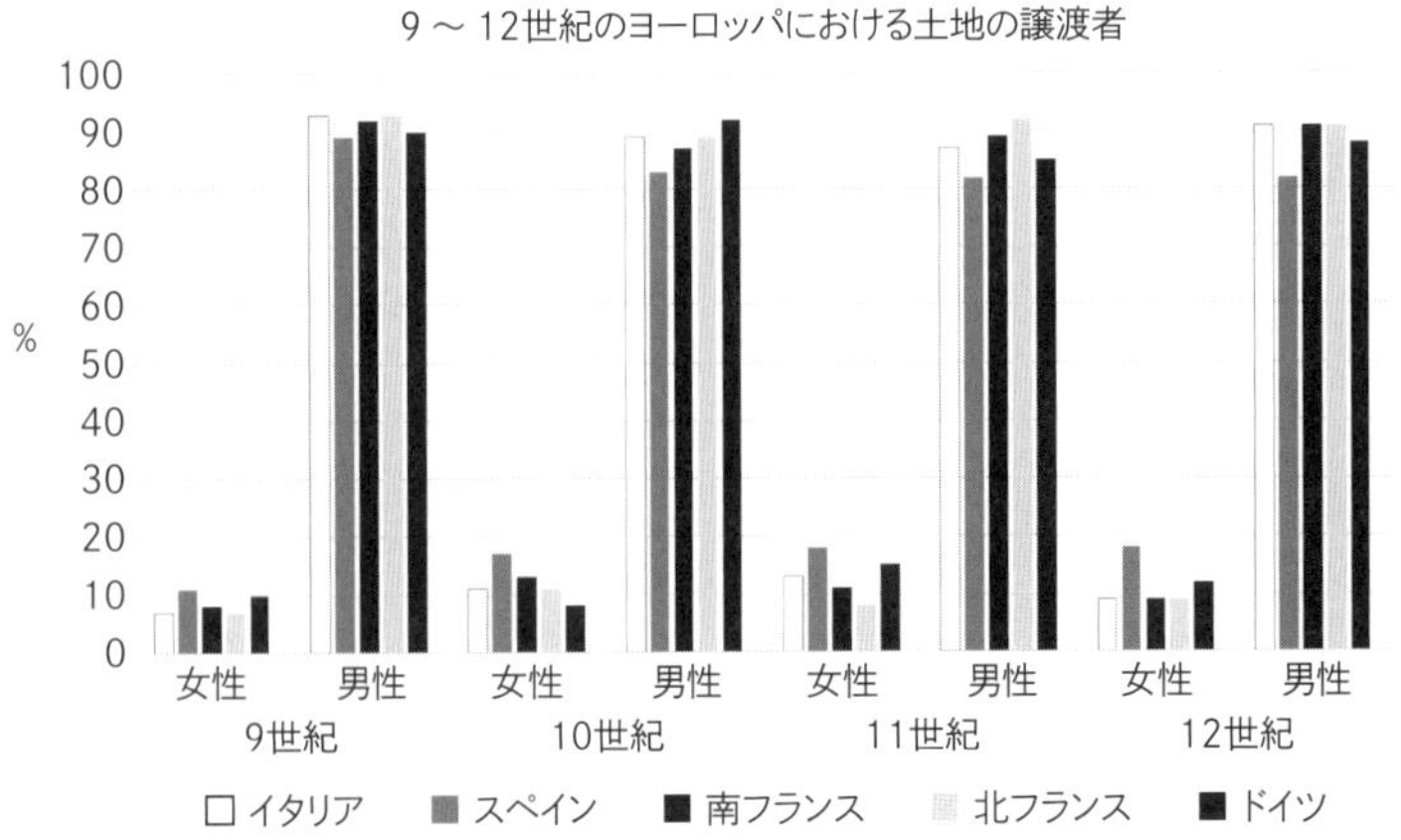

図 11　歴史的文献が女性の土地所有を示唆する場合もあるが，実際は女性たちが持っていたのは使用権にすぎなかった。このグラフはヨーロッパ4か国で400年間に男性と女性がどれだけの土地を手放した（「譲渡した」）かを示している。

出典：David Herlihy, “Land, Family, and Women in Continental Europe, 701-1200,” in *Women in Medieval Society*, ed. Susan Mosher Stuard (Philadelphia: University of Pennsylvania Press, 1976), 28

のと常に決まっていた。ヴェールや格子窓の後ろにいたわけではないが、ヨーロッパの女性たちもやはり経済的に束縛された存在だった。

一四世紀のあるヨーロッパ人女性の痛ましい話が、中世に女性がいかに束縛されていたかを教えてくれる。スーザン・モッシャー・スチュアードは『Women in Medieval Society（中世社会の女性たち）』に収録された小論文で、ラグーサ共和国（現在のドブロブニク）の貴族の間では、女性たちが「持参金を規定する多数のきわめて具体的な法律によって法的な立場が決められていた」と説明している。[23] 女性は父親の家から夫の保護下に移され、「公的な顔を持たない私的な人間として一生を送ることを決定づけられていた」。貴族の女性たちの役割は夫の富を美しく誇示することであり、ラグーサの女性たちはその期待に沿うことに満足していたようだとモッシャー・スチュアードは考察している。しかし、だとすればニコレッタ・デ・メンツェの物語はあまりにも不可解だ。

ニコレッタがなぜ一三九〇年に突然、夫のジャック・デ・ソルゴの家から身の回り品をすべて持って出て行ったのかについて、歴史の記録は何も語っていない。しかしよほどの何かがあったに違いない。ニコレッタが出て行った後、ジャックは法を執行する商人たちの「小評議会」に訴えた。「法の精神と条項にそむくふるまいをする女性などほとんどいなかった」から、評議会はニコレッタの件をどう扱うべきか途方に暮れた。まず、彼らは代表を送ってニコレッタに戻るよう説得したが、彼女は拒んだ。次に、一四時間以内に戻らなければひどいことになるぞと最後通告をした。彼女が再び拒むと、評議会はニコレッタの「老母」を連れてきて説得させたが、これも功を奏さなかった。ジャックがなおも対応を迫るため、評議会はついにニコレッタを収監して監視下に置いた。彼女がそれでも戻ることを拒み、夫も引き下がらなかったため、彼女の持ち物は没収され、彼女は無一文で追放された。

記録は小評議会がニコレッタへの厳罰を避けようと手を尽くし、この事件を「ニコレッタ・デ・メンツェの受難」と呼んだと述べている、とスチュアードは言う。そして次のように結論づけている。「『ジャックから』持参金と自分という人間を奪う権利はニコレッタにない、この件はそこで決着した。家業の利益、広くは商人階級の利益を増やすために法律が拡大解釈されたり無視されたりすることはあった。しかし個人の自由を求める女性の願いに配慮することはありえなかった[24]」

裕福で多少の力を持っていた女性たちは非特権階級の女性たちを縛っていた制約の外にいた、と臆測するのは簡単だが、彼女たちも男性に依存し男性への義務を果たさなければならなかったことに変わりはない。女性の力はほぼ常に男性の愛情に左右され、男性が彼女の元を去ったり、ヨーロッパ史でよく言うように「彼女を打ち捨てて顧みなかったり」すれば、すべてを奪われた。歴史が始まって以来ずっと、女性は生まれた性別ゆえに貧困化させられてきた。誰一人、家父長制の影響を逃れられなかった。一九世紀後半になって、西欧、北米、オーストラリアで、女性の経済的地位を規制する法律の抜本的な改正が行われた。この大変化の発端はキリスト教にある。

宗教改革によって、ローマカトリック教会の結婚に関する規則に疑問の目が向けられた。宗教改革者たちは結婚は神聖ではなく解消できるものであるべきだと考え、カトリックからプロテスタントへの転換が流血を伴いつつ進むにつれ、自分たちの新たな教会の規則について議論するようになった。その議論の中心人物がドイツ人宗教改革者のマルティン・ブツァーだった。彼は結婚は愛と尊敬に基づくべきであり、もし夫婦の間に愛情がなくなれば離婚を認めるべきだと主張した。彼の意見が端緒となり、西洋諸国は五世紀かけて徐々に結婚は愛に基づくべきだという考えに移行していった[25]。

愛ある結婚ならば夫婦は暴力を振るうべきではないということになりそうだが、ドメスティック・バイオレンスが現在も、愛し合っていると公言する人々の間でさえ続いているのは周知のとおりだ。とはいえ、宗教改革の間に「妻を殴ること」がついに犯罪になった点は注目に値する。例えば、清教徒が建設したマサチューセッツ州の最初の法典は、女性は夫からの暴力に耐える必要はないと定めている。

新しい結婚の理想には相互の信頼と支え合いが含まれており、それが経済的な取り決めの再考につながったようだ。プロテスタントの国々では離婚に対する制約が撤廃され、経済的な制約も緩和されることが多かった。二〇世紀に入る頃には、プロテスタントのヨーロッパ諸国、北米、オーストラリアで一連の法律が可決され、少しずつの変化ではあったが、社会は男女平等に向かい始めた。
一八八二年に既婚女性財産法によりイギリスの法律から夫婦一体の原則が撤廃され、オーストラリアとカナダも追随した。しかしアメリカではこのプロセスは州ごとに行われなければならなかった。一八三〇年から一八八〇年にかけて、ほとんどの州が、配偶者にその能力がなくなった場合に女性が財産を管理する権利、女性が自分の財産を所有する権利（ただし管理はできない）、収入を得て自分で使うために保管する権利を認めた。夫婦一体の原則は徐々にアメリカの法律から消えていったが、本当に姿を消したのは最高裁がルイジアナ州の「家長（head and master）」法を違憲とした一九八二年のことだった。アメリカで夫婦一体の原則が正式に撤廃されてから四〇年も経っていないとは驚きであり、恥でもある。[26]今日の論文で一部の学者は「友愛的な」結婚が平等を好む気風を作り、民主主義の土台を築いたと主張している。[27]
二〇世紀も半ばになり核家族が目立ってくると、大黒柱の男性と対をなすように、家の掃除と子どもたちの世話をして日中を過ごす妻という典型的な人物像ができた。二〇世紀に台頭した消費者文化において、新商品と家電品の広告で核家族は理想化された。主婦は大衆文化の主役になったが、それでも相変わらず男性に依存していた。女性たちは父親の家から夫の家に移るだけだった。離婚は容易ではあっても恥ずかしいことだった。妻に結婚生活を続ける以外の選択肢はほとんどなかった。ドメスティック・バイオレンスは問題であり続けたが、深刻に受け止められなかった。それがわかるのは、ロンドン警視庁が出した一九五四年の報告書の次の文章である。「ロンドンでは殺人が年間わずか二〇件ほどであり、いずれも重大な事件ではない——何件かは夫による妻の殺害にすぎない」[28]。女性たちは自分が頼っている男性からの暴力の脅威にさらされながら、依然として経済的に従属していた。

女性の経済的な従属は、男性が物理的な暴力を使って取引を装った性交渉——本質的には性奴隷を女性に強要したことに始まった。私が研究してきた不公正な経済的取り決めにおいて、女性の選択の裏には必ず男性からの攻撃への恐怖が存在した。たとえ彼女たちが察知するのが、職場で男性の同僚の怒りが示唆する攻撃の可能性にすぎなくてもだ。しかし今、男性たちは「生まれながらの暴漢」の顔を捨て去ろうと組織的に動いている。旗印はいくつも掲げられ、プロスポーツ選手までがファンに向けて公然と訴えかけている。劇的な成功例もある。例えば、女性の経済的エンパワーメントを提唱し『The Time Has Come: Why Men Must Join the Gender Equality Revolution（そのときがきた——なぜ男性がジェンダー平等革命に参加すべきか』の著書があるマイケル・カウフマンは、女性への暴力をなくす活動をする男性の団体、ホワイトリボンを立ち上げた。一九九一年の創設以来、ホワイトリボンには九〇か国以上の男性が参加している。

最近、南米で開かれた女性の経済的エンパワーメント活動家の大規模な会合で、マイケルが驚くべき話を紹介するのを聞いた。

あるパキスタン人男性が首都で法律を学んだ後、故郷のスワート渓谷に戻ってきた。彼の目にとまったのはレイプ被害者の窮状だった。彼女たちは訴えの信憑性を法廷で審議される。自分がレイプされたことを証言する男性の目撃者が四人いなければ、彼女たちは姦通罪を負わされ、何年もの懲役刑か死刑が下される。彼はこれがパキスタンの法の伝統にそむくことを知っており、自分の宗教の教えにも反すると考えた。そこで彼はレイプ被害者たちを弁護し、姦通罪から救い出した。ところがその後、当局はその彼を刑務所に入れた。刑務所は非人間的な環境で生活する男性たちの坩堝だ。「彼がどうなったかは想像できるでしょう」とマイケルは言い、英雄的な弁護士が刑務所で自身もレイプされ暴行を受けたに違いないと察した全観衆から悲痛な声がもれた。

ところが物語の結末は予想外だった。刑務所にいた他の男性たちは、弁護士が収監された理由を知ると全員でハンガーストライキに入り、彼を釈放させたのだ。

マイケルはどうすれば変化が実現するかを述べてスピーチを締めくくった。「男性は他人がいかに危害を受けているかわかるし、他者の痛みを感じることもできます。こわもてに見えるかもしれませんが、人を思いやる心を持っています。男性の共感力に働きかけ、男らしさの理想を変え、女性の意思を男性が力で支配するのをやめさせる、こうしたことを重ねていけば、やがて女性に対する暴力はなくなります」。人間には共感し、自分の仕打ちの結果であっても他人が苦しんでいることを知る能力がある。それは希望を持つべき大きな理由になる。

［第6章］

キッチンからの逃走

ラディアと私は早い時刻に村に入った。時間があったので、私は車を降りると座って待てる場所を探した。木の下にタイル張りの椅子があった。儀式に使うものだろうか。ラディアとドライバーに、座っても大丈夫かたずねてみた。二人とも肩をすくめ、「いいんじゃない」と言うので、私は座った。

私たちがバングラデシュを訪れたのは、物乞いの女性たちを雇って住宅地に商品を届けてもらう農村物流システムを評価するためだった。当地では女性は通常、買い物をするために家を離れることを許されていない。このプログラムは切実に職を必要とする女性に雇用を提供したが、家庭にいる女性たちにも思いがけない恩恵となった。彼女たちは初めて、男性が持ってきてくれるのを待たずに自分で買い物ができるようになり、販売員の女性が外の世界の情報を運んでくれるので孤立も解消された。この情報と物資の流れが女性たちの自立の感覚にどう影響したのかを知ろうと、私たちはインタビューを行っていた。この村を訪れるのは二度目だった。

椅子に座って五分もたたないうちにイマーム〔訳注：イスラム教の指導者〕が現れた。あなたが座っているのは自分の儀式用の椅子だ、と彼に英語で礼儀正しく説明され、空けてほしいと言われて、私は従った。彼はどこからきたのですかとたずねてきた。私は今住んでいるのはイギリスですが出身はアメリカですと答えた。重ねてイスラム教徒かと聞かれたので、「キリスト教徒です」と育ちを答えた。さらに結婚しているかどうかをたずねられ、夫は隣の村にいると説明した。どの答えも不都合なものという感じがした。

イマームの肩越しにドライバーが車のドアを開け、早く乗り込めとジェスチャーをしているのが見えた。イマームに会釈して私は横をすり抜け、シートに滑り込んだが、振り返って仰天した。短い会話の間に二〇人ほどの男性が私の背後に集まっていたのだ。群衆は今度はジープを取り囲もうとしていた。ドライバーが私の側のドアを勢いよく閉め、ラディアがその前に立ちはだかった。髭と髪をヘナで鮮やかなオレンジ色に染めた五〇歳くらいの男性が、皆を代表してベンガル語で話し始めた。熱心に聞いている他の男性たちは見るからに怒っていた。イマームは無言だったが群衆の真ん中に立ち、私のほうを向いて勝ち誇った様子だった。

突然、白いジープが鋭いブレーキ音とともに広場に急停車し、一緒に活動する地元の男性同僚たちが飛び出した。アビエーターサングラス姿が、まるで国際刑事警察機構《インターポール》役で派遣された俳優のように見えた。村の男性たちはたちまち散っていった。危険が去った後で、私はラディアに何が起こったのかとたずねた。オレンジの髪の男性は、私たちがインタビューの質問で女性たちの不満を煽《あお》ったと非難したのだそうだ。

一件落着して同僚たちは隣村に移動したが、ドライバー以外にも護衛役をと男性が一人残ってくれた。ラディアと私は調査を終わらせるために用心しながら住宅地に向かった。女性たちはすでに何が起きたかを知っていた。私たちが彼女たちを支援するためにきていることはわかっている、でも一人の女性が男性たちに警戒を呼びかけたとき、他の女性たちに私たちをかばう勇気はなかったという。この国の女性たちへの暴力は凄惨なのだ。

夕食の席で、調査助手が自分たちも「都会の女だとばれたとき」、今回のような出来事に遭いやすいのだと説明してくれた。彼女たちは全身を露出しないよう覆っているが、髪や顔はヴェールで隠していない。地方では、都会の服装がもとで、都市部の女性の地位向上に憤る保守的な人々のターゲットにされてしまう。私たちは助手たちの安全策を練った。その後は苦情もなく、騒動の後、インタビュー対象者は驚くほど率直に語ってくれた。男性たちの行動によって、私たちが彼女たちの理解者であることをむしろ確信したかのようだった。ほとんどの女性は夫が中東で建設の仕事をしているという。村に残った男性たちと一部の女性たちが、夫が留守中の妻たちを監視していた。妻たちは家に閉じ込められ、海外滞在が年単位に及ぶこともめずらしくない男性たちを待っていたのだ。

バングラデシュの文化はきわめて家父長的である。特に農村地域には、パルダという慣習がある。イスラム教国で一般的だが隣国のインドでも行われている、一種の隔離だ。私たちがインタビューした女性たちはレイプに遭うからと家の敷地外に出るのを恐れていたが、かといって本当に「守られて」いるわけではない。家庭内暴力もひどいからだ。バングラデシュを始め世界の多くの国の社会では、男性が女性を管理下に置くために彼女たちの見るもの、聞くもの、知るものをふるいにかけている。私たちの質問はそのふるいに穴を空けたのだった。

経済開発の専門家なら、経済成長を促進するためにバングラデシュの妻は家にいないで働きに出るべきだと考えるだろう。GDPが増加すれば、バングラデシュのような国々は道路、学校、上下水道、電力網などのインフラを建設し、市民とりわけ極貧層を支える社会サービスを発達させられる。国民の幸福を目標に取り組むなら、経済成長は家計の所得を増やし、健康と栄養状態と教育を改善する。しかし低所得国の男性たちは女性を家の外で働かせることに抵抗する。既婚女性であればなおさらだ。

一九七〇年代にバングラデシュに既製服産業がやってきたとき、自由を求める若い独身女性たちは続々と都市に働きに出た。今日、繊維と衣料はバングラデシュのGDPの七五%を占め、数十億ドル規模を稼ぎ出す唯一の産業として成長の主力である。衣料セクターの労働者は八〇％以上が女性だ。

工場労働は女性に自己決定権をもたらし、本人とその子ども、時には親きょうだいが貧困から脱する契機になることが多い。[1] しかし、国家経済への多大な貢献にもかかわらず、彼女たちは女性に対する伝統的な期待に逆らっているという理由でいまだにあしざまに言われる。女性労働者が賃金で今風の服や携帯電話を買うと、自立と成功をひけらかしているように思われる。彼女たちが襲われると――よくあることだ――どこかの権威が必ず、「立場をわきまえなかった」か、はしたない服装をしていたからだと被害者を非難し、犯罪を大目に見る。工場の女性のふるまいは村の夫たちへの「妻を外に出すな」という赤信号なのだ。

バングラデシュで進んでいる文化の変容は過去二〇〇年間にさまざまな国でも起きてきた。衣料・繊維産業はたいてい、貧困国にやってくる最初の製造業だった。この業種は常により安い労働力を求めて国から国へと移動する。一九世紀初めに西洋で初めて操業を開始して以来、繊維工場は若い独身女性ばかりを雇用してきた。衣料・繊維産業がやってくる前は、女性たちは農業や家内工業に従事している。繊維製品などの家内工業品の製造が工場に移ると、家内工業品の市場は枯渇する。

独身女性たちは工場を逃げる手段として考えている。村を離れれば、自分のお金が持て、自分で意思決定ができ、なんといっても自分で伴侶を選ぶことができる。家父長制が元に戻ることは決してない。

しかし既婚女性は事情が異なる。既婚女性は長年の間家にいて、それが経済成長を阻んでいる。伝統的な文化では女性の大多数が結婚しているからだ。しかし歴史的なパターンから、妻たちもやがては職場に進出するだろうことが予想される。そうなればＧＤＰは大幅かつ持続的に上昇する。一六三か国のデータセットが分析されてきたが、そのすべてにおいて女性の労働参加とＧＤＰの関係は成立する。疑う余地はない。国の経済成長を促進する最善の策は妻たちをキッチンから出すことだ。[2] だがその方法は誰にもわかっていない。

なぜ既婚女性たちが突如としていっせいに職場に進出するのかについて、経済学者はかねてから仮説を立ててきた。彼らは教育の普及など測定可能な影響をこの劇的な変化と結びつけようと、さまざまな回帰分析を行っている。何十年もの間、経済学者は夫の判断によるものだろうと推測していた。夫は経済的な余裕がある間は、妻に稼がせるかわりに「余暇」を買い与える選択をするのだと。分析家はなぜ夫が妻に働くことを「許す」のかを知る手がかりを求めて富裕国の歴史的データを精査し、今日の開発途上国にその理由を適用しようとした。しかし誰も、私には明白に思える答えにたどり着かなかった。既婚女性は、自分に経済的な選択権がなく夫に「従う」ほかないといった、女性ゆえの制約に縛られている間は家にいるのだ。その制約がなくなるやいなや、女性たちは賃金を求めて家庭から職場に出ていく。彼女たちは自己決定権を切望しているからだ。

今、西洋の経済学者たちは富裕国の女性たちの職場進出が止まったことに気をもんでいる。北米と西欧では女性の労働参加が数十年増え続けた後、突然、不可解に減速し、頭打ちになった。これらの国々で女性たちが職場から撤退すれば、ＧＤＰが縮小して世界経済には大打撃となる。このトレンドが顕著なのはアメリカで、二〇〇〇年に女性の労働参加が一〇〇年以上ぶりに減少した。ちなみにアメリカ経済への女性の年間寄与額は、日本のＧＤＰを上回る約三兆ＵＳドルだ。[3] アメリカ人女性たちはなぜ、二〇〇〇年かけて勝ち取ったものを捨てようとしているのだろうか。

アメリカの女性たちは二〇世紀に入った時点で新たな経済的権利を獲得していたが、それでも歴史の重荷をまだたくさん背負っていた。一八〇〇年代のアメリカ人男性は全財産と全所得、それに家族の女性の居場所と運命を握っていた。労働者階級でさえほとんどの既婚女性は家の外で働いていなかった。働く女性は一般的に独身で、家事労働者として雇われ、現金を支払われる場合もあったが通常は現物払いで、報酬は父親に渡されることが多かった。

一八一四年にマサチューセッツ州ローウェルで繊維工場が操業を始めると、農民の娘たちが賃金労働者として雇用された。少女たちは長時間労働を嫌ったものの、家から離れられることと、自分のお金を持てることを喜んだ。しかし一八三四年になると賃金が下がってきたため、少女たちはアメリカで先駆けとなるストライキを打った。さらに組織化し、労働者の権利を州に嘆願し、熱い演説を行い、急進的な新聞を発行した。こうした活動から彼女たちは「public women（公衆の女）」になった。家庭の外に出て人前に姿を現し、自分で話したり書いたりするというだけで、尊敬に値しないとされた女性を指す言葉だ。また工場労働者は新しいファッション誌が色刷りで取り上げた服を再現することでも非難された。彼女たちはささやかな賃金と習得した縫製技術を使って「身の丈以上の」服装をしていたのだ。「庇護する」男性もいないのに人もうらやむ衣装に身を包む若い女性たちを見た人々は、彼女たちは売春婦に違いないと憶測した。そうでもなければどうやってそんな大金を得るというのか。

こうしたことが、家の外に働きに出たがる妻のいる夫にどう作用したかは想像できるだろう。工場の女性と同じふるまいをする妻は社会的信用を失う。夫は哀れまれ、妻は永久に村八分になるだろう。そうなるのを阻止するため、夫は必要とあらば暴力を振るった。

アメリカ経済の最初の一歩が、シルクロード時代の中国経済と同じく、繊維製品の輸出によって築かれたと説明するアメリカの歴史書は少ない。経済が活況を呈すると工場は数が増え、やがて地方から都市部に移った。日用雑貨、靴、帽子、その他の装身具や化粧石鹸、美顔クリームなども新たに製造されるようになり、これらすべてを販促し、販売し、購入するのは女性たちだった。裁縫師、デザイナー、帽子屋、販売員、女性誌記者は新しい生き方と働き方を見出したが、彼女たちは伝統主義者からはいかがわしい目で見られた。こうして具現化したダブルXエコノミーは女性間の取引システムに成長した――背後にある資本を管理するのが男性であることに変わりはなかったが。

他方で、女性運動の兆しも現れた。当時のリーダーの多くは新しい経済の職業人たちだった。[4]彼女らのような成功者たちは全国女性クラブ連合（GFWC：General Federation of Women's Clubs）という女性団体のネットワークを立ち上げた。ネットワークは拡大し、活発に活動した。やがて、連合にはミドルクラスの既婚女性たちが参加し、女性のさまざまな権利の獲得および経済改革や社会改革に尽くした。GFWCは労働者の権利など特定の大義を掲げる他の女性団体とも連携した。そして一九世紀末までには、第一の波を現場で起こす女性たちを送り出すに至った。[5]

働く女性の権利闘争の急先鋒だったミドルクラス女性たちの組織が、女性労働組合連盟（WTUL：Women's Trade Union League）と全米消費者連盟（NCL：National Consumers League）である。男性の労働組合は女性労働者の権利に冷淡だった。彼らは労働者の権利獲得をゼロサムゲームととらえていた――つまり片方の性が権利を獲得すればもう片方が権利を失うと考えていたからだ。また労働組合の男性たちは妻を家に置いておくべきだとも強く主張していた。アメリカの働く男性は同じ労働者階級への

図 12　全米消費者連盟の「ホワイトラベル」が，NCL が認定した労働条件の工場で製造された衣料品に縫い付けられた。
出典：全米消費者連盟より許可。

忠誠心よりも男という性への忠誠心を優先したため、アメリカの女性労働者の擁護に回ったのは労働組合ではなく女性運動だった。

NCLの活動は、ダブルXエコノミーの両極にいたミドルクラスの消費者と工場労働者を同じ目的を目指す戦いで団結させた。そのコンセプトは、「クラブウーマン」は消費を通じて経済力を持っており、その力を使って企業に圧力をかけ、女性従業員の労働条件を向上させることができるというものだった。彼女たちがまず働きかけたのが、女性を店員として雇用し、既婚のミドルクラス女性の購買嗜好に商売の成否がかかっていた小売業である。最初にとったアクションは、女性の賃金平等、規則的で無理のない勤務時間、隔週の給与支給、有給休暇、祝日休みその他、従業員の権利を要求するリスト「公正な店の基準」の作成だった。次に、基準を遵守している店の「ホワイトリスト」を作り、メンバーはリストの店でしか買い物をしないと公表した。そのためリスト外の店もホワイトリストに入ろうと、基準に従って労働慣行を変えた。

製造業への働きかけの手始めはモスリンの下着だった。これも買い手と従業員がどちらも女性だったからである。メーカーが基準を満たしていれば、製品に「ホワイトラベル」（図12）を縫い付けることをNCLが許可した。ここでも、NCLのメンバーはホワイトラベルが縫い付けられた製品しか買わないと宣言し、成果を上げた。

NCLは女性の一日の労働時間や持ち運びできる重量の上限といった保護規定の法制化を求めて州議員にロビー活動を行い、これも成功させた。ただし二〇世紀半ばになる頃には、こうした制約のせいで女性がよい仕事から締め出されていることに女性運動が気づき、撤廃に動いている。NCLは同一賃金を求める戦いも行った。女性の賃金が男性より安いことを正当化する口実は、女性には必ずどこかに扶養してくれる男性がいるのだから生活賃金を支払う理由がないというものだった。NCLは激しい議論を重ね、女性が自活できる賃金の正当性を訴えた。労働組合は、男性が家族を養っているのだから「家族賃金」を支払われるべきだと主張しており、もし女性が生活賃金を勝ち取れば男性の家族賃金を求める自分たちの論拠が危うくなると考えた。同居している女性が同じ賃金を稼げるなら、企業が男性に家族を扶養するぶんを上乗せした賃金を支払う理由がなくなる。最終的にNCLは生活賃金闘争に勝ったが、それは原則の上だけだった。女性は男性ほどお金を必要としないという理由で、依然として男性より賃金が低かった。[6]

WTULのほうは労働者のストライキを支援し、一九〇九年と一九一〇年に国際婦人服労働組合（ILGWU：International Ladies' Garment Workers Union）が行った二度の長期にわたる激しいストライキでは大きな力添えをした。連盟のメンバーは資金を提供し、生活必需品を購入し、当局との間に入り、スト労働者とともにピケを張った。裕福な妻たちがスト労働者と腕を組み合ったのだ。警官は身なりのよい、おそらくは有力者とつながりのある女性を殴ったり逮捕したりするのをためらうだろうと知ってのことだった。彼女たちは警官による暴力を目撃すれば苦情を申し立て、保釈金を工面した。

戦略は奏功したが、スト労働者たちが「ミンクコート軍団」を嫌い、揶揄することもあった。一九一一年に発生したトライアングル・シャツウェスト工場火災の後、階級の分断はいっそう深まった。この火災では一四六名の労働者（八三％が女性）が亡くなり、野次馬が何もできずに見守る中、最上階から飛び降りて命を落とした人もいた。捜査の結果、非常階段が塞がれ、ドアには鍵がかけられていたことが判明した。雇用主が労働者による盗難や早退を恐れたためだ。

悲劇の後、女性労働者たちはWTULと袂を分かち、労働者階級の男性たちと共同戦線を張るのが妥当だと決断した。階級を超えた女性たちの歴史的な提携はこうして解消された。一九二〇年までに、ILGWUのリーダー層は男性に取って代わられ、一九九〇年代に消滅するまで、主に男性の労働問題に注力する男性優位の組織であり続けた。

現在まで、アメリカの労働組合に入っている女性は非加盟の女性より賃金が高いが、労働組合員の男性に比べると大幅に低い。二〇世紀の間ずっと、世界の労働運動と社会主義運動は女性の権利に冷たかった。彼らの政治的イデオロギーはたいてい、「もっと重要な」男性の要求に譲歩して受け入れられた「社会主義フェミニズム」と、女性には女性独自の、男性と同等に重要で対処すべき問題があると――受け入れがたい前提を――主張する「ブルジョワ・フェミニズム」を区別していた。労働運動と社会主義運動に携わるフェミニストたちはジェンダー問題を棚上げした。「自分が属する性の問題を重視するのは利己的ではないか」と恥じるようになったからだ。[7]

今日、バングラデシュの働く男性と働く女性の間には同じ利益の衝突が見られる。その始まりはおなじみの男女の分業である。男性の困難で危険な重労働に対して女性の仕事は簡単で安全な軽作業だとされ、男性の仕事のほうが賃金が高い。この分業を実施するために、女性の労働時間や危険すぎるとか

女性の労働に対する制約

地域	女性にとって危険，困難，ないし道徳的に不適切とされる仕事がある国の割合（%）	女性に対して業界特有の規制がかかっている仕事がある国の割合（%）	女性の夜間就業が制約されている仕事がある国の割合（%）
中東および北アフリカ	65	55	55
南アジア	50	63	63
サハラ以南アフリカ	43	51	9
ヨーロッパ および中央アジア	36	56	20
ラテンアメリカ およびカリブ海諸国	19	16	6
OECD 加盟の高所得国	6	9	0

図 13　表で最も制約の多い地域は GDP と女性の労働参加率も最も低い。このような制約の理由は女性の「保護」であろうが，これらの国々には性暴力やハラスメントへの保護も最も少ない。
出典：World Bank Group, *Women, Business and the Law 2016*

「道徳的に不適切」とされる仕事に保護目的の制約がかけられ、結果的に最も賃金の高い仕事は男性のために確保されている。皮肉なことに、制約の裏にある配慮は明らかに女性を保護するためではない。なぜならこの手の制約を設けている国々のどれ一つとして、深刻な問題である職場での性暴力に対する法的保護がないからだ。高所得国には、女性の仕事に対する制約はもっと少なく、暴行から守る法律はもっと多い。結果として、働く女性の数が多く、GDPが高い（図13）。

新興国の工場では、監督や管理職に女性が少ない。イギリス国際開発省は工場内のジェンダー状況を分析する五年越しの調査でこの明らかなボトルネックを調べている。最初の聞き取りはバングラデシュの工場で行われた。男性と女性、管理職と労働者の両方がインタビューの対象となった。[8]

調査者がバングラデシュの工場で働く男性たちになぜ女性が職場で昇進しないのかをたずねると、彼らは次のように答えた。

- 女性は工場内の重機を操作できない。
- 女性は怒鳴れない。
- 女性は高い役職に伴う責任を負いたがらない。
- 女性は昇進する前に辞めてしまう。

重機はボタンで操作するのだから、体力は必要ない。男性たちによれば、怒鳴るのは工場で指導するために求められる優位性を示すのに必要だという。女性は怒鳴るのが苦手だから他人を指導できないのだと彼らは言った。いずれにせよ、男性は女性からの命令を聞かないだろうとも。

バングラデシュの女性たちにインタビューしたところ、彼女たちは二度と村には戻らないと断言した。都会に出てから結婚した女性たちは、今は稼ぎを夫に渡すことになっていると認めつつも、こっそり一部を自分のために確保しており、このほうが村での生活よりまだましだと感じていた。また自分たちが責任を持たされないのは重機を操作できないからだとも言った。これについては女性たちの話は男性たちと重なる。彼女たちは重機がボタン操作であることを知らないようだった。男性たちは彼女たちに監督職のほうが賃金が安いと大嘘もついていた。女性たちはミスを恐れて指導的な立場に尻込みしていた。回答者らによれば、女性が昇進するためには男性をしのぐ仕事のスキルが必要だが、就職時に男性より学歴が高くても、研修の対象からいつも外されるという。女性監督は、女性の昇進によって面目を失った男性たちからの暴力のターゲットになるだろうとも彼女たちは考えていた。

家庭内の軋轢も障壁だった。夫も監督でなければ監督になりたくない、と女性たちは言った。大黒柱という配偶者の立場を奪いたくないからだ。妻が自分より「偉い」と思っている、妻にはもう自分が必要ないのだと夫は言うだろう。夫は妻が自分を捨てるのではないかと疑心暗鬼になり、その結果、暴力を振るう。

自分たちには家庭で「務め」があり、務めを果たせていないと思われたくない、とも女性たちは口にした。言っておくが、彼女たちは週六日一〇時間労働をこなしたうえで、帰宅してからはくつろぐ夫をよそに家事をすべてやっている。女性たちは妊娠すれば仕事を解雇された。職場に復帰すれば「一からやり直し」、一番下の職位からまた年功を積まなければならない。そのため、工場での女性の立場は実際にどれだけ長く働いていても、常に臨時職とみなされていた。本当は、母親に対する差別的な方針のせいで臨時職にならざるをえないのだ。

このような例から、男女間には働く者としての共通利益よりもジェンダーをめぐる軋轢のほうが大きいことが見てとれる。男性にとっては、家庭でも職場でも、女性を低い地位に閉じ込めておいたほうが得だ。働く女性たちが男性労働者と一緒に組合を結成したところで、問題は解決しそうにない。

二〇世紀初めのアメリカと同じように、バングラデシュでも大規模な工場火災が起きている。二〇一二年のタズリーン・ファッションズ社の工場火災では一一二名が亡くなったが、うち八〇%以上は女性だった。非常階段は塞がれ、ドアには鍵がかけられていた。そのため被害者らは最上階から飛び降りている。国際メディアは熱心に報道したが、建物の中にいた人々の大多数が女性だったことに記者は触れさえしなかった。五か月後、ラナ・プラザ縫製工場が倒壊し、一〇〇〇人以上の従業員が亡くなったが、ここでも大半が女性だった。バングラデシュの工場改革を促そうと衣料小売業者に対するさまざまなボイコット運動が西洋諸国で突発的に始まったが、持続したものはほとんどない。ただし消費者が声を上げたことも手伝って、二〇一三年にグローバルな労働組合連合と二〇〇社以上の国際的ブランドが共同で、バングラデシュにおける火災予防および建設物の安全に関わる協定に署名した。ところが、ボイコットする人々も縫製工場の労働者もほとんどが女性だったにもかかわらず、この労働災害が女性問題であるという認識はどこにも見あたらなかった。ジェンダーの視点がなかったために、女性たちが日々耐えている差別の解消を求めて交渉する機会が失われてしまった。彼女たちに必要なのは男性優位の労働組合ではなく、女同士の連帯である。

二〇世紀初めのアメリカでは、新しい職種が登場して女性たちに開かれたが、それとともに新しいジェンダー不平等も生まれた。保険会社や法律事務所のようなホワイトカラーの企業が台頭するにつれ、事務的なサポートが必要になった。当初、事務職には男性が就いたが、一九一〇年までには秘書職の三〇%を女性が占めていた。一九五〇年にはこの職業は圧倒的に「女性の仕事」となり、今ではアメリカ人女性の最多を雇用する職種である。

工場労働や家事労働と同じく、事務職に就くのも独身女性だった。アメリカの企業には既婚女性の雇用を禁じる「マリッジ・バー」という方針があった。家庭で夫に仕える妻の「務め」は有給雇用と両立しないと見られたのだ。ほとんどの男性は妻が働くことを「許さ」ないだろうと決めつけられていた。企業が雇用していた独身女性は、結婚すればすぐ退職させられた――本人や夫の意向に関係なく。このような禁則が一九三〇年代まで実施され、一九四〇年代に戦時動員のため一時的に中止されたが、一九五〇年代にも依然として適用される場合があり、一九六四年にようやく連邦政府レベルで違法となった。マリッジ・バーが徐々に緩和されるに従い、女性労働者の数が徐々に増えていった。

オフィスワークは特に困難でも重労働でも危険でもないが、教育は求められる。一九二〇年までには大半のアメリカ人が無償の後期中等教育、すなわち高校に入学できていた。女性のほうが男性よりも修了率が高かったのは、男性には高卒の学歴を必要としない高給の技能職があったからだ。高校のカリキュラムは通常、男女とも基本的に同じだった。したがって高卒の男女の就職時の能力は同じだった。男女の職種を分ける根拠は、ジェンダーのステレオタイプ以外になかった。

性別による職種分けは人事政策と採用選考手続きによって徐々に行われていった。マリッジ・バー自体が、女性の仕事は「臨時」、男性の仕事は「任期の定めなし」ないし少なくとも「長期」とする性別分業を作り出す人事政策（法律ではない）だった。そのため最初から、男性のキャリアパスは上級職の養成を視野に置いていたが、女性に対しては「臨時」と想定されることから即戦力が求められた。男性は職場で実地にビジネスの詳細を叩き込まれるが、女性は仮に研修を受けるとしても、どの職場でも通用するような秘書のスキルを学んだ。だから、男性がメール室で、女性が秘書室でキャリアを始めても、男性はやがて「専門」スキルを伸ばすのに、女性のスキルは「一般的」なままだった。

保険営業員や融資担当者のような、男性にとって将来性のあるキャリアパスを設けた仕事が「男性の仕事」になる一方で、先のない仕事は「女性の仕事」だった。慣習的な職の分類は正式なものとなり、新聞によって経済風土に広まった。新聞は何の疑問も持たず、男性の職種と女性の職種を別欄にして求人広告を掲載したからだ。読者は自分の性別に向けた掲載欄のみで求人情報を探すことを覚えた。

女性の仕事が臨時的な性格で昇進がないことの裏にはステレオタイプがあった。独身女性は会社に骨をうずめるわけではないから最低限の仕事しかする気がない、と言われていたのだ。当然、そのような人間に難しい業務や重い責任を与えるはずはない。こうして、女性の仕事は「臨時」で「一般的」スキルしか必要としないうえに、「単純」で「真剣味のない」ものになった。

その結果、女性は会社にとって首を切りやすい存在になった。資金繰りが苦しくなった場合、秘書なら解雇しても会社に大きな影響がないが、「特別な」トレーニングをして育て「重大な」責任を与えてきた男性は投資の対象だから、会社は手放すまいとした。どうせ女性には「経験不要の」職が見つかるが、「職務経験」がある男性は余人をもって代えがたかったのだ。

こうしてオフィスワークに「男性の仕事」と「女性の仕事」のまったく新しい記述表現が加わった。「困難」、「重労働」、「重要」、「家庭の外の」、「危険な」、「有給/賃金の高い」に対する「簡単」、「軽作業」、「重要でない」、「在宅の」、「安全な」、「無給/賃金の安い」に加え、今度は「常勤」に対する「臨時」、「真剣な」に対する「真剣味のない」、「複雑な」に対する「単純な」、「専門的な」に対する「一般的な」、「経験が必要な」に対する「経験不要な」が使われるようになった。

しかし女性たちは秘書のほうが工場労働、小売販売、家事労働より地位が高いと考えていたため、この職を得ようと努力した。またオフィスで働くほうが裕福な「理想の男性」に出会う確率も高いと考えていた。生まれた性ゆえに生活するのがやっとの賃金しか稼げない人間にとって、経済的に成功する最大限の経済的成果は条件のよい相手と結婚することだったのだ。一九〇〇年代から一九六〇年代にかけての大衆文化において、秘書は男性を獲得したり、罠にかけたり、横取りしたりしようとする計算高くてあざとい人物としてよく描かれた。大衆誌には上司と秘書が寝る筋書の漫画があふれていた。秘書が上司を誘惑するものもあれば、上司がデスクをはさんで秘書を追い回すものもある。このようなイメージは仕事と結婚の間の緊張関係とともに、階級の異なる女性同士の経済的な生存競争を示している。しかしそれだけではなく、オフィスのセクシャル・ハラスメント文化も示している。職場が個室でドアが閉められるオフィスでは、セクシャル・ハラスメントが工場よりもひどかったかもしれない。そして大衆文化の性的な風刺は、働く独身女性は不道徳であるという従来の偏見に拍車をかけた。[9]

保障されていて、昇進の機会、高い給与と福利厚生のある「よい仕事」は男性のものである、とほとんどのアメリカ人が考えていた。そうした男性の仕事に就いている女性は社会から見て生意気だった。男性が家族を養うものとされていたからだ。不況期に女性が職に就いていることは、どこかに失業中の男性がいることを意味した。一九三〇年代に大恐慌が起きると、マリッジ・バーは世論の後押しもあり、強硬に適用された。多くの夫が失業して家族が生活難にあえいでいた現実があるにもかかわらず、既婚女性が職を得るのは非常に困難になった。

この不文律は、第二次世界大戦が勃発すると、一般的だった男女の分業とともにたちまち中断された。アメリカ人男性たちが戦争に行っている間は、既婚女性でも通常ならばできないとされていた仕事、重機を操って戦車や船舶や航空機を製造する仕事にまで就いた。高給だが平時であれば女性が立ち入れなかったこれらの仕事は、突如として女性がいなくては成り立たない仕事になった。

俗説では、戦時中の女性労働者たちは兵士たちが復員すると、またもや赤ん坊を産んで床のモップ掛けをすることを期待され、キッチンに舞い戻ったという。しかし雇用データが語る事実は異なる。戦争直後の一〇年間に、女性の雇用曲線は二〇世紀で最大級の跳ね上がり方をしているのだ。戦時中の仕事に従事した多くの女性は職場に残り、さらに新たな女性が参入して、ともに戦後の成長期を支えた。図14のデータから、第二次世界大戦後の二〇年間に女性の労働参加率が上昇したのは完全に既婚女性によるものであることがわかる。

ところが、一般社会の戦後期のイメージは戦時の仕事から結婚生活に著しくシフトしている。戦争で使われたテクノロジーが民間に転用されると、「奇跡のような」家庭用品によって「ウチの家内」の仕事は楽で現代的で楽しくさえ見えるようになった。経済学者たちが妻を、働き者の夫が買い与えた「余暇」の受益者として考えるようになったのはこの頃である。賃金を支払われない仕事は数のうちに入らないため、主婦は「非生産的」だった。女性の労働参加が激増したにもかかわらず、この経済学者の姿勢が女性の経済的寄与をさらに縮減させた。私の観察では、今日、多くの経済学者と一部の世界的指導者が女性の経済的従属を真剣に受け止めていないのは、いまだに妻を宝石で飾り立てたプードルのような種族だと考えているからだ。[10]

一九六三年に刊行され、アメリカにおける女性運動の第二波の嚆矢とされることが多いベティ・フリーダンの『新しい女性の創造』(三浦冨美子訳、大和書房、二〇〇四年〔初版は一九六五年〕)はまさにこの状況から生まれた。戦後の結婚生活をめぐるイメージに魅了された女性たちが、意味を見出せない人生に閉じ込められるようになっていたのだ。フェミニズムの古典的名著である同書で、フリーダンは一九五〇年代の高学歴主婦たち、特にスミス大学で同窓だった卒業生たちを縛る呪いに焦点を当てている。アメリカ史上最高水準の教育を受けた彼女たちはその後、結婚して永久に家にいることを期待された。

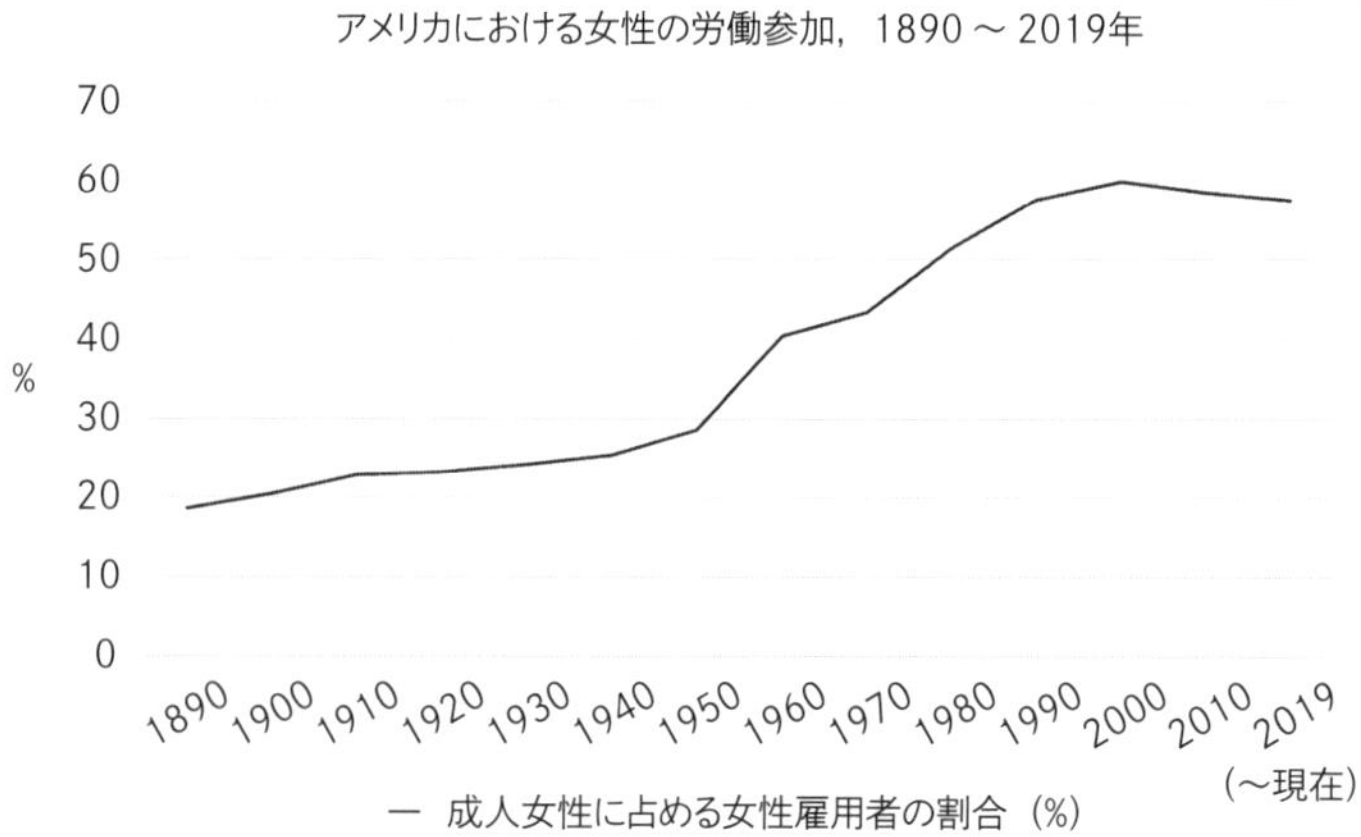

図 14　1890 年以降のアメリカにおける女性の労働参加を上のグラフに示す。左ページのグラフの既婚女性を表す曲線が，全体のトレンドとほぼ完全に一致していることがわかる。これは既婚女性が働きに出たことによってトレンドを牽引したからである。既婚女性の労働参加の激増が，第 2 次世界大戦直後から始まっているところに注目されたい。1930 年から 1965 年まで，独身女性の労働参加は多少の波があるが，全体として上がっていない。既婚女性の数のほうが圧倒的に多いため，彼女たちの参入がトレンドを牽引した。しかし 1970 年以降は 20 世紀末まで，どちらのセグメントも足並みを揃えて上昇した。

出典：U.S. Bureau of Labor Statistics, “Employment Level: Married Women (LNS12000315),” Federal Reserve Economic Data, September 19, 2019, https://fred.stlouisfed.org/series/LNS12000315; U.S. Bureau of Labor Statistics, “Women in the Labor Force: A Databook,” November 2017, https://www.bls.gov/opub/reports/womens-databook/2017/home.htm; Claudia Goldin, “Female Labor Force Participation: The Origin of Black and White Differences, 1870 and 1880,” *Journal of Economic History* 37, no. 1 (1977): 87–108; Kristie M. Engemann and Michael T. Owyang, “Social Changes Lead Married Women into Labor Force,” *The Regional Economist* (April 2006): 10–11, https://www.stlouisfed.org/~/media/files/pdfs/publications/pub_assets/pdf/re/2006/b/social_changes.pdf

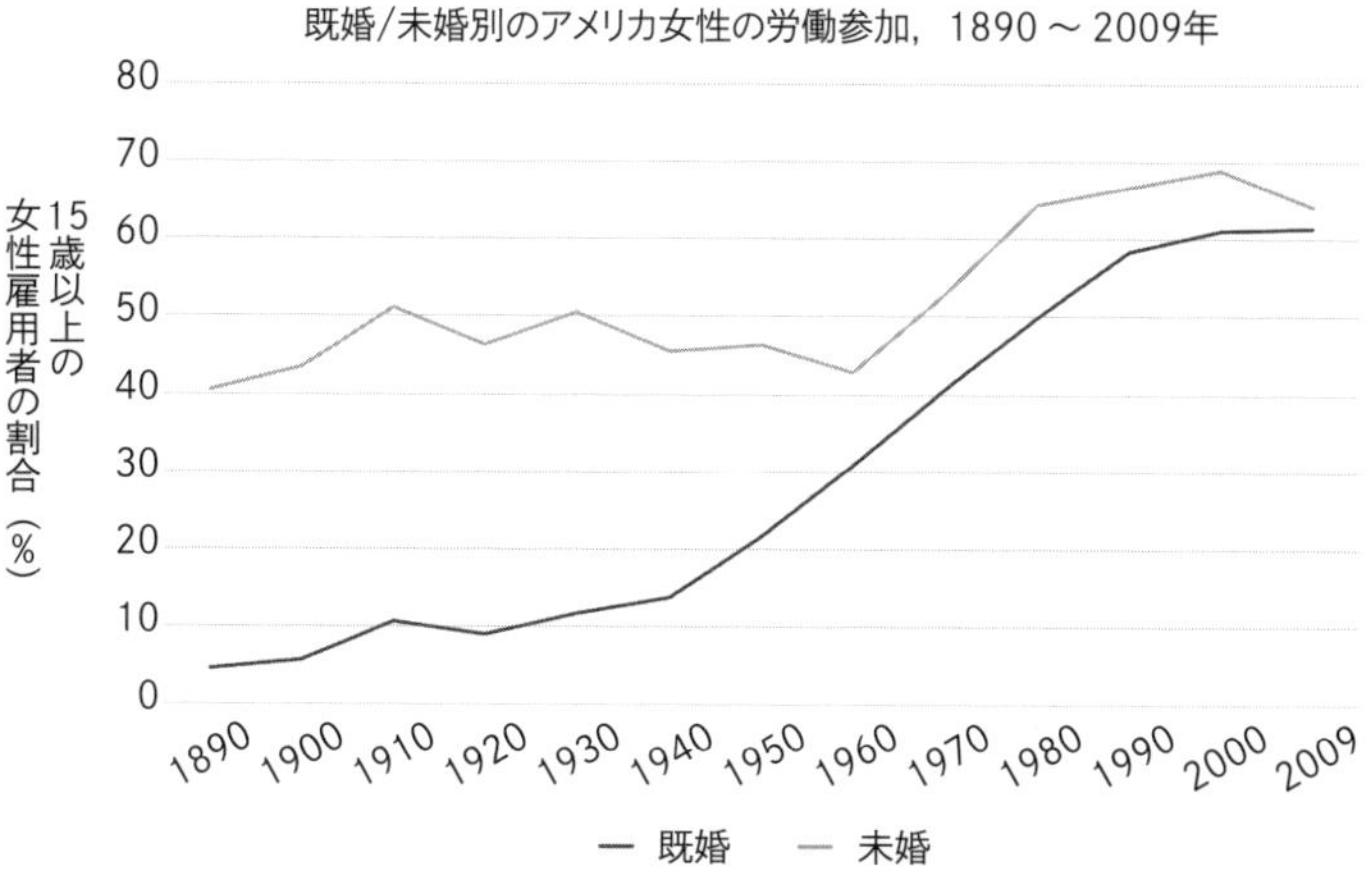

フリーダンが「名前のない問題」と呼んだ違和感——自分の才能と人生が無駄にされているという重苦しい気持ち——が彼女たちを覆っていた。唯一の解決策は働きに出ることだとフリーダンは提言した。『新しい女性の創造』はたちまちベストセラー一位に躍り出て、女性の労働参加はこれまでになく上昇した。[11]

しかしこの世代の女性たちは職場に進出してみると、女性の機会が一九二〇年からたいして向上していないことを知った。その実感がきっかけとなり、第一波が終結して以来の新しい女性運動が巻き起こった。一九六三年から一九七八年にかけて、連邦法、裁判所の判決、大統領令により、これまでに述べてきた障害がすべて取り除かれていった。

- 雇用主は同じスキル、労力、責任を要する仕事に対して女性に同一賃金を支払わなければならなくなった（一九六三年）。
- マリッジ・バーと職場のセクシャル・ハラスメントは違法となった（一九六四年）。

・雇用主は女性であることを理由に女性の昇進を拒むことができなくなった（一九六六年）。
・雇用主は肩書を変えるだけで同じ仕事に対して女性の賃金を安くすることができなくなった（一九七〇年）。
・雇用主は就学前の子どもを持つ男性を雇用しているのであれば、同年齢の子どもを持つ女性の雇用を拒むことができなくなった（一九七一年）。
・新聞で男女別の求人広告を行うことが禁止された（一九七三年）。
・夜勤や体力を要する仕事から女性を除外すること、身長や体重を要件とすることが差別的との判決が下された（一九七八年）。

こうしてより平等になった職場環境が独身女性と既婚女性の雇用をともに促進し、二〇世紀末まで女性の雇用は増加し続けた。

保守派はいまだに女性をキッチンに戻せと騒いでいるが、単なる事実として、経済的な観点からはもう手遅れだ。もしアメリカ人女性たちが労働力からごっそりもぎとられたら、アメリカ経済はあっという間にGDPの四〇%を失うだろう。[12] 経済システムは崩壊するだろう。あらゆる製品が入手不可能になり、サービスが止まるだろう。経済状況は一面の焼け野原になるだろう。

第二波はアメリカにとどまらず、不況、戦争、ベビーブーム、女同士の連帯の復活を経験した他の西洋諸国でも起きた、国際的な現象だった（図15）。個別の事情は異なっても、働く女性に関してこれらの国々は期せずして同じ時期に同じ地点にたどり着いた。どの国も、アメリカと同様の改革を法制化し

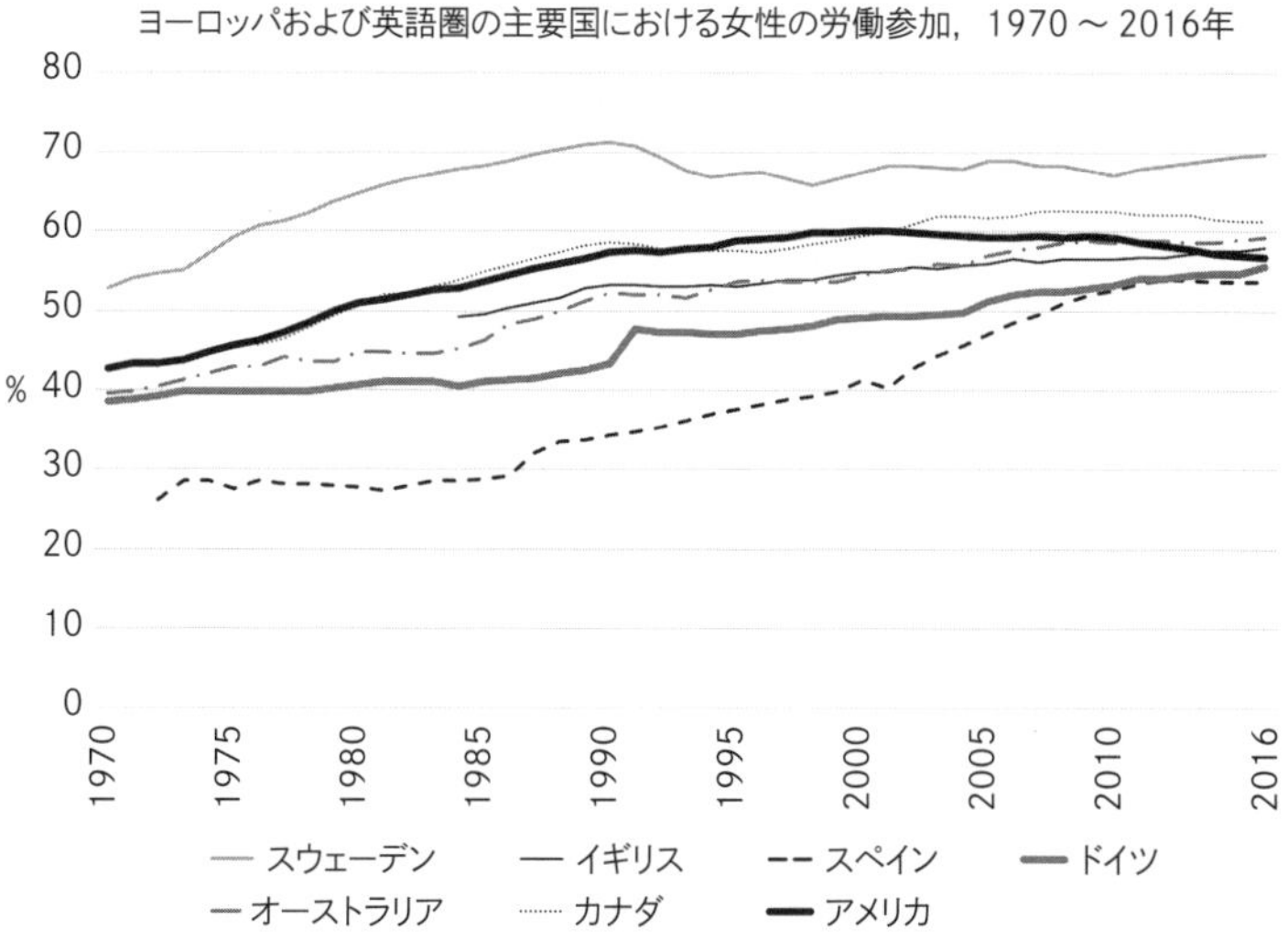

図 15　サンプル対象としたヨーロッパおよび英語圏の国々における女性の労働参加のトレンド線は，20 世紀最後の 25 年間の働く女性の一般的トレンドを示している。ほとんどの国々では 2000 年頃から横ばいとなっているが，アメリカだけは下降に転じている。2000 年の 60％が 2016 年に 56.7％に下がったのは大きくは見えないかもしれないが，懸念される。

出典：World Bank Database; Federal Reserve Economic Data; CIA, *World Factbook*, 2016

た。その結果、どの国でも女性の労働参加に同じトレンドが生じ、GDPが大幅に増加した。今では女性の労働条件と生活水準が世界最高レベルになっている。

　しかし、アメリカ人女性の非常に大きな集団がこうした出来事から取り残されていた。労働スキルがないか、「女らしさの神話」に息苦しさを覚えていない専業主婦や母親たちだ。大学時代に第二波に参加した私たちの多くには、そのような母親がいた。子どもの頃に私たちは、頭は空っぽだが家族に完璧に仕えてくれる妻が登場するホームドラマを浴びるように見ていた。

女らしさの神話に閉じ込められた女性たちに対して、本人が幸せそうかどうかに関係なく同情を寄せる者もいたが、私たちのほとんどは軽蔑をあらわにした。第二波は、最も若い参加者にとって、専業主婦のイメージに対する反抗という面が大きかった。一九七〇年代の女性運動で掲げられたスローガンの中でも忘れられないものの一つは「私はママの復讐だ（I Am My Mother's Revenge）」である。

この姿勢は不幸な余波を残した。女性運動は職場の権利を中心に据え、戦後的な結婚生活の理想からの独立を宣言したが、一部の主婦たちはのけ者にされたと感じ、その疎外感を女性運動が結婚を攻撃して家族を崩壊させるという考えに転嫁した。そして第一波では最前線で戦った主婦たちが正反対の方向に突き進む、悲しい事態になった。当時、主婦はアメリカ人女性の最大人口を占める層だった。もちろんすべての主婦が女性運動を拒絶したわけではない――家族の価値を体現していたような私自身の母と祖母も含め――が、この女性たちの集団は全体の傾向としてはフィリス・シュラフリーによって一つの運動にうまく組織化され、第二波の最大の成果となるはずだったアメリカの男女平等権憲法修正案（ERA）を阻止した。

一九七八年に私はインターンとして『ダラス・タイムズ・ヘラルド』紙の記者をしていた。大きなニュースがなかったある日、社会部のデスクが「あの人たちを取り上げるのは嫌なんだけどさ」とぼやきつつ、フィリス・シュラフリーが演説する反ERA集会の取材に私を派遣した。デスクに感心してもらいたかった私は、当時全国的な有名人となっていたシュラフリーにインタビューしてやろうと心に決めた。彼女はどれほど筋のとおった質問や主張でも逆手にとることで広く知られていたが、私は互角にやり合える自信があった。高校ではディベート部にいたのだ。

シュラフリーが壇上から降りると、私は後を追って廊下を走った。人混みの中でも彼女はすぐに見つかった。ピンクのフリルのドレスにスパイクヒールといういでたちで、ブロンドの髪を手の込んだアップにまとめていたからだ。私は出口の直前で彼女に追いついた。彼女がインタビューに応じてくれたので、私は質問を始めた。ところが何を言っても捻じ曲げられて弾き返される。私はしどろもどろになりながらまぬけな質問をした。「でもあの、女性は働く権利を持つべきだと思いませんか？」冷たい目でヘビが威嚇するように彼女は言った。「女性は夫を支える権利を持つべきだとあなたは思いませんか？女性は扶養される資格があるとは思いませんか？」言うが早いか彼女は踵を返し、ドレスを翻してドアから昂然と出て行った。

その瞬間、私はさとった。女性の経済的排除の核心にある妻の依存を、女性運動はあまりにも軽く扱ってきたのだと。シュラフリーのあの言葉は新聞でも、ラジオでも、テレビのトーク番組でも語られなかった。メディアで延々と語られるのはERAが中絶、レズビアン、男女共用トイレ、キリスト教信仰の死をもたらすという話ばかりだった。しかし彼女は本当の問題を私に明かした。彼女の支持者はERAを自分の経済的安定への脅威と見ていたのだ。

彼女に会うまで、この二つが頭の中で結びついていなかった不明を私は恥じた。私の母と叔母は主婦だったが、一九七〇年代半ばに離婚していた。母たちの経済的な脆弱さは人生が変わるほど強く私の胸に刻まれた。家族につきまとう貧困の脅威をまのあたりにしたことが、自分はキャリアを持とうと決意した本当の理由だった。なのに一九七八年のあのときまで、女性の経済的排除をめぐる第二波の言論と主婦の政治的な抵抗が私の中で結びついていなかった。

一九八〇年代の宗教右派の台頭が、女性運動に反対したフィリス・シュラフリー率いる団体から生まれていることに気づいている人は少ない。ユーチューブにはロナルド・レーガンがシュラフリーに支援への感謝を述べ、主婦を特別税措置の対象にすると提案している動画さえ上がっている。[13] 右派はフェミニズムの役柄を「家族の価値」への攻撃と読み替えた――女性の居場所は職場ではなく家庭であるべきだ、という意味だ。

以来四〇年弱の間に、右派は家族に関することをすべて「わがものとし」、その結果、女性運動は扶養手当、離婚法、家庭運営や子どもの世話といった問題からほぼ手を引いた。悔やまれるのは、こうした方面で沈黙したために、母親を働きやすくする支援――有給の産休や、とりわけ、手の届く料金の保育サービスを求める活動が手薄になってしまったことだ。その間に妻が働くことは着実に容認されるようになり、働く母親は子どもに悪いという考えは下火になっていった。しかし右派は水面下で表の顔とは裏腹の活動をしていた。専業主婦の扶養手当の受給権は州レベルで徐々に「改革」され、家族のために自身の経済的安定を犠牲にしてきた女性にとって、名ばかりの支援でしかなくなっていたのである。

第二波を歪曲して急進右派が宣伝したイメージに、フェミニズムを悪者にして嘲笑する一般の風潮も手伝い、第二波が与えた実際の影響力を理解しているアメリカ人は少ない。このフェミニズムの高まりがアメリカだけでなく西洋全般で、史上最も成功し世の中を変えた女性運動だったことは、今では歴史家の間で見解が一致している。[14] 二〇世紀末には一般のアメリカ人の過半数が、同一賃金、男女同権、機会均等、出産の自由など、一九七〇年代に初めて提唱された基本原則に賛同するようになった。女性運動が始まる前はそうではなかった。

しかし、女性運動が働く女性のイメージを塗り替えることに成功したため、雇用主は今度は取り残された課題である子育てを武器にミレニアル世代〔訳注：二〇〇〇年前後に社会に出た世代〕を標的にした。職場の母親にスティグマを負わせるのが当世はあたりまえになり、子を持つ女性の賃金は他の女性を含む誰よりも低いことはめずらしくない。私たちが目にしてきたように、反フェミニストはこの賃金格差を彼女たちの「間違った選択」——子どもを産んでからも仕事を続けているせいだと考えている。

アメリカで女性の労働参加が低下している一つの大きな原因を、経済学者らはごく最近になって特定した。その少なくとも三分の一は、アメリカ政府が働く母親を支援する国の政策、プログラム、保護の設定を怠ったことに起因しているという。[15] もう一つの信頼すべき分析は、女性が賃金に魅力がないと考えていること、つまり「母親ペナルティ」と高額な民間保育コストのトレードオフの関数である可能性が高いことを指摘している。[16] 右派は自己決定権を望む女性を攻撃するために児童福祉に関する悲観的な予測を利用し、進歩を止めることに成功したのだ。

家族と家族の中の女性の役割についての伝統的な考え方は、いまだに女性の経済参加を阻む武器として使われている。世界中で、女性の参加水準が最も高い国々でさえ。

例を挙げよう。二〇一七年のある日、私はシンガポールの高級中華料理店で円卓を囲んでいた。その場にいたのは八人、ほとんどは経済学者で、世界各国から年に二度集まっていた。世界経済の包摂性を高めるための審議にジェンダーの視点を加えるのが私に与えられた役どころだったが、まったく会話に入る余地がなかった。

二日間の会期では、一か国ずつ議論で取り上げ、メンバーの一人が自分の研究発表をする場合もある。

二年間、私はプログラムにジェンダーについての発表の機会をもらえずにいた。何度か国別の討議の際に切り出そうとしてみた。これまで見てきたように、すべての国にジェンダー問題があるが、いずれも程度が違うだけで基本的には同じ問題である。持ち時間の二分で毎回同じ話を繰り返すのはいかにも頭が悪そうに見えた。メンバーの一人は自分の国を批判していると私にときどき嫌味を言った――他の話題では絶対に起きなかったことだ――が、たいていは皆ににらまれるだけで終わった。彼らが受けてきた伝統的な経済学のトレーニングでは「包摂」を概念化する方法がわからない。「排除」を認めようとしないからだ。だから包摂も一切話題にならなかった。

しかしその日の昼食会で、私は女性の経済的エンパワーメント運動について最新の情報を手短にお話ししたいと手を挙げ、嬉しいことに全員が賛同してくれた。昼食後は皆が空港に出発する予定だったので、時間をかけず軽くすませるつもりだった。女性の経済的エンパワーメントに関する国連ハイレベル・パネルや、G20における女性の利益団体の立ち上げ（すでに「W20」と呼ばれていた）など、グローバルなレベルでさまざまな動きがあった。自分なりの見識を伝えられる気がしていたし、このトピックは少なくとも公共ラジオ的な関心は持たれるだろうと考えていた。

私はW20の話から始め、G20が課した構造によって生じている困難をいくつか紹介した。明るいトーンで話していたにもかかわらず、隣に座っていたドイツ人経済学者が苛立っているのが感じ取れた。「G20がなぜ女性の心配をしなければならないのですか」と彼はだしぬけに言った。「G20には考えるべき重要なことがあるのに」

ショックだったが、誰も反応しなかったので、話を続けた。女性の労働と経済成長の関係を説明し始めたが、彼は手を振って制し、女性の問題に取り組むのはG20の財務大臣たちの「貴重な時間を無駄にする」といきり立って言い放った。「大臣は自国のことを考えなければならないのですから！」

各国の国民の半分は女性ですよ、と私は抗議した。彼はあきれ顔をした。

中国代表の専門家がドイツ人の加勢に入った。「そもそも女性は職場にいるべきではありません！母親が働くのは子どもによくない！　女性は家にいて、夫に養ってもらうべきです！」この信じがたい時代錯誤な発言にどう返そうかと言葉を探していると、ハーバード大学の著名な経済学者が口を開いた。彼は子どもの味方気取りの男性のほうを向いて、『女性の権利は人権である』とやらは、ここでは通用しませんか」とたずねた。返事はなかった。

私は勇気を奮い起こし、男性は子どもを扶養する能力や意志を欠く場合がありますと言った。母親に経済力を持たせることが子どもの福祉を確保する手段になる、というユニセフの調査に私は言及した。中国人経済学者がまったくピンときていない顔だったので、私は戦術を変えた。多くの国で女性のほうが男性より教育を受けているのだから、雇用主が学歴に応じて女性を採用しなければ国の投資が無駄になるのでは？　こちらに背を向けて携帯電話をいじっていたシンガポールの経済学者が振り返り、ばかにしたように「シンガポールの女子学生が大学に行くのは条件のよい夫を探すためですよ」と言った。

お茶とクッキーが運ばれてきて、私はあきらめた。エビデンスの裏付けのある全体像を示す余裕がなかったから、彼らがどうあろうと信じようとしない断片的な事実で勝負するしかなかった。この件を昼食の席で持ち出そうと考えたのが間違いだった。

食事が終わるまで私は平静を保った。幸い、空港まで乗る車はすでに玄関に待機していた。後部座席におさまった私は表面上は平然としていたかもしれないが、はらわたが煮えくり返っていた。どう言えばよかったのだろう。晴れやかなトーンのささやかな報告すらキレずには聞けない人たちとの会合に、どうやって参加すればいいというのか。抗議の脱退をすべきかとも考えた。

機内からベンガル湾とアラビア海を眼下に見ながら、今この瞬間も地上で女性の経済的エンパワーメントを実現しようと頑張っている人々（男性も女性も）に思いをはせた。なかには自身の身の安全も顧みず、待ったなしの世界の問題を解決しようとしている人たちもいる。他の人たちが払っている犠牲に比べれば、私の不愉快な体験など何ほどのものだろう。私を会合に指名してくれたスポンサーを失望させたくもなかった。包摂的な経済に女性も含まれるべきだと彼は本気で思っている、と私は信じていたからだ。あの経済学者たちの考えを誰かが変えなくてはならない。これは私が引き受けるべき役目なのかもしれない。

女性の経済的エンパワーメント運動には重要な機関や少数の高官が含まれているものの、その基本命題は依然としてほとんどの政策顧問や大臣たちにとっては疑わしい概念である。このときが彼らの抵抗の集中砲火を浴びた最初の経験だった。それまでは仲間との助け合いというぬるま湯に浸かっていたのが、突然タオルもなく寒い場所に放り出されて震えている気がした。

シンガポールの優雅なレストランで、私はバングラデシュの村で取り囲まれたのと同じことをグローバルに体験した。しかしこの種の偏見をあれだけ力を持っている人々に見たことには、はるかに不吉な含意があった。

私は辞めなかった。辞めるべきだった。それからさらに二度、神経をすり減らしながら礼儀正しくジエンダー問題を会話に持ち込もうとした後で、私は辞めてほしいと言われた。彼らはとにかく知りたくなかったのだ。

［第7章］

母親になると罰せられる

「気候変動と戦うには？　子どもの数を減らそう」。二〇一七年七月のある朝の『ガーディアン』紙にこんな見出しが掲載された。[1] いつものようにベッドから出るのを引き延ばすため、ニュースをチェックしようとスマホを手に取ったとき、この記事がトレンドに上がっていた。「頭がおかしいんじゃないの」と私は思い、また布団にもぐり込んだ。その日は一日中、環境科学者たちから出されたこのばかげた提案がニュース配信サービスを通じてさかんに喧伝された。しかし記者の誰一人として、西洋社会は子どもの数を減らしても差し支えないという前提に疑問を呈さなかった。

一九六〇年代後半に「人口爆発」のニュースが終末論として初めて登場したときには、心配すべき理由があった。当時、先進諸国で成人しようとしていた世代は史上最多の人数だった。彼らが親と同じ出生率で子どもを産み、後続の世代もそうすれば、地球はもたない。だがそのシナリオは実現しなかった。ベビーブーマー世代の出生率は親とは異なり、自分たちと同じ数の子どもを作るのがやっとだった。彼らの子どもであるミレニアル世代の出生率はそれにも遠く及ばないだろう。

世界の半数近くの国で、人口を維持できないほど子どもの数が少なくなっている。一部の国では出生率がすでに「回復不能点」、つまり趨勢を逆転させるには母親の数が足りないと専門家が考える出生率を下回っている。[2] もしこれから大人になる世代が「地球を救う」運動としてさらに少ない数の子どもを持とうと決意したら、先進国経済は縮小し始めるだろう。でも人口減少はよいことではないの？　とあなたは思うかもしれない。もっともな疑問だが、社会経済的な観点からすると、そうではない。

図16は世界各国の出生率を示している。人気のコメンテーターがよく合計特殊出生率と普通出生率を混同し、女性の出産はGDPの関数であり、その数に周期的な変動があることは心配ないと主張する。

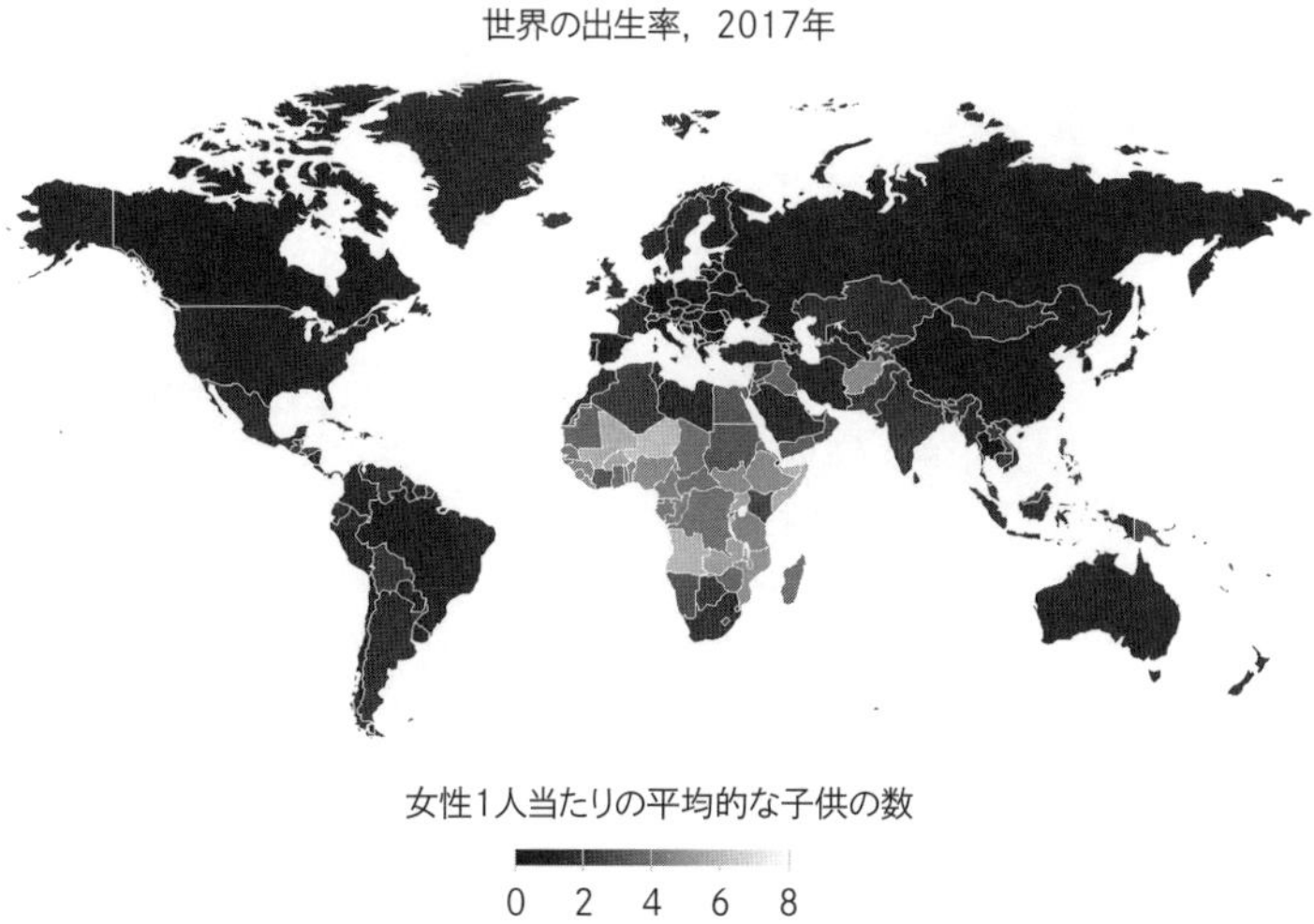

図 16　2017 年の出生率の世界地図。低出生率の国々は色が濃く，高出生率の国々は色が薄い。
出典：CIA, *World Factbook*, 2017

彼らが言っているのは実は普通出生率で、単純に一年間で女性一〇〇〇人当たりに生まれる子どもの数を指している。普通出生率はGDPや平均降雨量やワールドカップの優勝国に応じて変動しうるが、長期のトレンドにならない限り、問題のある変動ではない。合計特殊出生率はこれとはまったく異なる。合計特殊出生率はある社会で暮らす平均的な女性が一生のうちに産む子どもの数と定義され、出産の世代的なトレンドの指標である。国の合計特殊出生率の変化は長い時間をかけて起こり、逆転させるにも長い時間がかかる。[3]

人口を安定的に維持できる出生率（置換率と呼ばれる）は女性一人当たりの子どもの数が二・一人――母親に置き換わる一人、父親に置き換わる一人、あとは不測の事態に備えて少し――である。人口が「回復不能点」に達すると考えられるのは合計特殊出生率一・

五で、専門家によれば、それより下がると人口減少を逆転させるには母親の数が足りなくなる。合計特殊出生率一・六の欧州連合は「回復不能点」の手前で踏みとどまっているが、東欧と南欧はすでにこの数字を下回っている。フランスは主に移民の出産に支えられ、ぎりぎり人口置換水準にある。オーストラリアとアメリカは一九六〇年以降徐々にだが着実に下がって今は一・八になっている。そしてイギリスは一九七五年以来ずっとこの数字だ。東アジアの合計特殊出生率はさらに低く、香港（一・一九）、日本（一・四二）、マカオ（〇・九五）、シンガポール（〇・八三）、韓国（一・二六）、台湾（一・一三）、タイ（一・五二）、ベトナム（一・八二）となっている。スカンジナビア諸国は軒並み置換率を下回った。カナダは五〇年間下降の一途をたどった後、約一・六に落ち着いた。ラテンアメリカ諸国は今のところ人口置換水準にあるが、ヘリコプターから落ちた鉄床《かなとこ》のごとく急降下している。

それ以外の世界各国はどうか。人類の約五五％は普通出生率が今も高すぎる国々に暮らしている。女性たちは六〜七人もの子どもを産み、人口は今後三五年で倍増する見込みだ。このまま増え続ければ、二〇五〇年までに地球上に暮らす人間の数は九〇億人になる。高出生率国は中東と中央アジアに一〜二か国あるほかはアフリカに集中しているが、いずれも特に政情が不安定な国々であり、人口過密だけでなく戦争でも世界の脅威となっている。[4]

提言された「子どもの数を一人減らそう」運動は、二分した出生率のどちら側においても実行不可能である。それぞれの極にいる母親たちに、生まれてくる子どもの数を左右する裁量はほとんどないからだ。両方とも、根底にある問題はジェンダー不平等である。[5]

ウガンダでピュリティという二〇歳の女性をインタビューしたとき、彼女は教師と結婚しており三歳未満の子どもが二人いた。私は女性の貯蓄に関するプロジェクトで行政教区内の一夫多妻の世帯数を評価するために訪れており、あなた以外に奥さんはいますかと彼女にたずねた。ピュリティは高校時代に夫と恋に落ちたが、妊娠して初めて彼から既婚だと告げられたと話してくれた。彼はピュリティの両親のところに行き、彼女とも結婚すると言った。両親には他に選択の余地がなかったから、結婚を認めた。夫は彼女を近くの村に住まわせた。その四年後に当たるインタビュー時にも夫は彼女を扶養しており、週二～三日会いにきて、それ以外はもう一人の妻と過ごしていた。

教師の夫はピュリティの親にお金ができたら払うと約束したものの、花嫁代償を支払っていない。つまり彼女は村では本当の意味で結婚していないと見られており、教会で結婚式を挙げていないため、慣習上も法律上も妻の権利がなかった。小さな菜園で作った野菜を売って多少のお金は稼いでいたが、まだ幼い二人の子どもを見なければならないのであまり働けない。今住んでいる家は義理の父が建ててくれたが、万が一の場合、その住居の所有権が誰のものになるのかはさだかでなかった。いざとなったら実家に帰れる？　と聞いてみると、答えはノーだった。両親は花嫁代償を求めていた。

中学教師による女生徒の誘惑はアフリカ全域の問題である。農村では教師のほぼすべてが男性で、ほとんどの中学教師は生徒とあまり年齢が変わらない。しかし地域社会の中で最も学歴が高く、安定収入を得ている唯一の人間なので、力の差は著しかった。

ピュリティの夫が別の女生徒にも同じことをする可能性は高く、彼自身にとってのリスクは低い。地域社会は彼の行為を許容するだろう。もし「妻」全員を養うには収入が足りなければ、妻たちに渡す金額を減らすか、一人を捨てる選択をするだろう。もし捨てられれば、ピュリティは養ってもらうために別の男性を見つけることを期待されるだろう。こうして生活の不安定な子どもたちが増えていく。教師が見境なくあちこちで快楽をむさぼり続ければ、彼一人に一〇人もの子どもができかねない。

セレーナは少し年上の二三歳で、子どもは二人だけだ。夫が花嫁代償を払ったので、彼女は慣習上の結婚をしている。しかし今、夫は町に出稼ぎに行っており、夫のいない家でセレーナは義理の両親と同居している。義理の両親に気に入られていない彼女は肩身の狭い思いをしていた。

インタビューの直前に、セレーナは夫が二人目の妻を迎えたことを知った。それ以降は送金を減らされ、セレーナは自分と子どもの生活費を十分に払えなければ義理の両親から追い出されると予感していた。お金を貯めようと農場の仕事をしていたが、子どもたちを連れての仕事は思うようにはかどらない。義理の両親から引導を渡されたときに子どもたちと自活できるようにと小さな財布に現金を隠していたが、義父母にお金が見つかれば扶養料としてとられてしまうだろう。絶体絶命だった。

このプロジェクトで出会ったほとんどの夫婦は夫に妻一人で、なかには何十年も連れ添っている人たちもいた。しかしピュリティやセレーナと同じ窮状に陥っている若い女性は多かった。女性と気の向くままに「結婚」し、同じ軽い気持ちで子どもを作る男性たちがいる。女性用の避妊薬は簡単には手に入らず、男性はコンドームを使いたがらない。こういう男性が別の女性に心を移すたびに、見捨てられる子どもたちが増えていく。ほとんどの子どもたちには教育を受ける望みがない。母親にそれだけの財力がないからだ。子どもたちに食べさせて住む場所を確保するだけでもよくやっている。

五〇年前に暴君イディ・アミンの独裁が終わって以来、ウガンダは内戦に苦しんできた。政府は今も独裁制を敷き不安定なままだ。汚職が横行し、教育や医療への投資はほとんどされていない。ＧＤＰは兵器の購入かエリート階級の私腹を肥やすのに使われている。[6] 合計特殊出生率は女性一人当たり子ども六人で、平均余命は短く、低年齢出産率が高く、妊産婦死亡率は世界でも指折りに高い。ＨＩＶによって一世代分の人口が消え、若い女性の罹患率は男性の二・五倍も高い。男性が不特定多数の女性と性交し、セーフセックスを実践したがらないためだ。大勢の孤児が残され、姉が母親代わりとして面倒を見るために学校を辞めなければならない。私が話をした若い女性は、自分のきょうだいたちが亡くなって後に残された一三人の子どもたちを養育していた。子どもたちに食べさせ学校に通わせるための奮闘を語りながら彼女は泣きじゃくった。

このような国の女性たちは地位が低く、権利がほとんどない。彼女たちへの暴力は世界最悪である。合計特殊出生率が最も高い三五か国のうち、二七か国が世界ジェンダーギャップ・ランキングの下位五〇に入っているか、（さらに悪い兆候だが）格付けに必要なジェンダー関連のデータ自体が不十分である。[7] ウガンダの人口の年齢構成は高出生率の国の典型で、ピラミッド型をしている。下層にいる子どもの数が、大人の数に比べて多すぎるのだ（図17）。この形の人口構成の国々は四〇年間で世界平均より八倍以上も内戦を経験しており、九〇％が独裁国家である。[8] 合計特殊出生率が最も高い三五か国のうち、三分の二以上が世界で最も脆弱な国家に数えられる。[9]

人口増のスピードがこれほど速いと経済資源が圧迫される。ただでさえ貧弱な行政サービスはパンク状態だ。軋轢と攻撃が起こりやすくなる。年配の男性に比べて若い男性の数が不均衡に多いことが、国をいっそう不安定にする。通常は若者を抑える役柄の年配の男性が相対的に少ないため、何でもすぐに騒乱になる。国民は必死の思いで秩序を求め、独裁者がその足元を見るようにして権力の座に座る。紛

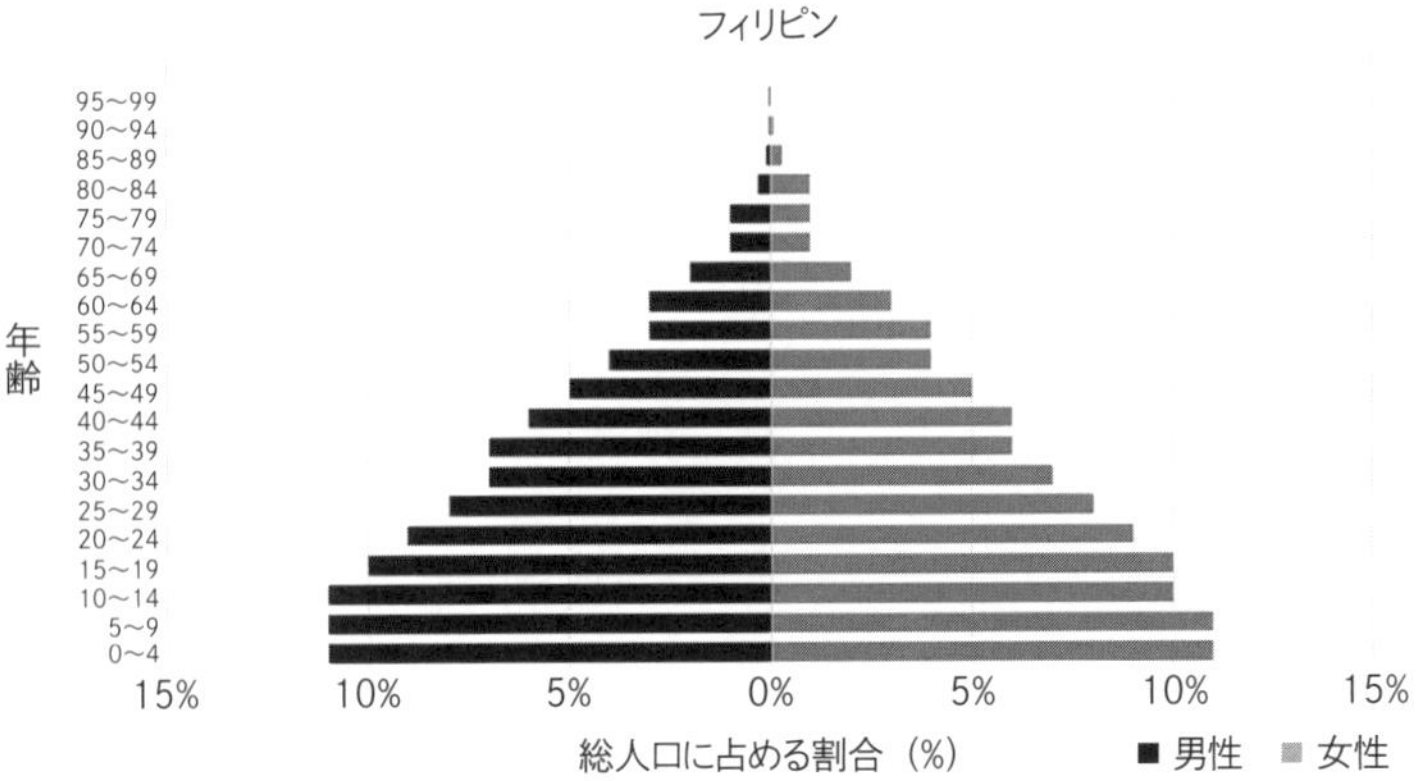
フィリピン
年齢
95〜99
90〜94
85〜89
80〜84
75〜79
70〜74
65〜69
60〜64
55〜59
50〜54
45〜49
40〜44
35〜39
30〜34
25〜29
20〜24
15〜19
10〜14
5〜9
0〜4
15%
10%
5%
0%
5%
10%
15%
総人口に占める割合（%）
■ 男性
■ 女性

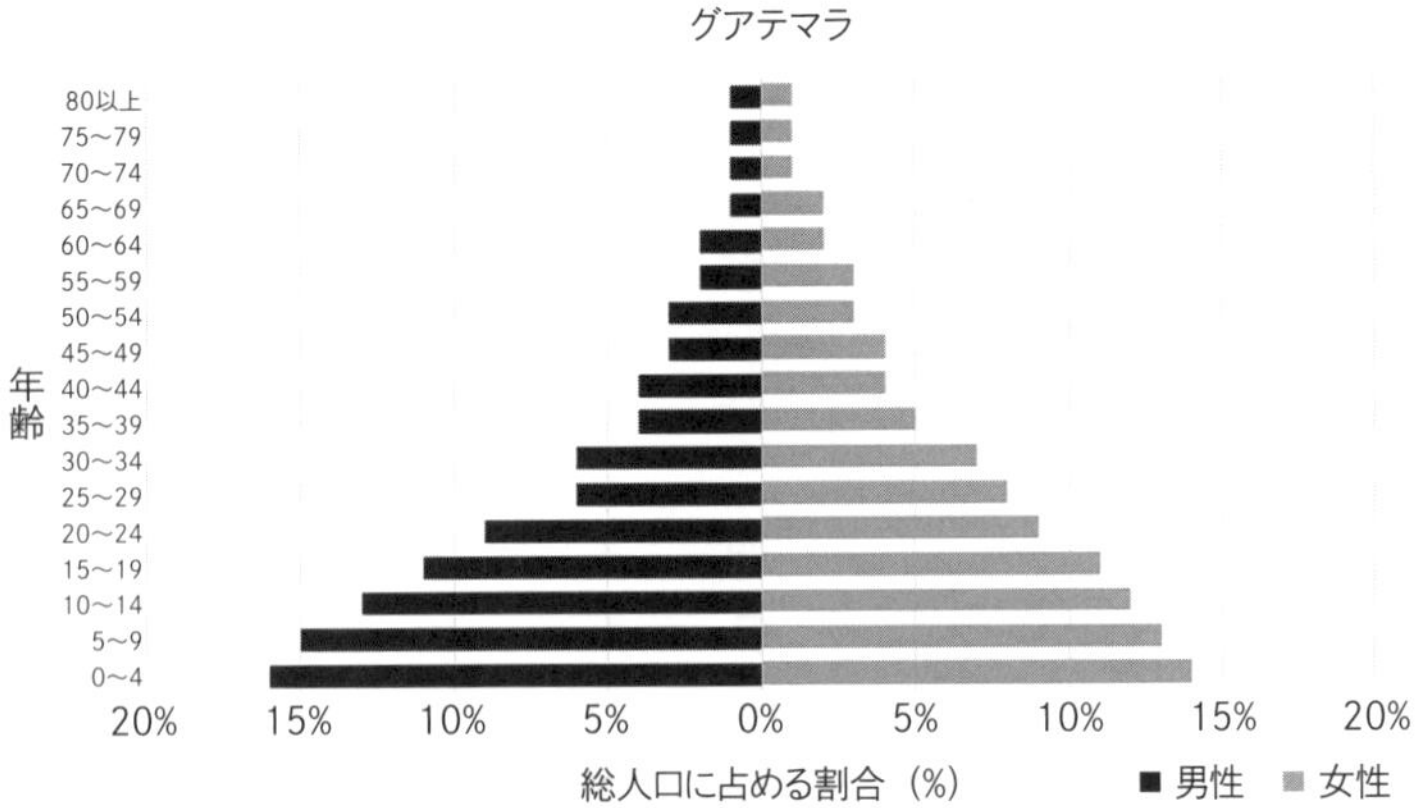
グアテマラ
年齢
80以上
75〜79
70〜74
65〜69
60〜64
55〜59
50〜54
45〜49
40〜44
35〜39
30〜34
25〜29
20〜24
15〜19
10〜14
5〜9
0〜4
20%
15%
10%
5%
0%
5%
10%
15%
20%
総人口に占める割合（%）
■ 男性
■ 女性

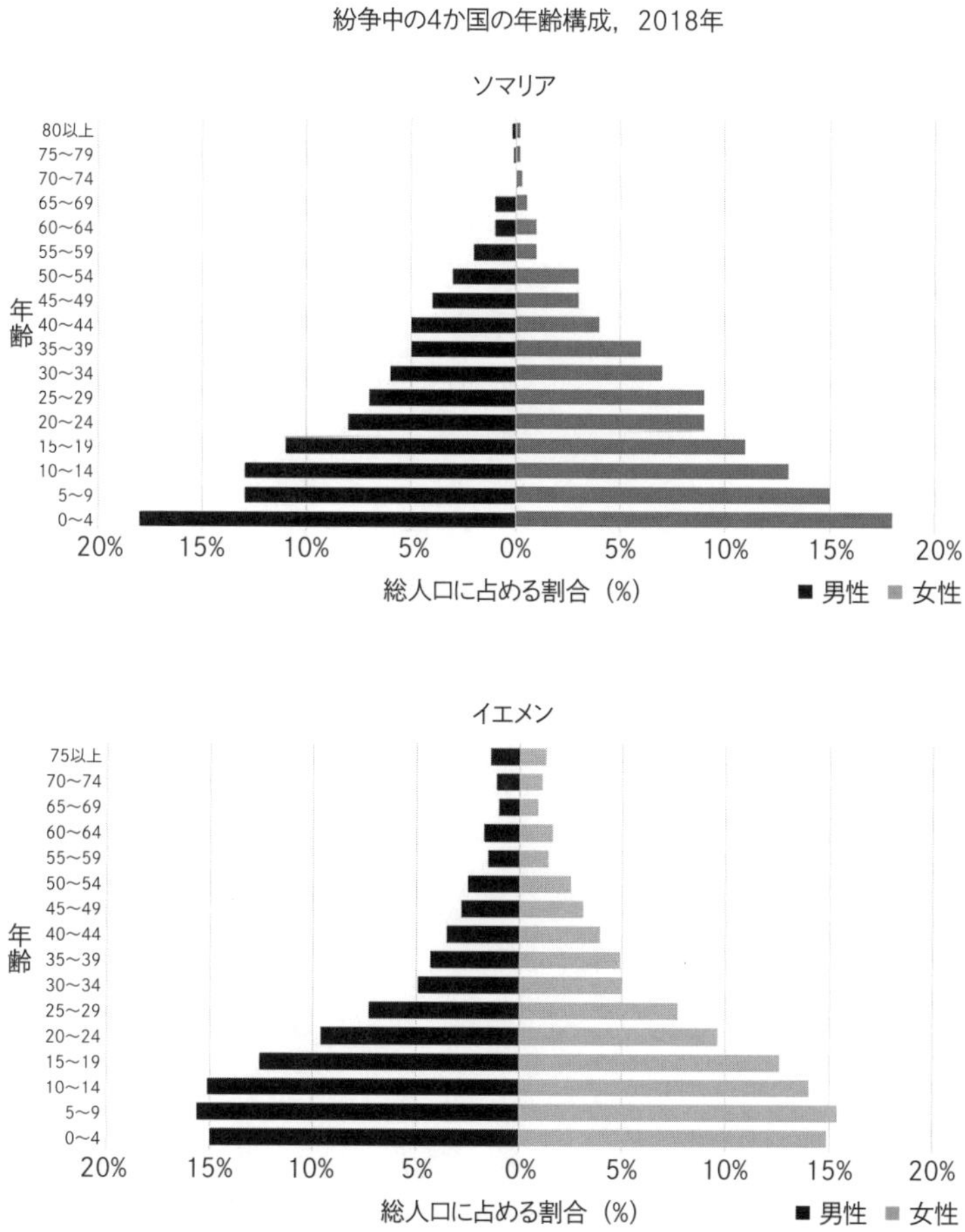

図17　グラフの左側が男性，右側が女性。一番下が若者で，ピラミッドの上にいくほど年齢が高くなる。
出典：国連のデータベース

争が資源を破壊し、近隣諸国に波及し、病気が拡散するのは不可避だ。これらすべては、女性に自由がなく、男性が下半身を自制しようとしないことから起きている。

信頼のおける著書『Sex and World Peace（性と世界平和）』で、国際情勢の研究者バレリー・ハドソンと共著者らは、ジェンダー不平等と紛争になぜ強い相関があるのかをエビデンスを示しながら詳細に説明している。さまざまなイデオロギーと欠乏と貧困を掘り下げていくと、極度の男性優位というたった一つの土台に突き当たる。男性優位の環境においては怒りが発生しやすい、つまり挑戦に対する最初の反応が暴力になる。紛争国にはたいてい「名誉の文化」があり、男性たちはたえず地位と女性の性的支配権をめぐって争う。部外者が「俺たちの」女性に性的に侵入して集団の「名誉」を傷つけると、彼らの価値観では報復しなければならなくなる。このような男性たちは男性ばかりの環境で膨大な時間を過ごし、女性に対する軽蔑と暴力的意図を通じて結束を強める。女性は男性からもお互いからも引き離されていることが多い。緊張関係が高まって紛争になった際はレイプがあたりまえのように行われる。それが敵の「名誉」を損なう最も直接的な方法だからだ。[10]

国際機関とNGOは、避妊と生殖医療こそ歯止めの利かない出生率を抑制する第一の対策であると強く訴えている。その対策をとれば、紛争リスクも軽減される。アメリカの保守派が紛争国の生殖医療プログラムを切り捨てたとき、彼らは女性から基本的医療を取り上げただけでなく、紛争と飢餓の増産に加担してしまった。生殖に関する支援事業が「家族計画」すなわち禁欲にしか取り組まないのでは、高い出生率の根本原因に迫れない。根本原因は女性に選択権がないことである。男性の無分別な性行動、性加害者の強引な侵入、戦争中のレイプに加え、強制性交や一夫多妻や無責任な父親への寛容さが火に油を注ぎ続けている。高出生率の解決法は常に、男性同士の対立に気を取られず女性に注目することであるように思われる。この問題を本気で解決したいなら、レイプ、重婚、扶養放棄への社会的制裁を促すことに注目してしかるべきだ。

女性の経済的エンパワーメントが問題を一挙に解決できるわけではないが、一助にはなる。男性は資源を握っている女性にはより敬意を示すことがある。女性がお金を持つと発言力を持てる場合が多い。ともかくも、無責任な夫に捨てられた妻たちが子どもたちを養うことはできる。妻の相続から逃げられる寡婦が増える。虐待されている女性たちが家を出られる。

だが女性たちに自分の体に対する主権を持たせるのがまず出発点だ。妊娠や病気に無頓着で気持ちよくないからとコンドームを使いたがらない男性との性行為を、女性たちが強いられることがあまりにも多すぎる。このような状況で女性たちに「子どもを一人少なく」持つことを選べるはずと期待するのは、非現実的なうえに酷だ。

他方で、低出生率国の女性たちはすべてを手にしているように見える。彼女たちは学校に行き、有給で働いている。パートナーを自分で選び、簡単に手に入る避妊薬を使って自分の快楽のために性行為をしている。しかし西洋の女性たちはいまだに、彼女たちが音を上げて家庭に戻るか子どもを持つこと自体をあきらめるまで、働く母親を罰することによって女性をキッチンに追い返そうとする男性たちと戦っている。この男性の傲慢さが富裕国を凋落させようとしている。

低出生率の国々は今、人口の高齢化という桁外れの不均衡の危機に直面しており、どこも備えができていない。たいていの論者は長寿化によってこの危機が起きたと考えている。それも一因ではあるが、女性たちが産む子どもの数が減らなければ先進国の高齢化はこれほど急激に進まなかったはずだ。

これからの数十年にやってくる危機の影響からは誰も逃れられない。皆が影響を被り、それは痛みを伴うだろう。高齢者が激増し、必要な社会サービスが増える。経済活動をする人が減るので税収が下がる。成長を維持するには労働者の供給が足りなくなる。消費者市場は崩壊するだろう。貯蓄は先細りになる。先進諸国は破滅に向かって錐もみ降下していく。

ケアの危機が発生するのは避けられない。高齢者がケアと配慮と支出のパイを子どもと争うようになる。「過去は序章にすぎない」のだとすれば、女性たちは高齢者と子どもの両方のケアを期待されるだろう。実際に多くの女性たちがすでに板挟みに陥り、身動きとれなくなっている。一人の女性が最大四人の高齢者（自分の両親とパートナーの両親）の介護とまだ家にいる子どもの世話をしなければならない可能性を抱えている。このケアの重圧を考えれば、出生率はさらに下がりかねない。ケア負担の重さから多くの女性が仕事を辞めざるをえなくなれば、経済成長、税収、生活水準、女性の精神状態はさらに落ち込む。収入を維持する責任は一人のパートナー、たいていは男性の肩にのしかかり、その人は自分の家族を扶養するだけでなく、おそらく高齢者を支える財源も補充しなければならないだろう。一方で、社会サービスへの政府支出が増えるため給与は圧迫され、彼は心労が絶えないだろう。

何がこの破滅への行進をもたらしたのだろう。どの国でも答えは同じだ。富裕国の生活コストが、特に人口の八〇%が住む都市部では、若い親たちにとって一人の収入で暮らすには高すぎるのだ。母親たちはいやいや必要に迫られて働くのに、働く母親は雇用主に罰せられスティグマを負わされている。政府は働く母親のニーズを無視するか、時代遅れの政策で妨害している。同僚は産休など子育て中の親への配慮を白い目で見る。予定が立てられない毎日は胃薬のコマーシャルさながらだ。もしあなたが働くお母さんを知っていたら、彼女と入れ替わりたいと思うだろうか。

子育て中の専業主婦とて楽をしているわけではない。稼ぎ手が一人しかいない家族はほとんどが何年も家計のストレスを抱え、将来のための貯蓄ができない。収入を得つつ「仕事との接点を失わない」ようにとパートタイムで働く母親もいるが、彼女たちは自由意志でパートを選択しているのではない。存在する限りのデータを見れば、富裕国では子どもがいる専業主婦とパートタイムで働く主婦の約七五％がフルタイムで働きたいと言っている。彼女たちは孤立した生活を送っており、友人や自由を恋しがっている。二〇一二年に六万人のアメリカ人女性を対象に行われたギャラップ社の調査は、働いている女性よりも子どものいる専業主婦のほうがはるかにうつや不安感情に陥りやすいことを示した。[11] もしあなたがそんなお母さんを知っていたら、やはり入れ替わりたいとは思わないだろう。

先進国では離婚率が高い。つまり、若い母親がいつかは一人で子どもを養育することになる確率が非常に高い。たいていの場合、離婚した母親は生活資金が大幅に減り、相当数が貧困に陥る。働くシングルマザーがどれほど心細いものか、私は経験から知っている――世界の縁を暴走するローラーコースターに座っているようなものだ。自分がそうなるとは誰も思わないが、若い女性が子どもを持つ選択をする前にこういう未来がありうると考えないとしたら愚かである。

貧困とうつとスティグマとたえまないストレスに二〇年間さらされるリスクに鑑みて、子どもを持たない決断をする若い女性が増えてきた。悲しいけれど、何十年も前から進行していた状況だ。母親たちを家から出さないことを目的として一九七〇年代に下され、それから一切見直されなかった政策決定が、今の私たちの生活に影響している。その負の影響を二か国の例で紹介したい。

ドイツが「ヨーロッパの老人ホーム」「子どものいない国」だというのはすでにヨーロッパ人のジョークになっている。同国の合計特殊出生率は一九七〇年以降一・五を下回り、一・二五を下回る年もあった。ドイツは第二次世界大戦後に短期間だけ出生数が増えた。ところが、その時期に生まれた女性たちが一九七〇年代初めに就職すると、ドイツの文化は女性を家庭にとどまらせる政策で抵抗した。たちまち出生率は低下し始め、一九七八年には戦時中の水準まで落ち込んだ。今日、ドイツ人世帯の七八％には子どもがいない。

意外かもしれないが、他国の女性たちがうらやむドイツの三年間の有給産休は一九七〇年代に導入された保守的な政策の一つだった。しかし、三歳未満の子どもの託児所は公共・民間セクターともに認可も設立もされなかった。つまり、産休をとろうがとるまいが、保育施設は希少で母親に選択肢がほとんどなかった。子どもが学校に上がっても母親には休む暇がない。ドイツの学校は今でも、中学校までずっと半日授業だからだ。子どもが中学を卒業した後は、一五年間フルタイムの職場を離れていたため、よい仕事になかなか就けない。いくつものハードルがあることから、出産後に仕事に戻るドイツ人女性は一〇人に一人しかいない。

頑迷な一連の政策の結果、ドイツでは「生涯子どもを持たない」女性の数がヨーロッパで最も多い。[12]子どもがいないことが新常態になっている。これらの政策はすべての働く女性の就職見通しにも影響している。雇用主が若い女性応募者の採用を検討する際、彼女が在職中に妊娠したら三年間休暇をとり、しかも復帰する可能性は低いことはいやでも想像がつく。これは労働市場に参入しようとする女性にとって非常に不利であり、労働参加率の数字にも表れている。例えば二〇一〇年に世界経済フォーラムでインタビューされたドイツの大手企業は、新入社員のうち女性はわずか三三％だと答えている。ちなみにイギリスでは四〇％、アメリカでは五二％だ。[13]

資格要件を満たしている女性たちにキャリアをあきらめさせ、教育と経験を捨てさせるのは、高齢化を見込む国を維持する戦略としてお粗末である。労働力の供給が危ういほど減少しようとしている時代にはなおさらだ。さらに、今高齢期に入りつつある何百万人もの女性たちは、過去の政策と慣行の結果、年金がごくわずかであるか無年金である。年金の男女格差はドイツでは女性の受取額が男性の六〇％だ。多くの女性たちには政府の支援が必要になる。

二〇〇六年にドイツ政府はみずから作り出した惨状にようやく気づき、政策の見直しを始めた。高齢化の危機からドイツを救うには手遅れだが、政策の変更によって危機の期間が多少は短くなるかもしれない。

女性の人権を何とも思わない人は、ドイツは避妊薬と中絶を非合法化して女性に子どもをたくさん産ませればよかったじゃないかと言うかもしれない。その答えとして、人口学の専門家はルーマニアの例を挙げる。一九六六年に、共産主義国家だったルーマニアは人口減少の原因は中絶が可能なせいだとして避妊薬と中絶を非合法化し、恐ろしい執行制度を設けた。

母親になることは国家に対する義務になった。この制度は秘密警察（「セクリターテ」）によって容赦なく執行された。中絶手術を行った医師は投獄され、女性たちは職場で三か月ごとに妊娠の兆候を検査された。妊娠がわかった後に出産しなければ、起訴される可能性があった。生殖が国家管理の手段になったのだ。[14]

ルーマニアの出生率はたしかに上がったが、出産の激増によって別の恐ろしい現象が発生した。育てる余裕のない親から生まれた何十万人もの子どもたちを収容する政府の「孤児院」が増えたのだ。政府が孤児たちの養育に十分な資金を割り当てなかったため、ルーマニアの次世代は、非衛生的で栄養も愛情も不足し十分に発育できない、きわめて虐待的な環境で育った。避妊を禁じた政令七七〇にちなんで「デクレツィ（decreței）〔訳注：政令の子どもたち〕」と呼ばれるこの世代が、一九八九年にルーマニアの共産主義を流血革命によって終わらせた。愚かな政策の影響は、デクレツィたちの暴力、薬物乱用、犯罪、自殺の多さという形でいまだ尾を引いている。ヨーロッパの現在の人口危機を踏まえた比較研究を行っている人口統計学者らは、このような政策に強く反対し、政府が今いる子どもたちへの投資を手厚くすることを提言している。

ヨーロッパに比べ、アメリカは働く母親への支援がさらに少ない。アメリカの女性には産休の権利がなく、[15]保育サービスは民間運営で費用が高い。それでも子どものいるアメリカ人女性の七〇％が就業しており、うち七五％がフルタイムで働いている。アメリカ人女性は出産後に何年も労働市場から離れることがないので、ヨーロッパの女性よりキャリアを築きやすい。[16]

現在アメリカでは女性が労働者の半数近くを占め、働く母親はあたりまえの存在だ。子どもと両親で構成される世帯の大多数では大人が二人とも働いている。[17]アメリカ人女性は国家経済に不可欠であるだ

子どもが生まれて10年後の給与の変化（%）

	母親	父親
デンマーク	−21	−1
スウェーデン	−27	1
アメリカ	−40	−2
イギリス	−40	1
オーストリア	−51	0
ドイツ	−61	−1

図18　スカンジナビア諸国の親に対する政策と結果はイギリスやアメリカ，あるいはドイツ語圏の国々よりよいが，すべての国で子どもが生まれると世帯収入は大きく下がり，そのまま戻らないようであることがわかる。

出典：Henrik Kleven, Camille Landais, Johanna Posch, Andreas Steinhauer, and Josef Zweimüller, "Child Penalties Across Countries: Evidence and Explanations," National Bureau of Economic Research Working Paper no. 25524, February 2019, https://www.nber.org/papers/w25524

けでなく、家計にとっても不可欠である。女性の四二%が世帯収入の少なくとも半分に寄与している。[18]

アメリカの母親が仕事を辞めず、パートタイムで働かず、家族の扶養の重要な担い手であることはデータに示されている。にもかかわらず、アメリカの雇用主はいまだに「彼女には子どもがいるから」を口実に賃金を安くし、昇進させない。二〇一九年の調査は、子どものいる女性の平均賃金が第一子誕生直後に大きく下がり、それ以降は一〇年たっても戻らないことを示している。[19] 給与履歴と労働時間の短縮を考慮に入れると、アメリカの働く母親は正味で四〇%の減給を飲まされてきた。

母親ペナルティに関するアメリカのデータを他国の政策と比較してみよう（図18）。母親に対する政府の支援がほとんどない点でイギリスはアメリカと大差ないが、イギリスには一年間の有給休暇と（まったく不十分だが）育児クレジットがある。出産から一〇年後のイギリスの母親ペナルティは差し引き四〇％の減給となっている。スカンジナビア諸国には父親が長い育児休暇がとれたり企業内保育所があるなど、最も寛大な育児支援政策がある。それでもデンマークとスウェーデンでは、出産から一〇年後に母親の給与はそれぞれ約二一％と二七％下がっている。産休は長いが保育サービスがまったくないドイツとオーストリアは最も悪い結果が出ている。母親の給与は出産直後に八〇％下がり、一〇年後もドイツで六一％、オーストリアで五一％下がったままだ。

男性の給与の比較は、予想外に憂慮すべき結果になっている。調査担当者はすべての国において父親の給与は「影響を受けていない」と述べている。しかしデータを見ると、父親の給与は第一子の誕生から横ばいとなり、一〇年後も上がっていない。男性全体の賃金が停滞しているとしても、年功を積んでキャリアを発展させているのだから、この年齢の男性の賃金は上がっているはずだ。ところがそうなっていない。父親の給与は第一子が誕生してから伸び悩んでいる。これが子どもを持つことをいかにためらわせるかは想像がつく。総じて、西洋六か国すべてにおいて、子どものいる世帯は子どもがいるというだけでペナルティを科されている。そして子どもから奪った資金は雇用主の懐に入っている。

アメリカのデータを今子育て中の世代が受けている経済的ストレスと重ねると、さらに悲惨な状況が見えてくる。他国の同世代と同じく、この世代は生活コストが上がり就職市場が悪化している時期に社会に出た。二〇〇八年の金融破綻に直撃され、彼らはキャリアも、住宅購入も家族形成も遅れた。アメリカ人が他の富裕国の同世代と違うのは、過半数が大学に行き、多額の学生ローンを抱えて卒業したことだ。アメリカ女性大学人協会によれば、学生ローンの三分の二を若い女性が負っている。就職後の給与は専攻に関係なく男性のクラスメートより一八％少ない。つまり彼女たちのローン返済にはそのぶん時間がかかり、したがって支払い利息も多くなる。[20]

比較的リベラルだった一九六〇年代と一九七〇年代のアメリカ政府は職場の障壁をある程度解消したが、ドイツと同じく、文化的な抵抗も大きかった。一九七〇年代に民間セクターのリーダーたちが持っていたジェンダーに対する態度は、テレビドラマシリーズ『マッドメン』に描かれたものとよく似ていた。ほとんどがアファーマティブ・アクション政策を強制と感じて忌み嫌い、職場に入ってくる若い女性たちに、職場に残りたければ完璧な仕事をしろと――そして家庭人としての「務め」などおくびにも出すなと釘を刺した。

ほとんどのベビーブーマー世代の女性たちが、不平等な条件と社会からの反対にもめげず働くことを決意し、歴史の大きな転換点が訪れた。彼女たちはスカートスーツに身を包み、家族がいる気配を見せず、仕事が終われば家に飛んで帰って夕食の支度をし、上司にもパートナーにも旧態依然とした男の面子を保たせた。彼女たちがわがままだから「仕事も家族も」手に入れようとした、という意地の悪い神話は正しくないが、彼女たちが仕事も家族も両立させていたことはたしかだ。

それからの数十年間、第二波世代の女性たちは、自分の「わがまま」の代償として子どもたちに負の影響を及ぼしたと言われて保守派からさんざん叩かれた。働く母親を持つ子どもたちへの影響を評価しようと多数の研究が行われたが、結論は何年間も揺れ動いた。しかし二〇一〇年に決定的な答えが出た。レイチェル・G・ルーカス゠トンプソン、ウェンディ・A・ゴールドバーグ、ジョアン・プローズが五〇年間にわたる六九の研究のメタ分析を行った。[21] メタ分析では、すべての研究データを統合し、全サンプルについて統計分析を行う。その結果は個々の研究より優先される――つまりメタ分析が最終的な結論である。今回のメタ分析は、一九七〇年代の働く母親の子どもたちが専業主婦の子どもたちと行動面も学業面も結果が変わらないことを示した。何の違いもなかった。なんと。

一九七〇年代から行われた研究は、両親が共働きで家事と子育てを分担していた家庭で育った男性のほうが心身ともに健康で、しかも幸福度が高いことを示唆してきた。『Personality and Social Psychology Bulletin（性格・社会心理学会誌）』に掲載されたアメリカの六〇〇〇世帯を対象とした二〇一九年の調査によれば、世帯収入の四一％を妻が稼いでいる（現在のアメリカの世帯はほぼそうなっている）とき男性の幸福度がまさに最も高い。文化に変容が起きて男性一人が稼ぎ手を担うプレッシャーがなくなり、男性たちは幸せになったのだ。[22]

第二波の子どもたちは大人になってどうなっただろうか。二九か国の一〇万人の男女を対象としたハーバード・ビジネススクールの調査は、専業主婦の娘よりも働く母親の娘のほうが働いている確率が高く、平均して二四％収入が高く、管理職になりやすいことを明らかにした。[23] 働く母親の息子たちは成人後、専業主婦の息子たちに比べ、キャリアに差異はないが、よりジェンダー平等な価値観を持ち、家事と育児に時間を使い、おかげでこれまでの世代にないほど父子の距離が近い。結論として、歴史的に増加した働く母親の子どもたちはよく育った。子を持つ機会があればすばらしい親になりそうだ。だが、彼らはその機会を持てていない。

アメリカの雇用主は子どもがいることを女性を昇進させない口実に使い、この組織的差別を「ワークライフバランス」と婉曲な表現に言い換えている。実際に大企業の「ダイバーシティ計画」という見せかけの事業の裏を見れば、ほとんどの雇用主が女性の昇進に何の支援もせず、企業自体の行動に責任を

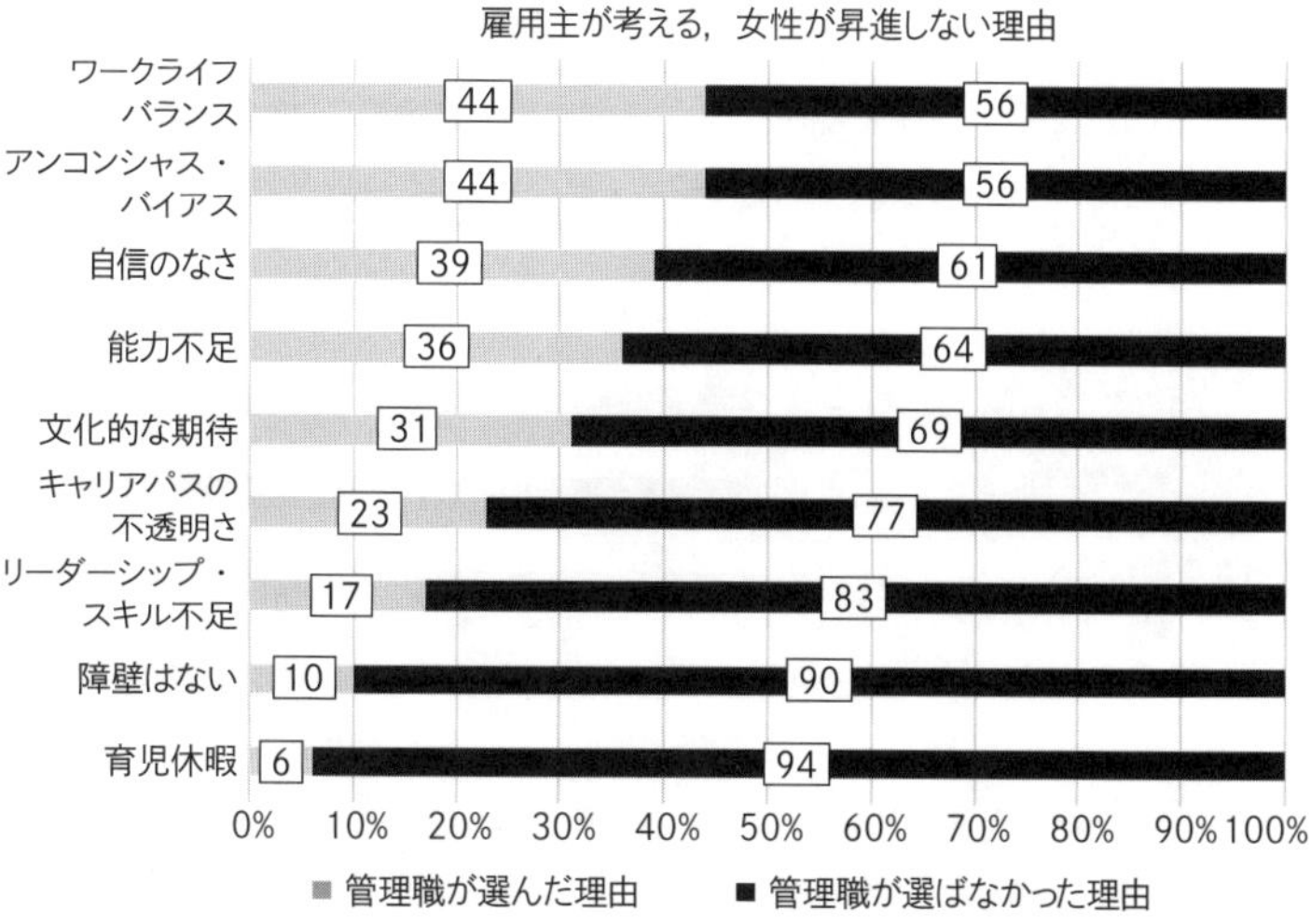

図 19　このグラフで，雇用主は女性の昇進に問題がある理由のほとんどが「アンコンシャス・バイアス」にあるとし，自分の責任を完全に否定している。それ以外では別の誰かないし何かに責任を負わせているが，ほとんどが女性の責任だとしている。

出典：World Economic Forum, *The Industry Gender Gap*, executive summary, January 2016 より抜粋して引用

負うかわりに女性を責める傾向があるのがわかる（図19と20）。彼らは自分たちにバイアスがあるとしても、無意識のものでしかないと主張している。注目すべきは、報酬の透明性を高めるなど、賃金平等につながりそうな施策に取り組んでいる企業が非常に少ない点だ。

　女性の昇進が遅いことに対する従来の「説明」は、雇用主が本音で原因だと考えていることとはズレているように見える。図19を見ると、調査で挙げられた理由のどれにも彼らのほとんどが同意していないのがわかる。おそらくもっと有力な理由があるのに、質問に対する回答の選択肢に入っていないのだ。それはいったい何だろうか。世界経済フォーラムが二〇一〇年に実施

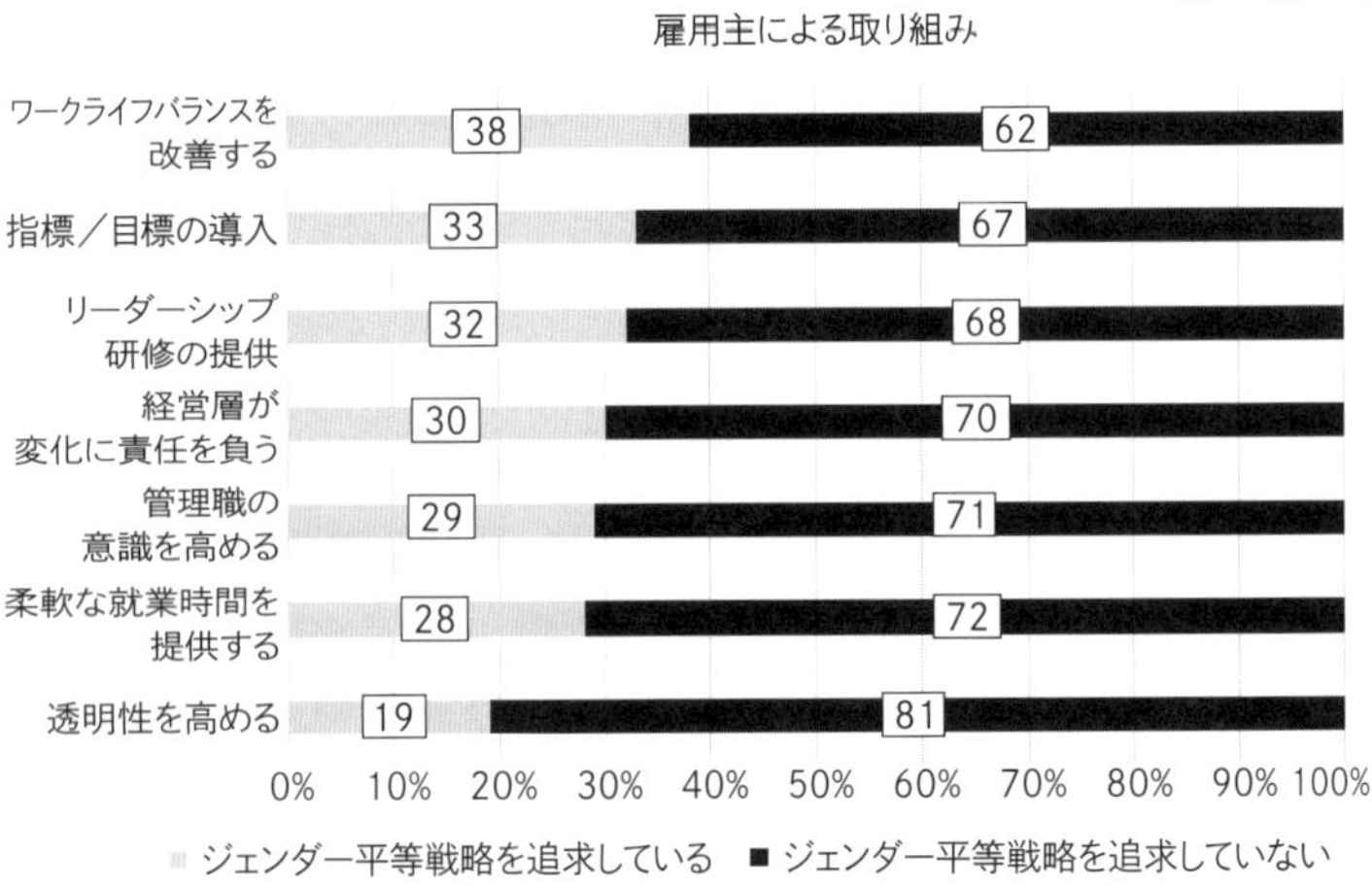

図 20　このグラフは，女性の昇進支援に取り組む雇用主がどれだけいるかを示している。濃い色の部分から，62 ～ 81％がここに挙げた取り組みさえしていないことがわかる。

出典：The Future of Jobs Survey, as shown in World Economic Forum, *The Industry Gender Gap*, executive summary, January 2016 より抜粋して引用

した調査『The Corporate Gender Gap Report（企業のジェンダー・ギャップ報告書）』がヒントになる。この調査は女性の昇進を評価し、女性の支援として何がなされているかを知り、障壁を特定するために、二〇か国の多数の雇用主に質問をした。[24] そしてわかったのは、ノルウェー（女性役員クオータ制がある）以外のすべての国で、職位が上がるにつれ女性の割合が小さくなっていくことだった。調査はそのような企業の人事部長に主な原因について意見を聞いている。答えは「ワークライフバランス」でも女性の「リーダーシップ・スキル不足」でもなく、「家父長的な企業文化」と働く女性に対する社会のネガティブな態度だった。

　働く母親に向けられたネガティブな態度の裏にある社会の怒りについては、ネット

の保守派ブログを見ると感じがつかめる。女性蔑視のヘイトグループ向けウェブサイトの代表格「A Voice for Men（男たちの声）」に執筆するアメリカ人ブロガーのジョン・デイビスはこう怒りをぶちまける。「フェミニズムとミサンドリー（男性憎悪）に迎合する国々の出生率は例外なく大幅に下降し、純人口は減少している」。西洋諸国はパニックに陥っていると彼は主張する。なぜなら「一〇〇年後にはもとからいた国民は絶滅し」、「高齢者介護のために社会主義的制度に金を払う若者の数が足りなくなる」からだ。ヨーロッパ諸国は北アフリカの男性たちがやってきて西欧の女性と性交渉できるように国境を開放したがっている、と主張するくだりなどは、反フェミニスト的な長広舌に人種差別的なテーマが乗っている。この後、被害者としての訴えが出てくる。

西欧諸国のフェミニズムは六〇年以上にわたって疑問視されず、今ではあらゆる制度に必須《de rigueur》［原文ママ］〔訳注：正しいスペルはde rigueur〕になっている。特にヨーロッパの公的な教化（教育）制度にだ。西欧諸国では男と男らしさへの憎悪が公然のもので、男性を抑圧している。これは世界的な男女の自殺格差（男性の自殺率は女性の四倍も高い）の要因の一つだ。出生率低下と純人口減少の裏にある主要因でもある。[25]

この暴言は不安定な男性が怒りで反応しているのだと見て取れる。社会主義と移民についての語り口は、ブレグジットとドナルド・トランプの大統領選出をもたらし、欧州連合を内部から崩壊させようとしている怒れる右翼ポピュリズムの典型でもある。少なくともトランピズムにおいて、この反乱を支える人々の最大の特徴と言えるのは、「権威主義」の度合い――つまり家父長制との親和性である。[26] 実際、アメリカのヘイト団体の中では、女性をターゲットとする団体が最も急速に成長している。このような組織を観測している南部貧困法律センターによれば、男性至上主義グループが他のヘイト団体への最も一般的な入り口であり、一九七〇年代以降のこうしたグループの台頭が「人種差別的な『オルタナ右翼』の重要な基盤」となってきたという。[27]

アメリカで女性運動が成功した――特に、彼らいわく女性が男性の代わりに「よい仕事」に就いた――ことが男性の自殺が増えた原因である、との主張はアメリカの保守政治の議論にたびたび出てくる。フォックスニュースの保守派論客の筆頭であるタッカー・カールソンの番組でとりわけ目立つ。しかしこの主張が真実でないことはエビデンスが証明している。

男性の自殺が女性よりはるかに多いのは世界的な現象だ。ただし、自殺未遂《みすい》は女性のほうが男性より多い。男性が自殺に成功するのは主に方法がより暴力的だからである。アメリカでは、男性の自殺の半数以上に小火器が使われている。実は銃による死亡で最も多いのは他殺でも事故でもなく、自殺である。アメリカ人男性が銃を所持している確率は女性より五〇％高い。

アメリカ人男性の自殺率が上がり始めたのは二〇〇〇年からで、それ以降下がっていない。同じ期間に、銃の製造は倍以上増え、銃の所持は一定の地域に偏るようになった。銃所持と男性の自殺はともに現在、北中西部の年配の白人男性に集中している。また、伝統的な男らしさに自分のアイデンティティを求める男性ほど銃を所持している。

さらに、女性の雇用のトレンド線は男性の自殺率とは逆に下がっている（図21）。したがって白人男

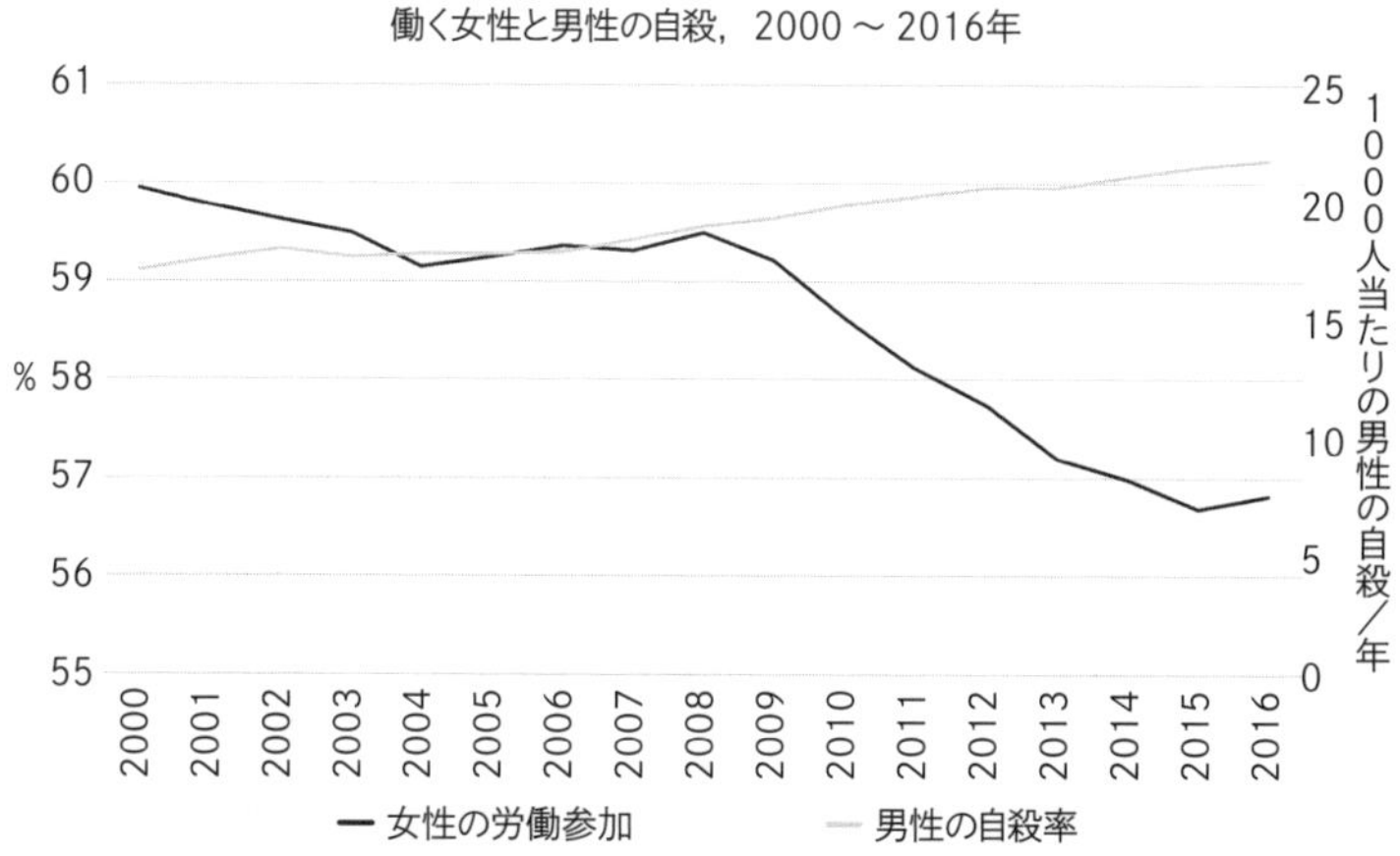

図21　このグラフで，アメリカの男性の自殺率が2000年から2016年にかけて大幅に増えていることがわかる。しかし同じ期間に女性の労働参加はそれ以上に激減している。このエビデンスは，女性が男性から仕事を奪っているために男性の自殺が増えたのだという右翼の主張が間違いであることを示している。

出典：女性の労働参加についてはFederal Reserve Economic Data, https://fred.stlouisfed.org（2019年9月7日にアクセス）；男性の自殺率についてはU.S. Center for Disease Control, Table 30, 2017, https://www.cdc.gov/nchs/data/hus/2017/030.pdf

性の自殺率が上昇している原因は、銃が入手しやすくなったことと伝統的な男らしさのプレッシャーであり、働く女性ではない。解決策は女性をキッチンに追い返すことではなく、男性から銃を取り上げることだ。しかしタッカー・カールソンの視聴者はその真実に耳を貸そうとしないだろう。[28]

伝統的な家族構成を捨ててフェミニズムに迎合した、と西洋を非難することはできる。しかし、アジアでは既存の家族規範がいまだ根強い。にもかかわらず、この地域の出生率は二世代の間に、一人の女性が産む子どもの数が六人からわずか一人にまで下がった。日本の年齢人口構成は一九五〇年にはピラミッド型をし

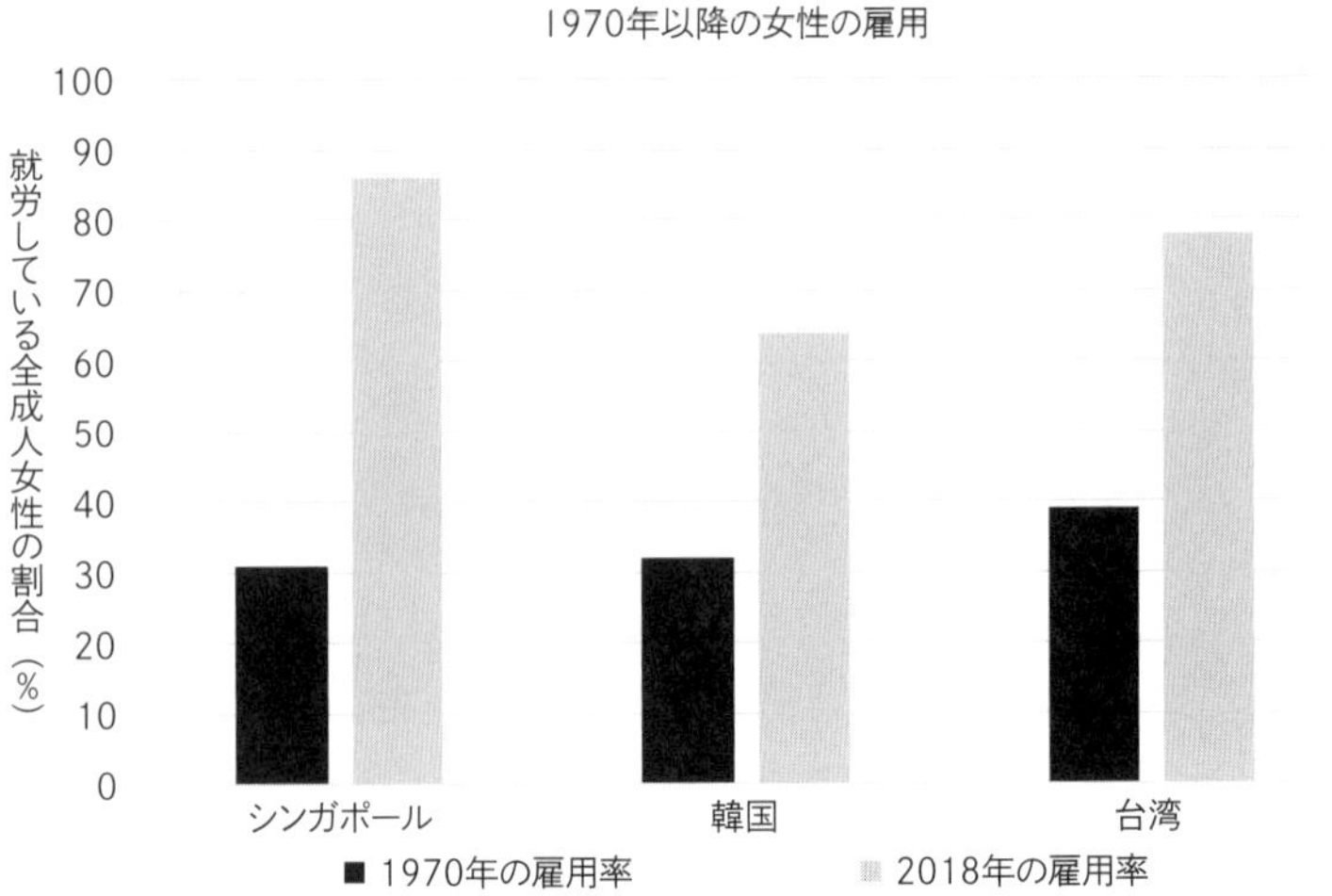

図22　1970年以降，グラフのアジア3か国の女性たちは40年前より労働参加は倍以上に増えたが，婚姻率は半減した。

出典：シンガポール，韓国，台湾の1970年代の雇用データについてはEast-West Center, “The Changing Status of Women in Asian Societies,” in *The Future of Population in Asia*, 2002, https://www.eastwestcenter.org/fileadmin/stored/misc/FuturePop05Women.pdf; 韓国とシンガポールの最近の雇用についてはWorld Bank Database; 台湾の婚姻率のデータはWei-hsin Yu, “Women and Employment in Taiwan,” op-ed, Brookings Institution, September 14, 2015, https://www.brookings.edu/opinions/women-and-employment-in-taiwan/;1970年と2018年の韓国の婚姻率のデータはOrganisation for Economic Co-operation and Development Family Database, http://www.oecd.org/els/family/database.htm;1970年のシンガポールの婚姻率は1995年から2017年にかけての婚姻率の変化をもとに，台湾との比較で控えめに見積もって9.5である。2017年のシンガポールの粗婚姻率についてはSingapore Department of Statistics, https://www.statista.com/statistics/995762/singapore-crude-marriage-rate/;2017年の台湾の粗婚姻率についてはNational Bureau of Statistics of China: Taiwan National Statistics, https://www.statista.com/statistics/321428/taiwan-marriage-rate/;2017年の韓国の粗婚姻率についてはVital Statistics of Korea, http://kosis.kr/statHtml/statHtml.do?orgId=101&tblId=DT_1B8000F&language=en

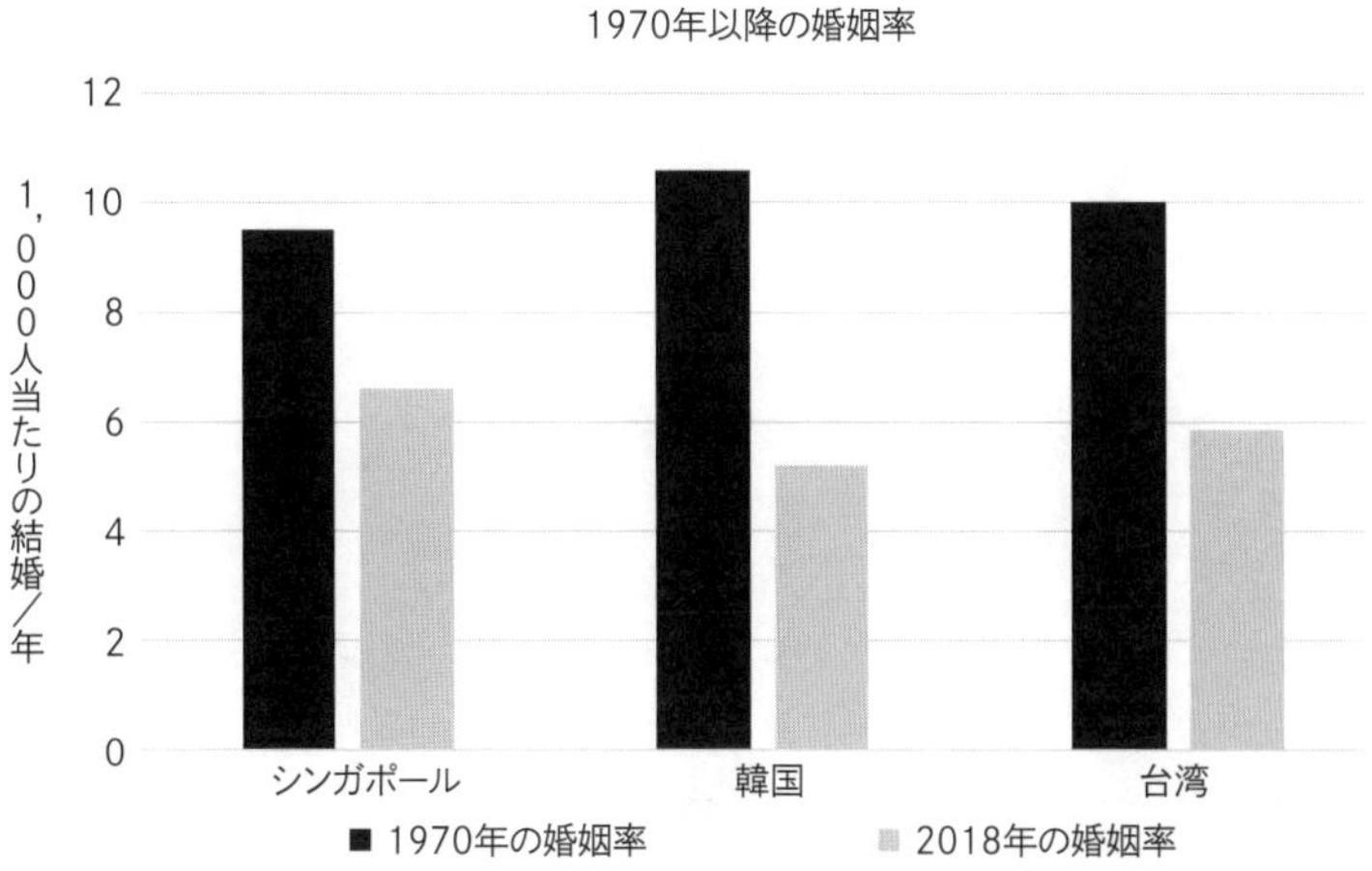

ていた。五〇年後、出生率は一・四四に下がり、年齢人口構成は逆転した。

　アジアの女性たちは単に子どもを産むのをやめただけではない。結婚もしなくなっている。図22の二つのグラフは、この三五年間にシンガポール、韓国、台湾で女性の労働参加率と女性の非婚率が相似形を描くように変化し、それに伴って出生数が激減していることを示している。かの地でも、女性たちは伝統的な結婚と母になることに伴う制約に不満を抱いているようだ。『エコノミスト』誌は、アジアの女性たちは高学歴化しキャリア見通しは明るいが、いまだに配偶者と子どもと年をとっていく双方の親の世話を孤立無援で一身に背負うことを期待されている、と考察している。そんなことを誰がやろうと思うだろうか、と『エコノミスト』は言わんとしている。[29] あなただったらやりますか？

　家父長制経済の強欲な慣行は、アジアでも他の国々でも、父親たちを家庭からとてつもなく長時間引き離してボス猿たちの冷酷無情なヒエラルキーに耐えることを強いている。

西洋ではこの行き過ぎた慣行上の要求に対して、ミレニアル世代の男性たちから予想外のトレンドが起こりつつある。彼らの率直な姿勢は、伝統的な男らしい父親モデル――それどころか男らしさそのもののイメージの妥当性にすら疑問を突きつけている。「有害な男らしさ」という言葉は現代の流行語の一つとしてトレンドになっている。

父親は最も重要な「アロペアレント」――「母親以外に」子どもの世話をする人という意味――なのに、社会は母親を見捨てつつあるのと同じように父親も見捨てつつある。今ではパワー・シフト・フォーラム・フォー・ウィメン・イン・ザ・ワールド・エコノミーの一員となっているジョシュ・レブスは、タイム・ワーナー社を相手に父親の育児休暇を求めた。その後、彼は『All In: How Our Work-First Culture Fails Dads, Families, and Businesses — and How We Can Fix It Together（もうヘトヘト：仕事第一の文化が父親も家族もビジネスもダメにするわけ――どうすればみんなでそれを直せるか）』という本を書き、数百名の若い父親にインタビューしている。父親たちはもっと子育てと両立しやすい働き方を望み、それを許さない金が物を言う構造への歯がゆさを口にしている。[30]

「アロマザリング」インフラへの投資、つまり政府の育児支援はこの状況の改善に大きく役立つはずだ。働く母親の支援を目的とする政策とプログラムの中で、政府の支援による保育サービスだけは効果が証明されている。知恵とお金を注ぎ込めば、この制度は子どもの発達にも有益になりうる。

科学によって、ごく幼い子どもにも学ぶ能力があり、子どもは刺激を必要としていることが今ではわかっている。最近小さな孫の日中の世話を主に担当するようになった私の意見では、どれだけ愛情があろうと、知育玩具をどれほど持っていようと、一人で十分な刺激を子どもに与えるのはまず無理である。

しかも、質の高い保育が提供できるかどうかは階級によって大きな偏りがあるから、幼児期の発達を個人の財力次第にしてしまうのは将来の格差につながる。公立校制度と同じように、五歳未満のすべての子どもたちに質の高い保育が受けられる選択肢ができてほしい。そうすれば次第に希少になる人材資源を最大限に生かせるし、子どもたちが持てる力を精一杯伸ばすのを見る喜びもある。未来の社会が必要とする水準に子どもたちを育成するコスト――特に質の高い保育と優れた教育への投資――は親に個人で負担させるには大きすぎる。彼らの現在の経済状況を考えればなおさらだ。

課題は常に、そのお金をどうやって出すのかである。実情を見ると、予算算出の根底には保育は女性に対する不必要な「贈り物」である、だから税の使い道としてふさわしくない、もっと価値のある使い道があるはずだ、という発想が見受けられることが多い。そのため、余ったお金から最低限の世帯数向けの保育コストをいかに捻出するかが算出の要となっている。ブルッキングス研究所は最近、児童税額控除から出せと提案した[31]！　そのシナリオに従えば、アメリカの子どもの半数しかケアが受けられない。それでは不十分だ。一部の政治家は億万長者に負担させろと提案していて、これはよいと思う。家長の皆さんはもっと生きるほうを向いた大義のために戦争のおもちゃを多少手放してもいいのではないか、とも思う。

しかしこの分析に経済的ジェンダー視点を入れれば、手の届く金額で質の高い保育を提供しても元がとれることがわかる。ブルッキングス研究所はアメリカの半数の子どもに保育を提供するのに四二〇億USドルかかると推計しているから、すべての子どもを対象とするには八四〇億USドルの支出となる。国際通貨基金のクリスティーヌ・ラガルド専務理事〔訳注：本書執筆当時〕は、もし女性が男性並みに働けばアメリカのGDPは五％増加すると言っている。[32] アメリカのGDPは約二〇兆USドルだから、一兆USドル増える計算である。その一兆USドルから上がる税収は二七一〇億USドルになる――すべての子どもに早期保育を提供するコストの三倍以上だ。もっと控えめに見積もっても、近年減少した女性の労働参加のたった三分の一でも回復すれば、九三〇億USドルの税収が上がる。どちらの方法でも、働く母親が生み出した税収の増分によって保育コストは賄える。

さらに言えば、アメリカ政府が徴収する税のかなりの部分は現在、女性が支払っている。女性にしてみれば、不可欠なサービスであるはずのものを贅沢品扱いされるのは容認できない。女性には市民として、納税者として、政府からの給付を期待する権利がある。

どんな経済であっても、最優先事項は構成員の物質的ニーズを満たし、種としての再生産を支援することだ。それができない経済は、株式市場がどれほど好調でも失敗である。ダブルXエコノミーの倫理的価値観は、このような供給を最優先し、未来を確かなものにするために（人的資本と地球という資本の両方を含む）資源を活用することである。女性たちが提議するのはこのような価値観だ。女性たちに発言権を与えるべきである。

［第8章］

男脳・女脳の偏見

なぜ男性のほうが「地図を読むのが得意か」は脳の生物学的な男女差で説明できる、とイギリスの新聞『インディペンデント』が二〇一三年一二月の見出しに書き立てた。[1] 記事は、女性の「コネクトーム」(学習と経験によって形成される脳の接続パターン)が男性と異なると結論づけたペンシルベニア大学の研究について報道していた。その研究によれば、脳半球内で女性は左右、男性は前後の接続が強いという。一か月後には、このトピックに関して主流メディアに八七本の記事が掲載され、ネット上には何千ものブログとコメントが投稿されていた。実際の研究結果はあっという間に歪曲され、男女が伝統的なジェンダー役割どおりに行動することは生物学的な宿命である、主な理由は女性の脳が劣っているからだ、という「科学的根拠」にされた。[2]

二〇一六年九月にロンドン科学博物館がある展示の変更に追い込まれた。この展示は来館者が「セクソメーター」なるダイヤル式の目盛で「脳スコア」を測定できるという趣向だった(青の領域からピンクの領域に針が動く)。性とジェンダーが「生来的に」結びついているというステレオタイプなものの見方は間違っているし、それが「物事の本来のあり方」だと示唆してしまうため有害にもなりうる、とある神経科学者が抗議した。学芸員は測定器を撤去してこれはジョークだった、科学に遅れずついていくのは大変だと弁明した。[3]

二〇一七年八月に、ジェームズ・ダモアというグーグル社員が同僚にある文書を回覧した。テック企業に女性を採用すべきではない、女性の脳は生物学的にこの仕事に適性がないと「科学が言っている」からだという内容だった。この非道な発言がソーシャルメディアで炎上して結局彼は解雇されたが、彼は不当解雇だとして訴訟を起こした。グーグルが「異端の政治的見解」を理由に自分を差別した、という言い分だ。[4] ダモアは一夜にして右派メディア『ブライトバート（Breitbart）』に担ぎ上げられ、たちまちオルタナ右翼の顔になった。[5]

五〇年前にはまだ、黒人と白人の脳が異なると証明しようとする科学者たちがいたが、圧倒的な量の良質な科学と人種差別への意識の高まりによってそれはおかしいと皆が気づくようになった。彼らは研究をやめさせられ、敬遠され、科学史の暗い片隅に追いやられた。学会誌はその種の論文を受理しなくなり、やがては大衆メディアですらこのような有害な見解を宣伝するのをやめた。しかし女性に対してはいまだに同様の攻撃が浴びせられ、むしろ拡大するばかりだ。

想像してほしい。グーグル社員が少数民族、特に黒人は生物学的に適性がないからテック企業は採用すべきではないという文書を回覧したとする。あるいはロンドン科学博物館がイスラム教徒は脳の作りが違うと思わせる展示をし、後で「間違い」をジョークだったと言って謝罪したとする。大手新聞がゲイの男性は異性愛の男性より「直感的」であることを示す脳研究について誇大記事を載せたとする。ぞっとするのではないだろうか。そうであってほしい。しかし、女性の脳についてのヘイトスピーチはなぜかそれほど嫌悪すべきものとみなされていない。何百年も前から男性の科学者たちは男女の脳の違いを証明する物理的特性を見つけ出そうとし、失敗に終わってきた。結局のところ、脳は精巣や卵巣よりも肝臓や眼球に近いものであり、そこに一部の人々が思いたがるような形の性差は表れていない。[6]

ところが、男女の認知能力が異なり女性のほうが劣っている証拠を求めるあくなき欲求が大衆にはあるらしい。女性の脳が異なることを証明するように思われる研究は、ソーシャルメディアを通じて野火のごとく広まる。人間の脳と認知能力が性別に関係なく基本的に同じであることを示す研究のほうが、はるかに多くて質も高いのに、大衆の意識にはめったに引っかからない。メディアが売れ行きに貢献しそうな研究を載せたがり、軽い娯楽記事を装って女性蔑視的な研究結果を書き立てるからだ。

この現象に翻弄され、神経科学は危機に瀕している。科学者たちは自分の研究結果が悪意ある人々に悪意ある目的で利用されているのをまのあたりにしている。公立校を男女別にすべきだとか、科学と数学の授業から女子を排除すべきだ、どうせ「わからない」のだからなど。[7] しかしこの問題にストップをかけるのは科学の責任ではない。私たちの責任である。私たちにできるのは、厚顔無恥な偏見の事例を見たら声を上げ、科学情報の悪用を減らしていくことだ。

「アンコンシャス・バイアス」というソフトな言い回しが、言い訳の許されない態度を表す婉曲表現としていまや広く使われている。私たちの脳はたしかに、他人についてバイアスのかかった判断につながる早合点をする。先入観に満ちた文化にどっぷり浸かっているせいで、そのような判断を学習してしまうのだ。しかし偏見はこれとはまったく違う。それは意図的、意識的で、言動に出ることが多い。偏見のある人は憎悪を手放したくないがために、自分の思い込みと食い違う新しい情報を認め、受け入れ、解釈を訂正するのを拒む。ジェームズ・ダモアがしたのはまさにこれ。科学を武器にして、アンコンシャス・バイアスを生み出す文化に偏見に凝り固まったミームをまた一つ加えたのだ。

さらにダモアはシリコンバレーの最もよくない性癖を常態化し、偏見の主たちが表に出てくるのを許した。グーグルの一件がメディアで報道されると、グーグル社員とウーバーやアップルなど他のテック企業の社員を対象に即席の雑な意識調査が行われ、回答者の半数以上がダモアを支持した。今回の一件は彼らのバイアスを強化したのだ。では、仲間意識で結ばれたこの男性たちの態度は「アンコンシャス・バイアス」と呼べるだろうか。呼べない。自分たちの信念を表明したのだから、「アンコンシャス（無意識の）」とは呼びようがない。調査が立証したのは偏見以外の何ものでもなかった。[8]

この出来事が進行していたときの、テック業界の女性の立場が想像できるだろうか。男性の同僚たちに堂々と蔑視を表明されて、そこにいることはどんな気持ちだろう。キャリアにどう影響するだろう。

神経科学がその答えを出している。採用時にどれほど能力があろうと、このような偏見の表明を耳にしていると女性の仕事ぶりは影響を受ける。ステレオタイプに出遭うと、女性は誹謗中傷に抵抗することに認知的努力を集中させなければならず、それがやるべき仕事から「脳のスペース」を奪ってしまう。日々このように能力を阻害する環境にいれば、常に実力を下回る仕事しかできなくなる。「ステレオタイプ脅威」と呼ばれるこの現象は、社会科学において最も確固たる研究結果の一つである。重要なのは、能力の高い女性ほどその活動に自分のアイデンティティを捧げているため、被害を受けやすい点だ。しかし彼女は自己嫌悪に陥ったり「打たれ強く」なったりはしない。業界と縁を切ってまったく別の世界に旅立っていく。ただでさえ女性の少ない分野から有望な人材がいなくなってしまうのだ。[9]

ロンドンのピンクと青の展示も永続的に有害な影響を及ぼす。公共の場でジェンダーのステレオタイプを見聞きした人々はバイアスを表明する下地ができてしまい、職場で差別的な意思決定をしやすくなる。[10] 科学博物館の使命は、職場や学校で誰かに不利益を与える無知な偏見を増長させることではなく、科学の進歩に遅れずについていき、その知識をかみ砕いて大衆に正確に伝えることである。このような施設には、マイノリティ集団に対するのと同じ配慮を女性にも示すこと、このトピックについても他のトピックと同じく正確に科学をかみ砕いて伝える細心の努力を求めなければならない。

メディアはさらに広い層にこうした有害なメッセージを届けかねない。ペンシルベニア大学の広報チームはプレスリリースで地図を読む能力に関して多少触れていたが、研究はそのエビデンスを示していない。おそらくメディアから研究に関心を持ってもらうためだったであろうちょっとした工夫が、『インディペンデント』の大文字だらけの見出しに発展してしまった。この研究論文の執筆者の一人はインタビューで、自分の研究は男性と女性の得意とする職業が異なる理由を説明すると発言しているが、研究結果は彼女の発言を正当化するものではまったくない。いったん大衆メディアに記事が出れば、脳の性差に関する研究はステレオタイプを増殖させてしまうのだから、研究者は人一倍の注意を払わなければならない。今回のケースでは、新聞は次の点を書き加えていた。どれも研究論文にも、プレスリリースにも、著者のインタビューにもなかった情報だ。①女性のほうがマルチタスキングが得意である。②男性は理性的で女性は感情的である。③女性は「生まれつき」家事に向いていて、男性は向いていない。④性差の根本的な原因は生物学的なものである。

こうしたメディア記事に対するネット上のコメントで、一部の読者は特にネガティブな形で議論を展開していた。例えば、女性のマルチタスキング能力は実は単なる注意散漫だから、結果的に仕事の出来が悪いという主張だ。「女性は目の前の仕事に集中できないのだと言ってもいい――マルチタスキングは何もやり遂げられないことの婉曲表現だったりする」とあるコメントには書かれていた。[11] 男性至上主義を支持してきた人々はあからさまにいきり立ってプライドを守ろうとしており、何人かは女性のノーベル賞受賞者やチェスの優勝者が一人もいないと中傷発言をした。世界中から寄せられたネット上の感想に、この集中砲火のインパクトが表れていた。例えばこうだ。「女性はありとあらゆる便宜や配慮を受けているが、実はどの分野でも男性のほうが女性より成績がいい。特にインドでは。……だからシングルタスキングだろうがマルチタスキングだろうが、男性のほうが女性よりずっと優秀だ[12]」

ユニバーシティ・カレッジ・ロンドン（ＵＣＬ）の研究チームがペンシルベニア大学の研究に対する反応を追跡し、大衆は研究の実際の中身には関心がなく、男女が不平等である「証拠」を示すチャンスに飛びついたのだと結論づけた[13]。ＵＣＬチームは報告書の最後に、「性差の神経科学が現代社会の性規範を反映するだけでなく、能動的にそれに影響を与えうる」ことを神経科学者は痛感するだろうと警告した[14]。

発見の過程では仮説の証明と反証が繰り返されることも、私たちはもっと認識しなければならない。さまざまな手法が登場してはすたれていく。例えば三〇年前に、男性は子宮の中で自分の発達中の精巣から分泌されるテストステロンを浴び、それによって脳が変わるから、男女の機能的役割は異なるのだと主張する神経科学の仮説があった。脳の性差は子宮の中で確定する。あらゆるステレオタイプな選好や性向を詰め込まれて生まれてくる子どもたちは、その時点で型にはまっており、一生それに従って生きる。この仮説が出た当時、ホルモンの存在と脳の変化の関係から思考や行動の違いまで、説明を要することは山ほどあった。そしてもちろん、説明はできなかった。ニュースで目にする面白い科学記事のすべてが、その後の検証で真実と証明されるわけではない[15]。くだんの仮説も証明されなかったが、いまだに大衆文化に出没する。ジェームズ・ダモアのような人々が持ち出すからだ。

また研究者が発見する性差はささいなものが多いが、論文として発表されるための必要性から「統計的に有意」であると売り込まれる。統計的に有意な発見と日常生活において重要な発見は異なる。例えば、キングス・カレッジ・ロンドンの行動遺伝学教授であるロバート・プローミンは、「少年と少女の言語スキルの得点分布をマップ化すると、得られた二つのグラフはほぼ重なっているため、極細の鉛筆を使わなければ両者の違いを示せないだろう。ところが人々は少年と少女の大きな類似性を無視して、両者のごく小さな違いをおおげさに誇張する」と述べている。[16]

主張を裏付けるにはサンプルの規模が不十分な場合もある。生物学的な理由から少年のほうが少女よりも数学が得意だとする元の研究は、一九八〇年代にアメリカに登場した。C・P・ベンボウとJ・C・スタンリーが五万人の一三歳にSAT（大学進学適性試験）を受けさせ、数学の成績を分析した二本の研究論文を発表した。たった一か国の一種類のテストに関する一〇年分のデータが、全人類についての一般論に使われたのだ。サンプル数は多かったとはいえ、生物学的に異なると断言するには不十分だった。[17]

一九九〇年に、ジャネット・ハイド、エリザベス・フェネマ、スーザン・J・ラモンが少年少女の数学の成績に関する一〇〇本の研究論文のメタ分析を行い、成績に性差がないことを――一〇年たってようやく――発見した。むしろ全体として少女のほうが少年より成績がよかったが、差は無視できる程度だった。しかし高校レベルでは、複雑な問題を解くのに少女は少年の後塵を拝していた。その原因は一九九五年までに突き止められた。少女が高等数学、化学、物理学の授業を受けていないせいだったのだ。以後の一〇年間に高等数学の授業をとる少女は少年と同数に増えた。そして二〇〇〇年までには、七〇〇万以上の数学のテスト結果が分析され、ベンボウとスタンリーが特定した差が消えていたことが示された。もし生まれつきの生物学的な違いが根本原因なら、このような時代による変化は起きなかったはずだ。[18]

「女の子は数学ができない」というミームの誤りを立証する研究の中でも特に興味深い論文が、二〇〇八年に『サイエンス』誌に掲載された。論文は、女性の数学テストの成績が世界経済フォーラムのグローバル・ジェンダー・ギャップ指数と直接的に連動していることを示していた。[19] ジェンダー平等度が高い国では女性の数学の成績がよいが、平等度が低い国では女性の数学の成績が悪いのだ。[20] これは、ジェンダー慣習の影響がテストの結果を左右するほど強いことを示唆している。このような系統的な変動が起きるとすれば、生物的な違いは原因ではありえない。

最後に残る数学の男女差は空間的推論だった。しかし二〇〇七年にジン・フェングによる研究が、空間認知能力の男女差は少女にビデオゲームを一〇時間教えただけで消えることを示した。今日、小学生にこの差が見られないのは、幼い頃からゲームやスマホやタブレット端末を使い慣れているからだろう。[21]

また一九九〇年代に、数学力（およびチェスなど他の能力）の最も高い分位数における男女差は、実際かつて生物学的な性差と見られていたものより、経験の差のほうが大きいのだ。の成績の差ではなく少女よりも多い少年の参加人数の関数であることを数学者が示した。[22] これらの研究結果を踏まえると、一流の科学者、チェス選手、ノーベル賞受賞者に男性のほうが多い理由を生物学的な優越性だとはもはや主張できなくなる。

しかし、生物学的な数学の能力差の嘘を暴く研究が増えてきた一方で、大衆メディアは男性と女性の心理が大きく異なるという説を宣伝し続けた。そこで二〇〇五年にジャネット・ハイドが「ジェンダー類似性仮説」を提案した。女性と男性は認知能力を含むほとんどの心理学的変数が同じであるというものだ[23]。彼女は気質、選好、習慣その他の性格や能力の諸相における性差を調べた研究について大規模なメタ分析を行い、この仮説を裏付けた。ハイドの発見は、女性と男性には総じて相違より類似性のほうが多いことだ。ただし、人口レベルでステレオタイプにかなり忠実な違いは多少あった。とはいえ、個人レベルや小規模な集団においてそのような違いは予測できなかったと彼女は戒めている。すべての女性が縫い物をするとかすべての男性がフットボールを観戦すると予想するには、多様性がありすぎるからだ。男性でも縫い物をする人はいるし、フットボール好きの女性もいる。

今では脳に関する明快な新しい理論が出ており、こうした類似性と多様性を説明してくれる。人間は脳の各部位を接続するシナプスを作ることによって思考を身につけることがわかっている。赤ちゃんが大人として機能するようになるまでには、一〇〇〇億個のシナプスを作らなければならない。しかし生まれた時点ではシナプスを作れる遺伝子が六〇〇〇個しかない。必要な接続の一〇%しか作れない数だ。残りは経験と学習によって作られていく。私たちは生きている間ひっきりなしに情報を吸収し、シナプスを作っている。学習したり忘却したりするにつれ、コネクトームが成長し、構成を変え、縮小する。さまざまな研究が、コネクトームが地図情報、ジャグリングの技、ピアノ演奏を習得し、その後失うさまを示してきた。多くの人は覚えたつもりの言語を話す能力を失ったことがある。学習と忘却を重ねるうちに、各人のコネクトームは指紋や雪の結晶のように唯一無二のものになっていく[24]。

文化は通常、男の子と女の子に別々のことを教える。そのため、ハイドが観察したように、人口レベルでは男女の知識に系統的な違いが見られると予想できるかもしれない。したがって男女のコネクトームのパターンは異なっている可能性がある。しかしそれはまだわかっていない。現在、人間のコネクトームの多様性を「マッピング」する国際的な取り組みが行われている。三〇年前のヒトゲノム計画のようなものだ。アメリカでは国立衛生研究所が五年間のヒト・コネクトーム計画に三〇〇〇万USドルの資金を提供している。それと似た発達ヒト・コネクトーム計画という国際プロジェクトも進行中で、何百もの人と動物の脳スキャンを収集している。[25] 男女のコネクトームに違いがあるのかどうかを断言し、そこにどのような意味があるのかを知るには、その研究の完了を待たなければならない。大局的に見れば、ペンシルベニア大学の研究は観測気球にすぎなかったことになる。

歴史を通じて、女性は教育機関から排除されてきた。文字という技術が古代世界に広まったとき、男性エリートは女性を含む「劣等」集団に文字の知識を与えなかった。何千年もの間、読み書きのできる女性はまれだった。一九世紀になってようやく、先進国の女性たちが男性と同じ教育を求めて運動した。今はアフリカの少女たちが何千年来の闘いを闘っている。世界の別の地域では、少女たちが中等後教育に果敢に分け入っており、それが母国の国民経済に劇的な効果を及ぼしている。ところが高学歴化のトレンドは女性の就職につながっていない。むしろ逆に、女性の就職難が彼女たちを教育に駆り立てているのだ。

この現象の典型例がラテンアメリカとカリブ海諸国である。図23は一九七〇年以降のこの地域の女性の高等教育就学率、女性の労働参加、GDPのトレンドを示す。働く女性の増加と高学歴化の関連が見て取れる。ラテンアメリカの女性が就ける仕事が質量ともに増えたため、少女とその家族は教育に投資してこれまでとは違う未来を期待するようになっている。

西洋諸国では、高等教育を受ける女性が数で男性を上回り、男性より成績がよく、卒業率は高く、大

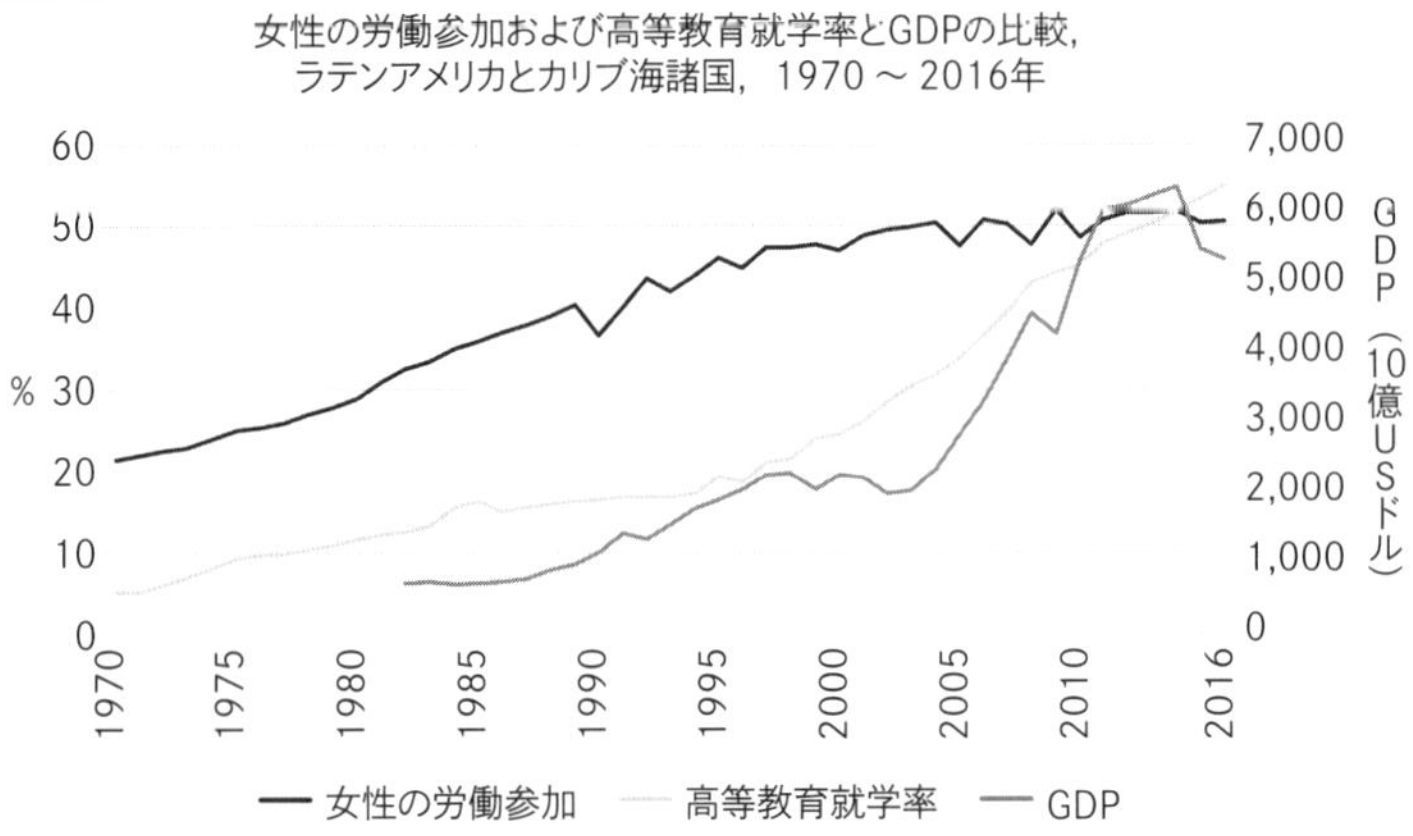

図 23　上のグラフの薄いグレーの線は，1970 ～ 2016 年のラテンアメリカとカリブ海諸国における女性の高等教育就学率を表す。黒い線は女性の労働参加率を示す。トレンド線は就学率の後を追うように変化している。同じく GDP も女性の高学歴化と労働参加と並んで伸びている。これは世界的なパターンと同様だ。最後の数年間に GDP が下がっているのは政情不安（特にベネズエラ）によるものである。
出典：World Bank Database，2018 年 7 月 17 日にアクセス。

学院に進学する者が多い[26]（図24）。ところが男脳・女脳論者は高等教育で女性が優位であるというデータを見せられても、女性は「正しい」学科を専攻しないから女性の高学歴化にたいした意味はないとエビデンスを退ける。「正しい」学科とはデジタル技術、工学、数学、科学、経営学であり、男脳・女脳論者はこれらが最も難しく、将来の経済に最も重要で、最も男性優位であり、女性が最も恐れをなす分野だと考えている。

女性が実際に何を主に学んでいるのかを見てみよう（図25）。たしかに情報通信技術（ICT）を専攻する女性の割合は男性の半分しかないが、全学生のうちICTを専攻する学生の割合は五％に満たない。六・五％（男性）と三・二％（女性）の差に、とりたてて言うほどの重要性はない。

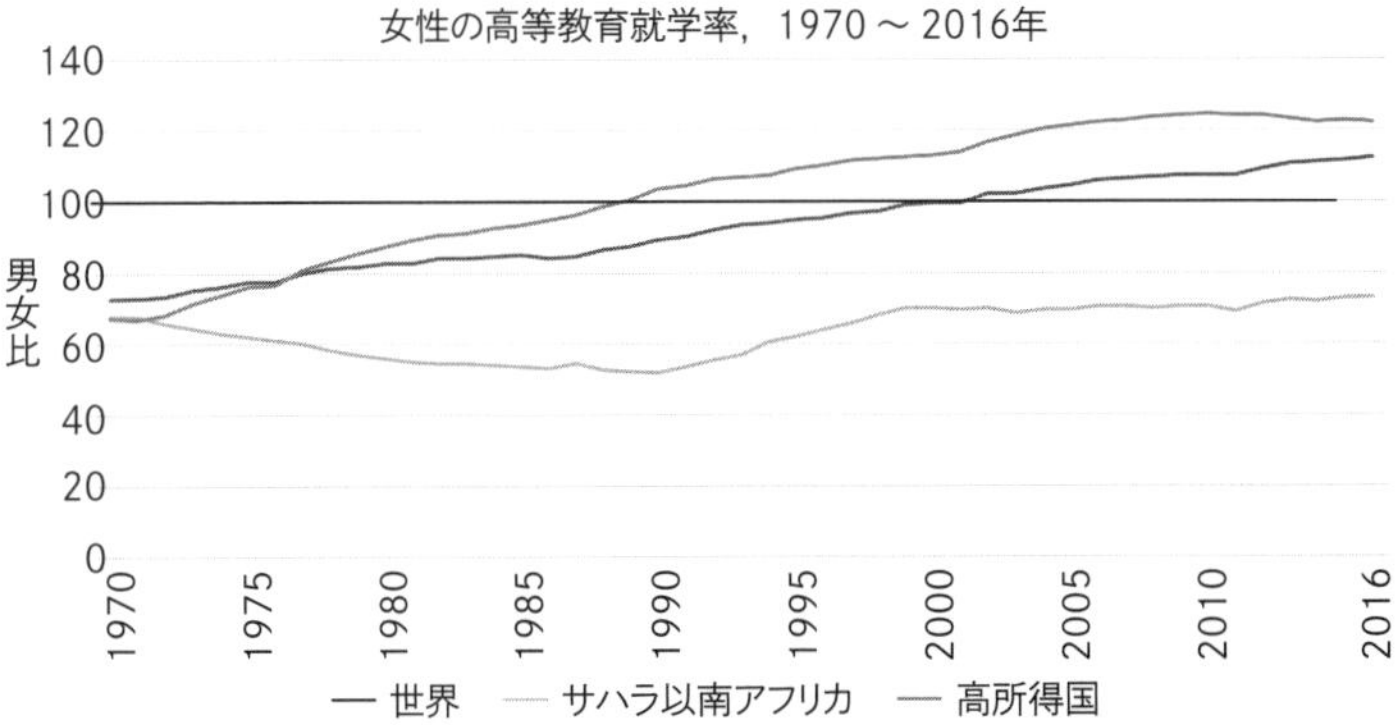

図 24　上のグラフで「100」の位置の黒の太い直線は男性と同等の位置を示す。高所得国の女性は 1990 年前後に同等のラインを超えた。世界総計は女性が 2000 年頃に同等ラインを超えたことを示している。一番下の線はサハラ以南アフリカを表している。ここは現在，女性の高等教育就学率が男性以上でない唯一の地域である。

出典：World Bank Database，2018 年 7 月 17 日にアクセス。

近年の大学院生の専攻分野，2017 年

	全学生に占める推計割合（%）	男性（%）	女性（%）	男女比
経営	27.1	26.3	27.8	106
工学，製造，建設	12.2	19.4	6.1	31
教育	14.2	10.4	17.3	166
社会科学，ジャーナリズム，情報	9.1	7.9	10.1	128
人文科学と芸術	9.2	7.7	10.4	135
情報通信技術	4.7	6.5	3.2	49
保健福祉	9.8	6.4	12.6	197
自然科学，数学，統計学	5.0	5.3	4.8	91
サービス	2.9	3.7	2.3	62
農業および林業	2.3	2.8	1.8	64

図 25　表の数字は情報を取得できるすべての国の合計を表す（人口加重なし）。「全学生に占める推計割合」の欄は男性より多い女性の人数で加重している。情報通信技術を網掛けした。この分野は非常に小さいため，男女の就学率の差は絶対数で見れば大きくないことがわかる。

出典：World Economic Forum, *The Global Gender Gap Report*, 2017

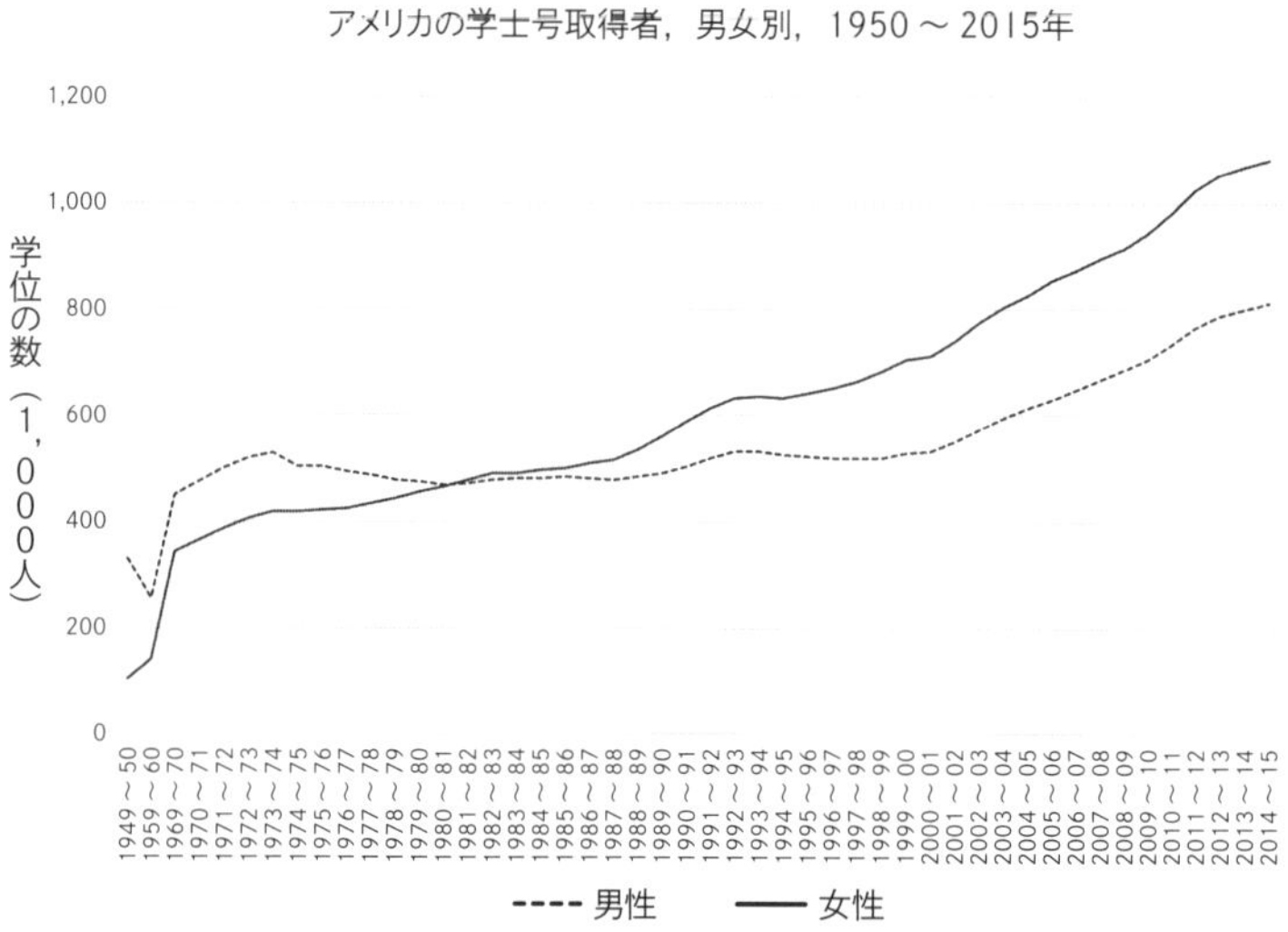

図26　上のグラフは第2次世界大戦以降に男性（点線）に授与されたアメリカの学士号の数である。トレンドは1970年から2001年頃まで横ばいである。しかし女性（実線）に与えられた学位の数は，1983年頃に女性が男性と並んで以降，右肩上がりに増えている。このようなトレンドが全人口に浸透するには長い時間がかかるが，左のグラフでわかるように，過去2年間でアメリカの成人女性の大卒者は成人男性より多くなった。

出典：National Center for Education Statistics, https://www.statista.com/statistics/185157/number-of-bachelor-degrees-by-gender-since-1950/

この分野が男性優位であるのは間違いないが、俯瞰すればICTの学位を取得する者はほぼいないに等しいのだ。

　女性はリベラルアーツのような「簡単な学科」を専攻するというステレオタイプがある。[27] 女性のほうが男性より人文科学、教育学、社会科学を学ぶことが多いのは本当だが、経営学を専攻する女性も男性より多い。実際には、人文科学を学ぶ女性よりも経営学を学ぶ女性のほうが三倍多い。四〇年前の経営学教育は非常に男性優位で、今でも数字偏

4年以上大学教育を受けた人がアメリカの総人口に占める割合，
男女別，1940～2017年

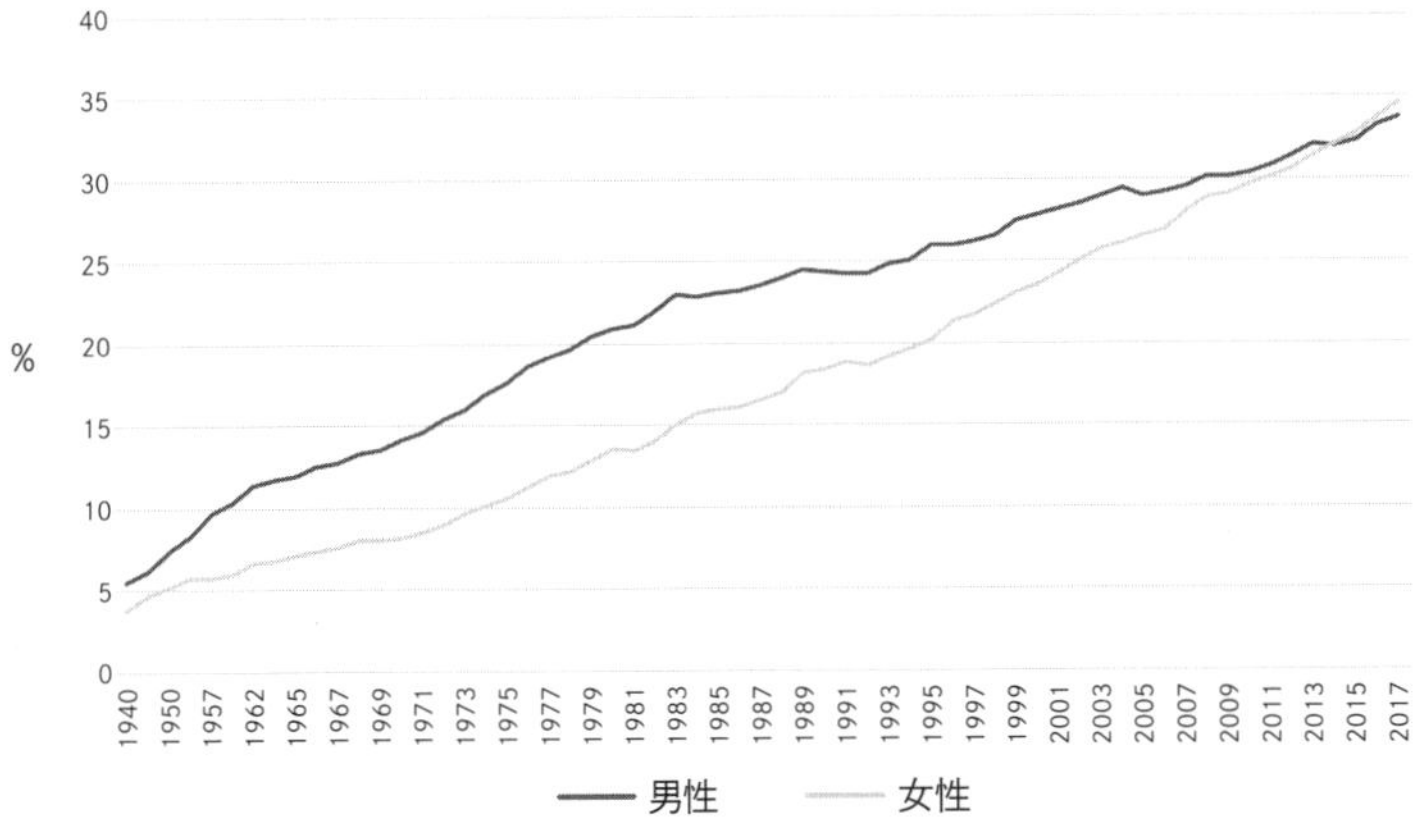

重で競争の激しい分野である。女性はそれにひるんでいないようだ。このステレオタイプを広めようとしている人々は事実を調べていない。女性がアートにかまけてビジネスをやらないという思い込みだけで発言している。

今紹介したパターンがどのようにして生じたのかを理解するために、アメリカのデータに注目しよう。アメリカのほうが他の国々よりもデータが詳細でさらに時代をさかのぼれるが、同じトレンドを示している（図26）。女性は一九七〇年代初めから高等教育の就学者数が男性と等しくなった。おそらく第二波の職場改革に背中を押されたのだろう。以降二五年間トレンドは右肩上がりに伸び、一九七〇年代の女性運動の娘世代が高校を卒業すると増加率がまた急上昇する。一九九〇年代に女性のキャリアがますます重視された結果と、働く母親の影響だ。

高等教育に就学する女性が増加すると、アメリカの大学の収容力は圧迫された。大学は入学基準を設けて定員に対して最も優秀な学生を採っているので、学生に占める女子の割合が大きいことは、女性のほうが要件を満たす能力が高いことを証明している。一九九〇年代後半にアメリカの私立大学は男女のバランスを維持するため、男子の入学基準を下げるようになった[28]。この慣行はやがて、女子のほうが学業成績がよくても入りづらい入学システムをもたらした。しかし大学入試担当者によって意図的に不利を被っているにもかかわらず、今日、全学生のうち五七％が女性だ。視野を広げて、若者に限らずアメリカの全人口で見ても、学位取得者は女性のほうが男性よりわずかに多い。G7諸国全体についても同様だ。

大学に行く女子学生の数が男子を上回るようになると、激しい反発が起きた。クリスティーナ・ホフ・ソマーズは著書『The War Against Boys: How Misguided Feminism Is Harming Our Young Men（男の子に対する戦争：間違ったフェミニズムがいかにわが国の若い男性を傷つけているか）』で、男の子に学校でじっと座って授業に集中することを期待すべきではない、学校の教え方は差別的であると主張した[29]。不思議な主張である。教育者は何十年もの間、男子の大学進学率が女子より高いのは男子のほうが頭がよく学生として出来がいいためだと言ってきたのだから。

男性の大学進学者数が少ない本当の理由は、若い男性は同じ仕事に就くのに女性ほど学歴を必要としないからである。一億二二〇〇万件の履歴書を用いた北米の調査で、女性のソフトウェアエンジニアは男性の学士が就ける職を得るために修士号が必要だったことがわかった[30]。また北米の男性は女性より学歴が低くても、昇進が早く、給与が高く、幹部職を独占し続けている[31]。

このようなトレンドは、仕事の世界で女性の地位が低いのは女性の知力や意欲や教育訓練が足りないからではないことを教えてくれる。では女性たちは何を学んでいたのだろうか。ハーバード大学の経済学教授クローディア・ゴールディンによれば、一九七〇年以降に女性が選ぶ分野が大きく変わったのは、

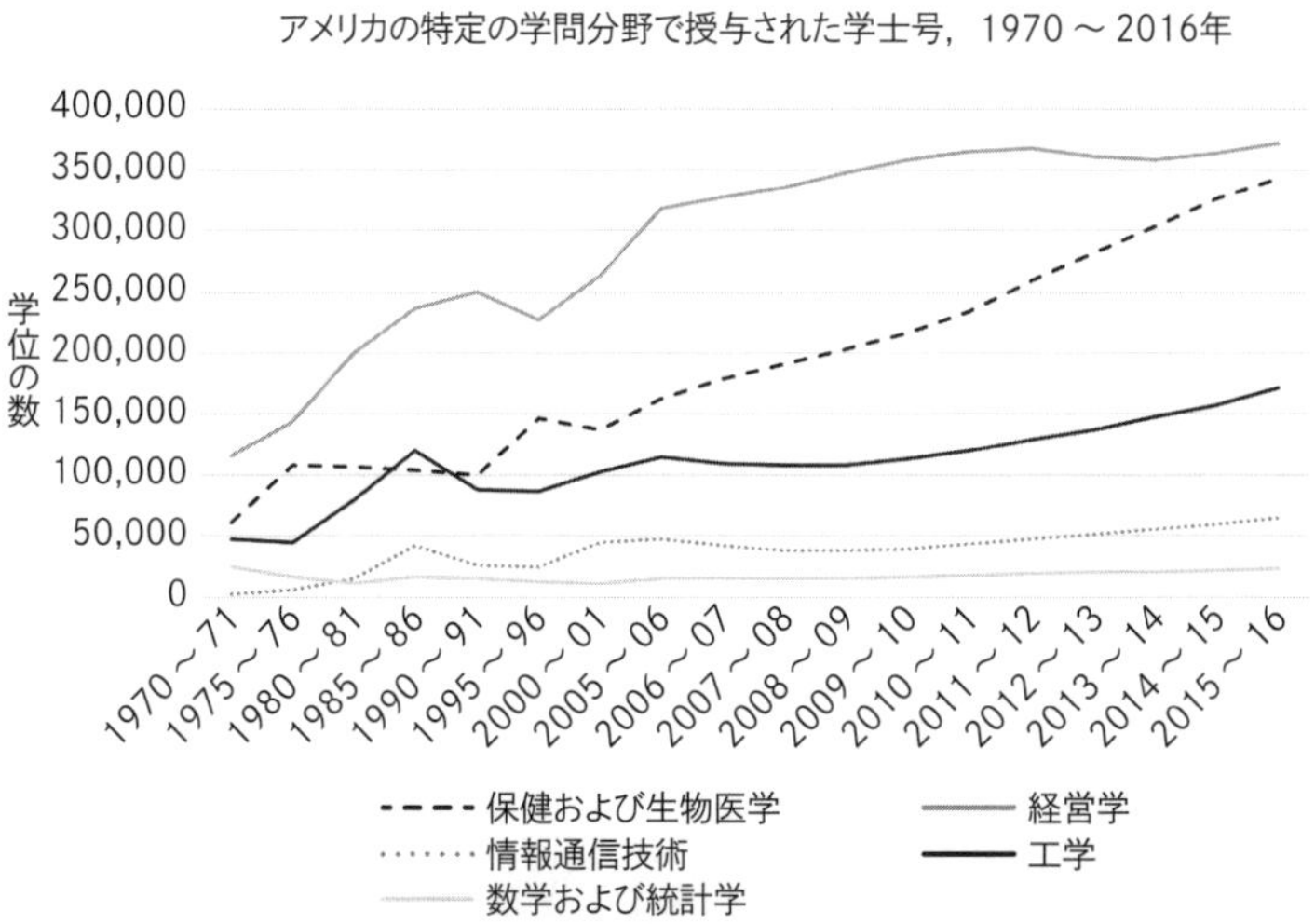

図 27　ここに示すトレンドは学部生の関心分野の変化を反映しているが，女子学生の流入がこうした変化にそれ以上の影響を及ぼしていることに注目されたい。最も増えている 2 つの分野は女性に人気のある分野である。それ以外は女性に人気がないため横ばいとなっている。
出典：National Center for Education Statistics

意識的なキャリア志向の高まりを示している。[32] 専攻分野の全体的なトレンドを図27に示す。このデータは学生全体の関心を反映しているが、トレンドを牽引するのは女性の就学者数の増加である。伸びたのは女性が選んだ専攻科目で、横ばいなのは女性を引きつけなかった学科だ。学生を最も多く獲得したのは経営学で、健康科学がそれに続く。ICTと工学は過去五〇年間ほとんど、すべての学生から相対的に不人気だった。

アメリカ合衆国教育省から取得できる最新データで、現在の男女別の内訳を見ることができる（図28）。科学、技術、工学、数学（STEM）以外——地理学、経済学、林学、芸術などさまざまな専攻科目を含む——を学んでいる学生は全体の五一％である。今日、男性は医療（医

アメリカで2015年に授与された学士号，学科別

	学位を授与された全学生に占める割合（%）	女性の数	男性の数	女性の割合（%）
医療および関連プログラム	11.4	182,570	33,658	84
生物学および生物医科学	5.8	64,794	45,102	59
経営学	19.2	172,489	191,310	47
数学および統計学	1.2	9,391	12,462	43
物理科学および科学技術	1.6	11,560	18,478	38
情報通信技術	3.4	12,509	52,207	19
工学および関連プログラム	6.0	21,521	92,948	19
その他	51.4	607,431	366,504	62
合計	100	1,082,265	812,669	57

図28　この表は2015年にアメリカで科学，技術，工学，数学（STEM）を専攻した学生の男女別の内訳を示している。大きな違いは医療／生物学分野とICT/工学分野にあることがわかる。「その他」の専攻の約60％が女性，約40％が男性であることに注目されたい。「その他」には経済学など多様な学科が含まれる。
出典：National Center for Education Statistics

師、獣医師、看護師、医療言語聴覚士など）の学科にはほとんどいない。経営学では男女がほぼ半々で、数学および統計学で女性の数が男性にかなり迫っている。男女の差が最も大きいのは工学とICTだ。

男脳・女脳論者が主張するように「科学に恐れをなして」敬遠するどころか、女性たちは男性優位の学科に果敢に参入していった。一九六五年にアメリカの医学生の一〇％未満だった女性が、今日では五〇％を占めている。生物化学では女性のほうが多数派だ。科学分野の科目をすべて対象にして数えると、博士号の五〇％以上は女性が取得している。[33]しかし興味深いことに、生命科学はなぜかSTEMとしてカウントされない。

医学部に入学する権利は苦労の末に勝ち取られた。目の前に立ちはだかる障壁に挑んだ女性たちは男子とは別の大学で学ぶことを余儀なく

され、激しい抵抗に遭うことも多かった。一八六九年にペンシルベニア女子医大の学長が教育研究病院を説き伏せ、教え子の女子医学生たちに臨床実習を受けさせた。その噂が広まると、何百人もの男子医学生が集まって反対を表明した。「勇ましい紳士たちは人垣を作り、［ドアから］出てくる若い淑女たちに無礼な暴言を浴びせ、通りまでついていった。街路に出ると仲間たちも加わって、示し合わせたように口滑らかに女性たちを侮辱した。……最後は紙、アルミ箔、噛みタバコなどが雨あられのように女性たちに投げつけられ、男たちの中にはそばにいた女性のドレスに噛みタバコで茶色くなった唾を吐きかけて汚した者もいた[34]」

現在、ICTと工学においてこの種のふるまいのエビデンスが積み上がりつつある。テック業界の上級職の女性たちを対象とした「The Elephant in the Valley（シリコンバレーの中の象）〔訳注：the elephant in the room（誰もが見ないふりをしている不都合な事実）をもじっている〕」という調査によれば、八七％が男性の同僚から屈辱的なことを言われた経験があり、八四％が目を合わせようとしてくれない同僚か顧客がおり、八四％がアグレッシブすぎると言われたことがあり（四二％は複数回）、九〇％が職場の外の業界イベントで性差別的なふるまいを目撃していた。さらに五九％が男性と同じチャンスを与えられなかったと感じ、四七％が男性には頼まれない低レベルの仕事を頼まれたことがあった。最も衝撃的な数字は、六〇％が望まない性的誘いを受けたことがあり、うち六五％は自分の上司から（五〇％は複数回）だったことだ[35]。

さらに最近のピュー・リサーチ・センターの調査は、男性が大多数を占めるSTEMの職で働く女性はセクシャル・ハラスメント、自尊心を傷つけるような社会的ふるまい、性差別を経験する確率が大幅に高いと報告した[36]。世界経済フォーラムによれば、ＩＣＴ業界に入る若い女性の半数が一二年目までに去るという。他業界の二倍の離職率だ。平均在職年数はたった七年しかない。

「学ぶべき正しい学科」を検討中の若い女性と両親は、およそ想像ができてしまう将来を考慮すると、技術や工学の勉強には魅力を覚えそうにない。先行投資額が大きく一生の機会コストを伴うのに、回収期間があまりにも短く、決断が割に合わないリスクが高いからだ。女性に予想される労働条件を踏まえれば、たとえ短期的には給与が高くても、このような学科を選ぶのは経済的に不合理である。

だから若い女性たちは自分にとってよりよい選択をしてきたのだ。アメリカでは、医療分野が最大の雇用主となり（二〇一八年時点でテクノロジー部門より働き口の数が多い）、今後一〇年間に新たな職が他業界より多く生まれる見込みだ。医療職のほうがテック職よりずっと安定している。製造業は衰退している[37]。さらに言えば、最も重要で利益の大きな技術革新が起きているのはＩＣＴや工学ではなく、生物学と生物医科学である。この分野で過半数を占めるのは女性だから、彼女たちが数学が苦手で科学を怖がり、イノベーションを起こせず、自信に欠けているとは思えない。女性たちには母国の成長を助けると同時に同胞にケアを提供する力がある。女性の脳は劣ってなどいない。

「第9章」

達成されない同一賃金

二〇一八年春に、イギリス政府はかなり踏み込んだことをした。従業員数二五〇人以上のすべての企業にネット上で男女の賃金差を明らかにするよう義務付けたのだ。データが出るとたちまち激しい論争が巻き起こった。約一五〇〇万人の被雇用者に一貫した不平等のパターンがあることが、白日の下にさらされたわけである。どの企業、どの業界にも賃金に男女格差があり、一部ではその差がきわめて大きかった。しかも上位四分位〔訳注：上位二五％〕、つまり最も給与の高い仕事から女性はほぼ完全に排除されていた。

「金融街シティに極度の賃金格差があるのはいまさら新しい話ではないが、このウェブサイトの注目点は、大学から精肉業者、政府機関から高級ファッション店、下水道会社からリッツ・ホテルまで、さまざまな組織の内情のX線写真を提供していることだ」とアメリア・ジェントルマンが『ガーディアン』紙に書いている。「企業は丸裸にされ……女性への態度が不快な明白さでさらけだされている」[1]

最も顰蹙《ひんしゅく》を買ったのは航空会社と銀行だった。航空会社では男性が飛行機を操縦し女性が飲み物を提供しているが、前者の給与は非常に高く、後者の給与はどちらかといえば低い。例えば、イージージェット社のパイロットは九四％が男性で、平均九万二四〇〇ポンド（約一二万一〇〇〇USドル）の報酬を得ている。フライトアテンダントは六九％が女性で、報酬は平均二万四八〇〇ポンド（約三万二〇〇〇USドル）だ。一九五〇年代的な性別役割ステレオタイプは冷蔵庫のマグネットで皮肉られているくらいなのに、航空会社はこの格差をまったく正常だと思っていたようだ。彼らは二〇二〇年までに女性パイロットを二〇％に増やすという目標を掲げ、首のストレッチ程度のその頑張りに世間は感心してくれると期待していた。一九七〇年に同一賃金法が成立してから、彼らはコックピットで寝ていたのだろうか[2]。

全般的に、企業のスポークスパーソンたちは女性が多種多様な資格要件において男性を凌駕したことに気づいていないようだ。例えば、会計監査会社のデロイト（四三％の賃金男女格差を発表した）の人材管理担当マネージング・パートナーは、自分たちのような企業では一朝一夕には物事が進まないとこぼした。「大勢の上級職の女性をいきなり魔法で出現させて組織に突っ込むことはできません。当社の女性たちの進歩を確実に後押しする必要があります」と彼女は言った。「よく言うのですが、当社にとってこれは一〇年かかるプロセスなのです[3]」。男女平等な職場環境を作る時間は五〇年あったのに、デロイトはさらに一〇年かかるというのだろうか。別の人材管理担当者を「魔法で出現させ」たほうがよくはないか。

イギリスでは何十年も前から女性が男性と同等に教育を受けてきた。現在、高等教育には女性のほうが男性より三一％多く在籍しており、それは今に始まった話ではない。アメリカと同様、イギリスでも大学の入学者は女性のほうが多く、成績も、卒業率も、大学院進学率も女性が男性を上回っている。女性の学歴がすでに男性を大きくしのいでいるにもかかわらず、政府もメディアも企業も、女性がよい仕事に就くにはもっとトレーニングが必要だとしつこく提唱している。

もし女性が全体的に男性より資格要件を満たしているのに昇進していないとすれば、性差別が広範囲かつ持続的に行われているに違いない。そう考えなければつじつまが合わない。では訴訟は起きているだろうか。ＢＢＣが裁判の統計を調べたところ、労働審判所は同一賃金訴訟が殺到してパンク状態だろうという予想に反し、二〇一〇年から同一賃金訴訟の判決はただの一件も下りていないという驚きの結果となった。[4] ゼロだ。

西洋諸国には一九七〇年代から同一賃金法が存在している。雇用主が対応する時間はたっぷりあったのに、どこも同一賃金を達成していない。今日、賃金格差の原因を分析家は主に三つ指摘している。すなわち母親ペナルティ、女性優位の業種に女性が偏在していること、昇進がないことである。「ビッグデータ」だけを読み、数字の裏にある理由を偏見をもって推測するほとんどの専門家や人事マネージャーや官僚は、子どもを持つから、働く業種が間違っているから、何らかの努力が足りないからだと女性を責める。本章では、二つの例を通じて違う説明をするつもりだ。一つは、同一賃金法が立案されたとき骨抜きにされたイギリス。もう一つは、おそらくは執行制度が効力を持ちすぎたために、その後裁判官になった反動勢力によって有名無実にされたアメリカである。西洋諸国全般において政府に意志が欠け、男女の賃金格差が温存されてきた。

イギリスが最初に制定した平等法のそもそもの起源が今につながっている。欧州連合（EU）は設立基盤となった一九五七年のローマ条約で、女性の平等賃金の原則を明言した。当時、イギリスの指導者たちはジェンダー平等にまったく関心がなく、いずれにしてもイギリスはEUの加盟国ではなかった。一九六〇年代初めにイギリスの労働組合によっていくつかの決議案が可決されたが、組合リーダーも政府も平等賃金を実現するための具体策はとらなかった。政府内にあった障害を突破したのは、そのいきさつを映画化した作品によれば、一九六八年にダゲナムのフォード自動車工場でミシン工たちが決行したストライキだった。同年の世論調査はイギリス国民の四分の三が同一労働同一賃金を支持していることを示した。しかしイギリスが平等賃金法を採用したもっと大きな理由は、政府がEU加盟を望むようになったからだと思われる。EUはすべての加盟国に女性の平等賃金を定めた規定を整備することを求めていた。というわけで、一九七〇年のイギリスの平等賃金法は一九七三年のEU加盟申請を後押しした。これ以降も、EUは腰の重いイギリスにジェンダー慣行の緩和を迫ることになる。

一九七〇年のイギリスの平等賃金法はたった一〇ページだったが、以降五〇年間にわたって男女平等を支配下に置く条項が含まれていた。すなわち、一方の性と他方の性で扱いに差があってはならないとするものだ。[5] 法を起草した人々はこの条項で男性国民の怒りから身を守り、自分たちの既得権益を確保した。規定は表面上はまっとうで筋が通っているように見えるが、男女の間にすでに存在する不平等、過去の差別が作り出した圧倒的な男性の有利さ、社会構造に溶け込んでいる態度が結果として女性を苦しめている事実を認めていない。片方の性が自分の有利さを用いてもう片方を不利にする性差別が今現在行われていることも、この規定は認識していない。[6]

そのようなわけで、イギリス人女性に対する配慮ないし支援は「積極的差別」と呼ばれ（アメリカでいう「逆差別」）、当初から違法だった。積極的差別の原則は、ジェンダー平等の狙いに対して逆効果となる雇用のジレンマをもたらした。二人の人が同じ役割で働いていれば賃金を同じにしなければならないのは自明だが、もし雇用主が同じ資格を持つ男女のどちらかを採用したり昇進させたりする場合、どちらを選んでも理論上は性差別訴訟を招く可能性があるのだ。しかし、男性は女性候補者と同じ資格要件を満たしてさえいれば採用や昇進を勝ち取れるが、女性が勝ち取るためにはすべての男性候補者より明らかに優れていなければならないという人事慣行ができあがった。

このイギリス法の構造的な欠陥に執行上の問題が重なった。自分が不公平に扱われていると感じた女性は、男性に与えられてきた上乗せ賃金、昇進、その他の優遇に加え、同じ仕事で自分が同等の業績を上げていることも示し、それを証明しなければならなかった。ところが雇用主は、同僚と賃金の話をした従業員を合法的に解雇できた。そのため、男性のほうが賃金を多くもらっていることを女性が知る可能性は低く、たずねるのは危険が伴った。

今日でさえ裁判には何年もかかることがあるうえに、女性が勝ち取れるのはせいぜい未払給与と、雀の涙のような額に上限設定された他の損害への補償だ。給与がよほど高くない限り、未払給与を勝ち取っても訴訟費用すら賄えそうにない。しかもイギリスの裁判所は、そもそも支払われるべきだったものを原告が獲得するための裁判費用を、有罪となった雇用主に負担させたためしがない。それどころか法律には、もし裁判所と雇用主が訴えを不当と考えれば、裁判官が従業員に自分だけでなく雇用主の裁判費用を支払うよう命じることができる条項がある。イギリスの司法制度には集団訴訟がないため、複数の原告が費用を分担することもできない。さらに厳格な名誉棄損法があるから、審議中の訴訟の情報は絶対に公にできず、メディアにも出せない。専断不公平だったかつての星室裁判所のようにすべては秘密裏に処理される。

平等を求めて訴訟を起こすリスクが、獲得しうる便益を大きく上回っている。雇用主のリスクは軽微だから、女性に男性より低い賃金を支払って、何も起こらないだろうと踏むことに経済的合理性がある。イギリスの男女平等制度の特徴が、二〇一八年春の大炎上で露呈した現実をもたらしたのは、当然の結果だった。トップ層には女性がほとんどおらず、賃金には大きな男女格差があり、裁判は不透明で、雇用主は独善に陥っており、一般国民は愕然とした。

一九九〇年代後半に、欧州連合は全加盟国で平等賃金の実現に向けた努力が頓挫していることを認識するようになった。EUは「ポジティブ・アクション」(アメリカでいう「アファーマティブ・アクション」)政策の導入を提言し、イギリスの保守派が激怒して、EUの指令とイギリスの積極的差別の原則を両立させる新しい平等法を求めて侃々諤々の交渉を始めた。EUの政策に反対する人々は、積極的差別の原則という法的「伝統」を、それが一九七〇年代にひねり出した便法ではなく大憲章《マグナ・カルタ》であるかのように語り出した。

二〇一〇年の平等法がついに発表されたとき、新法によって同じ能力を持つ女性を採用することが合法になったと言い立てられたが、これは非常に誤解を招く言い分だった。この法でも積極的差別は依然として違法とされたから、実質的に変わったのだと政府が主張できるように打ち出されたのは「タイブレーカー」という新しい特徴だった。タイブレーカーが使える条件は途方もなく複雑で、比較対象の男性に大きく差をつけていない女性を採用したり昇進させたりするリスクがいまだに高いことは歴然としている。

タイブレーカー規定の下で、雇用主は男性と同等の能力を持つ女性を採用できる。ただし、その女性があらゆる面で完全に同等であることを雇用主が証明できればであり、また以下についても証明できなければならない。

- 社内ないしセクター内に文書で証明できるダイバーシティ上の問題がある。
- その措置が「ニーズに比例している」(それが何を意味するにしても)。

- 会社は候補者全員の経歴について関係があると思われる要素すべてを徹底的に評価した。
- その女性の持つ能力が仕事に直接的に必要である。

少しでも疑いがあれば、男性候補者には自分に有利になるかもしれない情報を提供する機会を与えなければならない。人事の専門家は女性を採用する企業に、万が一男性から異議申し立てがあったときのために、なぜどのようにその意思決定をしたかについて膨大な記録をとっておくよう勧めた。

そして五年後、タイブレーカーを利用した雇用主が一社もなかったことに政府は本気で驚いていた。イギリスのアプローチは、上司が自身にバイアスがある可能性を自覚している前提で雇用主が客観的判断をするという期待と、どの裁判官も同じ判決を下すだろうという確信に頼りすぎている。ジェンダーバイアスが雇用判断に組織的に影響を与えていることを証明する調査を並べたら、たぶん地球を一周できるだろう。調査は通常、次のような形をとる。

1・架空の履歴書を用意する。一部は女性のもの、一部は男性のものとする。
2・履歴書を一群の雇用主に示し、評価して有力な採用候補を選んでもらう。
3・その後、履歴書の男女を入れ替える。各「候補者」の履歴書を前回とは逆の性別にする。
4・もう一度評価してもらう。

結果は予想できるかもしれない。同じ履歴書を見せられても、人々は男性を女性よりも高く評価するだろうと。回答者に選択理由を説明してもらうと、女性の経歴を疑いの目で見て実績を低く評価する一方で、履歴書の一番上に書かれているのが男性名であれば同じ経歴と実績を優れていると見なす。研究者たちはさまざまな手法と指標を使ってこの現象を調査してきたが、男女が平等に評価される結果になった調査を私は一つも知らない。つまり、どのような状況であろうと、女性が男性と対等であると判断されるためには、実際には男性より優れていなければならないのだ。

企業のスポークスパーソンたちは二〇一八年に判明した男女の賃金格差を擁護しようと、政府が報告に求めた要件のさまざまな制約について、怒る女性たちにくどくどと「マンスプレイニング」〔訳注：相手がすでに知っていることを男性が上から目線で説明すること〕した。政府が課した賃金差の計算方法は単純化されすぎていて、自社の複雑な給与支払いの実態を反映できないと彼らはぼやいた。本当は、「単純化された」計算式が、全企業の数字を比較可能にし報告の負荷を最小限にすると同時に、自社の数字を改竄して賃金格差がないかのように見せかけることを許さなかったのだ。『ブルームバーグ・ビジネスウィーク』誌は「New Numbers Show the Gender Pay Gap Is Real（新たな数字から賃金の男女格差の存在が明らかに）」という見出しの記事で次のように説明している。「［イギリス政府の］厳格なアプローチは、企業に逃げ隠れしたり、女性の育成ができなかったことを統計の操作で隠蔽したり、給与の高い部門はほとんど男性で占められている事実を言葉巧みにごまかしたりする余地を与えない」[7]

イギリスの保育費はヨーロッパ一高い（世界一かもしれない）、働く女性の保育費負担を国が援助していない、その目に見える結果が男女の賃金格差である、とEUは長年にわたりイギリス政府を批判してきた。働くイギリス人女性のうち四〇％近くはパートタイムで、この割合は先進国の中で非常に高く、賃金格差の大きな要因となっている。パートタイマーは同じ仕事をしていても、時給換算でさえ賃金が安いからだ。ほとんどは若い母親だが、高齢者介護をしている女性も増えつつある。調査によると、イギリスの若いカップルは一人だけが家計を負担する家庭を望んでいない。母親たちもフルタイムで働きたいはずだ。ところが保育費があまりに高いために、若い世帯は大人一人を家に残さなければならない。それはほぼ必ず女性になる。そのような女性は仕事から離れている期間が長いため、復帰したとき、賃金も地位も低い仕事からキャリアを再開する。彼女たちの教育とキャリアはずっと犠牲にされてきた。保守派（と多くの企業）は、それはジェンダー問題ではなく、哺乳類の出産メカニズムによる「自然な」結果、あるいは自由市場システムにおける個人の自由な選択だと言い張る。

イギリスでは業種の男女分離パターンが五〇年前から変わっていない。旧石器時代から変わっていないと言ってもいい。女性は保育や介護、衣料、食品に集中している。給与の高い業界は女性、特に母親を歓迎しないため、彼女たちは不当な扱いを避け、融通の利く職場を求めて女性が働きやすいセクターに誘導されていく。職業別の賃金平等も進んでいない。どの職種でも女性のほうが賃金が安い。

二〇一八年の激しい論争の最中に出たもう一つの「マンスキューズ」〔訳注：男性目線の言い訳〕は、女性は交渉が下手だから賃金が安いというものだった。さかのぼること二〇〇七年に出た『Women Don't Ask[8]（女性は要求しない）』という本は、女性の賃金が安いのは男性と違って昇給を交渉しないからだと唱えた。著者たちの解決策は単純で、女性は「男性のように毅然と」昇給を求めるべきだという。しかしその後の研究は、女性が昇給を交渉しようとしないのには相応の理由があることを示した。それは、交渉する女性はしっぺ返しを受けやすいためだ。お金の要求は女性にふさわしくないふるまいと見られる。要求の根底にあるはずの、自分には価値があるという主張も同様だ。賃金の決定要素が不透明なほど、女性の昇給交渉はうまくいかず、別の仕事をオファーされているという交渉材料も役に立たない。感じよく持ちかければ昇給交渉に成功できるという研究が話題になったが、さらに研究が重ねられて誤りであることが証明された。結局、女性である限り、いくら感じよく持ちかけようが成功しない。ほとんどの女性がすでにそれをわかっている。だから女性は交渉しないのである。[9]

アメリカでもイギリスでも、ジェンダー平等を進める取り組みにはたえず男女の賃金格差の正しい計算方法をめぐる論争がついて回った。極端な市場派の経済学者たちはジェンダー格差など存在しないと証明したがる。経済が利己主義的に機能するという自分たちの説明に沿うからだ。彼らの考えでは、本当に賃金の男女格差が存在するなら、企業はコストを節約するために女性だけを雇うはずだ（そのようなことは世界のほぼすべての国で違法になるという現実を無視した主張である）。極端な市場派の経済学者たちは、男女の賃金格差が消失するまで国のデータセットの「変数を制御する」ことによって、自分たちのイデオロギー上の方針を追求する。そしてもし女性が男性と同じ選択をしていれば、同等の賃金になるはずだと結論づける。その研究をメディアに発表し、メディアは脳の男女差に関する研究と同じように飛びついて、賃金の男女格差は作り話だという説が出回る。

変数を制御するのが適切な場合もある。しかし、変数の制御によってほぼどんな現象も消してしまえることもまた真実だ。彼らのような分析家は「パートタイムで働く」「在宅で働く」「医療、教育、ファッション業界で働く」などの項目を制御する。これらは男性よりもはるかに女性にあてはまる項目だから、「女性」を指しているのと実質的に同じだ。分析家がこれらの要素を制御して発見したのは、賃金格差が作り話だということではない。彼らが操作したデータが本当に語っているのは「職場にジェンダーバイアスを押しつけたり反映させたりする要素をすべて取り除けば、女性の賃金は男性と同じだった」ということだ。

類比を使うと問題がわかりやすくなる。アフリカ系アメリカ人男性は平均的に白人男性より賃金が安い。男性の賃金に関するデータセットを、住所が都市の貧困地区である、あるいは最近まで無職だった、あるいは逮捕歴がある、という変数で制御したとしよう。こうした変数をすべて取り除けば、白人男性と黒人男性の賃金は同じになる。分析家は「アメリカに人種差別は存在しない！　黒人男性は白人のように行動すれば同じ賃金を得ているはずだ！」と発表する。しかしこの結論は妥当ではない。取り除いた変数はいずれも、人種差別の表れか、人種差別を行う手段だからだ。このような分析家の隠れた動機も強く疑われるだろう。これが女性のデータセットであった場合も同じように疑わしく思うべきだ。

世界経済フォーラム、経済協力開発機構（ＯＥＣＤ）、ＥＵが、イギリスの賃金の男女格差は一八〜四五％であるという推計を公表した。数字は使用した情報源と格差の計算方法によって異なるが、どれもが大きな差を示していることは逃れようのない事実である。同じ業種や同じ職種で、労働時間が同じであっても、女性のほうが男性より賃金が安い。

賃金格差がイギリス経済にもたらしている損害は莫大だ。イギリス人女性は男女格差のせいで年間一四〇〇億ポンドの賃金を失っている。一人当たりに換算すれば平均九一一二ポンド（約一万二〇〇〇ＵＳドル）になる。そして不平等な報酬による生産性の損失のために、イギリスは年間約一二三〇億ポンドを犠牲にしている。にもかかわらず、政府は本気の改革をしぶっている。ある怒れる女性が『ガーディアン』紙に語ったとおりだ。「私たちは変えようとしていますが、権力を握っているのは男性です。私たちは抑圧する側に制度の変更を期待している――七面鳥にクリスマスへの賛成票を投じてくれと頼むようなものです[10]」

アメリカは別の出発点から取り組みを始め、しばらくの間はイギリスの先を行っていた。アメリカで女性の平等賃金が法的に保証されたのは公民権運動のすぐ後だった。人種を対象とした保護に性別も加えられたからだ。つまり、平等法が推進された裏には、過去の不当な扱いと、現在へのその影響を正そうという願いがあった。したがって、アメリカの法はイギリスの法とは異なり、権利と機会の不均衡を認識していた。それは障壁を取り払い、相殺し、法的に禁止しなければならないことを意味した。このアプローチには、アメリカで最も優位な集団である白人男性に差別に責任があり、彼らが便益を受け続けているという暗黙の了解が含まれていた。また、不利な立場の集団をその場にとどめおこうとする不当な試みとして表れる、社会に今もある大きな偏見への認識も含まれていた。一九六三年に平等賃金法が施行されたとき、黒人と白人、あるいは男性と女性のスタート地点が同じであるなどという欺瞞を誰も信じてはいなかった。

アメリカのジェンダー平等のプログラムは二方向から生まれた。議会と三人の大統領からは立法と大統領令、草の根からは訴訟という形で、である。ここでも、執行という負荷を負ったのは女性個人だったが、アファーマティブ・アクション、クラスアクション訴訟、懲罰的損害賠償、危機管理の手配といった制度が整備されたことで成功の確率は原告と被告の間で均等になった。これらに加え、重大な裁判を闘牛を観戦するような感覚で見守るアメリカ人の嗜好も手伝って、実効力のある執行制度ができあがった。

アファーマティブ・アクションは、連邦政府と政府の請負業者に性差別を禁じた大統領令によって制定され、実施された。そのため、政府と取引する全供給業者は、女性とマイノリティを平等に昇進させる真剣かつ実効性のある取り組みを示さなければ、契約を失うリスクを抱えることになった。アメリカ政府は同国最大の雇用主であるだけでなく、マヨネーズからミサイルまであらゆるものの最大の購入者でもある。連邦政府契約を引き揚げるという脅しは、命綱を断ち切ることに等しい。政府がこれまで実行する必要がなかったことが、この脅しの威力の証だ。

新法を無視した雇用主は民事訴訟のリスクにもさらされた。アメリカの司法制度では、民事訴訟は個人が申し立てた苦情を処理する場であるとともに、政府の指令を公的に検証し、組織内の道義に反する慣行を暴露し、一般国民に問題を意識してもらう場にもなる。平等賃金のような社会的に議論を呼ぶ問題をめぐる民事訴訟は、密室裁判ではなく社会に訴えかける機会となりえた。

性差別訴訟は被告の組織にとって非常に高いリスクになった。アメリカにはクラスアクション訴訟がある。被害を受けた個人が集団で同じ当事者を訴える訴訟で、そのための必要条件は非常に多人数の原告団が訴えを起こすのをきわめて容易にしている。二〇〇一年にウォルマートを相手取って行われた史上最大の性差別訴訟では原告が一六〇〇万人いた。さらに、法廷は特に悪質なケースで懲罰的損害賠償金を命じることができ、実際に命じられている。判決が悪質な行為の強い抑止力になるよう、法律がそのような仕組みになっているのだ。このように、性差別訴訟では原告が直接的に経済的損害を回復できるのに加え、法廷が雇用主にとって痛手となるよう計算された金額の賠償金を上乗せできる。多人数の原告団が性差別訴訟に勝てば、雇用主は原告団の全メンバーに（未払給与などの）損害金だけでなく、さらに懲罰的損害賠償金を支払わなければならない。

訴訟にはとてつもない大金が動く。賠償金が莫大になる可能性があるから、クラスアクション訴訟の原告を弁護する弁護士は「成功報酬制」で引き受けることが多い。成功報酬制では、作業時間に応じて料金をとるのではなく、勝訴した場合にのみ獲得総額から一定割合の報酬を受ける。知名度を上げる可能性も、弁護士が成功報酬制で引き受けることに積極的な理由かもしれない。全国メディアに取り上げられれば集客が見込めるからだ。

一九七〇年代から一九九〇年代まで、アメリカの司法制度の規定は巨大な原告団を形成できるようになっており、原告のリスクが軽減される一方で雇用主にとってのリスクはきわめて高く、その結果、戦いのエンターテインメントとしての価値が上がった。性差別はイギリスのように女性と雇用主の単なる私的な紛争ではなく、大衆の関心事になったのだ。

アメリカの性差別禁止法で（欧米ともに）誤解されやすいのは、クオータ制と逆差別の二つに関してである。一九七八年のカリフォルニア大学理事会対バッキー裁判で、白人男性のアラン・バッキーが、同大学のメディカルスクールに入学できなかったのは同校が黒人の入学希望者を優遇するクオータ制を用いているからであり、自分は「逆差別」の被害者だと訴えた。法廷の見解は基本的に、白人男性が差別を申し立てた場合、もしバッキーの主張が認められれば、法の意図――過去に差別を経験してきた集団の苦しみを償うこと――を損なうであろうというものだった。逆差別の訴えは却下され、それが逆差別という概念への結論となった。しかし、白人男性にも法の下で平等な扱いを受ける権利があるので、法廷はカリフォルニア大学が平等を達成するためにクオータ制を用いるのは違憲行為であるとの判決を下した。だから世間で信じられているのとは異なり、アメリカのアファーマティブ・アクションにクオータ制は求められてこなかった。

アメリカでは、男性の賃金に対する女性の賃金の割合が一九七三年から一九九〇年にかけて大きく上がり、この期間内に約三〇％増えた。しかし一九九〇年頃からは頭打ちになった。以降の三〇年間に、アメリカ人女性の男性との賃金格差は一二％しか縮まらなかった。一九七三年から一九九〇年までと同じペースで二〇世紀末まで女性の賃金が伸びていれば、今頃は同一賃金が達成されていたはずだ。

アメリカの進歩がペースダウンしたのは、右派が台頭し、彼らが保守派の判事を、特に最高裁に任命することに成功したためである。判事の右傾化により、一九七〇年代に獲得された女性の雇用の権利は次の三つの強硬策を用いてすでに根本的に破壊されていた。①雇用主が雇用契約を使って平等権を無効にすることを許す。②法廷に懲罰的損害賠償金の使用を制限するよう圧力をかける。③女性はクラス〔訳注：共通の法的利害関係を有する地位〕の構成員ではないと言明する。

一九九〇年代初めから、雇用主は新規採用者に雇用に関する苦情は仲裁で解決しなければならないと定めた雇用契約に署名させるようになった。仲裁では従業員が必ず不利になる。従業員はクラスアクション訴訟に参加する権利の放棄にも署名させられる。一連の下級裁判所の判決では、当初こうした契約は違法であるとされた。ところが二〇一八年に最高裁が「強制仲裁」の要求を合憲と宣言した。この頃には、アメリカの労働者の五〇％近くに当たる六〇〇〇万人の男女が、このような取り決めの下で働いていた。強制仲裁に縛られた女性を、最高裁はアメリカを同一賃金へと後押ししてきた規定の体系から締め出したのだ[11]。

時を同じくして、差別訴訟の判決を下す裁判所が支払命令を未払給与だけに制限し、懲罰的損害賠償金は除外し始めた。この変化も、保守派が司法制度を支配する戦略によるものといえる。

ウォルマート・ストアズ社対デュークス裁判も、下級裁判所が原告を勝訴させたにかかわらず、最高裁がその判決を覆した一例だ。この訴訟は二〇〇四年に、過去から現在までのウォルマートの全女性従業員を代表するクラスアクション訴訟としてアメリカ連邦裁判所に認定されていた。ところが二〇一一年に最高裁が、女性はクラスの構成員になれないという判決を出した。判決はジェンダーとイデオロギーでくっきりと二分し、五人の保守派の男性判事が三人の女性と一人の男性からなるリベラル派の判事と対立した。

裁判はアメリカ史上最大の性差別訴訟にウォルマートが勝訴したとして大衆文化で語り草となったが、この訴訟を決した争点は、ウォルマートで性差別があったかどうかではなく、女性にクラスを名乗れるだけの「共通点」があるのかどうかだった。今回の申し立ては個々の体験の寄せ集めにすぎず、女性たちは個人で起訴すべきだと保守派は主張した。

女性をクラスと考えることに反対する最高裁の姿勢は、古くから法律の中に潜んでいた。アメリカの平等法が根拠とする人種と暗黙に比較されるためだ。例えば一九七八年のバッキー裁判で、裁判所の見解は、アフリカ系アメリカ人が歴史的に不当な扱いを受けてきたことをクラスの資格の根拠として強調したが、女性に関しては「人種による分類が本質的に忌むべきものであるとの認識は長きにわたる悲惨な歴史に由来するが、性別による分類はそうではない[12]」という理由で明確に否定している。この姿勢が二〇一一年のウォルマート判決にも同様に見られ、これは明らかに近年まで女性が歴史に記録されなかった事実のせいである。女性の歴史が存在するようになっても、一般大衆はその事実を意識させられてこなかった。

ウォルマート判決が出て以来、裁判になった複数の訴訟が、女性は雇用差別でクラスを構成するに足るほどの共通体験がないとして、前例を踏襲する判決を出された。マイクロソフトを相手取った訴訟では、原告はクラスアクション訴訟の認定を受けられなかった。女性の給与の不平等さと昇進の少なさに統計的に有意なパターンがあると結論付けた、独立機関による信頼できる二本の大部の報告書と、他の女性たちが起こした係争中の訴訟が複数あるにもかかわらずだ。

オバマ政権が二〇〇九年にリリー・レッドベター公正賃金法（企業が損害賠償額を最小限にするための、賃金情報秘匿制度の力を弱めた）を成立させて、女性の雇用の権利に大きな貢献を果たしたものの、右派は同一賃金への動きを後退させ続けた。オバマ政権下で出された、企業に男女別の詳細な賃金情報の報告を求める行政命令を、トランプは唐突に廃止した。これについては幸い、連邦判事が法で義務付けられたデータの収集を続けるようトランプ政権に命じた。しかし、同一賃金の問題に対応するいくつかの法案は、保守派に阻止されて議会で暗礁に乗り上げている。

現時点で、イギリスもアメリカも、西洋諸国はすべて、国民の半数を占める人々の平等権を守れていない。これが、二〇〇九年にEU加盟国、カナダ、南アフリカ、アメリカの成果を調査した欧州委員会の結論だった。[13] 各国の平等達成のプロセスに共通する致命的な欠陥は、執行の負荷が女性個人にかかっていることだった。女性たちは勝訴する見込みの薄い訴訟の費用とリスクを負担していたのだ。女性たちは司法制度への信頼を完全に失っており、労働組合も政府も状況を放置していた。雇用主は二〇世紀末まで、差別しても罰を受けないまま逃げおおせてきた。

二〇一〇年に欧州委員会は改革に有効なメカニズムを分析したもう一本の報告書を発表した。[14] 報告書の結論は、主な解決策はジェンダー平等法を執行する責任を女性個人に負わせない——問題そのものを司法に任せるのをやめる——こと、そのためには、租税回避や銀行詐欺や安全違反を監視し起訴するのと同様の形で、監督と執行を政府に戻すことだった。[15] 規制、報告要請、遵守を監視する機関、企業を定期的に監査する職員、罰則を設けるなどだ。不服の申し立てがあれば専門裁判所が裁き、労働組合は承認のための労働協約を提出するよう求められる。

前進するためには、報告書の提案どおりにせよ別の形をとるにせよ、女性の雇用に関する権利の執行方法に抜本的な改革が不可欠である。同一賃金の達成には五〇年、一〇〇年、二〇〇年かかると言うメディアの見出しはすべて間違っている。これは時間がかかっても待っていれば自然に進むプロセスではない。強固な抵抗勢力への根気強い働きかけが必要だ。

女性の賃金が安いのは教育が足りないから、意欲や野心が低いから、昇給を求める意志に欠けるから、弱いから、臆病だから、怠惰だから、専業主婦になるべきだから、などなど、大衆文化が「女が悪い」と繰り出してくる何百もの理由のせいではない。女性の賃金が安いのは女性に敵意を持つ男性たちと彼らが作る制度が、ジェンダー平等を阻止する方法をあの手この手で探し続けるからだ。

これが戦いでないふりをするのはもうやめよう。女性は抗議のデモ行進、ストライキ、投票という手を使える——あるいは世界経済において唯一、女性に支配権がある領域で、力を使うことができる。

［第10章］

クリスマス消費八割作戦

こんな想像をしてみてほしい。クリスマスを祝う慣習のある国々すべてで、女性たちが去年の八〇％しかお金を使わないと誓うとしたら。彼女たちは賃金の男女格差がなくなるまで、毎年同じ割合で出費を減らし続けると宣言する。ハッシュタグ、Tシャツ、バッジ、バンパーステッカーが世の中にあふれる。ニュースで報道される。小売店、メーカー、経済学者たちは震え上がる。

クリスマス支出を二〇％減らすだけでも大きな警告になる。西洋の国家経済にとって、クリスマスシーズンはきわめて重要だ。消費者支出が経済の血液を循環させている。クリスマスが年間行事の目玉である国では、年間支出のかなりの割合が毎年最後の四半期に発生する。例えばアメリカではGDPの七〇％を消費者支出が占め、その三分の一以上が一一月と一二月に発生している。この時期に激増する買い物が、百貨店だけで約二三〇〇億USドル、オンラインショッピングで六〇〇億USドルの小売売上を生み出す。玩具カテゴリーの売上だけで約六〇万人の雇用を生んでいる。クリスマス消費はほぼすべての部門に影響する。食品、家庭用品、玩具、宝飾品、香水、衣料、消費者サービス、旅行、飲料、家電、書籍——挙げればきりがない。

よく言われるように、クリスマスは年に一度だけ。ここで売らなければ後がない——次の四半期に損失を取り返すわけにはいかないのだ。クリスマスシーズンに消費者支出が二〇％減るだけで、西洋諸国の経済は完全に不調に陥る。具体的に説明すると、クリスマス消費が年二～四％成長するのが、アメリカ経済が健全な証とされている。これを下回ると企業は枕を高くして眠れなくなる。[1]

次にこんな想像をしてみよう。西洋がクリスマス・ショックにおののいているちょうどそのとき、世界の女性たちが旧正月の買い物を八〇％に減らすことを決める。旧正月は世界最大の祝日である。二〇一八年には中国だけで約一四二〇億USドルが費やされた。中国経済の成長は消費者支出に依存するようになりつつある。二〇一八年に旧正月支出が八・五％減少し、経済学者たちは気をもんだ。[2] 二〇％減少したらどうなるだろうか。

春にはもう一つの大きな経済的インパクトのある祝日、ラマダンがやってくる。そして秋には、祝祭を中心に回るインド経済の中でも最大級の祝日、ディワリがある。年末になれば、女性たちのアクションの軌跡は一巡して再びクリスマスを迎える。支出額は八〇％削減した前回のさらに八〇％だ。全体の動きはソーシャルメディアで組織化される。これが可能なことは二〇一七年の大規模デモ「ウィメンズ・マーチ」で世界中の女性たちが証明済みである。

これらの祝日は、祝日を成功させるために必要なものを女性たちが作ったり買ったりしなければ、ただの一つも成り立たない。支出は完全に女性たちの手に握られている。[3] 成功間違いなしだ。

消費は経済学者からもフェミニストからも見過ごされるか過小評価されがちな分野だ。しかし消費を左右する購買の意思決定は投資の意思決定と同じインパクトで経済を牽引する。その選択を握っているのは女性にほかならない。西欧と北米では、消費者支出の七五％以上を女性がコントロールしている。ボストン・コンサルティング・グループによれば、女性が支出する市場は世界全体で、最も人口の多い二か国、すなわち中国のGDPの三倍、インドのGDPの六倍に相当する。[4] 購買力はダブルXエコノミーが支配する経済の一領域である。なぜこのパワーが活用されていないのだろうか。

それは女性運動が大昔に生産中心の経済観を受け入れてしまったからだと私は思っている。生産中心の経済観は、モノを作るのは重要だがモノを買うのは重要ではない――買い物は女のすることだから

——という男性優位のアプローチである。購買が経済に対して持っている力を私たちは見失っていた——また、女性が購買力を握るようになったのは最近のことにすぎない。

二〇世紀初めにはすでに、西洋の女性たちは雑誌で消費者として描かれていたが、現実に家計を握っていたのは依然として男性たちだった。一九六〇年代に入ると女性たちは購入に関して自己決定権を持つようになり、洗濯洗剤、掃除用洗剤、食品、家族全員の衣類などの家庭用品カテゴリーの購入選択に影響力を及ぼし始めた。夫は妻に自分の裁量で家庭用品を買うよう生活費を渡したが、贅沢品と大きな買い物の最終決定権はまだ夫にあった。しかし女性たちが有給で働くようになると、増えていく家計の使い道に女性消費者が発言力を獲得し、対象となる商品の幅も広がった。今日、西洋の女性たちは家庭必需品の購入はもちろん、高額商品や贅沢品の購入にも影響力を持つかコントロールしており、たいていは女性が自分の一存で購入している。

家庭の買い物を決める力を獲得したことは、女性にとって大きな節目となった。なぜかは、その力をいまだに持てていない女性たちをつぶさに見ればわかる。開発途上国で行われている女性の経済的エンパワーメント介入の多くは、家庭の意思決定、特に高額品の購入に女性が及ぼす影響力の変化によって効果が測られている。私が個人的に好む指標は、女性が自分のためにささやかな贅沢品を買えるかどうかだ。そのほうが指標として優れていると考えるようになったいきさつをお話しししたい。

私は指導していた博士課程の学生、ローレル・スタインフィールドとともに、ウガンダの家族の購入品の中で生理用ナプキンなどのアイテムがどの順位に位置するのかを評価する方法を試行錯誤していた。ある朝、フォーカスグループ・インタビューを行うために現場に向かうトラックの中で、ふと閃《ひらめ》いた。

アドバイザーとして同行してくれたNGOのプラン・インターナショナルの職員と一緒に、私たちは市場に立ち寄って幅広い用途と利用者を表すと思われる品物を籠いっぱい買った。日用的な必需品、非日常的な嗜好品、めったに買わないもの、よく買うもの、男性向けの品物、女性向けの品物、子どもに与えるあるいは子どものために使うもの、砂糖、スパイス、生鮮食品、日持ちのする食品などだ。買ったものをすべて、その日最初にインタビューを行うグループに持って行った。

廃校になった校舎の長いテーブルに男性と女性が入り混じって座っていた。私たちはグループの前に持ち込んだものをすべて並べ、「必需品」から「贅沢品」の順に品物を一列に並べてほしいとお願いした。とまどいつつも彼らは品物を並べ始め、まもなくラインナップが姿を現してきた。贅沢品の部分でグループ内にちょっとした言い合いがあった。意見が分かれたアイテムは、ビール、バッテリー、SIMカード、化粧石鹸、ヘア・エクステンション、フェイシャルクリーム、そして興味深かったのが生理用ナプキンだった。

次に、よく買うものからあまり買わないものへと順番に並べ替えてもらった。「よく買う」側には灯油、塩、砂糖、料理用油に並んでビール、バッテリー、携帯電話のプリペイドカードがあった。「あまり買わない」側には米（ウガンダでは特別な日にしか食べない）、化粧石鹸、スパイス、キャンディ、フェイシャルクリーム、ヘア・エクステンションが並んだ。ほぼ真ん中の、野菜の隣に生理用ナプキンが置かれた。

ローレルと「これだ！」と視線を交わした私は、男性は必要だと思うが女性はそう思わないアイテムを抜き出してほしい、と打ち合わせになかったお願いをした。この頃には皆すっかり作業を楽しんでおり、たびたび笑いが起こるようになっていた。選ばれた品物はビール、バッテリー、携帯電話のプリペイドカード、清涼飲料水だった。では、女性が必要だと思うが男性はそう思わないアイテムを抜き出してみましょう、と私は言った。

男性たちと女性たちはお互いを見て「さあ、ここからが本当の戦いだ」と言わんばかりの笑みを浮かべた。女性たちは迷わず論争の的となる品物をつかんで、挑戦するようにテーブルの真ん中に投げ出した。その場にいた全員がどっと笑った。議論の俎上に載せられた品物は四つ。化粧石鹸、フェイシャルクリーム、生理用ナプキン、ヘア・エクステンションだった。

私たちはその週いっぱい、新しく編み出した「お買い物メソッド」を他のフォーカスグループにも用いた。男女混成のグループにも同性だけのグループにも試した。その間に、いくつかの品物を外し、赤い口紅を加えた。たくさんの学びがあった。

品物の選択の決定要因は、その家の男性が支出を管理していることだった。調査したコミュニティでは、家の外で働く女性はほとんどいない一方で、男性たちは近くの小さな町に通勤していた。男性には現金収入があったが、女性は仲間内で物々交換をしていた。したがって、男性たちは常に紙幣と硬貨を持っていたが、女性たちには夫から「必需品」――あるいは男性の観点から「必需品」としてとおるもの――を買うようにと渡された現金しかなかった。

夫がいくら稼いでいるのか、どこにいくら貯め込んでいるのか、女性たちは誰一人知らなかった。私たちが知ったことも彼女たちは知らなかった。彼女や子どもたちがめったに口にできない米と肉の食事を、夫が昼間にソフトドリンクつきで飲み食いしていることを。たまに晩までお金が残れば、ソーダとキャンディを子どもたちに、ときには妻にもふるまうことがある。もちろん、おごりができる唯一の人間であることは権力の表れだ。妻は子どもたちに贅沢させることなどまったくできない。携帯電話のプリペイドカードは、町に仕事に行く男性たちにとっては必需品と見なされていた。バッテリーは「俺の」ラジオのためだ。町で働くためにはピカピカの新品の靴と見栄えのいい服も要る。しかし女性の服は必需品と思われていなかった。

私たちがインタビューした女性たちは例外なく皆、夫は他の男性からおごられたとき以外はビールを飲まないと言い張った。ところが男性たちは同性だけのグループのときに、毎晩飲んでいると認めた。また、回り持ちでおごり合うようにしているのだとも。そうすれば一人を除けば家に帰ったとき、他人のおごりでビールを飲んだと言っても嘘にならないからだ。このコミュニティの家計収入は一日約二ドルなのに、男性一人当たりが持つ飲み代は週平均数ドルになる。しかししきたりとなっているビールの回し飲みは男の生活の一部だから、参加を断ることなどできないと男性たちは説明した。

それはよくわかる――こういうしきたりは人類共通だ――が、生理用ナプキンをめぐって今も続く論争を思うと複雑な思いがわいた。当時は、生理用ナプキンなどどうでもいい、とNGO職員にけんもほろろにあしらわれることがあった。現地の貧しい家庭にとってはあまりにも高価なのだから、というのがいつもの言い分だった。だがビールにお金が使われていると知ってから、私はNGO職員にそのことを知っているかとたずねるようになった。もちろん彼らは知っていた。具体的にいくら使われているかは知らなくても、所得水準に比べてかなりの金額だろうということも知っていた。その出費が適切かどうかについて男性たちと話をした人は誰もいなかった。この頃にはほとんどの少女が生理用ナプキン一パックで過ごせるのがわかっていた。費用は一か月に一ドル——ビールには一か月に最低でも一〇ドル使われている。同性だけのグループで話し合っているとき、男性たちは女子生徒に生理用ナプキンが必要なのは知っていると認めたが、娘とその話をしたことがある人は皆無だった。タブーとされる話題だったからだ。話をしないから男性たちは「知らんぷり」でき、問題が存在しないかのようにふるまえた。

実は、衛生用品全般に女性たちは悩んでいた。開発途上国の農村では、一つの石鹸を何にでも使う。アフリカでは一二インチ〔訳注：三〇センチメートル〕ほどの青い色をした細長い石鹸に決まっていた。それをソーセージのようにスライスして、床掃除、皿洗い、赤ちゃんの沐浴、自分の洗顔に使う。それでは肌が荒れてしまう。だから女性たちにとって化粧石鹸は非常に大切なのだ。化粧石鹸とフェイスクリームを使うと肌は感触も見た目もよくなる。女性たちの説明は胸を突いた。こういう品物を使うと自分が使役動物ではなく人間になれた気がするのだという。誰かに化粧石鹸かクリームをもらうと、尊厳のある人間として認められた気持ちになるという。そしてヘア・エクステンションは常にできるならしたい、でもふつうは結婚式、葬式、イースターなど特別なとき、あるいは夫がプレゼントとして美容院に行かせてくれたときだけするのだと女性たちは言った。

赤い口紅は議論を誘発するきっかけだった。これを私たちは五、六品目をグループに見せて持ち主はどんな人かを話してもらう演習に使った。男性たちは必ず赤い口紅を、特にフェイスクリーム、化粧石鹸、携帯電話のプリペイドカードと組み合わせたときには、都会の売春婦の持ち物とみなした。活発に意見が飛び交った男女混成のあるグループで、一人の女性が笑いながら、化粧するのは売春婦だけだと男性が言うのは、妻に化粧品を買わない口実にするためでしょと反撃した。他の女性たちも笑いながらうなずいていた――男性たちも。

非常に貧しく買うものも乏しい高山でインタビューしたある女性グループは、赤い口紅とフェイスクリームと携帯電話のプリペイドカードと化粧石鹸を持っている女性に憧れると言った。なぜとたずねると、そういう女性は自分のお金を使って自分で買っているから、そして自分をきれいに見せる品物を買えるほど自分を尊重しているから、という答えが返ってきた。その女性はどうやってお金を稼いでいるのでしょう、と私は先を促した。エンパワーされているから、と彼女たちはきっぱりと言った。自分のビジネスを持っているから。でも母親としてはどうですか？　と私はたずねた。子どもの世話をちゃんとしているでしょうか。もちろんです、と彼女たちは答えた。子どもたちに必要なものを与えてから初めて自分のものを買っているんです。彼女たちの表情から、この一連の質問が痛いところを突いたのは明らかだった。答えてくれた女性たちは口紅を持たず、エンパワーされているとも感じていなかったのだ。

あのフィールドワーク以来、私は経済的エンパワーメントの調査に、女性に自分のフェイスクリームと化粧石鹸を買う自由があるかという質問を入れるようになった。その答えが男女間の不平等の核心をあぶりだす。

ウガンダでのフォーカスグループ・インタビューは、家庭で買うものの決定権を持っている人が、その選択の過程で生活習慣を定着させたり排除したりし、家族の誰かの発達に必要なものを与え、別の誰かの夢をつぶしてしまうことをさらに浮き彫りにした。教育資金を貯めるのも、ビールに浪費するのもその人次第だ。購買の意思決定が、コミュニティの未来を根本的に決める。誰であれ、資源を分配する者がコミュニティの未来に直接的かつ強力に影響を与える。インタビューしたフォーカスグループでは、決定するのは男性であり、彼は育ち盛りのわが子のためになる支出より自分の娯楽を優先してしまうことが多かった。

ケア・バングラデシュが設計した農村流通システムで仕事をしたときも、同じ問題をまのあたりにした。バングラデシュの場合、購買力を左右するのは現金を手にできるかに加えて移動の自由だった。買い手となるべき人が自宅から出ることを許されていないからだ。ケアは極貧層から女性販売員を選抜し、彼女たちに「不屈の女性」を意味するアパラジータという呼称を与えた。システム自体はジータと呼ばれている。

システムを考案した経済開発チームは地元企業や国際的な企業と交渉し、シャンプー、洗濯洗剤、石鹸、歯磨き粉などの小分けパッケージを女性たちが販売できるようにした。彼女たちは携帯電話のプリペイドカード、野菜の種、スナック菓子も取り扱った。先述したようにその趣旨は、既婚女性が隔離されている住宅地に送り込むことでアパラジータの雇用を創出することと、既婚女性たちがアパラジータの運ぶ品物を買えるようにすることだった。プロジェクトの生みの親はマーケティングと経済学を学んだ若いイスラム教徒の男性二人だ。サイーフ・アル・ラシードとアシフ・アーメドは私の知る中でも指折りの献身的なフェミニストである。

社会から切り離されて暮らす女性たちに商品を売るうちに、アパラジータたちは顧客に最も求められていて、最も手に入りにくいのが何かを知るようになった。その筆頭が、おそらくお察しのとおり、生理用ナプキンだった。女性はナプキンを求めているのに、男性、あるいは女性が買い物を頼っている人は、生理用ナプキンを頑として買おうとしなかった。住宅地の女性たちは男性に知られずに服用できる避妊薬も欲しがっていた（バングラデシュでは処方箋なしで経口避妊薬が買える）。ブラジャーも求められていた。

アパラジータたちは運ぶ商品の品揃えを変え始めた。通常の品目と顧客からリクエストされた品物はこれまでどおりだが、さらに顧客に喜んだり驚いたりしてもらえそうだと思った小物も加えた。ときどきインタビューの最後に、アパラジータにそのとき持っていたバッグの中身を見せてもらった。彼女たちはいつも喜んで応じてくれ、それは双方にとって楽しみな瞬間だった。髪飾りや小さな匂い袋。私が気に入ったのはイチゴの香りつきのコンドームだった。

しかしアパラジータたちは流通システムを壊滅させるきっかけとなりうる品物も売っていた。ジータに商品を供給しているユニリーバは、フェア&ラブリーという肌を明るく見せる効果のある、世界で最も売れている美容クリームのブランドをアパラジータに卸していた。貧しい人々に企業からの請け負いで商品を販売させていること、また西洋人が「貧しい人々には必要ない」とひとくくりに見なしやすい消費者製品を販売させていることで、システムはすでに一線を越えていた。ジータの活動は貧困の軽減に寄与しており、数千人単位の人々の支援にスケールアップする可能性を秘めていたのに、西洋の記者や寄付者は貧しい女性が持つことを「許される」ものに関してびっくりするくらい厳しいことがある。

消費にまつわる道徳――誰が何を持つべきか、何が禁じられているか、他人に見せていいもの、見せてはいけないものは何か――は場所によって大きく異なる。必需品と贅沢品の概念も同様だ。このような判断に関する文献はあまたあるが、個人的に最も優れていると思うのはメアリー・ダグラス、バロン・イシャウッド著『儀礼としての消費――財と消費の経済人類学』（浅田彰、佐和隆光訳、新曜社、1984年）である。[5] 西洋では、メディアも寄付者も（官僚や考え方の古いNGO関係者も）、ある商品が道徳的か不道徳かについて万人の意見が同じであるかのようにふるまう。化粧品は不道徳だと考える人々、さらにドラッグやアルコールのような依存性のあるものだと主張する人々さえいるのを私は知っている。私自身は、銃のほうがよほど嫌悪感がある。銃を持ちたいだけ持つのが道義上も市民としても自分たちの権利である、と人々が考えるテキサス育ちではあるけれど。世界の保健医療界はできる限り広くコンドームを配布するのが自分たちの道徳的な使命と考えている。しかし世界中のカトリック教徒は今でもコンドームは不道徳だと考えている。

私はある日マレーシアで、美白クリームについて批判的な発言をして大恥をかいた。肌を白くするクリームと美しい小麦色にする日焼けクリームと、どこが違うのでしょうとある女性から大勢の前で言われ、消え入りたいほど恥ずかしかった。ばつの悪い思いで彼女の言うとおりだと理解し、それからは二度と反対しなくなった。何が道徳にかなう商品かをめぐって国際社会の意見が一致しないのは明らかであり、今後も一致はみないだろう。

何が「必要」と見なされるかについても同じである。人々が通常思い浮かべる明らかな必需品は、ダグラスとイシャウッドが「私たちも家畜もひとしく具えているような」と言及するものだが、ダグラスはこの想定を「あまりにも粗い獣医的アプローチ」だとして退けている（引用部分は『儀礼としての消費』、浅田彰、佐和隆光訳、新曜社、19ページより引用）。[6] 人間のニーズを生存にどうしても必要なものだけに絞るのは非人間的だ。そのような世界には、例えば音楽も本も芸術もないだろう。牛が餌を必要とするのと同じ意味で生きるために必要なものではないからだ。しかしこれらは「私たちを人間らしくする」、あるいは「人生を生きるに値するものにする」ものだと言えるかもしれない。コミュニティに必需品を供給する活動をする際には、家畜の餌で終わらせない発想をしなければならない。

恵まれた人々の中には、貧しい人々は生き延びることに精一杯で「余計な贅沢」品になど見向きもしないと考える人たちがいる。あるいは、貧しい人々は生活苦のあまり美しいものに心を動かされなくなっていると思うのかもしれない。あるいは——これが真相ではないかと私は憂慮している——貧しい人々は生き延びることだけ考えるべきで、きれいなものを楽しむ権利などないと思っている。きれいなものが人間に及ぼすポジティブな効果も、ささやかな美しいものが、それがなければ苦労一色の生活に与える大きな影響も、私たちは過小評価している。

貧しくても、世界で最も不遇な人々でも、喜びを感じる心はあり、喜びを求めている。冒険心も、ユーモアのセンスもある。貧困地域で起こりうる最悪の事態は、人々が絶望に陥ることだ。そうなってしまったら、支援はきわめて困難になる。本人たちに自分を救おうという意欲がなくなっているからだ。彼らがまだ喜びや楽しみを味わい、まだ笑えて、新しいことを試すのを楽しめていれば、人間性と希望は損なわれていないとわかる。

システムがバングラデシュ全土に展開するのを見守りながら、ジータのスタッフは心を打つある変化に気づいた。女性たちはブルー系の服を着るのがふつうだった。ジータのスタッフの説明によると、女性の衣類を仕立てる生地を買うのは男性で、男性が青を好むからだという。しかしアパラジータが定着すると、女性たちがまとう服は青から色調も模様も多彩に変化した——NGOの目にとまるほどに。女性たちは初めて自分の服を選び、かつては管理されている証でしかなかった部分で、自分らしさを表現できるようになったのだ。

ジータのスタッフが観察した変化を知り、私たちは顧客へのインタビューに服に関する質問を入れた。若い回答者と年配の回答者の間にははっきりした違いが見られた。若い人たちは夫を喜ばせるよりも自分が着て嬉しい服を着ると言ったのに対して、年配の女性たちは夫のことだけを考えて服を着ると答えた。ある若い女性は好きな色は黒だと言った。「洗練されて見えるから」だという。「黒なら何にでも合うし、盛装にも普段着にもなる。季節も問いませんしね」。彼女の口ぶりは高級女性誌のファッションエディターのようだった。彼女に洋服掛けの下に揃えてあった流行の靴についてたずねてみた。靴はお気に入りのファッションアイテムだと答えてくれた。いずこも同じ、と思うだろうか。同じではない。ブルカを着て外出するとき、彼女には自己表現の手段が靴しかないのだ。

バングラデシュではブルカを着用する女性の姿はあたりまえではなかったが、以前よりも目につくようになった。保守派が女性の服に慎みがなくなってきたと考え、覆い隠せと女性たちに圧力をかけたからだ（年配の男性が若い女性の服をはしたないと思わない文化などかつてあっただろうか）。一部の女性たちはユーモアをこめつつ尖ったやり方で反撃した。ある若い女性は暗いモノトーンのブルカを着るかわりに、目のさめるような青いブルカを仕立て、お揃いの靴を買った。彼女の夫はスカイブルーに身を包んだ妻に惚れ直し、大喜びした。気をよくした彼女は色とりどりのブルカを仕立て、それぞれに合う靴を揃えた。彼女のスタイリングはイスラム法学者への斜に構えた応酬だった。

バングラデシュの人々は色彩と模様をことのほか好む。トラックやリキシャをまるでカーニバルの山車のようにペイントする。ジータが展開する村では、家屋のほとんどがコンクリートの床を波形金属板の壁と屋根で囲い、木製の梁を渡したごく質素な作りだった。しかし金属の屋根と壁を支える梁には必ず模様が施されていた。蔓植物の模様もあれば、ダイヤモンド形もあった。住人がきれいな色にペイントすることもあった。窓格子はターコイズブルーなどの鮮やかな色が多かった。玄関を入ってすぐの床には真ん中に花をあしらった赤い円形のデザインをよく見かけた。宗教的なシンボルなのかと思っていたが、ただきれいだからそうしているのですよと教えられた。

ジータの例からは、消費がいかにアイデンティティと道徳と美意識を表現するだけでなく形成もするかを見ることができる。服というカテゴリー一つをとっても、反対の意思、服従、所有者であること、忠誠、さらには反抗や皮肉まで表現するために使われているのがわかる。人々は雨をしのぐだけでなく気分を上げるための住環境を作る。ここでも、購買を担当する人がものの外観や管理のしかた、家族が従うか抗うかなどに圧倒的に大きな影響力を持っている。その人物が通常は文化と家族の守り手だ。バングラデシュでは、そのような影響力を持っているのが男性である。

しかし国が低所得国から高所得国に変わるにつれ、女性たちが物資を供給する役割を担うようになる。図29は一人当たりＧＤＰと女性がコントロールする消費の割合を並べて示している。[7] 国が豊かになるほど、女性が消費の支配権を握るようになる。先進国市場では、女性が本人の経済力以上に消費者支出をしている。女性のほうが所得は低くても支出ははるかに多い。なぜなら女性は世帯の資金を使って子どもと男性のものを買っているからだ。だから、女性の例えば衣類への支出が自分のために買うものだけだと考えるのは正しくない。子どもの衣類のほぼすべて、男性の衣類もかなりの割合を女性が買ってい

女性，消費，国富

	1人当たりGDP (1,000USドル)	女性がコントロールしている消費者支出（%）
アメリカ	46	73
カナダ	37.9	75
イギリス	37	67
ドイツ	36	70
フランス	34	71
スペイン	33	60
日本	32	63
イタリア	32	57
中国	7	50

図29　1人当たりGDPが増えるにつれ，女性が消費者支出のコントロール力を高める傾向がある。
出典：消費者支出についてはMichael J. Silverstein and Kate Sayre, "The Female Economy," *Harvard Business Review*, September 2009;1人当たりGDPについてはWorld Bank Database

る。食品からスポーツ用品まで、他の購入品についても同じだ。

独立した存在に見える多くの市場セグメントも、実は女性が財布のひもを握っている。例えば、マーケターは「若者市場」を重大視するが、たしかに着る物、食べる物に関して若者のほうが幼児より発言権があるには違いなくても、買う物にOKを出し、支払いをし、使い方に制限をかけるのはたいてい母親だ。

しかし、女性の購買力が男性よりいまだに弱いカテゴリーもある。タバコの購入と喫煙は男性のほうが女性よりも多く、アルコールも男性のほうが買っている。カジノで散財する女性はずっと少ない。女性を経済的にエンパワーすることが子どもたちの支援になる理由はここにある。男性のほうが理性的にものを買う、という世間一般の考えが明らかに不合理なのもここからわかる。

「地球に優しい」製品やフェアトレード製品を選ぶ

など、個人を超えた社会的意義を意識した購買がここ二〇年で重要性を増した。このような社会や環境のための購買をする傾向は女性のほうが男性よりはるかに高い。また、女性が他の女性を支援する購入にも非常に熱心であることをエビデンスは示している。パンパースやユニセフが妊産婦破傷風と新生児破傷風について実施したようなコーズ・リレーテッド・マーケティング〔訳注：企業活動を社会貢献活動に結びつけたマーケティング〕・キャンペーンは女性を主な対象とし、[8]いくつかは大成功した。社会的に意義ある支出を積極的に行う女性の姿は、女性が消費を軸に組織化できることを示唆していると私は思う。もしかしたらそのほうが、ストライキなど従来の抗議の手段より成果が出せて、インパクトも大きいのではないだろうか。

二〇一七年にアメリカで女性の権利を訴えるゼネストがあった。女性の権利に対するトランプ政権の姿勢に抗議するために、職場に行かず家にいてと女性たちに呼びかけが行われた。しかし女性がストライキを打っても効果がない。女性は経済界に男性のような存在感がないからだ。多くの女性は家にいるし、働いている女性たちは周りも女性ばかりという業種に集中している。女性は身分が不安定で解雇されやすい仕事に偏って多い。

「Day Without a Woman（女性がいない一日）」ストライキの主催者は、家の外で働いていない女性たちにその日はケアワークをしないことを提案した。だが女性が子ども、特に幼い子どもの世話を一日たりとも拒否できるわけがない。それに、一日くらいキッチンの床を掃除しなかったとして、いったい誰が気づくだろう。またこの発想は、誰もが異性愛の家庭を営んでいて、困るのは男性だと想定している。ストライキする女性の男性パートナーに女性の味方は一人もいないとも想定しており、これも実情をわかっていないように思われる。自分はストライキできる気がしない、そんなことをしても他の女性に負担を転嫁するだけだと思うから、と女性たちが街頭インタビューで話すニュースが多数流れた。ストライキが男性のようには女性になじまない理由を見事に説明するコメントが一つあった。取材に応じたある女性が、自分は働く権利を求めて戦う母の後ろ姿を見てきた、だから働くのを拒むストライキをするのはおかしいと思うと答えたのだ。[9]

クリスマス消費八割作戦のように、消費による影響力を目指すほうがずっと効果が高いのではないだろうか。買い物は通常一人で行うから、目をつけられて報復される可能性は低い。誰もが参加できる。祝日の買い物を少し減らしても、つらい思いをする人はほとんどいない。たいていの企業は、女性消費者と関係を悪くするようなことを避けようとする。なのに企業は女性がターゲット市場と自社の職場の両方にいることをたまに忘れる。それを思い出してもらおうではないか。

［第11章］

金融からの排除

オックスフォード大学アシュモレアン博物館のコインコレクションの学芸員と私は、何週間も互いに一歩も譲らない駆け引きをしていた。私たちは二〇一四年のパワー・シフト・フォーラム・フォー・ウィメン・イン・ザ・ワールド・エコノミーを企画中で、テーマは金融とした。そのオープニングレセプションをアシュモレアン博物館のコイン展示室に隣接する部屋で行う予定で、学芸員が展示品のガイドツアーをしてくれることになっていた。私は貨幣制度への女性の包摂について学芸員に話してもらいたかったのだ。

学芸員たちは私のリクエストにまず面食らい、それからむっとした表情になった。貨幣学はそのような「政治的な」問題を研究するものではありません、と彼らは迷惑そうに言った。私は、展示では王、征服、経済政策について述べていますよね、と丁重に指摘した。これらは「政治的」ではありませんか？　違います、それは単なる歴史です、と返された。彼らは私をなだめるように微笑みながら、「パワー・シフト」のご婦人方には女神の浮彫を施した美しい硬貨を見ていただくだけにしたほうがよくありませんか、と同じ提案を繰り返した。

女性の黙殺は、いまだにほぼ男性の学者しかいない学問分野ではめずらしくない。人類学では一九七〇年代まで女性は研究対象外だったし、考古学でも女性たちが参入して「政治的な」問いを発するまで同様だった。かつて歴史家は王と戦争しか語るべきものがないかのように著述していた。金融システムの歴史的記録に女性が含まれていないことも、同じ空白の領域としてありうるだろうとは承知していた。だがこれに関して、私には別の説がある。

実社会のあらゆる（と思える）場所で、お金のことに女性が立ち入るべきではないとする根深い道徳観を私は観察していた。女性にお金の管理はできない、すべきではない、と主張する思想は文化の違いを超えて驚くほど一貫しており、村の金貸しからベンチャーキャピタリストまでほぼ変わらず、私の母や祖母の世代に見てきたものと不思議なくらい同じだった。実務上の障壁もほぼ共通していた。さまざまな女性の研究をした私の結論は、あらゆる女性——一九世紀の主婦からバングラデシュの隔離された女性たち、さらにはロンドンの女性起業家に至るまで——が有給の仕事や最高位の職だけでなく、貨幣制度そのものから排除されている、ということだった。

女性と金融システムの間の溝を浮き彫りにしたのは、二〇〇〇年代の初めに台頭したマイクロファイナンスだった。マイクロファイナンスとは極貧層にごく少額の融資ができるようにする仕組みである。バングラデシュの銀行家、ムハマド・ユヌスがこのイノベーションを評価され、二〇〇六年にノーベル平和賞を受賞した。マイクロクレジットの顧客は当時も今も、開発途上国の貧しい女性たちだ。法外な利息を請求されたにもかかわらず、当初から女性たちはマイクロファイナンスに殺到した。他の融資元からは貸してもらえなかったのが大きな理由である。女性たちは融資されたお金を例によって世のため人のために使い、家族と地域社会に多大な恩恵を生み出した。

世界的な慈善団体が続々とマイクロファイナンス・プログラムを設立し始めた。しかし数々の問題が立ちはだかった。まず起きた最も厄介な問題は、マイクロクレジットが導入された村の男性たちからの暴力を伴う反発だった。女性に直接お金を融資する銀行は、男性優位への脅威だったからだ。男性たちは女性が借りた現金を取り上げて返そうとせず、暴力でその行為を強行した。以来、女性の金融包摂に関わるプログラムには、ドメスティック・バイオレンスに対応するプランが標準装備された。

マイクロ融資は少額ではあったが、二五〜五〇％かそれ以上という天文学的な金利のために借金スパイラルに陥る女性もいた。国際社会の目に、過剰債務のリスクは銀行システムに内在する腐敗を示すとともに、女性に関する通念——女性にお金は任せられない——を改めて強調するものに映った。

金融リテラシーのテストをすると、専門研修を受けた後でも、世界中で一様に男性と少年のほうが女性と少女よりも得点が高い。そのため研究者は、女性には金融情報を理解するのが不得手な要因（おそらくは「劣った」脳）があるのだと結論づける。しかし、文化的な慣習が男性と女性の生活スキルの形成に、特にコネクトームを構築するプロセスを通じて、影響を及ぼすことを忘れてはならない。男性のほうが通常、若いうちから金融に接する経験が豊かだ。それは女性が貨幣制度へのアクセスを厳しく制限されることが多いからにほかならない。少年はいずれお金を扱うようになるという想定で育てられ、幼いときから商売に関わることもめずらしくないが、少女の育てられ方は違う。少女はお金に関して学校以外の場で学ぶ機会が少なく、ときには「お金は汚い」といったおかしな思い込みにとらわれている。「お金は汚い」、この言葉をバングラデシュの女性たち、フェミニストの理論家、私自身の祖母の口から何度聞いたことだろう。

お金に親しんでいることのほうが専門研修より効果が高い可能性を示す証拠がある。一九九〇年代半ばから貧困地域で設立されてきた女性の貯蓄グループに関わった、NGOの実体験だ。貯蓄グループは次のような手順を踏む。女性たちのグループが、女性だけのプライバシーを保てる場所に定期的に集まる。各人が少額のお金を鍵のかかる箱に預ける。現金が貯まると、女性たちは男性に介入されたりお金を取り上げられたりせずに資金の使い道を決める。私が知っているグループは資金の一部を緊急時用にとっておき、一部をＨＩＶ孤児の支援など地域社会のために取り分けていた。残りはメンバーに貸し出され、養鶏やサリーの仕立てなど収入を生む事業に使われる。融資には金利がつき、たいていは高い（二〇％ほど）が、マイクロ金融業者ほどの高利ではない。

年末にはすべて清算し、各メンバーにグループが稼いだお金から分け前を支払うのがならわしだ。だから全員が仲間の成功の恩恵を受ける。マイクロファイナンスが登場すると、女性たちは正規の金融機関からもお金を借り、投資収益から返済できるようになった。高金利にもかかわらず、融資の返済率は九八％以上。破格の信用力を見せつけた。

ＮＧＯは女性の貯蓄グループを奨励した。利点が即座に明らかになったからだ。女性の所得が増えれば、家族の栄養状態がよくなり、子どもたちの通学頻度が増え、住宅も改善する。これらの成果はすべて貧困を軽減する。グループや国が違っても一貫しているこの記録から、女性はお金を手にして自分で管理する経験さえ持てば財務能力を身につけられる、という推論が成り立つ。また、女性たちは貯蓄グループに参加したおかげで自信を深め、家庭で大切にされるようになったと感じるとも報告している。女同士の連帯感も育った。

ただし、教育の差によってプロセスに不平等が生じる場合がある。例えば、私が観察したあるグループには二人の教師と学校に通ったことのない女性が一人いた。教師の一人がグループのために銀行口座を開設し、教師二人が他のメンバーと月次明細書について話し合うことにしていたが、学校に行っていない女性は文字も数字も読めないため、話についていけなかった。彼女は借金スパイラルに陥り、グループから疎外されたように感じて仲間を信じられなくなった。自分の借金の結果も、銀行の明細書の説明も理解できなかったためだ。

別のグループは仲間の中で唯一、前期中等教育を受けた女性をリーダーに選んだ。彼女はすべての取引を現金で行うことにした。学校教育を受けていない女性たちも硬貨と紙幣は理解できたからだ。すべての取引を具体的な形にしておくことによって、彼女は仲間の信頼を維持した。

二つの例は、基礎教育からの排除が女性たちの金融リテラシーに生涯にわたって影響を及ぼすことを教えてくれる。その影響は専門研修では解決できない。彼女たちの境遇に合った手法を取り入れるべきである。

過去五年間、NGOは貯蓄グループの人数を増やせと寄付者から圧力をかけられてきた。それに応えるためにNGOは男女混成のグループを組織したが、残念ながら男性は采配を振るいたがり、多額の融資を申し込んで返済せず、金利は低いかゼロであると期待しがちだ。男性は緊急時用のお金――ぎりぎりの生活をしている地域社会には非常に重要な――をとっておこうとせず、孤児支援のような慈善目的にお金を使いたがらないことが多い。男性はリスクの高い金融行動をとりながら、女性がビジネスを何も知らないと言い張る。貯蓄グループに男性を受け入れてプライバシーが失われれば、甚大な害をもたらしかねない。男性に知られずに貯蓄できることが、貧しい農村コミュニティの女性たちにとって最も切実なお金のニーズなのだ。同じ部屋に男性がいたら、女性たちが行う事業は筒抜けになってしまう。

私が訪問した男女混成グループの一つ目には男性が二人しかいなかった。部屋に入ると、女性たちは靴を脱いで床に直に座り、男性二人は靴のまま数少ない椅子を占領していた。椅子に座ること、室内でも靴を履いたままであることはいずれも、農村の貧困層の日常的な礼儀作法では地位の表明である。男性たちが集会の指揮を執り、女性一人ひとりの預金通帳に目をとおしてからその日の取引を記録した。女性たちは床から二人を見上げ、質問に従順に答えていた。

たった二人の男性を入れただけで、女性の貯蓄グループを成功に導く鍵となる要素が消えてしまったのがすぐに見て取れた。取引のプライバシー、グループの連帯、自立した意思決定、女性の尊厳、男性からの威圧のない開放的な雰囲気がすべて消え失せていた。ジェンダー間の力関係を理解せずに数を増やせと勝手な要求をしたばかりに、寄付者は過去三〇年で最も効果のあった貧困緩和策を台無しにしたのだ。

しかし例外も目にした。ケア・インターナショナルが組織したネットワーク傘下のある男女混成グループは、互いを尊重しつつ協調して金融の意思決定をしており、おそらくはそのおかげで、ネットワーク内のどのグループよりも利益を出していた。このグループの既婚男女は、結婚生活に暴力がないので他の村人からうらやましがられていると私に話してくれた。男性たちは他の男性に、夫婦が互いを尊重する金銭管理方針のおかげで家庭が円満になった、と伝えようとしたが、仲間は新しいやり方を取り入れて自分の優位性を危うくするのを嫌がった。このグループが異例の好成績を上げたにもかかわらず、ケアは同地域の男女混成グループの結成をやめてしまった。全体として男性たちによる略奪的な金融行動の害が大きすぎたからだ。

過去一〇年のもう一つの重要な学びは、女性の経済的エンパワーメントは女性の収入獲得を支援するだけにとどまってはならないことだった。稼いだお金を安全に個人のものとして所有できなければ、女性がそのお金の使い方をコントロールできない。女性にコントロール権がなければ、女性たちの建設的な支出による貧困の軽減は期待できない。代わりにお金は男性の手に渡ってしまい、男性たちにとっては労せずして、棚ぼたのような形で手に入ったお金だから、無頓着に使われてしまう可能性が高い。

困ったことに、銀行は女性がお金を預けにくくしていた。私はウガンダで取り組んでいたプロジェクトとビル&メリンダ・ゲイツ財団が設立したケア（CARE）を通じて、女性が自分の収入を管理するのを金融機関がいかに制約しているかを知るようになった。プロジェクトでは二つの介入をテストしている。一つは女性が自分のお金を管理できるようにするモバイル・バンキング・サービス、もう一つは世帯の意思決定に女性たちが対等に参加できるようにするためのファミリー・カウンセリング講座だ。プロジェクトの土台には、女性たちが自分のお金を管理できるようにしたり、世帯内でもっと意見を言えるようにしたりすれば、貧困対策の成果が上がるのではないかという仮説がある。

ところが銀行の姿勢と慣行がプロジェクトの実施を難航させた。ウガンダの銀行は最近まで、男性の近親者が同行して許可しなければ女性の名義で口座を開設させてくれなかった。このルールは法律上は変更されたが、銀行は相変わらず女性の金融包摂を困難にしていた。例えば、口座を開設する前に出生証明書のような書類を要求した。しかし女性は誕生を記録すらされないことが多い。実は、正式な身分証明書の入手に制約があることが、世界中で女性の経済的包摂の大きな障壁となっている。アイデンティティの証拠を手に入れるには、自分がいつ生まれたか覚えている人がいないかと出身の村をたずね歩かなければならない。自分のお金に自分だけがアクセスできるように口座を開こうとしているのに、自分のアイデンティティを証言してもらおうと皆にたずねて回れば、当然秘密がばれてしまう。さらに困るのは、銀行が地元の長からの承認状を求める場合だ。長はたいてい、夫に彼の妻が銀行口座を開こうとしていると教えるのを道義的な責任のように思っている――夫が口座を開くときに妻に伝える責任は感じないのに。こうしたことから、銀行口座を開く通常のプロセスは女性個人にお金のコントロール権を持たせるという目的とは逆行し、むしろ男性の家長がお金を管理して全権を握るのを助けてしまうのである。

さらにやっかいなことに、農村地域の銀行は数が少なく、特に女性は歩くしか移動手段がないことが多いため、村からの距離が障壁となる。女性が家から出るには許可が必要だから、男性の家長に知られずには銀行に行けない。

それを解決する可能性を秘めているのがモバイル・バンキングへのアクセスだ。このテクノロジーが銀行との距離を解消し、プライバシーも守りやすくする。女性たちは近所の小さなキオスクでお金を預けたり引き出したりできる。ただ、女性が電話を持っている確率はかなり低く（女性には「必要」だと思われていないため）、登録にはまたも身分証明が必要である。しかし、貯蓄グループを通じてお金を預けられれば、プライバシーもコントロール権も実現できるはずだ。また、自分の電話を持っていない女性もメンバーから借りて自分の口座にアクセスできる。これが私たちが貯蓄グループを通じて二つの介入を実施した理由である――もちろん、グループの許可を得ていることは言うまでもない。

モバイル・バンキングの介入は女性に自立とプライバシーを与えるためのものだが、私たちはファミリー・カウンセリングも、協調的な家族環境を浸透させることで同じ成果を出すと期待している。講座の狙いは、男性の家長に妻を対等なパートナーとして意思決定に参加させ、妻の目標も自分のそれと等しく大切だとわかってもらうことである。

私たちが活動している村の女性たちは慣習として、自分の現金収入を夫にすべて渡している。男性たちはそこから日常の「必需品」（野菜など。しかし化粧石鹸は含まれない）を買うための生活費を妻に渡し、残りは好きなように使って、どう使ったかはふつう報告しない。私たちが訪れたとき、ほとんどの男性はすでに銀行口座を持っていたが、多くの妻は持っていなかった。男性たちはお金を自分の個人的なニーズのために使うという。女性たちは夫が銀行口座を持っていることも、収入がいくらあるのかも、貯蓄があるのかどうかも通常は知らなかった。わが家にいざというときの備えがあるかを妻たちはまったく知らされていなかった。だから彼女たちは夫にお金を渡すときに少しだけこっそり手元に残し、知恵を絞って隠した。隠したお金が夫に見つかれば、あっさり取り上げられてしまうことが多かった。

暴力を振るう夫、アルコール依存症の夫、扶養放棄すれすれの夫を持つ女性がたくさんいて、夫に知られないようにお金をできるだけ貯める方法を切実に求めていた。どう見ても、女性が自分だけのお金を管理すべき理由は妥当で、切迫しているとさえ言えるのに、女性はそうしてはならないとする道徳がまかりとおっていた。

そんな女性たちがどれほど心細い思いをしているか――そして実際にどれほど脆弱な境遇にいるかは想像がつくだろう。家計の状況がわからない女性は予期せぬ災難を心配し、備えるためにお金を貯めようとする。夫が酒や他の女性にうつつを抜かしていてもそうでなくてもだ。また、もし夫が亡くなれば、その後は財産の没収と妻の相続という恐怖にさらされるだろうことも、女性たちは知っていた。

私たちは研究に標準的な心理尺度を取り入れ、夫の経済状態を知らない女性が知っている女性よりもずっと不安と抑うつに陥りやすいことを知った。[1] 予想されるとおり、女性は全体的に男性よりも不安と抑うつに苦しむ確率が高かった。自分が自分の運命に影響を及ぼせるとどれだけ思えるかを測定するパーリン・マスタリー・スケールで、男性は女性よりずっと高く得点した。[2] しかし最も重要な点は、自分の収入と銀行口座と携帯電話を持っている女性は、これらを持っていない女性よりも統御感が大きく、不安と抑うつが少なかったことだ。不公正な金銭的取り決めが生み出す精神的苦痛を明らかにし、女性を経済的にエンパワーする手立てがその影響を覆しうることを示すこれらの結果は、私たちの進む方向が間違っていないことを教えてくれた。

私たちは家父長的な考え方の影響も査定した。[3] 男性が機関や政府を支配すべきだという設問に同意した人は男女とも、自分の将来に自分が影響を及ぼせると考える傾向が低かった。男性のほうが女性よりもこのような家父長支配の考え方を持つ確率が高かったが、彼らもシステムの前で自分は無力だという感情にとらわれやすいのは女性とまったく同じだった。女性のほうが家父長的な考え方を持たない傾向にあったが、家父長的な考え方にネガティブな影響を受けやすいのは女性のほうだった。

ウガンダでこの活動をしていたとき、別のフィールドワークから、こうした基本的な家族や制度の慣習が中小規模の女性事業主にとっていかに手ごわい障壁となっているかを思い知らされた。二〇一七年に私は、かつてソ連邦の一部だった東欧の国モルドバで世界銀行の投融資事業の一環として行われていた、女性の起業に関する活動を評価した。[4] 準備のために目を通した他の調査には、モルドバでは男性が家計資産を（誰が稼いだかに関係なく）管理し、日用品の購入以外の金銭的な意思決定をすべてしているとあった。モルドバの法律が家計資産は夫婦の共同所有とする、と定めているにもかかわらずだ。

こうした家族の金銭的慣習を最もよく表すエビデンスが、ソ連が崩壊したときにモルドバ政府が行った不動産分配の結末である。モルドバの「私有化」プロセスでは土地が男女に個人として均等に分割された。世界銀行は当時、女性のほうが土地の権利に関する知識が乏しいため、この均等分配の試みは女性に不利になると懸念を表明していた。しかも男性が家長として妻の土地に関する意思決定権を持つだろうから、既婚女性が自分に与えられた土地のコントロール権を維持するのは難しいことが予想された。[5] 二五年後、当初は均等に分配されたにもかかわらず、男性の所有する土地は女性の一〇倍以上にのぼり、農機具も九〇%を男性が所有していた。私たちが女性の経済的エンパワーメント活動で繰り返し学んだように、「ジェンダー・ニュートラル」のプログラムは男性を利する結果に終わる。女性だけが経験する不利な状況を無視しているからだ。

　世界銀行のために行った評価で、私はモルドバ人男性が資産を急激に増やしているのを知った。男性のほうが企業の所有数が多いだけでなく、業績が女性の企業に比べて振るわないにもかかわらず、持ち株の保有数を拡大していた。男性事業主の資産は男性を優遇する銀行システムによって増強されていたのだ。女性が所有する企業が、業績が優れているにもかかわらず成長が遅かったのは、資本へのアクセスが制約されていたのと、銀行にきわめて厳しい条件を課されたためだった。

　女性が所有する企業の成長が遅いのは世界共通である。起業の異文化間調査では、女性の「業績伸び悩み」の主な理由は女性が家族の資産を事業の担保に入れたがらないことだ、と結論づけられることが多い。女性の経済的な不遇が女性の責任であるエビデンスとして必ず挙げられる結論だが、このような調査は当然出るはずの疑問に踏み込んだためしがない。すなわち、なぜ女性が家族の資産を男性ほど担保に入れないのか、という疑問だ。調査を担当する分析家は、金融慣行が中立的であると何の疑いもなく信じ込んでおり、世界のどの国でも男女では状況が異なることを考慮する発想がない。そのため、女性に関してネガティブな結果が出ると、女性が生来劣っているせいだと解釈されるのである。

金融セクター内では、女性のビジネスの能力はたいていエビデンスの根拠なしに判断される。グローバル・バンキング・アライアンス・フォー・ウィメン、Ｄａｔａ２Ｘ、米州開発銀行による二〇一五年の調査で、企業顧客の性別分解データ（つまり男女別のデータ）を収集している中央銀行が一つもないことが発覚した。個々の銀行も同様だった。調査対象の銀行は、女性が上顧客である、あるいは自行のビジネスに大きな寄与をしていると考えていなかった。そのため、データを性別に分類する作業に労力に見合った価値はないと考え、やろうとしなかった。銀行ではなく、グローバル・フィンデックス調査が収集したような潜在顧客から引き出したデータは、女性が男性に比べて銀行口座を持っていない傾向が高いことを一貫して示している。ただし開発途上国ではほとんど誰もがいまだに銀行口座を持っていない。同じ時期に、世界銀行は開発途上国の銀行に銀行口座の性別分解データを提出する呼びかけを始めていた。データの第一弾が集まったのは二〇一八年だった。

ほとんどの西洋諸国では一九七〇年代に、銀行に対し、顧客記録に性別の識別記号をつけるのを禁じる規制ができていた。銀行に男女差別をさせないことを意図した規制だったが、五〇年後の今、規制が逆に銀行に説明責任を恐れずに男女差別できるようにしてしまったことは明らかだ。事業融資の申請はまず対面で行われるから、融資担当者は事業主が女性であることを知って**い**る。銀行の顧客記録に申請者の性別を記す欄がなければ、銀行が組織的に差別を行っているかどうかを査定する方法がない。事業融資の九五％が男性対象であっても、誰にもわからないのだ。

これは二〇一四年に中小企業および起業に関するアメリカ上院委員会（U.S. Senate Committee on Small Business and Entrepreneurship）が実施した調査で発覚したことだ。[6] この五〇年間は銀行業務に性差別がないとされていたにもかかわらず、委員会は通常の事業融資の九五％、つまり銀行が企業に貸し出した二三ドルにつき二二ドルが男性に渡っていたことを発見した――言い換えれば、男性のほうが融資を受ける割合がはるかに多かっただけでなく、融資額も大きかった。アメリカでは女性が中小企業のおよそ三分の一を所有しており、アメリカ経済に年間三兆ドルをもたらし、二三〇〇万人相当を雇用している。[7] これらの数字の大きさだけを見ても、銀行が女性事業主を資本不足に陥らせるのを許しているせいで、国の経済成長に強い下押し圧力が生じているはずだ。性別分解データを見て問題を把握することには、労力に見合った価値が間違いなくあるだろう。

レバノンのＢＬＣ銀行は性別分解した顧客データの威力を示す好例となった。[8] 二〇一四年に同行は顧客記録を男女別に分けるという骨の折れる作業を実施し、自社のビジネスにおいて女性が規模は小さいながらきわめて利益率が高く低リスクな部分であることを発見した。レバノンでは女性が中小企業の約三分の一を所有しているが、通常の事業融資の五％未満しか受けていなかった。つまり、セグメントとしては大きいのに見過ごされ、レバノンの銀行からサービスを十分に受けていなかったのだ。レバノンには女性事業主を顧客として獲得しようとする銀行が他になかったので、この市場セグメントはがら空き状態だった。レバノンの金融市場は停滞していたから、女性を顧客にすることは銀行が成長する数少ないチャンスだった。ＢＬＣ銀行は総力を挙げて女性に選ばれる銀行を目指す決断をした。

国際金融公社（ＩＦＣ）の支援を受け、ＢＬＣ銀行は女性事業主を対象に、フォーカスグループやインタビューを含む徹底した市場調査を行った。女性のビジネスニーズや選好を聞き取ったうえで、同行は女性に合わせた商品とサービスを企画したり取り入れたりした。例えば、レバノンの女性事業主は深刻な時間不足に悩んでいた。つまり銀行に対して営業時間の延長、もっと身近な支店、申請プロセス合理化の需要があるということだ。

調査からBLC銀行はレバノン人女性が銀行員のネガティブな態度に敏感であることも知った。同行はこの批判を受け止めて女性顧客に敬意をもって接する、と直接的に伝える必要があるだろう。これは女性に新しい商品とサービスに関するメッセージを送る際に、ジェンダー・ニュートラルな広報を装ってはならないことを意味する。女性に訴求するよう商品を変更しても「ジェンダー・ニュートラル」な形で提供するのは、銀行がよく使う手である。男性顧客を「不快にさせる」ことを避けるために特定の性に向けたアピールを隠さなければならない、と銀行は言う。本当だとすれば、顧客層の民度が低いことになるが、それよりも銀行が「女性御用達《ピンク》の銀行」に見られたくないだけである可能性が高そうだ。この腰の引けた戦術から問題の本質、つまり銀行員が一貫して示す女性軽視の態度が見える。

BLC銀行は女性客へのラブコールの意図をジェンダー・ニュートラルなイメージの裏に隠すかわり、問題に正攻法で取り組んだ。同行は女性がふだん銀行との間に抱える問題をドラマ仕立てにした、ユーモラスなコマーシャルシリーズを制作した。全従業員にバイアスのある行動をとらないための再教育を行い、女性顧客の獲得に報奨を与えてインセンティブを設けた。かけ声だけで終わらせないための施策として立派だったのは、行内に職位の高い女性を増やすために人事政策も変更したことだ。また、職場の性差別についての教訓を教えるために従業員が寸劇を演じる動画もユーチューブに投稿し始めた。

ＢＬＣがレバノン人女性に選ばれる銀行になったのは当然の結果だった。女性顧客の数も、融資の件数と規模、口座開設数も大幅に増えた。女性は通常、あらゆる金融サービスを一社で賄う。ＢＬＣの新規顧客もそうだったので、女性顧客は男性顧客よりも利益率が高かった。また女性はデフォルト〔訳注：債務不履行〕率もはるかに低かった。最後に、同行の顧客意識調査で、女性を包摂するための同行の進歩的な取り組みを男性と女性の両方が称賛していることがわかった。停滞する市場において、ＢＬＣ銀行は利益率が高くリスクの低い顧客セグメントの獲得に成功した。他行が同じようにできない唯一の理由は、自身の偏見である。

大半の銀行が女性顧客に敬意を持った公正なサービス提供をしたがらないことは、国際開発の経済政策に重大な影響を持っている。世界銀行が実施した二〇一九年の調査によると、開発途上国の銀行には信用貸しの男女格差が一兆四六〇〇億ドルある。[9] 女性に信用貸しを拒むことは女性の労働参加ばかりか、国の経済成長も確実に阻害する。この慣行によって家計も伸び悩む。そのさまざまな帰結はすでに見てきたとおりだが、総額にして兆ドル規模でこれが起きているのだ。さらに世界銀行の一部門である「女性・企業・法律」グループが、女性に対する銀行サービスを改善した国々は経済安定性が大幅に改善したと報告している。[10] ここからも、女性を排除する代償は高く、女性を包摂すれば全員の利益になることがわかる。

残念ながら、女性を近づけないための意地の悪い慣習は横行している。二〇一四年に中国の西南財経大学の金家飞と共同執筆したケーススタディがこの現実を示し、銀行が女性を排除するための理由付けにいかに根拠がないかをさらに例証している。[11]「成都銀行」（仮名）は自行の融資ポートフォリオに女性が所有する企業はないと公言した。例外は一人っ子政策により唯一の相続人となった女性が所有する企業で、彼女たちは亡き父親の企業の経営を男性経営者に任せているという。[12] 同行は女性事業主が融資の申請をしたことはないと主張したが、誰が来店したのにあきらめて帰ってしまったか、誰が申請までこぎつけたか、誰が融資を断られ誰が審査に通ったかの追跡はしていなかった。エビデンスがまったくないにもかかわらず、銀行幹部はなぜ女性が銀行の顧客として好ましくないか、すらすらと理由を並べ上げた。いわく、質問が多すぎる、金利を気にしすぎる、リスクをとりたがらない、「子どもがいるから仕事に本腰を入れていない」。質問をし、金利に気を配り、借金に慎重さを示すのはすべて顧客として信用できることの指標なのだから、これらの理由で女性顧客を拒絶するのは不合理だった。

女性を顧客に持った経験がないのだから、本当は成都銀行に女性が好ましい顧客かどうかなどわからなかったはずだ。しかし問題がアンコンシャス・バイアスだと結論づけることはできなかった。銀行は自分たちの偏見を堂々と口にし、エビデンスがないのに女性に関する自分たちの思い込みに自信を持っていたのだ。また彼らは女性顧客を敬遠させる効果があると知っている社会的儀式を行っていた。ケーススタディではこの儀式を明るみに出すことに力を注いだ。

その数か月前、私は浙江省でゴールドマン・サックスの「10,000 Women（一万人の女性）」教育プログラムを卒業したばかりの三人の女性起業家をインタビューしていた。彼女たちにまず成功の最大の障壁はとたずねると、教育だと答えてくれた。教育の壁はもうクリアしましたよね、では次の障壁は何でしょう。きっと子育て支援と言うものと私は思い込んでいた。ところが彼女たちは互いに目を見合わせてから私に向き直ると、声を揃えて言った。「カラオケです」。えええ？　彼女たちの説明は次のとおりだった。銀行から融資を受けるためには、融資担当者と長時間酒を酌み交わすディナーに喜んで付き合わなければならない。ディナーの後、男性たちはもっと飲もうと言ってカラオケに行きたがる。そこからは危険領域だ。女性が自分の身の安全、評判、あるいは結婚生活を大事に思うなら、このリスクに身をさらすわけにはいかない。私が銀行と女性についての調査に金家飞の協力を仰いだのは、この意外な事実を知ったためだった。

案の定、成都銀行はカラオケの儀式に勤しんでいた。顧客との夜はいつも風俗店でお開きになり、酔っぱらって運転できないので帰りはリムジンで帰宅する。この慣習は銀行にとっては高くつき、すべての顧客に同様の接待をすることになっている融資担当者にとっても健康的とは言えなかった。通常は平日の夜に行われるため、担当者は翌日おそらく二日酔いになっており、それは金融業務の精度に影響しているはずだ。家族への影響は想像するしかない。結果として、同行には女性幹部がほとんどいなかった――女性がこの放蕩の文化にどうやって参加できるだろうか――そしてまさしく銀行は女性起業家が接待を断ることを、女性を顧客にとらない正当化に使った。一緒に酔っぱらえない人間と「信頼構築」などできない、と。

現実問題として、どこの金融センターにもカラオケに相当する儀式がある。ロンドンとニューヨークではストリップショー。東欧ではサウナ。内容は違えど、女性を金融システムから締め出すために使われる性的に危険な儀式は必ず存在する。このような態度と慣習を考えれば、「女性向けに」企画されつつ男女両方が利用できる商品では、女性の金融アクセスに概して影響を与えない理由がわかるのではないだろうか。どのような意図で企画されようと、偏見に染まった慣習のせいでその商品は男性のほうが利用しやすいのだ。

浙江省で三人の女性にどうすれば銀行が利用しやすくなるかとたずねると、彼女たちは女性の銀行幹部がもっといてほしい、と異口同音に即答した。この答えは何度となく耳にしたが、現実味のある解決策ではない。金融セクターは女性の昇進を阻むという形でも女性を排除しているからだ。

二〇一八年のイギリスの賃金格差スキャンダルで、銀行が報告した結果は航空会社、賭博場、精肉業者よりも悪かった。金融業界では全体として男女の賃金格差が大きかっただけでなく、職位と給与の最も高い職種に就いている女性が少なかったのだ。ゴールドマン・サックスでは給与の上位四分位に女性は一七%しかいなかった。バークレイズは最も給与の高い職種に女性が一九%しかいないと報告した。HSBCでは最も給与の高い従業員のうち三四%が女性だったが、最も低層の職種の七一%を女性が占めていた。[13]

金融セクター全体で、職位の高い女性はほとんどいない。女性が少ないことの説明として決まって「男女の数学格差」が挙げられるのはおそらく推測できるだろう。

私は二〇一六年にこの男脳・女脳信仰に直に出くわした。私は同僚たちとIFCのために教育プログラムを作成していた。プログラムは世界中のIFC加盟銀行に、女性顧客をもっと受け入れるよう説得するために使われる予定だった。その第一回目の打ち合わせの電話会議で、IFCの代表は私たちが作成していたカリキュラムに「脳の違いについての情報」を入れてほしいと言った。男女の脳に違いがないことが今では常識になっています、と私は説明した。それで解決したと思っていたが、教材の開発を進める過程で彼らはたびたびこの件を蒸し返した。

とうとう、腰を据えて男女の脳の違いに関する文献レビューを書かないことにはこの仕事を完成に持ち込めない、と私は察した。そこで脳の「性的二形」による認知機能の差がもはや専門家のコンセンサスではない理由を示す科学研究をまとめた。私たちに仕事を依頼したＩＦＣの担当者たちは喜んだ。ここでようやく彼らが明かしたところによると、女性の脳は数学に適性がないという強引な主張を盾に、銀行から抵抗されていたのだという。

銀行が使うもう一つの手は白昼堂々と行うセクシャル・ハラスメントだ。ウォール街での女性の扱いは、投資銀行に典型的な幼稚で品性下劣な「男の内輪話」を男女双方がどう感じているかについてのメディアへの告白を多数生んだ。二〇〇八年の金融危機で職を失ったベア・スターンズの元マネージングディレクター、モーリーン・シェリーは、トレーディングフロアで大きく当てた男性にビーバー〔訳注：女性器の象徴とされる〕のぬいぐるみを投げるならわしを回想している。『フォーチュン』誌に寄せた記事「The Brutal Truth About Being a Woman on Wall Street（ウォール街で女性であることの厳しい現実）」で、彼女は次のように述べている。「ぬいぐるみはトレーダー同士がうまくいった取引を称えて交わし合う贈り物、ウィンクのようなものだった。性的な含みがあるのがポイントだった。男性がビーバーを獲得する。……一緒に働いていた数少ない女性たちは嫌悪感を持つまいとした。皆その仕事ができるのは幸運だとわかっていたし、そう思えない女性たちは去っていった[14]」

サム・ポークは『ニューヨーク・タイムズ』の記事「How Wall Street Bro Talk Keeps Women Down（ウォール街の男の内輪話がいかに女性たちを抑圧するか）」で、女性がその場にいないとさらに悪質になると語っている。マネージングディレクターと重要顧客（ともに男性）と一緒にブラジリアンステーキハウスに行ったときの話を彼は紹介している。ウェイトレスがテーブルを離れてから顧客は「彼女をテーブルに腹ばいにさせて肉を入れてやりたい」と言った。サムは無理やり笑顔を作ったが、後で自分を激しく責めた。「あの発言で私は嫌な気持ちになり、発言した男性に吐き気を催した。……なぜ何も言い返せなかったのだろう」[15]。ポークが声を上げられなかったのは、女性たちが歯を食いしばって耐えたのと同じ理由だ。このような言動を許容しなければその職にいられないから、あるいは昇進できないから。

これもまた男同士の絆を確認する「チェスト・バンプ〔訳注：胸と胸をぶつけ合う挨拶〕」である[16]。仲間に加わる男性は「好かれて」おおいに見返りを得るが、反対する男性は罰される。危うい立場の男性ほど番犬のようにふるまい、異分子をかぎつける。

男の内輪話は男性同士の絆を強めると同時に、女性に対して歓迎していないことを伝え、モノとしての身分をわきまえさせる合図の役割も果たす。このような環境では女性がいつまでも最下層にとどまるだろうことがわかるはずだ。女性が昇進するとき、男性たちの連帯がどう作用するか想像してほしい。女性が昇進したのであれば、必ず仲間の誰かが昇進し損ねている。これがトラブルの火種になりうる。昇進を見送られた候補者が腹立ちまぎれに報復するかもしれないからだ。金融機関で女性が昇進するのがいかに困難かを目にしたら、男性同士の連帯が女性を抑えつけていないかどうかを確認すべきである。

男性の集団は女性を威嚇するだけではない。仲間としての行動を強いるのは他の男性たちをコントロールする方法でもある。二〇一八年の夏に新聞各紙が金融セクターの衝撃的な事件をまた一つ報じた。これはクレディ・スイス銀行の幹部によるもので、彼は目に余るいじめ行為の前歴があったため採用活動から外されていたが、にもかかわらず順調に出世していた。報道された事件で、彼は男性インターンに暴行し解雇されたのだった。それまでも正式な苦情が多数申し立てられていたのに、クレディ・スイスは何もしようとせず、幹部の行動は野放しになっていた。このような金融機関はいずれも、シェリーとポークがともに指摘しているように、鳴り物入りで反差別教育を実施し、ダイバーシティ採用プログラムを取り入れている。しかし、女性を締め出すために男性同士の最も原始的な絆を使った攻撃的な行動がまともに対処されることは決してない。

金融機関では苦情処理手続きが骨抜きになっており、有害な環境が温存されている。しかもいじめ行為をする人間がその行為にもかかわらず、ではなくその行為ゆえに成り上がっていく、非常に男性優位の環境になりやすい傾向がある。結局のところ、過剰な攻撃性こそボス猿になるための要件なのだ。トップ層の男性たちもトレーディングフロアの男性たちと大差ない――ひょっとすると彼ら以上かもしれない。男性の集団に崇められていなければ偉くなっていなかっただろうからだ。リーダー層の人々は攻撃的な言動を深刻に受け止めすぎる「神経過敏な」女性をしばしば非難し、形ばかりの懲戒手続きで苦情を握りつぶす。#MeToo運動で告発された男性にデュー・プロセス〔訳注：正当な法の手続きを経たうえで罰などの処分を科すこと〕がないことに多くの人々が不満の声を上げているが、何十年も前から苦情処理手続きは女性たちにデュー・プロセスを拒んできた。

金融セクターの性的に不適切な行為はどれ一つとして「アンコンシャス・バイアス」には該当しない。上層部はほぼ全員が特権階級の家庭出身で、一流校に通い、私生活ではエリートの集まるイベントに出席して相応のふるまいを求められている。相手を見て態度を使い分けているのは、いじめ行為をする人間が自分のしていることをわかっており、必要に応じて自制できる証拠である。妻を殴る男性が人前では善人を装い家で暴君になるように、金融セクターでいじめをする人間は、よそでは許されないことを職場でしてもおとがめなしだと心得ている。

この無分別な行為は二一世紀の人類、まして世界経済の将来に最も影響力のある金融機関において許されるものではない。なぜ私たちはこれを存続させているのだろうか。くだんの男性たちは、経済、ビジネス界、金融セクターは最もふさわしい者だけが生き残れる弱肉強食の世界だとうそぶく。その異様な環境で全員を働かせることによって、最も優れたものだけを残しているのだと彼らは言う――下劣な行為が能力の代用データであるかのような言いぐさだ。金融セクターの最高幹部が、参入する女性を増やせば水準が下がるとまで提言することも多い。

では、この男性の集団が女性よりも金融の能力が高いエビデンスは何だろうか。皮肉にも、金融界に典型的な「マッチョな」環境は男性の判断能力を下げ、結果的に世界経済を不安定にしていることを、取得可能なデータが強く示唆している。

相当数の研究が、男性は男性だけの集団の中にいるとき、無謀な金銭的判断をしやすいことを示している。あさはかなリスクをとり、トレーディングでやたらと挑戦的になり、群集心理にとらわれるのである。[17] なぜそうなるのかは、テストステロン・レベルの上昇とストレスホルモンのコルチゾールで説明できる。一部の男性たちの優位性を求める行動は集団全体のテストステロン・レベルを上昇させ、全員の競争心と攻撃性を煽る。行動が攻撃的になるほどテストステロン値は上がっていく。仲間に自分の男らしさを証明したいという各人の欲求がさらに拍車をかける。渦中から一歩引いて事態を把握しようという意志も能力も失われる。やがて、ホルモンの相互作用、男性優位の状況、ストレスが、すでに実証された効果をもたらす――つまり、過信を生んでリスク行動を増やすと同時に、判断力を損なって、思考力が求められる計算能力を低下させ、衝動を抑えたり自立した行動をとったりする性向を弱める。この現象がマクロ規模になると、株価が妥当な推定値を超えて押し上げられる市場バブルを発生させる。バブルは、批判的思考をせず集団について走るだけのトレーダーによって引き起こされる。だからウォール街の男文化が優秀さを確保するという提言はばかげている。金融システムがこのような状況下で運営されていると考えるとむしろ恐ろしい。

女性にももちろんテストステロンはある。このホルモンのレベルが上昇すると、女性も自信を高める。しかしなんらかの理由で、テストステロンとコルチゾールの相互作用は女性においては男性のように思考力と判断力を損なわない。そして当然、女性は男性の集団に対して部外者の関係にあるため、仲間であることを確認する儀式から排除されている。したがって女性のほうが金融取引で冷静さを保ちやすい。

金融行動に関する多数の調査によって、男女の行動と金融上の意思決定の関係が今では明らかになっている。[18]通常は女性のほうが成績がよい。女性のほうが下調べをする傾向が高く、損得のリスクをより現実的に推測し、大局的かつ長期的に考えるのが得意で、集団の影響を受けにくく、固定観念にとらわれない発想をしやすい。

これらの要因が総合的に、金融でより優れた成果を生む。ただし、最も優れた成果を上げているのが男女混成チームであることは留意すべきポイントだ。男女それぞれの投資性向は互いに補い合う関係にある。男女のバランスのよい職場環境は、男性同士の連帯の好ましからざるプレッシャーによって判断が歪められるのも防ぐ。

二〇〇八年の金融危機後に執筆したさまざまな専門家が、テストステロンに踊らされるトレーディングフロアの様子を念頭に、もし金融セクターが男性ではなく女性優位だったら危機はそもそも起きていただろうかと修辞的な問いかけをした。金融セクターで働く女性たちは、世界の金融システムの安定性と方向性を疑問視するようになった。彼女たちは金融システムをよいこと、特に女性のために活用する方法はないかと知恵を出し合うグループを結成し始めた。そして誕生した基本概念が、ジェンダーレンズ投資――女性を支援し尊重することを目標とする投資哲学である。[19]

このラディカルなアイデアを形成したリーダーの一人がジョイ・アンダーソンで、彼女は女性のための金融イノベーションを支援する組織、クライテリオン・インスティテュートを創設した。「ジェンダーを尊重する」と聞いてまず誰もが克服しなければならないのは、金融指標が論理的で必然的で客観的なものとして不可侵の尺度であるという概念だ。歴史学の博士号を持つジョイは、金融指標が実はどれだけ恣意的なものかを説明してパワー・シフトの会場を沸かせた。「私は歴史家です。人類がこのインチキを考案した正確な日付も言えますよ」

そこでやるべきは、ジェンダーの現実を反映した新しい金融指標を「考案」し、現実を正すことで生まれる便益を算出することである。例えば、市営地下鉄網を建設する債券を格付けする際、女性通勤客が夜間も安全に利用できる構造になっていれば、事業計画の評価を上げる。女性の安全を高めれば警察の出動や医療対応に伴うコストが下がり、生産性も上がる。コスト減と生産性の向上はともに市の事業計画の財政上の便益に上乗せされ、投資価値を上げる。このコンセプトは広まりつつある。二〇一八年秋にロンドンで開催されたジェンダースマート投資サミットは、女性に便益をもたらす投資戦略を採用

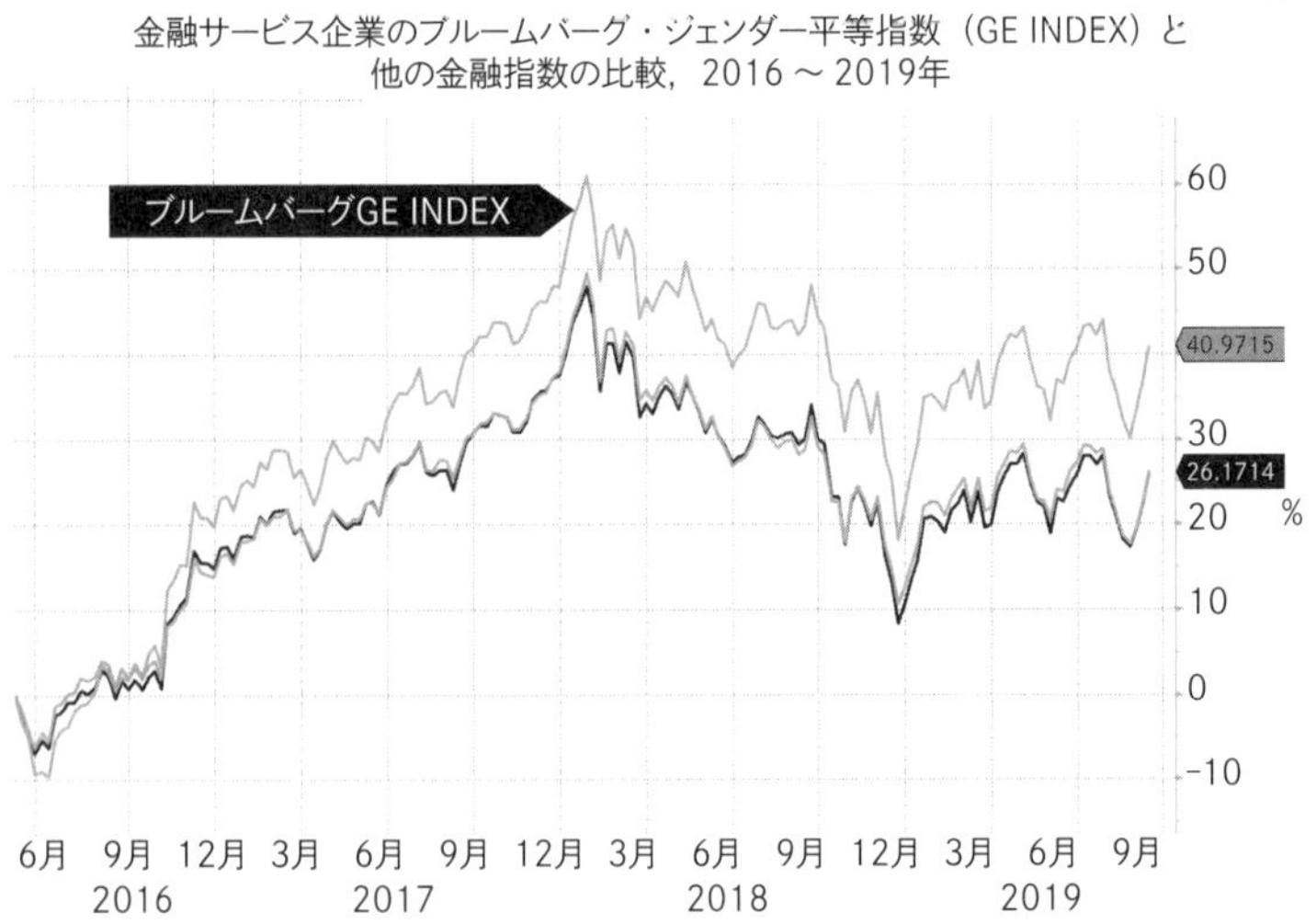

図30　上のグラフはブルームバーグ・ジェンダー平等指数に含まれる金融サービス企業の2016年から2019年までの業績を，金融サービス企業を観測する他の2つの指標であるMSCIワールド・フィナンシャルズ指数およびMSCIオール・カントリー・ワールド・フィナンシャルズ指数と比較して示している。ジェンダー平等指数の業績は初年度に他の二つの指数をわずかに上回った後，2017年半ば頃から大きく水をあけ始めた。ジェンダー平等指数と比較対象の指数の差はその後の2年間，ジェンダー平等指数のほうが利益率が高いことがはっきりするまで広がり続けた。

したいと考える投資家で大盛況となった。ジェンダーレンズ投資は役員会の女性比率から女性に優しい製品設計まで、さまざまな評価基準を用いて選択できる。

　ジェンダーレンズ投資というアプローチは最近まで、非現実的だと思われていた。しかしブルームバーグが二〇一七年に同社考案のジェンダー平等指数をテストしたところ、この考え方は明らかに主流になっていた。ブルームバーグは世界の三二万五〇〇〇社の金融機関に投資情報を提供している。投資家層は同社にジェンダー格付けシステムの作成を求めていた。明らか

ブルームバーグ・ジェンダー平等指数（GE INDEX）（全業種）と
他の金融指数の比較，2019年（初年度）

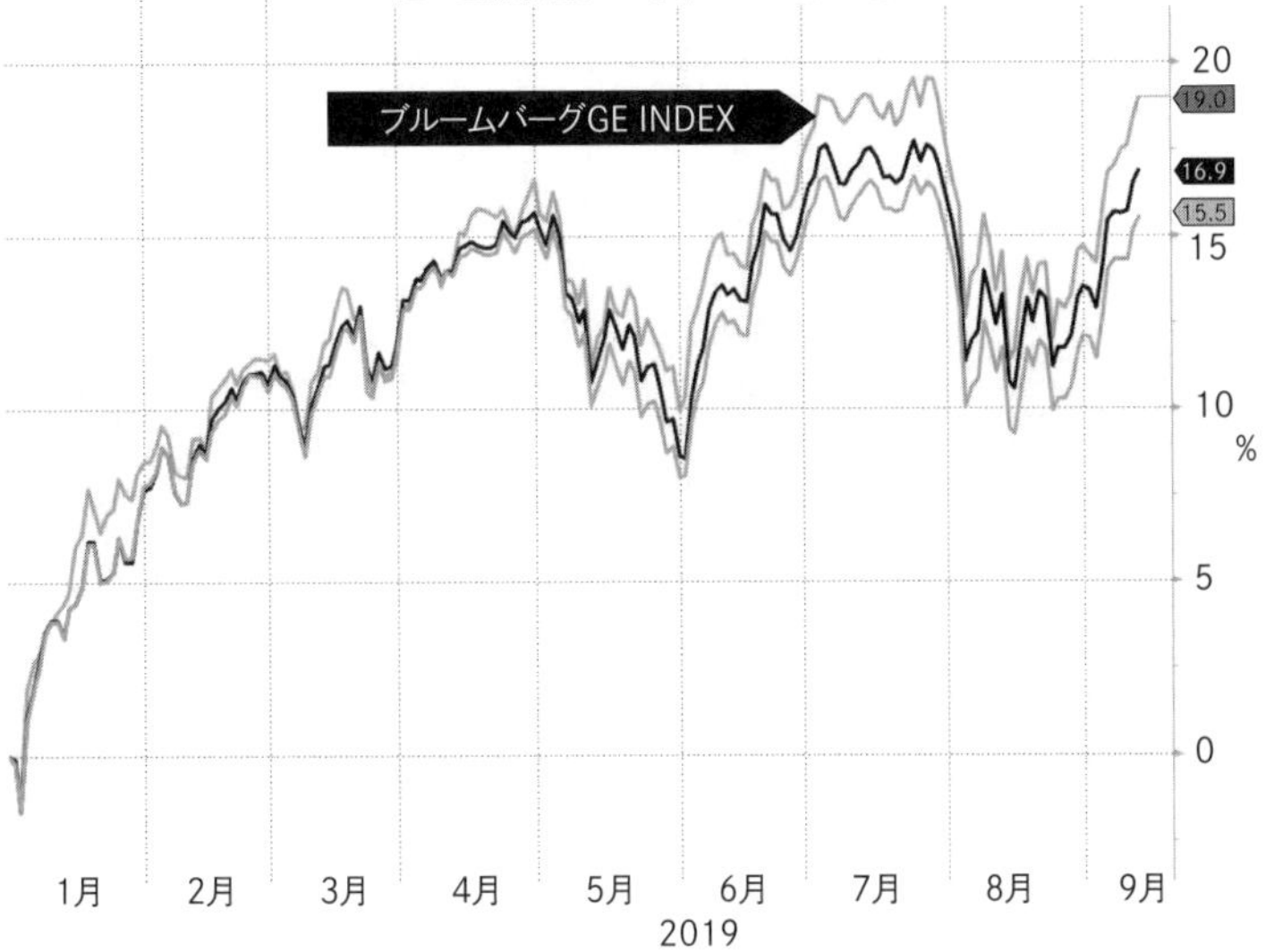

に、ジェンダー包摂が進んでいる企業の株の業績が他の指標を上回るだろうと考えてのことだ。蓋を開けてみれば、ブルームバーグの投資家たちは正しかった。

ブルームバーグが当初テストしたジェンダー指数のプロトタイプはごく初歩的なもので、女性役員の数、経営層の女性の数、産休制度があるかどうかなどで企業を格付けした。初年度は金融サービス企業——まさしく本章で取り上げた機関——のみを対象に試行され、ジェンダー問題で格付けの高かった金融企業が一貫して同業他社の業績を上回るという結果が出た。もっとも、その差は小さかった。しかし以降は年を追って、金融企業のジェンダー平等指数はブルームバーグ金融サービス指数もＭＳＣＩ金融指数も上回っていった。二〇一九年にはブルームバーグ・ジェンダー平等指数は他の二つより五〇％高くなった（図30）。

二〇一八年にブルームバーグは追加情報を提供して協力した二三〇社のデータを加えた。二三〇社を新たに加えたことにより、指数に複数の業種のジェンダー平等度が反映された。二〇一九年第3四半期までに、拡大版ジェンダー平等指数の業績はMSCIワールド指数とMSCIオール・カントリー・ワールド指数を毎月上回った。

ブルームバーグ・ジェンダー平等指数は女性の経済的エンパワーメントに重要な貢献をしている。この指数を使えば、ブルームバーグの利用者はジェンダーの観点から個別企業株を選んで購入でき、ジェンダー・フレンドリーな企業全般の業績の推移を観察できる。これまでのところ、指数は企業のジェンダー成果と金融価値の正の相関を示している。つまり、ジェンダー平等な企業のほうが女性に優しくない企業より投資価値が高いということだ。したがって、投資家には株価を上げると見込める優れたジェンダー慣行がある企業の株を買う動機ができる――そしてジェンダー対応がうまくいっていない企業には方針を変えるインセンティブができる。

台頭してきたもう一つの要因は、女性が所有する資産の影響力である。世界で女性が管理する資産は男性に比べれば依然としてずっと少ないが、相続法の変更と女性の仕事での成功によって、女性の個人資産は増えてきた。注目すべきは、裕福な女性のほうが男性よりも社会と環境に責任ある投資を選び、慈善目的の寄付をする傾向がはるかに高いと研究で示されている点である。また彼女たちは、金融市場が伝統的に追いかけてきた短期的な利益よりも、投資の長期的な影響と便益に敏感である。

残念ながら、投資資金のある女性が金融セクターのサービスを満足に受けていないことは常態になっている。資産アドバイザーは概して、女性が金融について何も知らず、財産に関してきちんとした目標や計画を持っていないと決めつける。それで彼らは女性に「無難」で「標準的」な投資オプションを提案し、革新的な手段を教えない。ポートフォリオが妻のものであっても、夫にばかり話しかけて資産家女性を侮辱する。女性が自分で稼いだお金であっても、ポートフォリオを「家庭の資産」と呼ぶなど、それとない形で女性を見くびってくる。[20]

性差別的な金融アドバイスは国家経済にも損害を与えている。アメリカ、イギリス、インド、中国、香港、シンガポールの資産家六〇〇〇人を対象にシルビア・アン・ヒューレットとアンドレア・ターナー・モフィットが行った研究は、女性たちが金融アドバイザーに不満を持っており、かなりの割合がアドバイザーに頼らずに資産運用していることを示した。その結果、非常に多くの資産家女性がお金を投資せず現金で寝かせていた。[21]

女性が所有する富の大部分が投資されずに現金で眠っていたら、国の経済成長力、雇用創出力、イノベーションを支援する力はそれだけ小さくなる。女性が社会と環境によい影響を与える企業に投資する傾向が高いことを考えると、世の中の難題と戦うためのリソースも減ることになる。資産管理会社が女性に敬意をもって接するだけで、会社も儲かるはずである。ところが資産管理会社はジェンダーにまつわる偏見を手放そうとせず、女性にも、自国にも、自社の財務にも損をさせる、経済的に不合理な道を選んでいる。

ヒューレットとモフィットの研究では、男性も女性も、自分の資産を社会によい影響を及ぼすような投資をしたい、経営陣に多様性のある組織を応援したいと表明していた。社会、環境、ジェンダーに対してポジティブな企業の行動を反映する指数を求める流れと同じ動機だ。こんなに多くの人が、手段を選ばず単に利益を上げようとするのでなく、ポジティブな形で投資の世界に関わりたいと願っていることは心強い。

こうしたトレンドは、世界経済のスピリットが抜本的に変わる可能性を示している。責任ある投資行動がかつての「強姦と略奪」的なアプローチを業績で上回り続け、持続可能な投資を行う機会を求める投資家が増え、国際機関が従来とは違うジェンダー倫理を金融に取り入れる努力をしているのだ。金融の世界はいつかチンギス・ハン的なメンタリティを卒業する、と私たちは期待できる。

［第12章］

事業主になる

オーストリア人の両親が五歳の娘ヴェラをイギリス行きの「キンダートランスポート」に託したのは、ナチスの脅威のためだった。「孤児列車」とも呼ばれた「キンダートランスポート」は、第二次世界大戦が勃発する直前におよそ一万人の子どもたちを安全な国に疎開させた。幼い避難民たちは一般家庭で育てられ、終戦時に家族の唯一の生き残りとなった者も少なくなかった。

ヴェラも多くの疎開児童と同じようにイギリスに残り、そこで人生を築いた。彼女は子どもの頃から数学に興味があったが、通っていた女子校では数学も科学も教えていなかったので、特別な許可を得て男子校に授業を受けに行った。大学には進学しなかった。女性が学べる科学は植物学しかなく、それには特に関心がなかったからだ。かわりにロンドンのドリス・ヒルにあった郵便局研究所に就職し、二〇〇〇人いたプログラマーの中で唯一の女性としてコンピュータを一から構築し、コンピュータ言語でコードを書いた。「駆け出しの頃は女性として庇護の対象でしたが、私が本気で専門的なキャリアを目指しているという意志をはっきり見せ始めたら、頑として私を排除する空気に変わりました[1]」。ヴェラは夜間大学に通って数学の学位をとり、一八歳でイギリス市民になってステファニーと改名した。

ステファニーは物理学者のデレク・シャーリーと結婚すると、研究所から退職に追い込まれた。自力で新しい職を見つけたが、周りの才能ある他の女性たちも同じように結婚や妊娠を理由に退職させられていくのを見るのが嫌だった。一九五九年の運命の日、彼女は不公正でもったいないこの慣行をどうにかしようと決意し、六ポンドを元手に「フリーランス・プログラマーズ」を設立した（社名は必ず小文字のfreelance programmersと印刷した。会社には資本《キャピタル》〔訳注：キャピタルには大文字という意味もある〕がなかったからだ）。女性が妻や母になってもソフトウェア開発者でいられる、新しいタイプの会社だった。

成果にミスがなく納期に間に合う限り、全員が在宅で働けて、就業時間は自分で決めることができた。

新会社の銀行口座を開くには、夫がステファニーに同行しなければならなかった。営業の手紙を送るようになると、「ステファニー」ではなく「スティーブ」と署名したほうがいいとアドバイスされた。一九六〇年代のテック界のパイオニアだった彼女は持ち前の皮肉精神を発揮して、本当に「スティーブ」を名乗るようになった。このような風当たりの強い状況の中でも、彼女の会社はプログラミングが高品質だとの評判をたちまち得て、急成長した。その一方で、会社は「究極のファミリーフレンドリー」な働き方を設計した。後年スティーブは次のように説明している。「私は結婚や出産のためにコンピュータ業界を去った、プロとしての経験を積んだ女性たちを採用しました。そして彼女たちを在宅勤務組織に編成していったのです[2]」

一九七五年には三〇〇人を雇用し、コンコルドの「ブラックボックス」のプログラミングを行うなど、注目を浴びた高セキュリティのイノベーションに多数携わっていた。一九八〇年代には従業員数は数千名になり、イギリスの一流企業と取り引きしていた。一九九六年にロンドン証券取引所に上場したときの時価総額は一億二一〇〇万ポンド（一億六〇〇〇万USドル）。スティーブは持ち株の多くを従業員に譲渡していたので、従業員のうち七〇名が大金持ちになった。

スティーブ・シャーリーはイギリスで最大級の資産を持つ女性となった。たゆまず国に尽くしてきた彼女は有数の慈善家でもあり、八〇代になるまでに資産のほぼすべてを寄付していた。彼女はイギリスにやってきたときの状況をよく回想する。「私は何が起きているのか事情をよくわかっていませんでしたが、見ず知らずのたくさんの善意の人々が私の命を救おうと行動してくれました。その事実と意味を消化するまでに何年もかかりました。でも理解したとき、私の心に素朴な決意が深く根を下ろしたのです。救ってもらったことに値する人生にしなければいけない、と」[3]

私がオックスフォードでスティーブ――今では爵位を授かり「デイム・ステファニー」――とお茶をご一緒したとき、彼女はすでに三〇年以上も前から伝説の人だった。彼女と会ったのは別のプロジェクトに協力を仰ぐためだった。世界中の女性たちが彼女のような起業家になるためのエンパワーメントに力添えしてほしかったのだ。第一回パワー・シフト・フォーラム・フォー・ウィメン・イン・ザ・ワールド・エコノミーの開会式でご自身の話をしてもらおうと思っていた。彼女の半生は、女性起業家たちが直面する制約、その制約を克服するための創意工夫、結果として経験する社会的慣習からの解放、後に残せるレガシーの手本として理想的だった。

正規雇用で相変わらず女性たちが不利な待遇を受けているのは主に、彼女たちを雇用する企業を男性が所有しているせいである。女性事業主は女性を採用し、市場で通用する仕事能力を高めるためのトレーニングを行い、昇進させる。だから、女性の労働条件を改善する他の施策と並行して、女性雇用主の基盤を作ることが有益な戦略となる。残念ながら、起業には他の経済領域でダブルXエコノミーが直面するすべての制約が凝縮している。起業が秘める可能性と問題点を示すために、今から三つの例を紹介する。南アフリカでエイボン化粧品を販売する貧しい黒人女性たちの体験、女性事業家の活性化に向けられたモルドバ政府の関心、イギリスで女性所有の事業に投資する女性たちが果たしうるプラスの貢献だ。

アフリカのエイボンを研究しようと思い立ったのは、著書『Fresh Lipstick（最新の口紅）』（未邦訳）

の調査でイリノイ大学図書館が所蔵する過去の女性誌の閲覧に膨大な時間を費やしたのがきっかけだ。[4]一八八〇年から一九二〇年頃にかけて、さまざまな商品の販売員として女性を求人している広告が多いのに私は気づいた。当時、既婚女性はまだ正規社員として働いてはいなかったが、ちょうど今日のバングラデシュのアパラジータのように、販売員として自宅の近くで働けるようになっていた。このときにアメリカ全土に女性販売員のネットワークが誕生し、中央の供給元から農村に商品を運ぶことによって、アメリカ経済の財産の一つとして世界がうらやむ力強い消費者市場を築き上げた。女性販売員たちもまた、収入を得るとともに他の女性たちとつながる機会から恩恵を受けた。

このようなネットワークシステムが開発途上国の貧しい女性たちを支援し、エンパワーできるのかどうかを知りたかった。雑誌広告で見た企業のほとんどはとっくに廃業していたが、エイボンは世界的な大企業になっていた。一九世紀後半に香水会社として始まったエイボンは今も健在で、流通システムは以前のまま変わらず、事業の場をほぼ開発途上国に移していた。アマゾン川のほとりで営業するエイボン販売員たちの報道もあった。まさに私が研究したかった会社だ。

二〇〇六年にオックスフォードに移ったとき、私はグローバル志向の強いこの大学なら研究を成功させるチャンスをくれると思った。そこでエイボンのグローバルCEO、アンドレア・ジュングに、エイボンのアフリカ事業の研究をさせてもらえないかと依頼のメールを書いた。「なんて大それたことを」と思いながら「送信」をクリックしたが、彼女は一時間後に返信して、許可してくれただけでなく、南アフリカ支社のトップに私を紹介してくれた。本当に驚いた。二か月後、ヨハネスブルクで私は研究対象となる貧しい黒人女性たちとつないでくれる地区マネージャーに紹介された。その後は、会社は私を自由に行動させてくれた。三年の間、エイボンは私の研究にただの一度も干渉しようとせず、発表前の論文を見せろとも言わなかった。

あのヨハネスブルク訪問が私のアフリカ初上陸だった。そのためアフリカ経験のある誰かの同行が必要なのはわかっていた。アフリカ、人類学、経済開発、ジェンダーの専門家で同じくオックスフォード大学に着任したばかりのキャサリン・ドーランが、協力を引き受けてくれた。彼女とはその後多数の共同研究を行うことになる。

二〇〇七年にイギリスの国際開発省が、社会科学研究への政府の財政支援機関である経済・社会研究会議（ESRC）を通じて研究提案を公募した。公募は開発途上国で貧困と闘う革新的な案を募っていた。ESRCに出向いてエイボン研究の計画を提案すると、担当者は私の面前で爆笑し、「われわれは斬新で突拍子もないアイデアを募っていますから、まあ応募してみたらどうですか」と言った。大方の予想を裏切って私たちは資金を獲得し、調査を開始した。

エイボンは広告に頼らずカタログ販売をしているので、同社が世界第五位の化粧品会社であることはあまり知られていない。エイボンの口紅は毎秒四本売れている。エイボンの販売員は一〇〇か国に六五〇万人いて、九九％が女性である。エイボンのカタログは二五か国語で年間六億部以上発行され、一四三か国に配布される――聖書の印刷部数の六倍だ。[5]

しかし西洋の女性たちが働きに出るようになった一九七〇年代に、エイボンを築いた訪問販売は壁にぶちあたった。訪問先の家に誰もいなくなったからだ。そこで同社は開発途上国への進出を試行錯誤するようになった。例えばソビエト連邦崩壊後、女性が経済的に生き延びる手段を探すのに男性以上に苦労していたかつての衛星国に同社は支店を設立した。資本や教育や事務所がなくても女性に収入の手立てを提供する巨大な国際企業として、エイボンは失業した東欧の女性たちに命綱を投げたのだ。ウクライナでは最初の採用面接になんと一万四〇〇〇人もの女性が参加した。採用活動の責任者を務めた男性は、女性たちが感謝の涙を流しながら胸に飛び込んできて、ネクタイがぐっしょりと濡れたと照れながら私に話してくれた。東欧進出を皮切りに、エイボンは開発途上国に事業を拡大して次々に成功をおさめていった。アマゾン川をボートで漕ぎまわりながら口紅を行商する「エイボンレディ」たちもいる。ブラジルには軍人よりもエイボンレディのほうが多いという噂もあるが、もし本当だとしても私は驚かないだろう。

エイボンの販売員は従業員ではなく独立請負業者で、おおまかな定義では「起業家」に当てはまる。彼女たちが受け取る二〇％のコミッションはこの種の仕事としては多いほうだが、他の女性を販売員に勧誘すれば収入はさらに増える。新たに採用された販売員にも仲間を増やすことが奨励されるので、その下に次の層が形成される。こうして層が連なっていき、やがて上位にいる販売員（「アップライン」という）を通じて女性たちの集団同士がつながった、ネットワーク状の関係ができる。図にすれば家系図のように見えるだろう。だからエイボンに採用された女性はたちどころに販売員仲間のコミュニティの一員になる。

システムが有機的に成長し、女性たちは自宅を拠点に働いているので、他の化粧品会社の店舗流通システムに比べるとエイボンは新たな地域に進出しやすい。開発途上国で営業を開始してからのエイボンの成長は実に早く、世界を席巻するかのような勢いで拠点数を増やしている。販売員のネットワークが拡大すると、アップラインは自分の直下にいる「ダウンライン」たちの管理に責任を負う。ダウンラインたちを教育し、ビジネスに関する助言を与え、励まし、仲間同士のトラブルを仲裁し、メンターになる。それと引き換えに、ダウンラインの売上から少額のコミッションをとる。これは彼女の上にいるアップラインたちも同様だ。ダウンラインの数が多ければかなりの金額になる。実は、南アフリカで最大の格差、すなわち黒人女性とそれ以外の全員の間にある格差を解消しうるのはこの収入である。

南アフリカの格差の主軸は人種だとほとんどの人が思っている。そのとおりではあるが、それがすべてではない。同国の人口の八〇%は黒人だ。白人は人口の九・二%しかいないが、うち七九%が所得の最高四分位を稼いでいる。同じだけ稼いでいるのは黒人の一〇%に満たない。政府の給付金の圧倒的に大部分は黒人世帯に支給されている。

南アフリカで最も貧しいのが黒人であるのは間違いないが、その中でも女性は男性よりずっと不遇な状態にある。私たちが研究を行った当時、貧困線は月額六四五ランド（四八USドル）だった。黒人男性の約七〇%は月額一〇〇〇ランド（七五USドル）以上稼いでいた。しかし同じだけ稼いでいた黒人女性は五三%しかいなかった。しかも黒人女性のほうが黒人男性に比べて失業率が高く、所得が低く、教育水準が低く、非登録ビジネスに携わる傾向が高く、金融商品の利用が少なかった。彼女たちは人口の中で最も自営業である確率が高いセグメントだが、その九四%は農作物と手工芸品を売る素人商売だった。

女性に対する不平等がおそらく最も目に見える形で表れているのは、性別に基づく暴力である。南アフリカ人女性がパートナーの暴力で亡くなる確率は世界平均の六倍にのぼる。私たちが研究しているとき、南アフリカ人男性の二五％が一人以上の女性をレイプしたことを認め、その半数は二〜一〇人をレイプしたことがあると答えている調査が出た。レディ・タビなど南アフリカの作家たちは黒人コミュニティ内の悲惨なレイプの話を書いてきた。強制性交が横行しているため南アフリカでは男性二人に対して五人の女性がＨＩＶ／ＡＩＤＳに感染している。しかし医学誌『ランセット』に掲載された二〇〇九年の論文は、南アフリカの女性に対する暴力に関する研究をレビューし、この問題への対処に「政府の責任ある行動とリーダーシップが著しく欠けていた」と結論づけた。[6]

私たちは貧困の研究に対して助成金を受けたため、調査サンプルは貧しい黒人女性のみだった。彼女たちのエイボンからの平均月収は九〇〇ランド（六七ＵＳドル）で、南アフリカの黒人女性全体の上位五〇％、自営の黒人女性では上位一〇％、男性の平均に迫り、貧困線を大きく上回る数字だった。エイボン販売員の平均収入を南アフリカ政府が提供する生活費と比較すると、エイボンで一六か月働いて平均的な収入を稼ぐようになった女性は、四人家族の生活費のほとんどを賄《まかな》えるが、住居費までは賄えないことがわかった。[7] そのため、家族持ちのエイボン販売員は誰かと同居するか、もう一つ仕事をしなければならないだろう。

私たちの調査に回答してくれた人のうち、六八・六％が女性世帯主か、別の成人女性と同居して生活費を折半していた。男性の援助を受けている人はほとんどおらず、ほぼ全員に子どもがいた。南アフリカでは世帯の四一％の世帯主が女性で、世界平均に比べるとこれは非常に大きな数字である。

私たちが特に関心を持っていたのが、エイボンの販売と当時世界中に広まりつつあったマイクロファイナンスの比較だった。マイクロファイナンスは通常、女性たちに自分が作ったり選んだりした商品を販売するための融資のみを行った。ソーラーランタンや低公害型調理用ストーブなど「貧困層のためになる」耐久商品を販売する、エイボンのような形態のシステムもいくつかあった。このような事業は扱う商品が高額で、運搬するには重く、顧客が一度しか買わないため、困難に陥っていた。村人全員に売った後は収入を得る手段がなくなってしまう。本当に必要なのは安価で軽く持ち運びやすい、定期的に再購入される商品だ。マイクロファイナンス・プログラムも、女性たちが必要としているのがお金だけではないことに気づいていた。彼女たちには支援と助言、多少の教育、多大な励ましが必要だ。助言サービスと研修講座は立ち上げ費用が高く、ほとんどははかばかしい成果を上げていなかった。しかしそれよりもずっと問題なのはマイクロ融資の高金利だった。

エイボンはこうした問題への解決策をあらかじめ用意して進出した。例えば、マイクロファイナンスよりはるかに優れた掛売制度を持っていた。エイボンは現金ではなく商品のみ貸し付け、販売員が最初に売る商品を手に入れるには信用調査に通らなくてはならない。同社は極貧の女性でも合格できるよう、信用スコアリング制度も考案した。合格した女性は当初は少量の商品を受託販売でき、顧客基盤を広げながら信用を作っていく。もし信用調査に通らなくても、現金で商品を買い、時間をかけて実績を作っていける。現金がない場合は、他のエイボン販売員が貸してあげることも多い。

新しいカタログが出る約六〜八週間ごとに在庫商品の金額を払わなければならないため、マイクロファイナンスにつきまとう債務の蓄積は発生しない。エイボンは利息を請求しない。管理は厳しいが、非常に寛大なシステムである。販売員が債務不履行を起こしても、稼いでいつでも復帰できる。

さらにエイボンは女性たちが支払いに銀行口座を使うことにこだわる。貧困国には女性たちの銀行口座開設を支援し、「金融包摂」する取り組みがあまたあり、ここまで読んでご存じのとおり、それは至難の業である。ところがエイボンが進出すると、あっという間に女性たちは銀行口座を取得した。私たちの調査回答者の九二％が自分名義の口座を持っていた。

貧困緩和策として使われていたマイクロファイナンス制度は通常、雇用創出を目的とせず、女性とその家族の生計手段の提供に力点を置いていた。しかし雇用創出は政府の優先課題であることが多い。残念ながら、女性が所有する企業は一般的に従業員数がごく少数、世界平均で四人未満である。しかし私たちの調査対象のうち、エイボンのグループリーダーたちは平均一三七名（一〇名から八一七名までの幅があった）の販売員を管理していた。彼女たちがエイボンで培う人材管理の経験は市場で通用するスキルだ。他にも基礎的な経営手法が教えられており、身に着いたスキルセットは別の職に就いたり自分で事業を始めたりするときに使えるとエイボンの販売員たちは認識している（八九・九％がエイボンのスキルが別の仕事や事業に転用できると答えた）。

要するに、エイボンは販売員のネットワークにとって低コストの銀行および与信管理サービスとしても、供給業者、トレーナー、マーケティング部門としても機能している。キャサリンと私がプロジェクトを終了する頃には、マイクロファイナンスの典型的な代理店網がラテンアメリカ、アフリカ、アジア全域で続々と立ち上がり――そして続々とつぶれていった。経済開発の専門家は一二五年の歴史を持つエイボンの世界的な販売員システムに注目し、同社はいったいどうやっているのかと問い始めていた。私たちが報告書を出すには絶好のタイミングだった。

ところがオックスフォードに戻ったとき、多くの同僚はまだ、私たちの研究をまったくばかげていると考えていた。そして予想はしていたが、一部の同僚とメディアの批評家は、私たちがエイボンのシステムを貧困と戦う手段と見ていることに「義憤」を表明した。エイボンは貧しい人々に必要ないものを売るべきではない、と怒ったのだ。

こうしたコメントは私たちが見てきたことに比べてあまりに的外れで、冷静に応じるのは一苦労だった。エイボンの販売員たちは必ず自分のコミュニティの外で営業し、裕福な顧客をターゲットにしている。それが実態であることも、貧しい顧客はたいてい化粧水や石鹸のような必需品を買っていることも、私たちのデータは裏付けていた。貧しい人々がちょっとした贅沢品を買うときには、エイボンがその商品を「特別セール」、つまり大幅値引きするまで待った。また彼らは通常よりも小ぶりのギフトサイズを買っていた。そんな小さな買い物が厳しい生活にささやかな喜びをもたらす。倫理を振りかざすイギリスの人々は、まったく消費倫理が異なる遠い国の弱い立場にいる人々に自国の価値判断を押しつけていた。イギリスで起こった非難の声は、抑えた言い方をしても植民地主義者の視点から発せられたものである。

商品は販売員たち自身が強みだととらえていた。回答者にエイボンの商品を売るのと農作物や飾り物を売るのを比べてもらったところ、エイボン商品のほうが早く売れ、バラエティが豊かで、利幅が大きく、繰り返し買ってもらえ、腐らず、炎天下に一日じゅう道路脇に座って売らなくてもよいという答えが返ってきた。エイボンを売るほうが品位を保ってお金を稼げると考えられている。マーケティング力も大きなプラスだ。エイボンのアルゴリズムは販売員が営業する市場を読み、適切な商品と価格を選択し、市場に合わせて作った携帯できて見栄えのよい販売ツールを用意する。特定の市場に特別な需要、例えば違う色味のメイクアップ用品の需要があれば、エイボンはそれに合った商品を企画するか探してくれる。アメリカの大手化粧品会社として初めて黒人の肌色に合わせたメイクアップ用品を提供した同社には、南アフリカ市場に適した何十年もの経験があった。

販売のため見ず知らずの人と接しなければならないことは南アフリカのエイボンにとって深刻な問題点だった。暴力被害はたびたび起きた。営業訪問中に強盗やレイプに遭った女性たちもいた。しかし家庭内での女性への暴力も同様にあり、むしろもっと頻繁だった。妻の成功が気に入らない夫に殴られたという販売員の話を何度か聞かされた。そのようなケースでは必ず女性がお金を貯め、子どもを連れて家を出ている。実際に、ドメスティック・バイオレンスの危険にさらされている女性を意図的にリクルートする販売員たちもいた。虐待されている家庭から脱出する手段を与えて助けようと考えてのことだ。

エイボンはさしあたって身の危険のない女性たちには目標を立てることを奨励し、収入を全部使ってしまわずに、お金で達成できる目標のために資金を貯めてみることを提案している。そのために、アップラインはダウンラインに目標を忘れないよう、自分の夢——家など大きなもの——の写真を切り抜き、毎日目につく場所に貼りなさいと言う。そして各人がどうやって夢を達成するかの事業計画を立てる。全員がお互いの夢を知っており、それが取り組みを続けるためのプレッシャーになっている。女性たちは自分の計画を達成したこともだが、将来のために立てた計画についても誇りに思っている。実は、ただ日々を生き延びるだけではなく、計画を立てられること自体が彼女たちにはとても重要なのだ。かなりの数の女性たちが自宅を購入し、子どもたちを大学に行かせ、立派な自動車を買った——いずれも中流生活の象徴である。

彼女たちがやり遂げたことは、ほとんどがゼロからの出発だったことを思うと胸に迫るものがある。文字どおりのゼロからだ。難民だった女性たちもいる。HIV孤児だった人たちもいる。ドメスティック・バイオレンスから避難していた女性たちもいる。難民キャンプから逃げてきたシングルマザーは次のように語った。

私は悩みを抱えていました……叔父にレイプされたのです……学校でうまくやれず、私をレイプした男と同じ屋根の下で暮らすプレッシャーにも耐えられませんでした……。やがて「叔父からの感染で」自分がHIV陽性であることを知りました。……私は何もしませんでした。どうでもいい、知りたくなかった。……ただ死ぬのを待っていました。自殺する勇気はなかったから。

でも、もう死にたいとは思いません。私の「エイボンの」ビジネスが伸びるのを見たい……ビジネスをうんと大きく育てたい。私は早くに学校を辞めてしまいました。「エイボンを」続ける以外に生きていける方法はないと思います。今では子どもに食事と着る物を与えられるから、これに全力を注いで、……「私のアップラインのように」自動車を持って、車で子どもたちを町に連れて行って何でも買ってあげること――それが私の夢です。……私は学校に行かなかったから、仕事は見つからないでしょう。エイボンが私の仕事だと思わなければ――子育てと同じように、エイボンのビジネスを自分の子どもとして育てなければなりません。

自分が死ぬときは少なくとも子どもに何かを残せたと思えます。あの子に「母には仕事がなかった」と言わせたくない。……エイボンの仕事は長く続けるつもりです。息子のそばにいられる限り。

人生で出合った最高の仕事です。それまでは常に悲しくてみじめでした。

インタビューした女性たちは皆、子どもを食べさせる心配がどんなものかを知っていた。ほとんどが飢えた経験があるのではないだろうか。多くは深刻なトラウマを生き延び、大半の人にアパルトヘイトの記憶がある。どの人にも家族に捨てられたり、レイプされたり、病を得たり、さまざまなつらい過去があるようだったが、彼女たちは笑顔だった。私はキャサリンに、この調査の女性たちはエイボンをまるでイエス・キリストのように語るよねとよく冗談を言った。「エイボンが私を救ってくれた」という言葉を何度も聞いた。私たちの最初の論文に、キャサリンは「口紅の伝道活動」とタイトルをつけた。[8]

彼女たちの口調が苦々しげになる話題が、夫が子どもを扶養したがらないという、どこでも耳にする件だった。ある回答者が話してくれたように、「黒人コミュニティとインド人コミュニティには、女性の役割は子育てだと考える文化があります。『俺がこの家の主《あるじ》だから俺が外に出て狩りをする。俺が狩猟採集をするから、お前が料理をして食事を出せ』と。［でも］子どもを養う黒人男性は多くありません。これは周知の事実です」。夫がいるのに一人で子どもを養育させられる不条理さは、男性のいない世帯の割合の高い国ではなおさら衝撃的だ。

負担は子どもだけではない。調査回答者たちには八人もの扶養家族がいて、多くが病気や障害のある親族を養っていた。ほぼ全員が村にいる家族に仕送りをし、他人の子どもの教育費を出している人も多かった。女性には万国共通のようだが、彼女たちは自分よりもっと困っている人、特に女性を助けようと精一杯のことをしていた。

エイボン販売員は自分も製品を使い、営業活動中は魅力的で自信のある姿を見せるよう期待されているが、メイクアップ用品を使ったり、清潔感と身だしなみと自信を示す以外に自分を特別に見せたりするプレッシャーはまったくない。それに関する不満の声は一度も聞かなかった。むしろ、ほとんどの人が新たに身につけた顔のお手入れの知識を誇りにし、同じ努力をしていない人をいささか困りものと見ていた（一人の女性は私の顎を持ち上げて頬をじっくり見て「まあー、あなたお肌が大変なことになってる。お手伝いさせて」と言った。無料でメイクし直してあげるという申し出は複数回受けたので、私のメイクはどうやら要改善のようである）。女性たちは外見を整えたおかげで以前はなかった自信が生まれた、と力強く言った。全体的な「外見の印象」は身だしなみ以上に大切だった。頭を高く上げ、しっかりした足取りで歩き、まっすぐに目を合わせ、はっきりとものを言うこと。回答者の八八％がエイボンの経験によって以前より自信がついたと答えた。

南アフリカは人種と階級による厳然とした階層社会である。最も印象深かった成果は、調査した貧しい黒人女性たち、困難を抱える国の中でも最も不遇で排除されている人々が、自分たちよりも（彼女たち自身の言葉によれば）「上の」人たちへの恐怖心がなくなった、と言ったことだ。「エイボンのおかげで、自分より『上』だと思っていた人たちに畏縮しなくなった」という設問に七四％がイエスと答えた。

彼女たちはエンパワーされただろうか。本人たちがそう思っていたのは疑問の余地がない——さまざまな言葉で私たちにそう語ってくれた。ただし、エイボン販売員が生産手段を所有しているとは言えないし、多くの経営の専門家から見れば彼女たちは起業家ですらないだろう。それでも、かつては境遇があまりに過酷で自分の運命を自分でどうにかできるという意識をすっかり失っていた、と彼女たちは異口同音に語った。生計を立てる手段を使えることは、自己決定権を持つための最初の重要な一歩だと私には思えた。その功績を軽視すべきではないと思う。

ウガンダの山岳地の女性農業者が収入を増やせる方法を考え出そうとしたときにわかったが、あのように物資が欠乏している環境で暮らす人々が新たな付加価値商品を考案するのは、まして梱包材を買ったり輸送を手配したりするのは不可能に近い。エイボンは進出先に「お湯を注いで混ぜるだけ」方式でそのすべてを提供している。同社は現地の女性たちに仕事のスキルを教え、お金の管理を助け、自信を育てている。あのシステムは、貧しいアフリカの黒人女性たちの支援に活用されて多大な恩恵をもたらした。経済開発に関わる人々や学者は、貧困に取り組むのは政府だけであるべきだという発想になりやすい。そう言う人々はたいてい、自国民を救済する手段とある程度の意志を持っている富裕国の政府を想定している。しかし多くの国は女性の国民のために立ち上がってこなかったし、当面はそれを期待できそうにない。

南アフリカの場合、黒人女性の経済的排除への無策が巨大な重石のように経済の足を引っ張っている。世帯の半数近くは女性が大黒柱である。にもかかわらず、南アフリカでは法規上は女性が平等であっても、部族の掟、暴力、ケア負担によって、女性は貧しい男性でさえ賄える住居費もままならない状況に構造的に置かれている。黒人女性の経済状況を平等化することに注力するまで、南アフリカは貧困から脱出できないだろう。支援さえ受けられれば、黒人女性には国の経済を上向かせる力がある。

少なくともモルドバ政府は自国の女性を支援しようとしている。ヨーロッパの最貧国であるモルドバは、一九九〇年代のソ連崩壊による経済的ショックからいまだに立ち直れていない。正規雇用は数が限られ、労働生産性は低く、腐敗が横行している。他方で外国への移民が労働供給を細らせている。男性たちは高い学歴が求められない仕事を目指してロシアに行き、女性たち（男性よりも教育水準が高い）は西欧に出ていく。出生率は一九六〇年から右肩下がりに落ちている。一人の女性が生涯で産む子どもの数は現在一・二五人である。低出生率と外国への移民のダブルパンチで人口は毎年減少している。

女性の労働参加率は三九％ときわめて低いが、高等教育を受ける女性は男性よりも三〇％多い。技術職と専門職は女性のほうが多いが、賃金には大きな男女格差がある。モルドバは女性が家計を担う世帯の割合が世界でも指折りに高い（南アフリカに近い約四〇％）のに、五歳未満の子どもの保育サービスが存在しない。またモルドバでは女性に対する暴力も多く、女性の人身売買が大きな問題となっている。

昨今、モルドバ政府は女性の雇用と起業を奨励しようとしている。理由は他国の政府と同じで、経済成長を刺激し、雇用を創出するなどだが、ジェンダーに特定した理由もある。モルドバの「頭脳流出」は女性たちだ。同国の出生率は主に母親の経済的な見通しが暗いこととの関数である。そして暴力と人身売買の問題の根は、他国の例にもれず、女性の経済的に弱い立場にある。政府は女性事業主が新たな職を創出し、その職に女性を採用し、平等な賃金を支払い、昇進させることを期待している。

二〇一七年に私は世界銀行に招かれ、ある投融資プロジェクトの下で実施されたモルドバの女性起業家の支援活動を評価した。[9]全事業主に占めるモルドバ人女性の割合は約二五％で、世界平均の三〇％より低かった。ソ連崩壊後に行われた資本の男女平等化にもかかわらず、女性の企業は男性所有の企業より成長が遅いように見えた。また男性のほうが女性よりも起業が多かった。しかし男性の企業は女性の企業より倒産が三倍多く、たいていは立ち上がりの段階で廃業しているようだ（図31）。結果的に、女

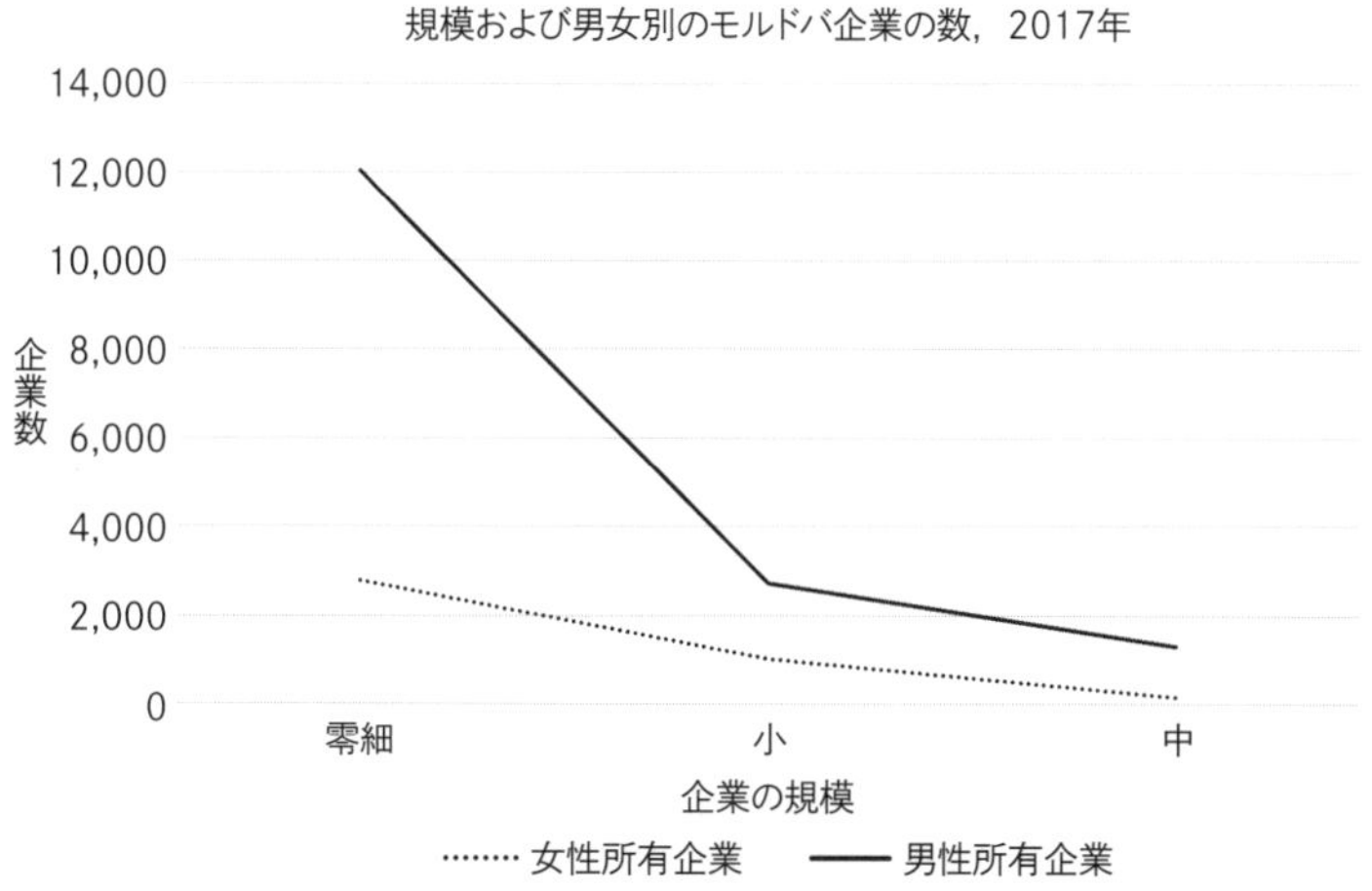

図 31　上のグラフは，男性所有企業と女性所有企業を規模別にグラフ化したものである。男性のほうが女性よりも起業の頻度が高いが，初期段階で多数が倒産する。最終段階で，男性は女性所有の企業を買収し，これが男女別の企業数の違いを説明するだけでなく，男性所有企業の業績を大きく向上させている。

出典：Supporting Women's Enterprise in Moldova, 2018

性が所有する企業は男性所有の企業の平均二倍、寿命が長かった。

モルドバの全産業セクターのおよそ半分で、女性所有企業のほうが売上が多く、生産性が高かった。また経済全体で、女性所有企業のほうが人を多く雇用していた。そして女性の雇用が多かっただけでなく、教育をよく行い、昇進させる女性の数も多かった。男性所有企業よりも女性所有企業のほうが、女性が経営層に入って会社の株を持つ確率がはるかに高かった。実際に、どの地域でも、どの産業でも、どんな指標を使って見ても、男性よりも女性のほうが女性にとってよい雇用主だった。したがって、表面上は、女性起業家がモルドバ政府の掲げる目標を達成する可能性は十分あるように見えた。しかし企業の資金調達について見ていくと、ダブルXエコノミーにつきまと不利な状況がまたしても目に入ってきた。

自分の会社を買収によって取得したと報告する件数は男性のほうがはるかに多かった。それは男性が莫大な資本を蓄積してきたことを意味する。男性が自己資金と家族の支援で事業資金を調達できたのは、主に世帯の資本は男性のものと見なされていたからだ。その結果、男性は事業を拡大したり、設備を更新したり、イノベーションを起こしたりするために借金をする必要性が格段に少なかった。

それに引き換え女性のほうは、特に起業の資本を用意するために、銀行の信用貸しを利用することが多い。金融機関は女性に対して男性よりも高い金利を課し、大きな担保を求める。結果的に女性は負債に苦しみ再投資しづらい。設立した会社が大きくなるにつれ、女性は経営権を失うが、男性はそうではない。経営権が女性から男性に移る理由は、成長企業を所有する女性たちは拡大するための自己資本が足りず、信用貸しの限度に達し、会社を成長させ続けるために株式を売らざるをえなくなるためであるようだった。このときに株式を売る相手は男性である。男性には買収資金があるからだ。女性が株式の過半数を男性に売ると、彼女の会社は、世界銀行などの国際的なデータ収集機関の調査で男性所有の企業として計上される。男性が自分の会社の業績を上回る女性所有企業を買うので、経営権の移行によって全体的に男性のほうが女性よりも健全な企業を所有しているかのように見える。同時に、最も優れた企業が女性の数字から外れるため、女性の企業が全体として頑健性に欠けるように見える。女性の実績が男性のものとして評価されてしまうため、ミスリーディングな結果になっていた。

しかし、資本の利用を男女平等にするメリットを示す二つの例外があった。ホスピタリティ・セクターの女性たちは年齢層が高く、モルドバ経済の民営化の時期にすでに成人していた。彼女たちは男女平等な再分配の一環として土地を譲り受け、それを手放さずに、ホテルやレストランを創業していた。そのため、他のほとんどのモルドバ人女性とは異なり、彼女たちには自己資本があり、借金に頼らずにすんだ。モルドバは美しい国だが、まだ人気の観光地にはなっていない。それでも、彼女たちはビジネスを非常にうまく経営していた。また、老年期が近づいてきたホテルやレストランのオーナー女性たちは同年代の女性より恵まれた立場にあるはずだ。高齢女性をどう支えるかはモルドバ政府にとって喫緊の課題である。

もう一つの例外は卸売業だった。このセクターでは驚くほどの割合の女性たちが事業を先代から引き継いでおり、おかげでスタート時には自己資本があり、負債を抱えずにすんだ。彼女たちは収益と生産性では男性を大きくしのいでいた。しかし女性卸売業者は疎外されていた。理由は深く調べなくてもわかった。この女性たちへの国税調査官の訪問回数が不合理に多いことをデータは示していた。彼女たちはそのたびに何らかの賄賂を要求されていた。税関職員も彼女たちを苦しめていた。男性卸売業者には腐敗の問題はまったくない。実は調査対象全体でも、強請りは女性にとって問題になっていたが、男性にはそのような問題がほとんどなかった。女性に暴力が振るわれるモルドバの文化を考えると、女性卸売業者から強請りとられる「賄賂」には性的なものが多いのではないかと私は確信している。

この仕事の最後に、私はモルドバの首都キシナウで発表を行い、さまざまな提言を述べた。政府の閣僚とNGOのトップが出席し、反応はとてもよかった。政府は女性に対して実効性のある取り組みをしてくれそうだ、と私は手ごたえを感じながら帰国の途についた。女性たちを支援することは、低出生率から人身売買までモルドバが抱える最難題のいくつかを解決する一助にもなる、そういう意味でも期待できた。ダブルXエコノミーは必ずお金以外の面でも投資成果を上げるからだ。

女性は安定した正規雇用――福利厚生や年金制度などがある――を好み、自分で起業するよりもできればそのような職にとどまろうとする、とグローバルなデータは示している。このような志向がダブルXエコノミーの通常の価値観と目標にぴったり一致することは、ここまで読んできたあなたにはもうおわかりだろう。女性は長期の安定と継続的に家族を養えることを望む傾向が高い。しかしイギリスでは、女性の正規労働参加率は頭打ちになっている。そのかわり、女性たちは自分の会社を立ち上げ始めている。

イギリスで起業する女性たちはその動機として、イギリス人男性が重視するお金持ちになることよりも自己決定権と自己実現を挙げる。彼女たちが家族の世話と仕事の両立を求めているのはたしかだが、それが最大の目標ではない。彼女たちは安定だけでなく自立を目指し、おそらくは正規雇用の職場にある性差別的な態度から逃れたい思いもあるようだ。しかし、社会に貢献したいという熱意もある。

イギリス人女性はアメリカ人女性と同様、経営学と医学ないし生物科学分野に進学する傾向が高いので、イギリス人女性の起業に最も多いのが医院や会計事務所などの士師業であることは意外ではないだろう。実はこのようなビジネスは、イギリスの全業種の中で最も収益性が高く安定しており、成長しているセクターでもある。しかしこのような企業は通常は従業員数が多くなく、例えばテック企業のようなスピードでは成長しない。しかしもちろん、廃業率もテック企業ほど高くない。

どこでもそうだが、イギリスの政府とビジネスリーダーは女性が遊び半分に芸術などを勉強しているから、テック企業の起業家になってめざましい成長と利益を達成できるよう科学の勉強を奨励しなければばならないと思い込んでいる。だから女の子がなぜ科学嫌いなのか、数学ができないのか、などと嘆く声が多い（数学数学とうるさいわりに、こういう人たちの中に自分でハードデータを読める人はいないようだ）。リーダーたちは、ステレオタイプだけでなく輝かしい起業神話にも目をくらまされている。

今のイギリス文化では、起業がきわめて男性的なハイリスク・ハイリターンの世界として美化されている。その一例が人気テレビシリーズの『ドラゴンズ・デン』だ。番組では小さな会社のオーナーが「ドラゴン」と呼ばれる男性のベンチャーキャピタリストたち（VC）に投資してもらおうとする。ドラゴンたちは志願者のアイデアに罵声を浴びせたあげく却下したり、恩着せがましく出資を申し出たりする（『ドラゴンズ・デン』はアメリカで放映された『シャーク・タンク』のイギリス版で、ともに日本の『マネーの虎』のリメイク版である）。

この芝居がかったシナリオがイギリスの世論において実業界を象徴するようになり、イギリス経済や実際の起業家の人生でこの種の体験が果たす役割を誇大視させている。ベンチャーキャピタルが現実に出資するのはイギリス企業の一％にすぎず、志願者のうち実際に出資を受けるのは二％しかいない。しかし投資決定の際のジェンダーバイアスが非常に大きいのは事実だ。VCの九三％が男性で、女性が所有する企業への出資額が全体に占める割合は年間わずか一〇～一五％である。またVCはテック企業を偏重するが、技術セクターに女子学生や女性社員は三〇％近くいるにもかかわらず、女性が所有するテクノロジー系のスタートアップへの出資額は九％にすぎない。もしVCが出資の男女格差を解消すれば、イギリスの国内生産は二五〇億ポンド（三〇〇億USドル）増え、一五万人の雇用が生まれるだろう。[10]

イギリスのベンチャーキャピタルのほぼすべてがテック企業に出資する。しかしテック系のスタートアップはイギリスで最もハイリスクな企業だ。半数以上が最初の五年で廃業し、残りもほとんどが数年後には後に続く。ベンチャーキャピタルとの出資契約はスタートアップのライフサイクルを加速する。VCがオーナーに「イグジットを成功させろ」（会社をできるだけ早く売却するか株式上場させること）と焚《た》きつけるうちに、世の中を助けたいとか良好な職場環境を作りたいという意欲は消えてなくなる。イグジットを成功させれば、VCと起業家は短期間で多額の利益を手にする。しかし成功も失敗もあっという間だ。VCからの出資を獲得した若者のうち、イグジットにこぎつけるのは二七％にすぎない。残りはアイデアの燃え殻しか手元に残らない。

にもかかわらず、イギリスではベンチャーキャピタリストと彼らが好む男性起業家が元気な企業の代表的イメージになった。イギリスのメディアはベンチャーキャピタルの出資獲得をエクストリームスポーツさながらに報じる。毎年、メディアの見出しは女性への出資がいかに少ないかを書き立て、アイデアをプレゼンした女性をVCが侮辱し却下した記事が出る。どの国でもVCのジェンダーバイアスは評判が悪いが、イギリスは特にひどい。イギリスでは男性がVCの出資を獲得する確率が女性に比べて八六％も高い。

ベンチャーキャピタリストが女性にあまり出資しない理由は明白である。VCは国際的な投資現象としてたびたび研究され、ジェンダーバイアスが強いという結果が一貫して出ている。『ハーバード・ビジネス・レビュー』に掲載された二本の研究は、提案書の名前と写真を入れ替えたり、男性に女性のアイデアを、女性に男性のアイデアを提案させたりした。これらの研究は、同じアイデアでも男性がプレゼンすると出資を勝ち取り、女性がプレゼンすると却下されることを示した。別の研究は出資を求めるプレゼンでベンチャーキャピタリストが質問やコメントを述べているビデオを二〇〇本分析し、起業家への質問内容が性別によってはっきりと異なることを発見した。表現は違っても、男性は「どうやって私に利益を上げさせるつもりか」と聞かれるのに対して、女性は「どうやって私に損をさせないつもりか」と聞かれる。起業家の提案に対してVCがコメントする際に使う言葉も性別によって異なる。男性に対しては、利益、希望、理想、達成、実現、抱負、獲得、稼ぐ、拡大する、成長するという言葉を使う。女性に対しては、正確さ、怖い、不安、避ける、慎重、保守的、守る、恐れ、損失、義務、特に痛みが使われる。[11]

VCの性差別は投資対象の選択にとどまらない。さらに別の研究はスタートアップの巨大データベース、「クランチベース」の統計記録を用いて投資成果を分析し、男性と女性のイグジット成功率の差は完全にVCの性別によることを発見した。ベンチャーキャピタル会社が男性のスタートアップを買収し、イグジットを目指す過程の管理を男性のパートナーに担当させると成功率は二七％だが、女性のスタートアップの管理を男性のパートナーが担当する場合は成功率が十七％である。しかし女性のパートナーが担当すると、女性の会社が成功する確率は男性と等しくなる。[12]

女性とベンチャーキャピタリストに関しては昔から醜悪な話が巷に伝わっている。子育て中の親向けのウェブサイト「マムズネット」の創設者、ジャスティーン・ロバーツはベンチャーキャピタルに出資を求めた経験を次のように記憶している。「ある打ち合わせで、その男性は何度も隣の人のほうを向いては私の名前を聞いていました。私が突っ込まれて身構えると『泣きそうな顔をしていますね』と言われました。自分が結婚していなければ私と寝るのだがという言葉もありました。自分の力量と価値を証明するのに必死で、『なぜあんなことに耐えていたのだろう』とわれに返ったのは後からでした」。現在マムズネットは月間ユニークビジター数一二〇〇万人、イギリスで最も利用されているソーシャルサイトの一つである。ロバーツはイギリス経済への貢献を認められて大英帝国勲章コマンダー（CBE）を受章したが、いまだに投資家から会社の経営は誰が担っているのかと聞かれる。[13]

アメリカのランジェリー会社「サードラブ」の創業者の一人、ハイディ・ザックはベンチャーキャピタリストに出資を募ったときに起きたことを次のように語る。「プレゼンの最後に、ある男性に言われました。『申し訳ありませんが、われわれは自分に理解できるものにしか投資しません』。私たちが売っているのは女性の下着です。彼らはとてつもなく複雑で難解なテクノロジーに投資しているのに、私が『ブラ』と口にした瞬間、彼は話についていけなくなったのです」。[14] 二〇一八年後半にサードラブは『フォーブス』誌の毎年恒例の「次の一〇億ドルスタートアップ」リストにランクインした。現在の時価総額は七億五〇〇〇万ドルだ。[15]

「男性が部屋に入ってくれば、反射的にその人は有能だと想定されます。私が部屋に入ると、反射的に私は有能ではないと想定されるのです」。[16] キム・テイラーはベンチャーキャピタリストにプレゼンを行う際のジェンダー力学についてそう語る。テイラーは最終的に自分のオンライン教育会社を二五〇〇万ドルで売却したが、自分のアイデアを初めてプレゼンしたとき、VCは彼女の市場分析のデータを信じようとしなかった。「国が認めたデータや情報を提示しているのに、相手がそれを本物と認めようとしないのはなんとも不可解でした」[17]

しかし自分にバイアスがあることをVCは自覚していないわけではないようだ。偏見が誤った判断を導いているにもかかわらず、改善策をとらないのである。

残念ながら、ジェンダーをめぐる偏見はイギリスの女性に対する投資風土に当然のようにある。女性起業家が年間に受ける投資は資金全体の九％しかない。『テレグラフ』紙が二〇一八年三月に七五〇人の女性創業者を調査したときには、六五％が金融サービスから不公平に扱われたと感じ、六七％がもし自分が男性だったら男性投資家の扱いは違っただろうと答えている。事業を設立したとき真面目に取り合ってもらうのに苦労したかという質問には、六五％がイエスと答えた。半数がどこかの時点で、男性に経営を任せるべきだと言われている。子どものいる女性はいっそう不公平な扱いを報告している。金融機関からの支援がほとんど受けられなかったため、彼女たちの七二％は貯蓄かクレジットカードで事業資金を調達する道を選んだ。[18]

イギリスの事業資金調達における男女格差の解決策として、エンジェル投資が提言されることがある。「エンジェル」は精神面で、ベンチャーキャピタルのドラゴンとは対極の存在だ。彼らは事業アイデアだけでなく起業家に投資し、その夢に自分の息を吹きかけて焼き尽くすのではなく、夢の実現を応援したいと願っている。ベンチャーキャピタルが共同出資金を使うのに対して、エンジェルは一般的に自分のお金を使う。とはいえ、ほとんどのエンジェル投資家は男性で（八六％）、ベンチャーキャピタリストと同様に男性に投資する傾向がある。しかしVCほどそのバイアスは強くない。男性がVCから出資してもらえる確率は八六％だが、エンジェルから出資してもらえる確率は五六％である。

エンジェルの役割を果たせるイギリス人女性資産家はいないものだろうか。UKビジネス・エンジェルズ・アソシエーションが主導した調査が、ヨーロッパの六〇〇人以上の女性資産家に意識調査とインタビューを行い、エンジェル投資家の要件を満たす人々は往々にしてそれが何であるか知らないか、方法がわからないことを発見した。彼女たちの投資顧問は女性が無難で標準的な投資を望んでいると思い込み、ふつうはエンジェル投資を提案しない。エンジェルになりうるこの女性たちは、この種の投資対象を評価するための下調べをする時間が自分にはない、この手の投資はリスクが高すぎると考えていることが多い。しかし、他の投資家とグループを組んで投資対象の評価作業を分担しリスクを分散する案を提示されると、女性たちは強い関心を示した。

ところがこのような女性投資家が既存のエンジェル投資家グループに参加しようとすると、グループの男性たちは冷たかった。「エンジェル投資家のネットワークに入りたかったのですが、どれも年配の男性が運営していました。いたたまれない雰囲気で、そこでは投資したことがありません」とあるフランス人女性が報告している。ポルトガル人女性投資家はこう言った。「男性のエンジェル投資家ばかりのネットワークにいると、ルールをわきまえざるをえません。意思決定のしかたなどの彼らのルールをです。あれは男性の世界ですね」。この調査の報告書は次のように締めくくった。「ヨーロッパ全般で多くの女性投資家は、ほとんどが男性または全員が男性のエンジェル投資グループに参加して、ネガティブな経験をしている。パートナー諸国には女性に特化した、または女性が参加しやすいグループの設立に強いニーズがある[19]」

明らかな解決策は女性だけのエンジェル投資家グループの結成を奨励することだろう、と報告書は述べた。報告書は、各国政府が女性起業家の支援に資金を提供するエンジェルグループにマッチングファンドを出すことも提言した。しかし、これが積極的差別に当たるイギリスではおそらく実現しないだろう。ベンチャーキャピタルと既存のエンジェル資本が圧倒的に男性の投資家と被出資者に占められている現実にもかかわらず、このようなグループを結成する動きはイギリスでは「不公平」と見られそうだ。

クラウドファンディングは女性のスタートアップが資金調達するもう一つの選択肢になる。キックスターターやインディゴーゴーのようなオンラインサイトでは、寄付か投資を受けたい事業提案を投稿して公開できる。このようなサイトに事業提案を投稿するのは男性のほうが多い傾向があるが、資金提供は女性のほうが受けやすい。これは、女性投資家が意識的に女性のスタートアップに資金提供するからであるようだ。クラウドファンディングは起業家と投資家の双方が金融セクターの恫喝的な環境を回避する方法になっている。また、誰でも提案を公開し、自分のお金を投資するだけなので、このような女性支援の手段はイギリスでも受け入れられている。

だがいずれにせよ、ベンチャーキャピタルとデジタル技術の偏重は、起業を女性に敬遠される形で見せてしまっている。しかし『ドラゴンズ・デン』のシナリオは政府も敬遠すべきだろう。高成長とイノベーションを支援するのはそれとして大事だ。しかし、経済全体をこのテストステロンに踊らされたジェットコースターの筋書で成長させようとすれば、経済は不安定になる。成功するテック企業はほんの一握りだからたいした成長も見込めない。国の基盤に安定性、確実な成長、安定雇用、コミュニティへの責任をもたらすのは女性が創業する類いの企業である。女性の経済倫理を従来のように成長が遅い、好ましくない、無能の表れとして扱うのは愚かだ。そのような態度からは貧弱な政策しか出てこないだろう。

かわりに必要なのは、成長はゆっくりでもリスクの低い企業にチャンスを与える余裕を持った投資倫理である。投資ポートフォリオは常に、短期の高リスクでポテンシャルの高い投資手段と、長期の低リスクで現実性の高い投資のバランスがとれているべきだ。このような理念に基づいた女性向けの資本プログラムが作れない理由はないが、事業投資コミュニティの男同士の絆カルチャーに阻まれて実現しそうにはない。男同士の絆カルチャーはリスキーな行動に報い、女性と良心的な男性を締め出し、行儀の悪さを大目に見、よいアイデアを理不尽につぶし、過剰な攻撃性を攻撃性ゆえに評価する。そうやってコルチゾールを上昇させるのは楽しいかもしれないが、国家経済を構築する方法として無責任である。

私が期待をかけているのは、女性の経済的エンパワーメント運動が女性投資家に注目され、女性による妥当な成長の基盤を支える女性の投資コミュニティの形成を促進することだ。そうすれば、女性にとってより平等な職場ができ、地域社会がポジティブな形で支援される。

デイム・ステファニー・シャーリーに話を戻そう。彼女は明らかに傑出した女性で、知性と意志の強さと心の広さを兼ね備え、社会にすばらしいレガシーを残した人物である。しかし他の女性たちに対する面倒見のよさという点で、彼女は女性起業家の典型だと私は思う。女性の経済的エンパワーメント運動を世界に普及させるうえで最大の強みは、人を助けたいという思いを活用することだ。この一〇年間、世界中で何百人もの女性事業主にインタビューしてきて、私はそう確信している。

［第13章］

世界市場に参加する

パプアニューギニアのさまざまな女性団体があるニュースに沸いた。地元の女性実業家が三万人の女性農業者の作物をアメリカの大手スーパーマーケット「ストップ・アンド・ショップ」に卸す契約を仲介したという。パプアニューギニアの貧しい女性農業者たちは世界中の多くの女性農業者がそうであるように、小さな菜園から細々と生計の糧を得てきた。しかしマザーズ・ヘルピング・マザーズという地元のNGOが彼女たちに、大きな買い手に供給するための研修を行った。女性たちは新しい農法と、品質管理に合格する野菜や果物の選別法を学んだ。週に一度やってくるコンテナ船に自分の作物を持っていく手段をなんとか考え出した。この契約でストップ・アンド・ショップは高品質で信頼できる食品の仕入れ先を獲得し、経済力がきわめて乏しかった女性たちは安定収入を確保することになる。

私が二〇一八年アジア太平洋経済協力（APEC）の「女性会議」に参加するためパプアニューギニアの首都ポートモレスビーに着いたとき、さかんに問われていたのは「これを他の国にも展開してより多くの女性を支援するにはどうすればよいか」だった。世界各地で女性の前に立ちはだかる農業市場の障壁——輸送手段の欠如、女性を排除する農業組合——がついに克服された。グローバル市場に女性への逆風ではなく追い風が吹いた。

グ、ロ、ー、バ、ル、市場。架空の巨獣のような響きがあるが、今回のような契約が無数に集まってできた取引のネットワークにすぎない。グローバル市場の網の目を構成しているのは、つながりを築き、取引に合意し、連携して品物を製造し移動させるふつうの人々である。しかしこの大きなネットワークから女性が排除されることがあまりにも多い。彼女たちとふさわしい取引相手がお互いを知らないためだ。

ネットワークの中に身を置くことも重要である。マザーズ・ヘルピング・マザーズがストップ・アンド・ショップと結んだような契約にこぎつける前に、どうしても一連の問題を解決しなければならないからだ。例えば新しい農法に必要な肥料をどうやって入手するか、コンテナ船に持ち込むための箱をどこで買うか。通常は実に平凡な事柄ばかりである。問題がすべて解決していったんつながりができてしまえば、実行と取引の連鎖が構築され、その先に買い手がいる限り、連鎖はほぼ自動的に回り続ける。そしてトラックの運転手、肥料メーカー、箱の販売業者を含む全員によい収入源ができる。

大企業か政府が何か——何でもよい——の大量購入を決定すると、それは調達と呼ばれる。買い手のいるセクターによって、調達の対象はグレープフルーツだったり、石鹸だったり、イヤリングだったり、画鋲だったりする。購入品が国境を超えて出荷されれば「国際貿易」と見なされる。以上。謎めいたところは何もない。パズルのピースがたくさんあるというだけの話である。

世界の調達契約の九九％は男性が握っており、したがって国際貿易の九九％を男性が支配している。[1]つまり、これは女性がほぼ完全に排除されている収益性の高い経済の一領域である。モルドバの女性事業者やイギリスのスタートアップ起業家——どこであろうと大きな買い手が使うようなものを販売している女性所有の企業——がこのような契約をたった一件でも獲得できれば、成功が約束される。女性事業主のほうが女性に好ましい職場を提供するので、女性運動から見た成果も期待できる。

問題は、何千年も前から家から出たり農地を離れたりすることを許されなかった階級に属していると、販売先とも販売までの連鎖の仲間とも知り合えず、参加に必要な多くの作業をどうやってこなせばよいのかが往々にしてわからないことである。パプアニューギニアでも、メキシコのグアダラハラでも、スコットランドのアバディーンでも、これだけは共通の問題だ。そのため、女性の経済的エンパワーメント運動は調達と貿易にも及んでいる。国際貿易の約八〇％には多国籍企業が関わっているので、多国籍企業のサプライチェーンに女性所有企業を入れる取り組みが始まった。

「サプライチェーン」は専門用語だが、意味は難しくない。仮にある会社が衣料品会社から制服を購入するとしよう。衣料品会社がサプライチェーンの一層目になる。次に衣料品会社が布、機械類、糸、梱包材を別の会社から購入する。これらが二層目である。二層目の会社も生地メーカー、鉄鋼工場、プラスチックメーカーや製紙メーカー、場合によっては材木会社から材料を購入する。この仕入先が三層目である。四、五層目になる頃には広範囲の産業と膨大な数の人々が関わっていることがわかるだろう。

多国籍企業のサプライチェーンの上から下までたくさんの女性が働いているから、サプライチェーンへの取り組みは女性起業家だけでなく、多数の女性従業員も支援できる。例えば、アパレル大手のプライマークやスーパーチェーンのターゲットのような小売業者が仮に中国やスリランカの工場から仕入れる際、供給元を吟味して安全基準を守っているか確認する。大手顧客が工場に例えば非常口の誘導灯の設置を求めれば、工場主は契約を獲得し維持したいので、その要求が聞き入れられやすい。大手購買者がやってきて社会的慣習や衛生習慣の改善を目的とした研修プログラムを実施するのを工場が認める場合もある。大手購買者が工場の男女比率や人種比率を問い合わせることもあるだろう。これは多様性のある会社と取引したいという暗黙のメッセージになる。買い手は自社製品を製造するために工場が仕入れる材料を規定する。例えば耐火性の生地か、再生可能な梱包材かなどだ。これは二層目にも影響を及ぼす。だから、大手の多国籍企業がサプライチェーンの一層目に働きかければ、その先にも「ソフトな影響力」を通じて大きな変化を起こしうる。ただし買い手は慣行に影響を与えるだけで指図はできない。

供給業者を所有しているわけではないからだ。使える手段は取引先を変えるという脅ししかない。二層目以降には、多国籍企業であっても供給業者に対する存在感は薄くなり、影響力も弱まる。そして残念ながら、開発途上国では特に、三層目や四層目が有害な慣行を隠している場合がある。なかでも労働者の虐待や奴隷労働すら存在する可能性がある。このような問題に対し、多国籍企業は政府、労働組合、NGO、国際機関や同業他社と連携して、腐敗と虐待を廃絶しようとしている。

偉そうな話ぶりだとしたらお許しいただきたい。あなたがこうしたことを知らないと想定しているのは、私も二〇一三年にウォルマートから調査プロジェクトを引き受けるまで知らなかったからである。

ウォルマートは二〇一一年に女性の経済的エンパワーメントへのコミットメントを大々的に公表し、五年以内にアメリカの女性事業主から二〇〇億ドル分の製品を調達し、同じ期間内に国際市場で女性供給業者への支出を倍にすると約束した。ウォルマートは女性の経済的エンパワーメントを目的とするプロジェクトの支援に一億ドルの助成金を出した。その中には農業に携わる女性向けの大規模な取り組みも含まれていた。また、開発途上国の二〇万人の女性に社会的地位の上昇につながる小売職のトレーニングを行うことも約束し、供給業者の工場に対する取り組みにも着手して、賃金の男女平等の達成や職場の暴力の減少などめざましい成果を上げた。[2]

私の役目はウォルマートのエンパワーリング・ウィメン・トゥギャザー（EWT）というプログラムの評価方法を考案することだった。[3] EWTの取り組みは、女性が所有する小企業の商品をウォルマートの一億四〇〇〇万人の消費者に提供してその企業の成長を助けることを目指し、まずは同社ウェブサイトの特設ポータルで販売して、ビジネスが伸びたら何千軒もある実店舗に置く計画だった。この取り組みは農業に特化したものではなく、汗止めバンドから籠までさまざまな小物を対象としていた。ＥＷＴが成功したら、女性起業家を企業のサプライチェーンに組み込めば国際貿易に参加させることができると証明される。それが他の多国籍企業への呼び水になると期待された。

数あるサプライチェーンの中でも、ウォルマートは群を抜いて大きなプレイヤーである。ウォルマートで売っている商品を思い浮かべてみればわかる。家庭用品、宝飾品、ガーデニング用品、家電品、食品・飲料、家庭用洗剤――まだまだある。世界最大の小売業者である（世界最大の食料品店でもある）ウォルマートは、おそらく世界で最も大規模かつ多様性に富んだサプライチェーンを持っており、その範囲はほぼすべての国と産業にまたがっている。もしこのつながりのネットワークに女性の経済的エンパワーメントという目標を導入できれば、非常に多くの人を支援できる。だから私はこの調査を手掛けたいと熱望していた。

オックスフォード大学の研究助成を受け、完全に独立した第三者として自分が見たままの結果を報告・発表する立場を確保したうえで、私は展開していくＥＷＴの観察に臨んだ。私たちのチームが作業にとりかかった時点で、ＥＷＴは北米、アフリカ、ラテンアメリカ、アジアの小企業とスタートアップを経営する三〇人の女性起業家を選定していた。取り組みは四大陸一二か国にまたがり、供給業者は女児向けの知育玩具を発明したスタンフォード大学工学部の卒業生二人からフェルト製の花を製造するネパールの工場までさまざまだった。

この三〇社の女性所有企業を見つけるのは難業だった。供給業者の多様性を実現する取り組みが最も進んでいるアメリカでさえ、女性が所有する小企業の登録簿など存在しなかったからだ。リストが存在しないため、ウォルマートのEWTチーム——当時はミカエラ・ウォードロー・レモンが率いていた——は商業イベントでたずね回り、雑誌や新聞で目星をつけた情報をメモした。EWTのバイヤーが見つけた会社の中には、『シャーク・タンク』に出演した、ドライクリーニング後の衣類にかぶせる環境に優しい袋のメーカーもあった。

この問題の解決に向けて、女性が所有するアメリカ企業の登録簿を作成するために、女性経営者全国評議会、通称WBENC（「ウィーバンク」と読む）が設立された。WBENCに資金を提供しているのは仕入先となる女性所有企業を探したい企業、都市、その他の組織の団体である。アメリカ政府を始め大きな組織には契約先に対してサプライヤーダイバーシティ要件があるため、多くのアメリカ企業が女性の所有する供給業者を探している。しかし企業がこのような要件を満たしていると正式に見なされるには、本当に女性のものであると認証されなければならない。そこでWBENCが認証と、女性が大手の購買者に納入できるだけの水準に達するためのトレーニングも行っている。

開発途上国で女性が所有する企業を探すのはさらに困難だった。多くの富裕国も含めアメリカ以外の国々は、多様性のある市場を目指す策をとってこなかった。女性が所有していそうな企業を探して外国を漫然とたずね歩くわけにもいかない。それでは非効率だし危険も伴う。そこで二〇一三年頃に、女性が所有する企業の国際的なリストを作成するため、ウィコネクト・インターナショナルが創設された。合わせて年間一兆USドル以上を製品とサービスに支出している七二社が集まって創設したこのNGOは現在、全世界で各国政府の保護を受け、女性が供給業者として参加できる大規模な公的イベントを開催している。初代の米国際女性問題担当大使メラーン・バービアとヒラリー・クリントン国務長官がこの重要な国際イニシアティブのリーダーを務めた。ウィコネクトは登録した女性たちの認証と研修を行い、今では一〇〇か国以上の供給業者の身元保証をしている。

ウィコネクトはヨーロッパでも、各国政府とともにサプライヤーダイバーシティを提唱する独自の取り組みをしている。サプライヤーダイバーシティという概念自体がヨーロッパではまだ新しく、取り組みには反発もあった。特にイギリスでは、国際貿易に女性を包摂しようという考えは、女性優遇であるとして真っ向から反対される。この反応にはいつもながら驚く。ビジネスの九九％が男性に支配されている領域で、女性にささやかな後押しをすることが不公平だとなぜ本気で反対できるのだろうか。独占を野放しに続けさせる不公平さについてはどうなのか。

EWTプロジェクトが行われていた当時は、このような選択肢がまだなかった。ウォルマートのチームはイベントや展示会に足を運んで仕入先の女性たちを探し出した。地球を半周しても、ウォルマートで販売できる製品を供給できる女性が一人しか見つからないこともあった。やがて、彼らはフル・サークル・エクスチェンジとグローバル・グッズ・パートナーズという二つのNGOの助けを借りるようになった。

これらのNGOを始めた人々は、あなたや私と同じように、特別でもありふつうでもある人たちだ。フル・サークル・エクスチェンジの代表はアイダホ州ボイシ出身の三人の中年男性、プリディ兄弟だった。彼らは大手小売業者への販売で財産を築き、社会にお返しがしたいと思っていた。兄弟は私財を投じて二〇一二年にフル・サークル・エクスチェンジを創設し、女性の経済的エンパワーメントを使命とした。理由は他の人々と同じで、女性を支援することが世の中に蔓延する苦しみと戦う効果的な方法だからである。ジョン、マーク、エドのプリディ兄弟はわずか二年でアフリカからペルーに及ぶネットワークを築き、女性たちの手工芸品を販売するアイデアをふんだんに持っていた。

グローバル・グッズ・パートナーズを創設した二人の女性、キャサリン・シモニーとジョーン・シフリンは、ジョンズ・ホプキンス大学高等国際問題研究大学院時代に知り合った。学位を取得後は二人とも開発途上国の貧困緩和プログラムに資金を提供する財団に就職し、女性たちがお金を手にすればどれほどの益があるかを直に学んだ。彼女たちは二〇〇五年に勤務先の財団から助成金を受け、ニューヨークの古いオフィスビルにグローバル・グッズ・パートナーズを開設した。二人の使命は開発途上国の女性職人とアメリカの消費者市場をつなぐことだった。働いていた財団を通じて知っていた少数の女性団体を手始めに、自分たちの個人的な経済開発関係の人脈からも紹介を受け、二〇か国四〇団体のパートナーのリストを築き上げた。

こうしてジョーン、キャサリン、プリディ兄弟や『シャーク・タンク』の助けを借り、EWTは三〇人の起業家のリストを完成させた。グローバル・グッズ・パートナーズは女性支援プログラムを確立している組織のみと協働していた。パートナーには例えば、マサイ女性開発機構（MWEDO）がある。アフリカで何百年も前からその技術を称賛されてきたビーズ細工にもっと有利な市場を探すことで、マサイ族の女性たちが家族を養うのを支援する組織だ。北米ではフル・サークル・エクスチェンジが、女性の難民や元重罪犯を雇っている少数民族の女性所有の企業と提携していた。彼らのパートナー企業は開発途上国で、世界で最も恵まれない女性たちに雇用を提供していた。

しかし多くのケースで、次のハードルが取引成立の壁になった。女性所有の各企業はウォルマートの

「倫理的調達監査」と呼ばれるサプライヤー審査プロセスに合格しなければならない。大方の読者がご存じのとおり、多国籍企業はサプライチェーンの労働条件に関して批判にさらされている。大半の西洋の企業がその批判を真摯に受け止め、違反行為を防ぐための基準と手続きを作成した。ウォルマートは問題への対処法として、独立監査人が現地で行う厳しい監査に合格したサプライヤーとのみ契約を結ぶことにしていた。基準には、トイレ、防火設備、非常口誘導灯、双方向に開くドア、労働時間と賃金を定めた労働契約があるか、児童労働を使っていないかなど、責任あるメーカーに当然あるものとされる条件が含まれている。

北米のサプライヤーは難なく監査に通った。アメリカとカナダは法律上すでにこのような基準を満たす環境が整っているからだ。しかし開発途上国の企業にとって基準をクリアするのは非常に難しかった。女性は起業時にはたいてい無資本かそれに近い状態なので、通常は低コストの非公式企業としてスタートする。つまり企業オーナーは自宅で働き、時給や労働時間を決めずに、商品の出来高で自分の財布から給与を支払っている場合が多い。在宅労働も出来高払いもウォルマートの監査要件では認められない。このような事業の中には電気も水道も引かれていない村で行われているものもあり、水洗トイレも非常口誘導灯も設置のしようがなかった。女性たちが屋外の木の下で作業することもあった。これも認められていない。おしゃべりしながら手を動かし、皆で子どもたちの面倒を見ることに慣れている女性たちもいる。これも労働の場に子どもがいてはならないとする規則に抵触した。開発途上国に典型的なジェンダーのしきたりである移動制限のため、タイムレコーダーで打刻できない女性たちもいた。ある国では女性たちが夫から罰せられるのを恐れて長時間家を空けられず、徒歩で町に出て手工芸品の材料を買うと、いないことに気づかれる前に急いで帰宅していた。

アーカンソー州ベントンビルのウォルマート本社で、倫理チームの若い男性にこうしたことを説明する機会があった。私が基準に異議を唱えたことに彼は驚いていた。彼がそう感じた理由はよくわかるが、裕福な国の人はこれらの規制を客観的に見て倫理的な基準だと考えており、私はそれに同意しない。このような方針を策定する人々は、辺り一帯に電気や水道のない土地で木の下で作業する女性と接した経験がない。村中の女性が同じ木の下に座っているその場所が保育所であることが、彼らにはわからない。

腐敗や非道を許さないが生活状況の違いは許容できるようなシステムの変更があるべきだと私は感じた。必要なのは西洋の基準に則った大工場とは異なる事業環境を考慮した国際基準だった。現代的な設備を用意できる資本のある事業主にしか認可を与えなければ、国際政策は実質的に貧しい女性たちを貿易から排除し、すでに富を支配している男性たちに貿易を独占させてしまう。

ときとして、ＥＷＴが支援するはずの人々を規定が門前払いしてしまった。例えば、ＭＷＥＤＯに対する監査では身元確認の問題が発生した。きわめて家父長的な文化を持つマサイ族には児童婚の慣習があり、赤ちゃんの扶養は母親任せであるため、切実に働く必要があるごく若い女性たちがたくさんいる。アフリカ農村の女性たちには出生記録がないことが多いため、彼女たちは自分の年齢すら言えなかったりする。栄養不良のせいで一八歳の女性が一二歳に見えたりもする。この組織が監査を受けたとき、多くの労働者が未成年に見られ、自分の生年月日を証明できなかった。だが彼女たちには自分の子どもがいたのだ。このケースでは幸い、監査人が村をたずね回って若い母親たちの年齢を確認できた。ほとんどの監査人はここまで手間をかけなかっただろう。

身元確認の問題は、銀行口座や貸し付けや電話を取得するといった、正式な登録が必要なプログラムで必ず持ち上がる。私がこのプロジェクトを手掛けた後に、マスターカードなど他の企業が開発途上国に進出し始め、政府と提携して特に農村地域の女性を含むすべての人にＩＤカードが発行できるようにした。だからこれも解決が可能な問題である。

北米以外では原材料の入手が大きな問題だ。女性たちが西洋の店向けの家庭用品や身の回り品を製作する場合、新しいスタイルの生地やリボンやビーズがデザインの一部に入っていることが多い。北米ではほぼどんな材料でもネットで見つかり、翌日には玄関先に配送してもらえる。しかし開発途上国では手に入らないものがある。

染料のようなごく基本的な材料も問題になる。ショーウィンドウで季節ごとに入れ替わるディスプレイを思い浮かべてみてほしい――靴、バッグ、スカーフの色がぴったり合っていることが多いはずだ。しかしディスプレイされた商品はおそらく別々のメーカーが――ひょっとしたら別々の国で――小売店の倉庫に届いた時点ですべての品物の色が合っているよう、パントンという世界標準の色見本に従って製造している。私たちのチームが観察したケニアの女性たちは、編んだ籠の色を合わせるための適切な染料を手に入れられなかった。また、彼女たちは籠の素材となるラフィアを、私がウガンダの山岳地で見たような石の「炉」にかけた川の水入りの大鍋でなんとか染めようとし、その後は低木の上に広げて天日で乾かしていた。どの工程でも色の出方にムラが生じる可能性があり、それではウォルマートの品質管理で不合格となる。女性たちには資材の調達支援と技術指導が必要だった。この部分を支援すれば障壁がまた一つ取り除かれるだろう。

北米の企業は自国市場の技術の高さだけでなく、倫理性の高さでも有利だった。例えば、コロラド州デンバーのウィメンズ・ビーン・プロジェクトはほとんどが豆というシンプルな材料でできた各種の商品を販売している。同社が使用する豆の価格や入手状況が変わるときには、供給業者が事前に通知して代替品を提案したり、計画を立てられるよう遅延を警告したりしてくれる。開発途上国ではこのような協力関係が女性たちに対してはない。

ＥＷＴでも、その後私が観察した別のプログラムでも、先進国か開発途上国かを問わず、女性たちは製造にまつわる技術的な助言と原材料から製造を経て出荷に至る全工程での支援を必要としていた。例えば北米の企業は通常、商品を自分たちでデザインしていたが、そのデザインを仕様に落とし込み、コスト計算し、製造工場と契約する方法を見つけなければならなかった。最終的に同じ国（アメリカかカナダ）の工場を使う企業もあれば、外国の工場に発注する企業もあった。どの国であろうと、依頼を実行できる設備があり、仕様どおりに製造してくれる工場を見つけるのは大変だった。人脈が頼りだが、女性はネットワークの外にいるためたいていキーパーソンを知らない。

製造された商品が手元に届けば、今度は小売業者に発送するため値札をつけて梱包しなければならない。量が多ければこれ自体が大仕事である。私が話をした北米の女性たちのほとんどが、この作業を代行してくれる「フルフィルメント」業者があることを知らず、何か月も苦労して自分たちでやっていた。これも、こうしたものを調べられるネットワークから排除されているがゆえの問題である。

しかるべき人々がニーズを認識すれば、ビジネスのノウハウを覚える過程の苦労はおそらくずっと軽減でき、生き残る女性所有企業が増えるはずだ。例えばアメリカとカナダなら、商工会議所やロータリークラブのようなボランティア組織が技術的な助言を提供できるだろう。開発途上国であれば、農業指導員と同じ形でこのような支援を提供できる。女性に対して、相手をきちんと一人前扱いして行えばよいだけだ。

貧困国にいるEWTのサプライヤーにとっては、出荷と通関もコストとリスクを上乗せする。生産地から輸出加工区への輸送は高額の費用がかかり、手配が難しいことが多い。さらに税関職員が賄賂を要求したり関税を気まぐれに変えたりしてくる。あるEWTのサプライヤーがナイロビからラフィアの籠を出荷しようとしたときは、製造に苦労を重ね想定外のコストがかかったあげくに商品を輸出加工区に持ち込んだところ、税関職員が元の見積もりを反故にして、商品の受注金額よりも高い関税を要求した。世界のどこでも、政府機関、特に税関の腐敗は男性よりも女性にとって大きな問題である[4]。女性は税率や規定を何も知らないと思われているため、職員は女性には嘘をついても大丈夫だと思っている。女性が性的いじめにも遭いやすいことは言うまでもない。開発途上国には主要港が一つか二つしかないから、商品を輸出しようとする女性が正当な扱いを受けられるよう支援する専任の職員を常駐させるのが有効だろう。これは、女性が所有する企業からの輸出を増やしたい国にとって——どの国もそれを望んでいるようだ——輸出を促進するための重要かつ比較的簡単な方法であるはずだ。

これを言うと人からなかなか信じてもらえないのだが、開発途上国の女性事業主が成功するための最大の障害は「スタイル」だった。二〇一二年に私は博士課程の教え子、メアリー・ジョンストン゠ルイスとともに、国際貿易センターが主催しメキシコシティで開かれた女性ベンダー・エキシビションに行った。このイベントは、女性事業主（特に開発途上国の）が大手購買者に商品を売り込み、立ち上げられたばかりだったウィコネクトが彼女たちに登録してもらう場となることを主旨としていた。女性とバイヤーの接触が始まると、バイヤーたちは女性たちが「市場向け」つまり西洋の消費者市場向けの商品を作っていないと嘆いた。しかし、貧困国の女性たちが西洋の市場に触れた経験がほぼ皆無であるために、市場の好みやシーズンをイメージできず、市場の動き方もほとんど理解していないのを私たちは知っていた。例えば、自分の商品が消費者安全試験や動物虐待防止のための認証を受けなければならないと知ると、彼女たちはびっくりする。

通常は上海、ニューヨーク、ミラノのような都市で開かれる国際展示会は、このような女性たちが（少なくとも定期的に）参加するには費用がかかりすぎる。女性たちが展示会まで足を運ぶかわりに、展示会が彼女たちのいる場所で開かれるようなはからいが必要である。費用はかかるだろうがそれだけの価値はある。女性たちはたいてい飲み込みが早いからだ。例えばモルドバで一度開かれた展示会によって、女性所有のファッションデザイン企業はいっせいに変わった。

グローバル・グッズ・パートナーズのデザイナーたちはマサイ族の女性たちと協力し、ファッショナブルに見られることを期待できつつ伝統的なビーズ細工の技法を生かしたジュエリーを考案した。皆の渾身の努力にもかかわらず、そのブレスレットとネックレスはウォルマートで何度もディスカウントされながらまったく動かず、倉庫に一年以上も眠っていた。コストはウォルマートがすべてかぶったが、扱う商品がどれも売れないとなると、規模を拡大しようとしていたEWTが打ち切りに追い込まれることにもなりかねなかった。

EWTがうまくいくかどうかを最終的に決定するのはウォルマートの顧客だった。ほとんどのアメリカ人が何度かは買い物をしたことがあるウォルマートだが、普段使いしている客は厳しい予算で生活している人々だ。このような客は買い物に非常に慎重にならざるをえない。彼らに実験的なグローバル開発プログラムのために高めの希望小売価格にお金を出してくれと求めたのが間違いだったのだ。

私はこのプロジェクトを手掛けていたとき、ウォルマートは価格帯が低いから開発途上国の貧しい女性たちが「搾取」されてしまうのではないかとよく聞かれた。こういう質問をする人たちはたいてい、ウォルマートの店で買い物する貧しい女性たちもまた「搾取」されてはならないという発想がまったくない。ウォルマートの店の価格上限を決めているのはお客さんである。ダブルXエコノミーを解放するつもりなら、私たちは自分たちがやろうとしていることに影響を受けるすべての女性たちの利害のバランスをとらなければならない。

いくつかのケースでは、商品がウォルマートの顧客に受け入れられる価格では作れなかった。サンダンスやアンソロポロジーのようなもっと「高級な」ショップでネット販売するためにブランドを開発できた場合もある。ブランディングの要点は、高めの価格をつけられるほどに商品を差別化することである。しかしブランド開発は開発途上国の女性たちにできることではない——西洋の市場に訴求力のある商品を作るだけでも難しいのに、ブランド化するとなればなおさらだ。全米広告主協会や欧州ブランド連合のような業界団体がメンバーに、ボランティアでこのような女性事業主にマーケティング顧問を買って出るよう奨励すれば、昨今のビジネスピープルが好んで口にする「社会貢献」として、たくさんの女性とその家族が恩恵を受けるだろう。

ソーシャルメディアの支援も役に立つだろう。EWTのパートナーとサプライヤーからはウォルマー

WOMEN OWNED

図 32　この「Women Owned（女性所有企業）」ロゴは，消費者が女性の会社から買って女性を支援できるよう，店頭の商品に表示する目的でデザインされた。
出典：女性経営者全国評議会（WBENC）の許可を得て掲載。詳細は https://www.womenownedlogo.com を参照のこと。

トのウェブサイトが自分たちの商品を前面に押し出してくれない、という不満の声が絶えない。このサイトは購買者が女性が作った商品というキーワードで検索するか（そうするとは考えにくい）、商品名で検索する（ブランディングなしにはこれもありそうにない）のが頼りだ。ウォルマートは商品を発売時に「フィーチャー」し、「女性発」の商品の特設ポータルを作ってはいるが、私が見たところ、サイト全体の画面上で優先度を競う情報が多すぎ、一品でも購入にこぎつけるには購買者の目に触れる機会が足りない。ＥＷＴに登録したサプライヤー全社となればなおのこと足りない。もし国際社会から有志が独立した第三者としてマーケティング、特にサイトの最適化に関する助言と支援を提供できれば、このような弱小サプライヤーにとってとてもありがたいはずだ。

「女性所有企業が作った」として商品をマーケティングすることは、それ自体が訴求力を持ちうる。ウォルマートが実施した消費者意識調査は、女性（買い物客の大多数を占める）が他の条件（特に価格）が同じなら女性所有企業から買いたいと思っていることを示した。一方、男性の買い物客はどちらでも気にしないと回答した。そこでウォルマートの後援により、女性所有企業の商品であることを表示するロゴをＷＢＥＮＣが開発し、すべての小売業者が使えるようにした（図32）。

ＥＷＴのサプライヤーたちは、ウォルマートから受注した商品の材料を購入したり、作り手に支払ったりするための現金の調達に苦労していた。材料費と人件費を賄う運転資本を長期間確保する余裕のある企業は一社もないのに、出荷してから請求書を発行し、請求書が処理されて支払いを受けるまでの待ち時間は長かった。北米であれば、ウォルマートからの発注書を根拠に銀行が返済期限を延長してくれる場合もあった。しかし開発途上国では銀行が不動産の担保なしにはお金を貸してくれない。開発途上国の女性たちは土地を所有していないため、女性起業家は発注書があっても融資を受けられない。

プリディ兄弟はこの問題に粘り強く取り組んだ。銀行と社会的インパクト投資家〔訳注：社会的および環境的インパクトを同時に生み出す投資〕にアプローチしたが、実を結ばなかった。いくつかのケースでは結局、彼らみずから資本を出した。「ここに問題があるんです」とある日ジョン・プリディは電話で私に言った。「女性が所有する企業に成長してほしいのですが、彼女たちには資本がありません。だから会社を拡大する時期がきたら資本を調達しなければならない。資本を持っているのは誰だと思います？　男性なんですよ！　では、例えばプリディ兄弟が資本を提供したとしましょう。彼女たちを助けたい思いとは裏腹に、助けたら彼女たちの会社は男性所有の企業になってしまうのです！」

グローバル・グッズ・パートナーズ（ＧＧＰ）は非営利の社会的企業なので、営利型組織には使えない方法で資金調達ができる。そのため、受注額の五〇％を事前に提供して、商品を作るパートナー企業が最初に材料を購入し、製作期間中に女性職人への支払いができるようにしている。女性が男性と同等に資本を利用できるようにする解決策ではないものの、この資金調達メカニズムがなければ、ＧＧＰが提携している女性の企業の大半は操業を続けられなかった。

今は解決に向けた優れた取り組みがいくつかある。世界銀行の女性起業家資金イニシアティブ（We－Fi）は約三億USドルの基金を設け、世界中の地域開発銀行に割り当てて女性起業家支援プログラムに使わせている。基金には他の資金源からの出資もあり、総額の三倍以上が利用可能だ。私は光栄にもWe－Fi事業に関わらせてもらい、このような可能性を知ることができたのは特に有益だった。We－Fiに申請されるプログラムは時とともにジェンダー問題への認識を深め、自己資本の問題など信用貸し以外の問題を扱うようになった。今では女性が自己資本を調達するのをさまざまなインセンティブ、方式、擁護策を用いて支援する取り組みがなされている。しかし、このような変化は世界銀行ほどの影響規模と権威、そして刺激剤と緩衝材の役割を果たす資金のある組織によってしかなしえない。

実はここに記してきたことのほとんどは、G7、G20、APECのような大きな国際的経済組織や世界の指導者たちがもっと関心を向けてくれれば、もっと容易に達成されるはずである。ウォルマートは最終的に、開発途上国の女性所有企業のための「エコシステム」ではこのような小規模企業との契約は成り立たないと結論づけた。同社は代わりに既存のサプライヤーの中にいる女性所有企業の成長を支援し、すでに成果を出している小売、農業、工場対象の別のプログラムに注力することを決定した。私はウォルマートの決断に失望したが、理解はできた。

実際、このような企業、NGO、国際機関、さまざまな女性団体、ときには国家政府の協力関係が進化するにつれ、世界のエコシステムに全面的な刷新が必要なことが次第に明らかになっている。善意の個人や企業が単発的な改善を重ねるだけでは足りない。世界経済の中で女性が平等な立場になるには、世界経済を管理するトップ層がジェンダー・フレンドリーにならなければならない。それは無理難題に思われるし、実際にそのとおりだが、カナダのトップはそれが起こりうると思わせてくれる。

カナダは首相がフェミニストであること、フェミニスト外交政策をとることを公言している間違いなく世界史上初の政府だが、そう称するにふさわしい行動を示している。カナダの新しい「進歩的な」貿易へのアプローチは新たな世界秩序のビジョンにほかならない。カナダ政府は今の世界で支配的な経済理念に従った貿易はもう行わない、それは破壊的で持続不可能だからだと断言する。カナダの考えでは、ジェンダーに注目することが世界経済を人道的で持続可能な未来に導く主要戦略である。カナダの貿易委員会は、女性が世界貿易に参加するうえでの障壁を取り除くことにより、カナダ経済が一一四〇億USドル上向くとも推計している。

二〇一七年七月にカナダとチリは初めてジェンダー平等に関する条項を含む国際貿易協定を締結した。更新されたカナダ・チリ間自由貿易協定の「貿易とジェンダー」の章は、貿易がジェンダー・ニュートラルではないことを明言し、さらに踏み込んで「包摂的な経済成長の推進にジェンダーの視点を取り入れる重要性、ジェンダーに配慮した政策が持続可能な社会経済的発展の実現に果たしうる重要な役割」を強調している。[5]

協定の条項の中で両国はジェンダー平等に関する国際合意すべてにコミットし、自国の「ジェンダー平等に関する法、規制、政策、慣行」を国内に周知する義務を負うことを再確認している。その後に、女性の金融包摂から指導者層と意志決定層の女性比率の増加まで、チリとカナダが自国の女性エンパワーメント計画に入れる活動が列挙されている。両国で個別にも共同でも性別分解データを収集し、分析するとしている。

私が本章で述べてきた状況にとって重要なのは、カナダ・チリ間貿易協定が貿易を通じたジェンダー平等を追求するにあたって、NGO、民間セクター、国際機関、「その他の適切な関連機関」と協働する権限を明確に与えられた合同委員会を設立する点である。この条項により、この問題にすでに取り組んでいる多くの組織が必要性を認識していた、ジェンダー・フレンドリーなエコシステムを構築する下地が整う。

カナダは他国にも追随するよう積極的に説得を試みている。二〇一七年にブエノスアイレスで開催された世界貿易機関（WTO）閣僚会議で発表された「貿易と女性の経済的能力強化に関する共同宣言」の起草に同国が関わったのもその一環だ。宣言の陰にはアランチャ・ゴンザレス国際貿易センター（ITC）事務局長の尽力があった。

アランチャは二〇一五年のパワー・シフトで開幕のスピーチを行った。その朝、彼女はグローバル市場のジェンダー不平等という恥ずべき状況に対する熱い思いを語って、会場にいた私たち皆に感銘を与えた。彼女は輸出入取引に参加する女性事業主が一一％しかいない現状を説明し、二〇二〇年までに一〇〇万人の女性を国際貿易システムに参加させるという目標にITCは正式に取り組むと宣言した。これにより、グローバルGDPは一四八兆USドル増加するとITCは予想していた。

「貿易と女性の経済的能力強化に関する共同宣言」について説明しその正当性を述べる文書の中で、宣言の支持者たちは、ジェンダー問題への対処がWTOをより進歩的な課題に向かって転換させ、本来進むべき道に戻す第一歩となりうると説明した。[6]

一九四五年に調印された国連憲章のもと、国際貿易は平和を支えるという新たな目的に資することになった。第五五条「経済的及び社会的国際協力」は、世界経済の第一の目的は「諸国間の平和的且つ友好的関係に必要な安定及び福祉の条件を創造する」ことであると具体的に述べている。[7] 国連は新たな経済課題に取り組むいくつかの専門機関を設立した。それが世界銀行、国際通貨基金、ITC、そしてWTOの前身機関である。しかし貿易と関税に関する一般協定（一九四八年）によって貿易が他の課題から切り離されると、国連は経済を人道的な使命から分離させた。このときから、貿易政策は一九五〇年代の経済学の特徴だった力こそ正義というイデオロギーに与《くみ》し、以降七五年間それにこだわり続けた。

そこで、二〇一七年に女性のための宣言に関わった活動家たち――ジェンダーの経済的包摂が人道的に好ましい効果を上げることをよく知っている――は、ジェンダーをテーマにすることが、国連憲章の本来の使命に立ち返る提案になると考えた。また、このような宣言によって、女性の権利が再びグローバルな経済的課題と人道的課題に含まれることになる。

宣言に強制力はないが、政府と国際機関による国内政策に性別分析を適用できるようにし、女性の起業と金融包摂を奨励し、女性の貿易参加への障壁を取り除き、有用な性別の統計と調査を作成する重要な合意だった。宣言はアイスランド政府とシエラレオネ政府によって提案され、アメリカを除いたすべての富裕国を含む一一九か国（最終的に一二二か国）が署名した。イスラム教徒が多数派を占める国の中ではトルコとパキスタンだけが署名した。人口世界第二位でジェンダー事情の後進性では世界で最たるインドは、ジェンダーを貿易協定に含めるべきではないと主張して署名しなかった。[8] 反対した四六か国は女性が調達契約を求めたことに特に不快感を示し、女性の利益に配慮すること自体あまりにも負担が大きいとも考えていた。

アメリカが署名しなかったことに大きな驚きはなかった。アメリカは一九七九年に採択された「女子に対するあらゆる形態の差別の撤廃に関する条約」（CEDAW）という国際的な女性の権利章典をまだ批准していない。この重要な条約を批准していないのはアメリカを含め六か国だけで、他はイラン、パラオ、ソマリア、スーダン、トンガである。先に述べたように、アメリカは極端な市場主義の発祥の地だ。この思想を奉じる人々はいまだに、市場はジェンダー平等などの社会問題に配慮すべきではないというスタンスをとることが多い。近年、アメリカはWTOで弱い者いじめをする大国としてふるまっており、進歩的なアジェンダに積極的に関与するとは思われていない。

「貿易」の言葉そのものの定義がジェンダー問題と相容れないとするインドの主張もまた、市場は客観的に機能するという哲学に根ざしている。それは「ありのままの現状」に恩恵を受けている者が甘い汁を吸い続けられるように都合よく定式化された前提だ。この考え方に与《くみ》するのは、現在の構造、価値観、世界の交換システムの受益者を支えることになる。ジェンダーレンズを重ねれば、この考え方は破綻をまぬかれない。「客観的な」グローバルシステムの中では二つの経済が機能しており、片方が他方に比べて構造的にきわめて不利な待遇を受けていることがわかってしまうからだ。インドは経済がジェンダー・ニュートラルであるという嘘の上に築かれた哲学を死守しようとしていた。

一般社会の反応にもがっかりさせられた。ある人々は、ジェンダー包摂の歩みを阻むお決まりの戦略となった理屈で宣言を酷評した。表向きは進歩派と目される論者は、世界の諸問題をまず解決してからだ——あるいは今の世界秩序がご破算になって別の秩序に置き換わってからだ、と言って女性支援策にことごとく反対する。これは女性たちを人質にとり、自分が優先したい別のイデオロギー上の方針を推進する手段に利用しようとするひねくれた態度だ。女性のための手探りの一歩を踏み出そうとするたびに世界中のあらゆる問題を持ち出すことで、彼らは「女は後回しだ——女以外のすべてが先だ！」と叫んでいる。この態度は家父長政治の非道な一変種だが、制度レベルのジェンダー改革が検討されている分野では必ず、女性のための大義を阻止しようとするこの手の自称進歩派が目につくようになっており、右派だけでなく左派も簡単にジェンダー平等の敵になりうることを改めて証明している。

残念なことに、女性団体もこの風潮に乗り、皮肉にもジェンダーの視点を欠いた声明を発表した。一六〇以上の女性団体とその「支持団体」が、宣言に署名しないよう自国政府の代表に求める陳情書に名を連ねた。世界貿易機関の史上初のジェンダー平等協定に抗議した彼らの発言をいくつか紹介する。

> 全世界の女性権利団体が、ＷＴＯによる害悪をごまかすために女性を利用した「目くらまし」としてこの宣言を拒否しました。女性の人権に本当に関心があるなら、各国政府は今女性たちの賃金を引き下げ、女性たちを住んでいた土地から追い出し、多国籍企業を利するために公共財を民営化している国際貿易のルールを変えるはずです。新自由主義を正当化するためのずる賢い策略としてジェンダー平等が利用されることに、私たちはうんざりしています。
>
> ——アジア太平洋女性法律開発フォーラム地域コーディネーター、ケイト・ラピン
>
> 農業市場を外国からの投資に開放した自由貿易政策によって、女性農民たちは困窮に陥りました。貿易自由化によって企業による土地の収奪に拍車がかかり、女性たちは土地と生活の糧を奪われ、

飢餓が広がり、地域社会が破壊され、女性たちの窮状が深刻化しています。
——フィリピン農民女性全国連盟、アミハン、ゼナイダ・ソリアーノ

WTOがいかに資本主義的家父長制を世界規模で制度化した組織であるかを最初に示したのは女性でした。女性や子ども、農民や労働者の生活と生計、そして地球を破壊しているシステムを拡大するトロイの木馬として「女性」を利用することを私たちは許しません。
——インド人学者、環境活動家、食料主権擁護者、バンダナ・シバ[9]

今挙げた声明すべてにおいて「女性」は虐げられた人々を十把一絡げに指している——虐げられた人々のすべてが同等に不遇な状態にあるわけではないことも、男性「農民」が組織的に女性「農民」を排除していることも認識されていない。あきれたことに、女性の経済的利益はうわべの体裁を取り繕う役にしか立たないささいなもの、もっと重要な問題を隠すためのトロイの木馬として扱われている。女性のために行われることが、真剣でも重要でも有益でもありえないと彼らはほのめかしている。したがって女性のための取り組みはすべて「ずる賢い策略」にすぎないと。土地の所有権について触れている部分はとんでもない無知さえさらしている。女性たちから土地を奪ったのはWTOではない。女性たちが土地を所有したことなどそもそもなかったのだから。

彼ら反対派やNGOの「進歩派」にとって、WTOとの関わりは一切受け入れられないのだ。女性を支援し、女性を通じて貧しい人々や飢えている人々を支援するという尊い目的のためであっても。たと

え目的がＷＴＯをより進歩的な路線に移行させることであっても、それはＷＴＯがこれまでにもたらした害からの目くらましにすぎないというのだ。このような発想からは、ＷＴＯに反対するか、ＷＴＯと一緒に罪を犯すかの二つの立場しかとりえない。どちらの立場からも生産的な結果は導かれない。

「新自由主義」はあまりにも雑に使われる言葉なので、目にしたときに何を意味しているのかわかりにくい。自由放任《レッセフェール》資本主義（私が極端な市場経済学と呼んできたもの）への過度な信仰を指している場合もある。体系的な問題に対処せず、個人が自分の問題を解決することを期待するプログラムへの批判として使われる場合もある。どちらを意図した反対も、グローバル市場からの女性の排除問題に着手することをＷＴＯに説得しようとしている人々にはあてはまらない。

実のところ一般的な使われ方では、「新自由主義者」は現行の経済構造の中で働く人への蔑称にすぎない。その人の目的が女性をエンパワーし貧困者を支援することであってもだ。こういった誹《そし》りを避けようとするなら、国際的な経済機関や企業とも、おそらくはＷＴＯに代表を送っている政府（一六四の加盟国すべて）とも一切協働できなくなる。だから本当に彼らの言い分に従えば、「システム」に関わるいかなる組織とも一緒に働けず、「新自由主義者」と呼ばれてはならないことになる。今でも世界中で企業を相手に交渉している労働組合だけはどうやら例外のようだが。

現代の批評家は資本主義を人類史上唯一の家父長制の形であるかのように扱いがちである。家父長制——さまざまな形を取りながら連綿と続いてきた一つの力——の下にあった長く悲惨な女性たちの体験は否定されている。この観点からすると、旧石器時代に家父長制は存在せず、狩猟採集民、家族農業社会、遊牧民、戦士部族、農耕社会に家父長制は存在しないことになる。当然、社会主義国、共産主義国、ソビエトにも家父長制はないことになる。

このスタンスは、経済の種類を問わず、女性を対等に参画させないそれぞれの経済に固有の制約に女性たちが苦しんでいることを認識していない。女性は後回しにすべきだ、女性の排除と苦しみは続けさせていい、完璧な世界が実現するまで女には待たせておけと暗に示唆している。

この考え方からは解決策が出てこない。また、ここには女性の居場所はない。

あらゆる問題が解決された世界秩序が実現するまで、ジェンダー平等に取り組むのを待つのか。今、女性を最優先課題とするのか。

人口の半分は十分に多い。五〇〇〇年も非道な扱いに耐えたなら十分に長い。不平等な境遇の集団の中で最も不平等な立場は、十分に不公正と言えるだろう。希望ある未来を確保することは十分に理由になる。ダブルXエコノミーを羽ばたかせるときは今だ。

［第14章］

救済への道

人類が女性をどう扱ってきたかは歴史の暗部の一つである。そこに光を当てるのを、おそらくは苦い現実と向き合うのを恐れて、私たちはあまりにも長らく拒否してきた。今、歴史書から統計まで膨大なエビデンスがこの悲劇を白日の下にさらした。しかしデータは救済への道も照らし出している。正義のため、同じ人間のため、全人類の物質的幸福のため、新しい大事な局面に入った女性の経済的エンパワーメント運動に、あなたもどうか参加してほしい。

世界中で、女性たちは一〇〇〇年前から根付いている経済慣行に苦しめられている。本人の意思に反して娘を売買する。持参金を使い果たした後に花嫁を焼き殺す。夫を亡くした女性が子どもとともに生き延びる手段を得るため、性的屈辱を受け入れることを強要する。ささいな家事の失敗への罰として、自活の手段を持たない妻に食事を与えない。暴力を振るわれても子どもを抱えて他に行く当てがないため母親たちが家を出られない。

どの国でも、経済のメカニズムが組織的に女性たちを依存させ不平等な立場に置いていることが今ではわかっている。男性の資本独占。既婚女性の雇用を禁じる「マリッジ・バー」。職場の性暴力。男性が取り上げてしまう収入と家計資産。男脳・女脳の偏見。不当な無償奉仕の負担。母親ペナルティ。

しかしダブルXエコノミーの排除は社会全体に莫大なコストを生じさせてもいる。幼い娘をお金と引き換えに結婚させるがゆえに低年齢出産率と乳児死亡率が高い。夫の死後に無一文で放り出される寡婦は極貧層の最大割合を占めている。食料不安と世界の飢餓は女性が土地を所有できないために悪化している。何十年も不平等な賃金で働いた後、高齢になってから政府の援助に頼る女性が多い。女性に自己決定権のない国では死、財産の破壊、病気、トラウマなど代償ははかりしれない。母親に経済力がないために、子どもたちは飢え、病気にかかり、教育を受けられない。

機会コストも莫大だ。働く女性は最も当てになる経済成長の源である。手の届く料金の保育サービスがないために、あるいは夫が家から出そうとしないために女性たちが家庭にとどまれば、彼女たちにとっても国にとっても損失である。多くの社会が、特に西洋では、女性の教育に多額の投資をしているのに、女性を職場から追い出している——貴重な資源を無駄遣いし、成長を維持するチャンスを失い、すでに社会の未来を脅かしているスキル格差を広げている。

ダブルXエコノミーに課せられた制約を取り除くことにグローバルで知恵を絞って取り組めば、世界の悲惨を極める問題のいくつかは解決できる。女性の経済的エンパワーメントが私たちに使える最も優れた対貧困の武器であることは、何度も証明されてきた。女性が経済的な自己決定権を持てば、虐待から逃げられる。若い女性に稼ぐ手段を与えれば、人身売買から守れる。ジェンダー平等はあらゆる暴力を減らす。

女性を完全に包摂することの有益な効果は機関レベル、国レベルで見えてくるはずだ。金融システムに女性を包摂することは、金融機関の収益に寄与するだけでなく、リスクを軽減し、透明性を高め、経済全体の安定性も高める。国際貿易に女性を参加させれば、国の体力とイノベーション力が増す。女性が使えるお金を持てば、人的資本が育成される。地域社会への投資と慈善的寄付も増える。経済の指導層に女性が参画すれば、収益率が上がり、リスクが下がり、環境へのダメージが減り、職場が働きやすくなる。

ダブルXエコノミーには成長を生み出しコストを下げる力があるから、包摂の採算はとれる。例えば手の届く保育サービスに対する投資は、それがなければ家庭にとどまったはずの女性たちがいっせいに労働力に参入し、GDPを押し上げ、税収を増やすことによって相殺されるだろう。また、女性が職場に進出しても、結果的にもたらされる経済成長が雇用を創出するので、男性の職は失われないことをデータは示している。経済的責任を女性と分担すれば、男性には別の形でもメリットがある。たとえば過重労働、男性が支配する職場、一人で家族を養う責任は、世界中の男性にとって大きな重圧となっているからだ。

職場でも家庭でも男性と女性がジェンダーのバランスよく働くとき、経済的成果は最も高くなる。男女混成のチームのほうが投資の成績がよく、優れた製品を作り、高い収益を上げ、失敗が少ないことを各種研究は一貫して示している。家庭でも、家事と有償労働を一緒に引き受けているカップルのほうが子どもとの関係が緊密で、平等主義的な価値観を持ち、人間関係の軋轢が少なく、生産性が高い。

私たちが文明社会としてよりよい生き方を求めるなら、ダブルXエコノミーに課せられた制約を取り除く以上に確実な方法はない。だが、抵抗はあるだろう。経済に女性を包摂する世界的な動きに腹を立てる男性はいるだろう。苦悩なしには伝統的な男らしさへの執着を手放せないからだ。彼らの怒りは私たちすべてにとって危険信号だ――これまでもずっとそうだったように――が、皆で毅然としてそれに立ち向かわなければならない。

経済学者たちもおそらく抵抗するだろう。経済学が多大な労力を捧げてきたイデオロギーでは、人類の半分を組織的に排除する理由を説明しきれない。女性の不利な状況は、「自己選択」の結果に違いないと彼らは主張する――つまりあらゆる国、あらゆる時代、あらゆる産業、あらゆる職業、世界経済のあらゆる領域の女性たちが、同じ自滅的な選択をしたか、すべての場合において成功に必要な資質を（それが何であろうと）欠いていたと信じろというのだ。だが、ダブルXエコノミーは、何百万人もの女性たちの個人的な選択ミスや能力不足のせいではなく、悲劇の歴史に起因している。

世界中の女性たちが経験している持続的な不遇を見ると、意図的な排除による構造的な不平等のパターンが見えてくる。女性の不合理な行動が無作為に重なった結果ではない。女性の不遇は人類の最古かつ最大の最下層階級が存在するまぎれもない印だ。この恥ずべき歴史を修復して繁栄の平和に置き換えるべく、一緒にがんばりましょう。

女性に対するこの組織的な制約をなくすためには、グローバルで力を合わせた運動が必要だ。やらなければならないことはたくさんある。変えるのは簡単ではないし、すぐに成し遂げられるものでもないが、努力するだけの価値はある。より包摂的なだけでなく、家父長的な搾取のない世界経済が待っていると思えば、心が奮い立つ。家父長制は何千年にもわたって女性だけでなく男性も隷属させ、地球を破壊してきた。

支配から分かち合いの倫理に転換するには、人類にとって進化ともいうべき飛躍が求められる。だが変化への適応力は私たちの最大の強みだ。私たちならできる。

目の前の道は明るくはっきりと見通せる。状況は待ったなし。可能性は無限大だ。女性の皆さん、男性の皆さん、ダブルXエコノミーを解放するために、力を結集しましょう。

［エピローグ］

——次にやるべきこと

この大事業には、誰もができることがある。ダブルXエコノミーとは何か、何に制約されているのか、どのように機能しているのかを説明しながら、そのいくつかを提案してきた。エピローグで、さらにいくつかのアイデアを提示する。しかしそこから先は、私たちがやってきたことにあなたも挑戦してほしい。女性たちが直面している制約について考え抜き、障壁をせめて少しでも動かす行動を思いつき、実行する方法を考え出してほしいのだ。

ソーシャルメディアを使って啓発する、女性のエンパワーメント団体に寄付をするなど、直接やれることもある。こういうことはすぐにできる。今も苦しんでいる人たちがいるので、一刻も無駄にはできない。

これから行う提言はアメリカ向け、国際社会向け、個人向けの三つに分けられる。まずアメリカを取り上げるのは、アメリカは今、この先長年にわたって女性の運命を決め、世界中の女性にも必然的に影響を与える岐路に立っているからだ。

アメリカ

アメリカ人に思い出してほしい。マーガレット・アトウッドの小説『侍女の物語』（斎藤英治訳、早川書房、２００１年）が女性の経済的権利の撤回から始まっていることを。経済的権利を失ったことで女性たちはたちまち無力な存在となり、ギレアデの支配者が女性の生殖の権利を接収するのがいともたやすくなった。この二つの権利は無関係ではなく、どちらも同じように切迫感を持って守らなければならない。

したがって、中絶権をめぐる戦い――当然ながら怒りやパニックさえ引き起こしている――に向けられている強い関心の一部を、経済的権利の保護にも向けることが非常に重要である。急進的な保守派が意図的に世間の関心を生殖の自由に反対する単一争点運動に引きつけてきたせいで、第二波のときに勝ち取った雇用保護法が誰にも気づかれないまま撤廃されたことを私は懸念している。第二波の経済面の成果に起きた――今も起きつつある――ことには目を光らせておかなければならない。

アメリカ人女性は男性とほぼ同等のGDPを生み出し、多額の税金を支払い、投票率は男性よりも高い。女性はアメリカ最大の利益団体である。他の利益団体はどこも政治的支持の見返りを厳しく取り立てている。女性もそうすべきだ。テーブルを叩くべきときである。

そこで、二〇二〇年の大統領選の際、その後に成立する政権に対して私が提案した経済的な優先課題のリストを紹介する。インパクトの大きさおよび達成しやすさの順に並べた。

優先課題1：強制仲裁契約の連邦政府による禁止

メディアはこの問題を「一般人にはよくわからない」問題として報じてきたが、実は目につかない形で日常的に横行している。強制仲裁契約（P252参照）は雇用の条件として、苦情の申し立てを雇用主が手配した仲裁によって行うことに同意させ、従業員に労働者の権利の放棄を強制している。クラスアクション訴訟に参加する権利も契約書への署名によって放棄させられるのが常だ。このように、強制仲裁契約がアメリカ人労働者から労働者の権利をすべて奪う隠れ蓑になっている。

性別、人種、民族、宗教に関係なくあらゆる従業員が強制仲裁契約の対象になる。しかし女性のほうが差別に遭いやすい要素が多いと私は考えている。この問題を女性の問題とするのはそのためだ。

強制仲裁契約は保守派の強い最高裁によって合憲と認められた。この判決が、強制仲裁契約を導入する雇用主の増加を後押しするだろう。すでにアメリカ人労働者の半数近くが強制仲裁契約を結んでいる。最高裁判決の結果、強制仲裁契約を結ばされるアメリカ人労働者の数は増え、いずれすべての働くアメリカ人がその対象になるのではないかと私は予想している。

労働者の権利の根本を狙ったこのような攻撃に歯止めをかけなければならない。幸い、議会には歯止めに対して超党派的な支持がある。だから二〇二〇年の大統領選の前にも禁止法が可決される可能性はあった。議会はすでに、セクシャル・ハラスメントの事例に関して強制仲裁を禁止する法を可決し、この慣行を覆せることを示した。だから前例はある。また、強制仲裁契約は誰もが対象になるから、分断した国民同士が連携できる課題である。この取り組みはすぐに始めるべきだ。

しかし、商売上の圧力も加えなければならない。強制仲裁契約を使っている企業のリストを公表すべきだ。市民は消費者としてこのような雇用主の商品を買うのをやめよう。企業側の行動としては、自社の世間的な評判を守りたい企業はこのような契約を導入しないだけでなく、導入している企業とは購買をはじめとする取引を拒否すべきだ。その目的は、企業が禁止法に反対してロビー活動をしても何の得にもならないようにすることである。

優先課題2：学生ローンの全額免除

この問題が女性の問題であるのは、ローンの三分の二を女性が借りているからだ。女性のほうが多くお金を借りており、（同一賃金が進まなければ）男性よりも安い給与からローンを返済しなければならない。女性が男性より多額の学生ローンを抱えているのは、女性のほうが大学進学率が高く、男性と同じ職に就くには男性より高い学歴を追求しなければならないためであることを思い出してほしい。だから、政府が一人当たりのローン免除額に上限を設けるのは女性に対する差別になる。これがエリートの問題ではないことは覚えておいてほしい。ミレニアル世代の六五％が何らかの中等後教育を受けている。学生ローンの免除はお金持ちの不当な優遇ではない。資産のある人はそもそもわが子にこのような高金利のローンを借りさせない。学生ローンを抱えているすべての人が救済を必要としている。

いずれにせよ政府は経済上の理由からこの負担を取り除こうとしているのだから、ローン免除をばら撒きや給付金扱いすべきではない。一世代全体にこのような負担を負わせれば将来の経済が低迷するだろう。借金の陰がつきまとえば、いずれ中等後教育に進む人の数が減り、それは国の競争力の低下に直結する。学生ローンは消費者支出、貯蓄、投資にも影響する。これらに充てるべきお金をすべてローンが吸い取ってしまうからだ。家族形成にも影響し、耐久財の購入から住宅着工件数まであらゆる分野が打撃を受ける。学生ローンは出生率を押し下げ、そのときに生まれた「狭間の世代」が高齢者を支えるのが困難になるから、政府の社会サービスと医療サービスのコストが上がる。連邦政府に銀行や億万長者へのばら撒きを行う余裕があるのなら、人口の激減を防ぐ余裕はあるはずだ。

経済への長期的なインパクトを狙うものなので、学生ローン免除を連邦政府の一回限りの「支出」という扱いで、便益を伴わない項目として予算から出す決定をすべきではない。そうではなく、初期費用を投資の結果として予測できるプラスの流入の現在価値から差し引いて評価する資本投資モデルに従って、費用と便益を計算すべきである。その予測を、負債を帳簿に残すことによってもたらされるあらゆる損失の予測と比較すべきである（今述べたことがわからなくても気にせず読み進めてほしい。金融学ではごく基本的な計算なので、読者のどなたかはきっと計算方法がわかると思う）。

学生ローン免除のインパクトが正しく算出されれば、この借金を放置することが無慈悲なだけでなく、経済的に狂気の沙汰であることが明らかになると思う。

最後に、ベビーブーマー世代の仲間たちにこのアイデアへの支持を呼びかけたい。学生ローンは私たち自身の子どもと孫たちにこれから何十年にもわたって害を及ぼすからだ。子を持つ人たちは学生ローンの免除を求めてデモに繰り出すつもりでいてほしい。

優先課題3：普遍的保育《ユニバーサル・チャイルドケア》

第7章で普遍的な保育サービスの正当性を説いた。ここではそれを優先度の高い課題とすべきであるとだけ言いたい。他の二つを先に挙げたのは、そちらのほうがもっと早く実現できると考えるからだ。保育サービスは専業主婦を選択した母親も含めて、万人が利用できるものであるべきだと私は思う。この公的サービスは「預かり保育《デイケア》」ではなく「乳幼児期教育」として構想すべきだ。すべての子どもたちに利用できてほしいし、親に利用したいと思ってほしい。

優先課題4：同一賃金の執行を行政部門に移す

アメリカや他国の実体験から、同一賃金の執行という負担を女性個人に負わせるのがよくないことはもうわかっている。責任の所在を抜本的に変えることを求めるべきだ。特に保守派の判事が多数派となった今、それ以外の方法では事態の改善は期待できない。これに関する意思決定をできる限り裁判所から遠ざけなければならない。

優先課題5：すべてのインフラ計画への平等な参画

グリーン・ニューディールだろうと高速道路建設プロジェクトだろうと、女性は創出された雇用を公正な割合で獲得すべきだ。

賃金と昇進が不平等である大きな原因は、建設などの「きつく」て「重労働」の仕事を男性がほぼ独占していることにある。労働者階級の女性はこのような形の差別に特に影響を受けている。ところがインフラをめぐってはいまだに、「男性の職」を取り戻そうというイメージばかりがついて回る。これはいただけない。このような計画が検討される都度、女性と女性に味方する男性は平等な参画を要求しよう。

優先課題6：専業主婦と専業母親への新たな保護

この案をリストの最後に持ってきたのは、法を起草する前にどうするのがベストかを判断するための調査がおそらく必要だろうからである。実現にあたって扶養料の引き上げがベストなのか、それとも唯一の方法なのか私自身も確信に至っていない。

働く女性を重視する風潮の陰で、収入を夫に頼る女性たちが負っているリスクは見過ごされがちである。女性の権利を擁護する人々は不平等な賃金と昇進の原因として必ず、子育てのために退職する女性の多さを引き合いに出す。このような女性たちを守るための発言の場がないのは偽善だ。


これらすべての取り組みにおいて、少数民族の女性と貧困女性についてはそれぞれに固有の不利益を補償する特別な調整を行うなど、その権利が公正に扱われるようはからうことが不可欠である。

アメリカは国際社会で特別な役割を果たしているので、ふつうのアメリカ人が声を上げれば、女性の経済に著しくよい影響を及ぼせるはずだ。

世界

グローバル・ガバナンス

経済のグローバル・ガバナンスに対して女性は発言権がない。G7、G20、APECは過去五年間に外部向けの発表会的な活動を開始したが、これらはおおむね、女性の権利を擁護する人々を見せかけの包摂によっておとなしくさせようとする試みにすぎない。

例えば、これら経済協力を目的とした首脳会議は女性の経済問題を発表する「女性週間」を別個に設けるだろうが、本会議に派遣される代表団は出席しない。本会議はその少なくとも六か月後に開催され

（女性の代表者はいない）、二つのイベントのつながりは「女性週間」から代表団に送られる女性問題の主要な論点を記した短いサマリーのみである。サマリーはたいてい女性週間での合意によって急遽まとめられたもので、エビデンスの裏付けや既存の慣行および政策の情報が含まれていない。代表団が論点にまともに関心を寄せるとは考えられず、一部の国は裏で女性に関連する目標への協力を一切拒んでいることを私は知っている。私たち皆で自国の経済の代表者の不誠実なふるまいに声を上げなければならない。

経済学分野に女性問題の専門知識が不足していることも、このような会議の多くでいやになるほど露呈される。例えば、私が二〇一八年にＡＰＥＣの女性週間で講演したとき、終日四日間にわたるプログラムだったにもかかわらず、経済面の話をした講演者は全体で三人しかいなかった。他はすべて生殖の自由と女性に対する暴力（経済的な観点からではなく）に関するものばかり、そうでなければ「実務家」（主に協賛企業のビジネスピープルか地元の起業家）による非公式のパネルディスカッションだった。最後に、どの問題をＡＰＥＣに持ち込むべきかについてあわただしく投票が行われた。女性週間の実情はだいたいこのようなものである。もしＡＰＥＣに派遣される実際の代表団の一人がこの女性会議に出席したとして、彼（必ず「彼」だ）に女性は経済について何も知らないとか、女性の問題は世界保健機関のような機関ですでに対応されている、と結論づけられてもしかたないだろう。このような会議で生殖が中心に据えられ経済がないがしろにされていることによって、女性は産む性にすぎないという考え方がはからずも強まってしまっている。

残念ながら、国際経済のガバナンスに関わる男性たちのほとんどは、ダブルＸエコノミーに関心を向けるのを平然と拒む。二年ほど前、私は世界銀行の内部研修の会合で討論会に登壇した。世界中から専門職の職員が集まり、四〇〇名が参加していた。同じ時間帯に入っていた四つの討論会の一つが女性の経済に関するものだったが、聴講者は二五名だけで、二人を除いてすべて女性だった（しかもこの会合に参加した女性の数は非常に少なかった）。同じ年に、W20がシンクタンク20というほぼ男性ばかりのグローバルな会合に招かれ、プレゼンを行った。男性たちは他のプレゼンは環境問題についての長いプレゼンを含め、最後まで聴講していた。ところがW20が壇上に上がったとたん、シンクタンク20の面々は立ち上がって会場を出て行った。

また別の会合では、ダブルXエコノミーを全体論的に評価する視点が欠けているために、取り組みが分裂し効果を弱めてしまっている。最近行われた女性の経済的エンパワーメントに関する国連ハイレベル・パネルは、世界の理解を得て女性のための経済施策を始動させる千載一遇のチャンスだった。ところが、パネルは他の利害やイデオロギーとの縄張り争いにほぼ終始した。ダブルXエコノミーへの国際的な取り組みに参加する者は、女性全体を視野に入れることができ、別の議題を優先して女性の利益をないがしろにしないように、専門知識、女性へのコミットメント、立場の独立性で選ぶべきである。

知識に裏付けられた視点から女性の経済的利益を代弁する独立したグローバル組織を設立し、資金を賄うことが急務だ。この組織は自前の建物とスタッフを持ち、あらゆる世界的な首脳会議にみずから代表団として参加する権限が与えられていなければならない。女性の経済に関する研究のハブとなり、その進捗をモニターして報告しなければならない。何年間ももたついたものの、今のW20はその出発点として最もふさわしく思われる。オランダのマキシマ王妃がW20の資金調達と正式な承認の旗振り役に就任された。これが成功すればすべての女性たちが恩恵を受けるだろう。

WTOのような機関にはジェンダーレンズ採用への圧力を強めるべきである。カナダがよい先行例となっている。このような取り組みを支援する最もよい方法は、各国の市民が自国の政府に圧力をかけることだ。国の課題設定をするのは国の指導層であり、各国の課題が世界の優先課題となる。国や国際機関のしていることがジェンダー・ニュートラルであるという建前に付き合い続けてはいけない。彼らは私たちのために働いているのだ。説明責任をとらせよう。

リーダーシップと専門知識

国際通貨基金のクリスティーヌ・ラガルド専務理事〔訳注：本書執筆当時〕やカナダのジャスティン・トルドー首相は状況をがらりと変えた。このような国際的な経済組織にいる、女性に優しいリーダーを支持することはきわめて大切だ。

しかし、民間セクターのリーダーを支持することもまた重要である。企業の取締役を務める女性たちへの支援策を、裕福な女性を優遇するだけだと否定する人々にはがっかりする。企業のリーダーはその下で働く人々、企業から買う人々、供給業者、企業が事業を展開する地域社会や環境に影響を与える。影響が及ぶ問題は賃金および昇進機会の平等や労働者および製品の安全性から透明性や腐敗まで幅広い。女性（と心ある男性）を政府の指導的地位に就ける重要性はもちろんだが、経済界のリーダー層についてもその重要性を忘れてはならない。見過ごすにはあまりにも重要なことだ。

経済学界には女性に関する専門知識が嘆かわしいほど欠けている。原因の一部は経済学部があまりにもジェンダー・フレンドリーでないことにある。フェミニストの経済学者ほか有益なアドバイスができる人材が世界中の大学、政府、機関に散らばっている。この人たちを見つけて支援し、意見を聞き、一堂に集めて政策への情報提供や政策立案をしてもらったり、他の政策コミュニティに働きかけて支援を説得する手伝いをしてもらったりしなければならない。関連する研究プログラムに携わることを若い女性たちに奨励し、次世代のポストに向けて育成しなければならない。

公共と民間の資金調達

国際援助や世界的慈善団体に訴えかけ、女性の経済的エンパワーメントの支援を説得しなければならない。特に援助国の市民が、国際援助予算から女性に直接回す割合を増やすよう主張すべきだ。それ以外の予算が軍事支出と腐敗に飲み込まれがちであることを考えればなおさら、女性の支援に積極的であってほしい。そのほうが効果が高く、援助金が生産的に使われることがわかっているからだ。

個人ができること

女性の経済的エンパワーメント運動には、個人が関わって貢献できる部分がたくさんある。そのいくつかを紹介する。

投資

個人投資家、インパクト投資家、機関投資家にはジェンダーを支援する企業、女性起業家、女性が恩恵を受ける大型プロジェクトに投資するようにしてほしい。

女性が所有する企業に女性がエンジェル投資しやすくする女性投資家の融資団を結成すべきである。そのいくつかは、小口投資家でも参加できるようにすべきだ。

女性が所有する企業や女性のためになるプロジェクトのクラウドファンディングなら誰でもできる。偏りをなくそうという意欲を持ってこの分野に参入する女性投資家その他の投資家は、多いほど望ましい。

また、難しいのはわかっているが、ジェンダー平等に反する目に余る行為が報じられた企業には、その株を手放すことで変化への圧力をかけられる。一般的な慣行として、ジェンダーに関する評価の高い企業にお金を投じれば、ジェンダー平等に向けたシステムの変化を支援できるだろう。

消費

すでにフェアトレードの例があるように、意識的な消費は有益だろう。ボイコットはあまり効果がなく、労働者が損害を被ることが多い。それよりも、ジェンダー・フレンドリーな企業が作った商品を積極的に選ぶことで、競合他社の改革を促せる。

商品のメーカーが「ジェンダーを支援している」かどうかの評価法は多数ある。例えば、ブルームバーグ・ジェンダー平等指数が使える。他には雇用主に与えられるエッジ認証も指標になる。この認証は非常に厳しく、企業が取得するには費用もかかる。このマークを表示している企業を見かけたら、自分のお金で応援の意思表示をするのもよい。同様に、「ジェンダー平等」ブランドマークがある。これは一定のジェンダー指標で好成績を上げたブランド商品に与えられる。商品カテゴリー別に企業だけでなくブランドを検索し、相対的な評価を知ることのできるアプリもある。

小売業者とマーケティング協同組合が、商品の製造者が女性所有の企業または女性農業者であることを示すラベルを試すことがある。このような取り組みを見かけたら応援するとよい。というのも、ほとんどが現時点では試験的に行われているので――見かけたと思うと消えていたりするのはそのためだ――たとえ一時的にでも売上が伸びれば、このような形の経済的な女性支援を発展させていこうと企業を説得する一助になる。

雇用

職場では、同僚や管理職として行動を起こせる。おそらく最も抜本的なのは、法に抵触しなければ、従業員同士が自分の報酬に関する情報を教え合うことである。匿名でそうする方法が提供できるならそれがベストだが、非公式な会話でも効果がある。給与交渉で女性にとって（偏見以外で）最大の障壁は、給与体系の不透明さだからだ。

後進の女性たちを励ますのに本格的なメンタリング・プログラムは必要ない。批判をしすぎないようにとだけは注意しておきたい。そのような助言のしかたは相手を助けるよりもつぶしてしまうからだ。少し自信をつけさせるほうが効果が大きいだろう。

あなたの権限の範囲内で、キャリア開発の機会を女性に割り当てること、そしてもちろん昇進させることは助けになるだろう。

多くの専門家と経営コンサルティング会社が、管理職をダイバーシティ推進の成果で評価しインセンティブを与えることを提言してきた。私も賛成だ。長年、ビジネスピープルはCEOにダイバーシティ目標を受け入れさせれば十分だと考えてきた。今では問題は現場レベルにあり、現場の管理職は会社目標を自分の個人的な目標ほど気にかけていないのがわかっている。

誰でもできること。女性を軽視する発言に同調しない。セクシャル・ハラスメントについて率直に話すことを肯定する。偏見のある人の機嫌をとるのをやめる。

啓発

女性の排除の規模、その影響の大きさ、それを変えればどうなるかを啓発することによって、私たちの仲間を増やし、各種機関への圧力を強めなければならない。やり方や関与の度合いはいろいろあると思う。読者のほぼ全員が、何がしかのソーシャルメディアを利用しているのではないだろうか。あなた自身の応援の意思や、運動が出した、あるいは運動に関するネット上の情報で関心を引いたものをシェアしてもらえるとありがたい。

ジャーナリズムを始めさまざまな媒体が女性の経済的エンパワーメントを取り上げることができる。特に主流メディアは社会の幅広い層に届く。記事でも画像でも、コンテンツを提供できる面白い人物やプログラムはたくさんある。取材の対象となる知識の豊富な国際的運動の代表が、世界銀行、国際金融公社、チャタムハウス〔訳注：英国王立国際問題研究所の通称〕、ウィコネクト、アメリカ合衆国国際開発庁（USAID）、イギリス国際開発省、国連女性機関その他の機関にいる。大きな機関の中のジェンダー担当チームはたいてい小所帯である。感謝や称賛のメッセージが彼らを助けるので、どうか時間を割いてほしい。シェアしたりツイートしたり書いたりできるときには、どうかお願いします。

政府にジェンダー問題に対して行動を起こさせ、公的基金や民間の基金に女性の支援にお金を出させるのは、一般社会の意識と支持である。女性の経済的エンパワーメントへの一般社会の支持が高まるほど、仕事がしやすくなるだろう。

声を上げる

「インプリシット・バイアス（暗黙の偏見）」や「アンコンシャス・バイアス（無意識の偏見）」という言葉を、単に本人が認めていないのではなく本当に無意識のバイアスだと合理的に判断できる状況で使おうというキャンペーンを張るべきだ。明らかな偏見にこういう言葉を使ってはならない。ジェンダーに偏見のある言動をする人は、人種的偏見のある人と同様に許されないものとして扱うべきである。

母親ペナルティの根絶を求めて、飲酒運転に反対する母の会のような団体を立ち上げ、運営資金を調達することができるはずだ。子どもを養育しなければならない人に、その人が女性だからといって適正な賃金を払わないことは本来、道徳的におかしいと公共広告は大々的にアナウンスすべきだ。これは卑劣な態度でありながら今までずっと看過されてきた。このような態度がなくなり、差別的な行為が終わるまで、恥だと烙印を押さなければならない。

寄付をする

女性を経済的にエンパワーすることに特化した慈善団体がたくさんあり、それぞれに回る寄付の金額はごく少ない。なるべくそのような団体に寄付の予算を割いてほしい。グローバルな規模のものとしてはケア・インターナショナルを自信をもってお薦めできるが、女性のエンパワーメントに取り組んでいるいくつかの大きな慈善団体はネットで見つけることができる。紛争地帯を活動の場とするウィメン・フォー・ウィメン・インターナショナルを私は高く評価している。このような国々には、おそらく人々が警戒するからだと思われるが、利用できるプログラムが多くない。女性を支援する現地の慈善団体は効果を上げていることが多く、支援しがいがある。

私が提案したもの以外にも、皆さんにご自身の強みをうまく工夫して生かす方法を見つけてみてほしい。皆が自分の発言力とスキルを持ち寄れば、運動はずっとやりやすくなる。

私たちの時代で、いやおそらくは歴史の中でも有数の重要な大義に、あなたもぜひ加わってほしい。

謝辞

本書および本書に結実した研究は、多くの人と組織の支えによって成り立っている。この研究の最初の共同研究者であるキャサリン・ドーランとポール・モンゴメリーに特に感謝を捧げたい。二人とは数年にわたって一緒に仕事をし、今でも友人として親しく付き合っている。アマンダ・バーランとスー・ドブソン、ケイトリン・リュスとジリアン・スティーブンスも初期の研究に関わってくれた。メアリーアリス・ウーは二〇〇八年から一緒にデータの分析と収集にあたってくれている。このすばらしい人たち全員に感謝している。

また、この研究を手伝ってくれる情熱とエネルギーあふれる博士課程の学生たちにも恵まれた。特に初期に関わってくれたローレル・スタインフィールドとメアリー・ジョンストン＝ルイス。アンナ・カスターズは私が直近で手がけたウガンダの金融包摂に関する大規模プロジェクトで大活躍してくれた。ケリー・ノースリッジ、アストリッド・ファン・デン・ボッシェ、タニア・ジェインはさまざまなプロジェクトで重要なサポートをしてくれた。当時ケンブリッジ大学の学生だったリナ・ロスマンはこの研究に手を貸してくれただけでなく、貴重な精神的支えともなってくれた。マルコ・ブラゼコビッチは当初から関わってくれた。

ジュリア・フリンはエンパワーリング・ウィメン・トゥギャザーの大プロジェクトが始まったときアシスタントになってくれ、本当に助かった。オックスフォード大学サイード・ビジネススクールの多くの方々はなくてはならない存在だった。お名前を挙げると、ペグラム・ハリソン、サイモン・ジョンソン、ニック・ライリー、クリストファー・ブルック＝ホリッジ、クレア・フィッシャー、ジョージー・パウエル、アニタ・ジャシー、ニルス・ノーダル、アンドリュー・モーガン＝ジャイルズ、アルタ・ゲルグーリ、エミリー・バロ。パワー・シフト創設を手伝ってくれたアマンダ・プール、グラント・フィリップス、エドワード・デイビッドに御礼申し上げたい。エリザベス・パリスはパワー・シフトの誕生に尽力してくれただけでなく、ゴールドマン・サックスの「10,000 Women（一万人の女性）」教育プログラムの仕事に声をかけてくれ、その間に女性、起業、金融について多くのことを教えてくれた。

私が所属するオックスフォード大学グリーン・テンプルトン・カレッジは資金面でも精神面でも惜しみなく支援してくれた。イアン・スコット、スティーブン・ケネディ、マイケル・アール、そして故サー・デイビッド・ワトソンには特に感謝申し上げる。

本書の執筆中は、シンディ・ドレイクマンとエイジャ・エルスナーが合同会社ダブルXエコノミーの運営を担い、私たちの居場所を維持してくれた。また二人のおかげでこの数年間はとても楽しかった。

女性の経済的エンパワーメント運動には、私のように長く活動している人々がおり、彼らのサポートも重要だった。ほんの一部のお名前を挙げさせていただくと、エリザベス・バスケス、ステファン・デュボワ、ウェイド・チャネル、クリスティン・スバーレ、ヘンリエッテ・コルブ、メイラ・ビュベニック、ノア・ジメッツリ。リーダーとしてこの運動を鼓舞してくれたメラーン・バービアにも感謝している。ドネッタ・キャンベルには女性の経済的エンパワーメントのソーシャルメディア・ネットワーク作りに、特に私が関わる部分で手を貸してくれたこと、そしてたゆまぬ熱意と献身に感謝している。

研究では、ケア・インターナショナル、世界銀行、プラン・インターナショナル、ユニセフ、イギリス国際開発省、エイボン、プロクター・アンド・ギャンブルなどの重要な組織とパートナーを組めて幸運だった。この点では特にグローバル・ビジネス・コアリション・フォー・ウィメンズ・エコノミック・エンパワーメントのメンバーで、コカ・コーラ、エクソンモービル、ゴールドマン・サックス、マスターカード、モンデリーズ、マークス＆スペンサー、プロクター・アンド・ギャンブル、ＰｗＣ、クアルコム、ウォルマートを代表して参加してくれたジェイムズ・ジョーンズ、ジェニー・グリーザー、シャーロット・オーズ、サラ・ソーン、ポール・ジョージ、ベサン・グリロ、クリス・マグラス、リサ・マクドゥーガル、クリスティーナ・シャピロ、アシュレー・キーナン、アンジー・ロザス、アンジエラ・ベイカー、ウォルト・マクニー、パヤル・ダラル、ナンシー・スワータウト、ジャミラ・ベラビディ、ヘイゼル・カレーに感謝している。

研究資金を出してくれたオックスフォード大学出版局のジョン・フェル基金、エクソンモービル財団、ビル＆メリンダ・ゲイツ財団、ケアＵＫ、英国経済社会研究機関、サイード・ビジネススクール、ピアーズ財団、スコール財団、国際開発省、そしてオックスフォード大学グリーン・テンプルトン・カレッジへの感謝は尽きない。

フィールドでは非常に多くの助力をいただき、全員のお名前はとても挙げられない。ガーナでは、ボーテマ・アシドゥ、シルビア・ヒンソン゠エコング、トーマス・オキエレ、バーバラ・コーザ、メイビス・アッピア、ジョージ・アッピア、ブライト・ブロビーほか研究を手伝ってくださった多くの方々に御礼を申し上げる。ウガンダではサム・ムギシャ、ローズ・マナナ、クレア・ワンバズ、キャロラインン・カゴヤ、キソジ・ザッキアス、アグネス・アクウィ、ジョイス・エイカン、リータ・ナブザレ、ティナ・ナサリ、グロリア・ティティ、エディソン・ンスブガ、エスター・ナンジョブに大変お世話になった。バングラデシュではサイーフ・アル・ラシードとアシフ・アーメドはもちろん、現地の研究アシスタントのジャナトゥル・ファージャナ・ニラドリア、リーナ・ファメダ、ラディア・メナズ・アニス、アントラ・カーンと、イギリスからプロジェクトに参加してくれたメレア・プレスにお世話になった。南アフリカのエイボン・プロジェクトでは、研究の許可をくださったアンドレア・ジュングと、実現にお力添えくださったマイク・ガジン、イボンヌ・コエル、ユーニス・マセコに感謝している。同僚のブライアン・ブレイディ、ティム・ダウディング、メレア・プレスはウォルマートのプロジェクトで私一人ではできなかった規模のインタビューを可能にしてくれた。ミカエラ・ウォードロー・レモン、デイナ・タウジー、ジェニー・グリーザー、ジーナ・ロペス、ジョーン・シフリン、キャサリン・シモニー、ジョン・プリディはウォルマートの研究を学び多く楽しいものにしてくれた。ウガンダで今行っている仕事では、クリスチャン・ペノッティ、グレース・マハラ、メルチ・ナトゥクンダと、IPSOSおよびイノベーションズ・フォー・ポバティ・アクションの専門家の方々とともに働く光栄に浴している。

こうしたすべての体験を一冊の本にまとめるのは非常に難しかった。悩んだ時期を乗り越えさせ、貴重なアドバイスをくれたエージェントのエリン・ハリスに御礼申し上げたい。本を書いてみないかとお声がけくださった出版社フェイバー&フェイバーのローラ・ハッサンに感謝している。歴史の大事な時期に女性のための活動の新しい波を支援するチャンスという、私と同じものを見ていたファーラー、ストラウス&ジル社のアイリーン・スミスに後援をいただいたことは幸運だった。ジャクソン・ハワード、ローワン・コープ、レベッカ・ケイン、M・P・クリーア、ニック・ハンフリーは最終的に本の形にするうえで中心的な役割を果たしてくれた。本書の翻訳を手配して世界に送り出してくれたエマ・チェシャー、リジー・ビショップ、ハナ・スタイルズ、ハティ・クックにも特別な感謝を。生涯をかけた仕事を一つの形に凝縮する作業を手伝ってくださったこの方々に感謝している。

最初から最後までそばにいてくれたジム・ヘシモビッチに感謝したい。最後に、一番大事な感謝の言葉を。私が世界のどこにいるのかわからないときがあっても、なぜ私がそこにいるのかをいつもしっかり理解してくれていた娘のイライザとケイトリンに、ありがとう。

リンダ・スコット

訳者あとがき

本書は二〇二〇年刊行の Linda Scott『The Cost of Sexism』の全訳である。

歴史的に女性の労働が無償のものとして扱われてきたために、女性の経済活動が経済学と経済政策に組み入れられていない。これが本書の問題提起である。

著者は歴史と地理という縦横の切り口から問題の構造を解き明かしていく。古代・中世には世界の各地で女性は結婚するまでは父親の、結婚後は夫の所有物として扱われていた。女性が農作業や機織りなどの労働をして成果物が金銭に変えられても、稼いだお金は父親や夫のものになり、女性は経済力を持てなかった。経済力を持てないとは、男性に依存しなければ生きていけなかったということだ。

アフリカの農村では今も女性がまるで農家の生産設備のように扱われている。結婚は父親と夫となる男性の間で取引として決まり、女性本人の意向は聞かれもしない。女性には人生の自己決定権がない。このような社会では女性の立場は脆弱で、夫に捨てられたり先立たれたりすれば子どもとともにすぐに貧困化してしまう。実際にアフリカでは女性と子どもの貧困率が高く、それが社会不安や国力の弱さの原因になっている。

貧困の解決策の一つは教育である。女の子が学校に行かなくなる背景に生理の問題があると仮説を立てた著者は、アフリカで生理ナプキンを女子生徒に配布する活動をしてきた。ところが、当初は国際援助の関係者からまったく相手にされなかった。生理のような女性特有の問題は軽視されるかタブー視されがちで、それが解決の障害になる。

女性の能力や経済的な貢献を正当に評価する、それは女性を男性と同等の人格として社会的に評価するということだ。しかし「人権の問題だ」と言うと先進国の政治家・官僚や経済学者に話を聞いてもらえない。そのため、著者は本意ではないが「GDPにこれだけ影響する」というロジックを使っているという。経済の問題、社会の問題が女性問題として括られたとたんに、意思決定層の男性たちの関心が潮の引くように離れていくのを、著者は何度も体験してきた。

本書に書かれたことは今の日本とは関係ない、遠い昔の、遠い外国の話かといえば、必ずしもそうではないだろう。日々のニュースを見ていると、性別役割という色眼鏡を通した労働観の問題点が日本でも噴出していると感じる。少子化も、いわゆる「無敵の人」による無差別殺傷事件も、それが表面化した事象であるように思われてならない。

長時間労働ができないという理由で女性の就職にハードルが設けられる裏には、家事・育児・介護は女性が担うものだという前提がある。社会は人間の生活に不可欠な活動を女性の無償労働に依存することによって、現在の経済活動を成立させているともいえる。しかし産業の中心が製造業からサービス業にシフトし、労働者に求められる能力が変化するにつれ、女性を無償労働にとどめておいては経済が回らなくなった。ところが女性に無償労働を担わせたまま従来の男性と同等の働き方を求めれば負荷が重すぎるので、女性が家族形成をためらったり仕事をあきらめたりする。

人間の生活を成り立たせる活動を女性の無償の役割として無視する経済は、男性も苦しめている。著者も本書で「過労死」という日本語に触れているが、私生活に費やすべき時間とエネルギーまで会社に捧げることを求める仕事観は働く男性から人生の一部を奪い、時として命まで奪う。一方、有給の仕事を持たない男性は社会に居場所を失う。製造業が去ったアメリカ南部を中心に失業した男性たちが「絶望死」しているのは、有給労働だけを社会的な評価に結びつけやすい価値観のせいだろう。しかもこのような価値観は有給労働を男性が、無償労働を女性がするものであると労働を性別で分断しているため、無職の男性が社会的役割を見出しにくい。

家族内の女性が無償で行うのが当たり前とされてきた保育や介護は、有給の仕事となり男性も就くようになってからも賃金水準が低く、人手不足が叫ばれながらも賃金がなかなか上がらない。男性であれ女性であれ、この仕事に従事する人々が自立した生活を営める賃金を得づらい。需要と供給の市場原理は正常に働いているだろうか。「本来ならば女性が無償でやる仕事」というバイアスが仕事の価値評価を歪めている可能性はないか。

「女性の労働」を経済的に存在しないことにしてきた社会構造が、もうもたなくなっていることは明らかだ。女性と労働、この両方を再評価して経済・社会に組み込み直す作業が必要な時期にきているのではないだろうか。本書は丹念な文献調査と豊富な現場経験に基づいたパラダイムシフトの呼びかけである。

著者のリンダ・スコットはオックスフォード大学教授で女性の経済開発に関する研究と活動を行っているが、学生時代は最初は英語学、その後進んだ大学院ではアメリカ文学を専攻し、その後MBAと広告コミュニケーションの博士号を取得、ビジネススクールでマーケティングを教えていた。本書でも、ケニアの女性たちの経済的自立を助けるために手作り食品に付加価値をつけて売り出す方法を思案するところにマーケティングの専門家としての顔が垣間見える。また、学生時代に新聞社のインターンとしである人物に取材した際に重要な発見をしており、それが本書の提言の一部につながっている。「この道一筋」ではない彼女の経歴自体が、型にはまった労働観が無意味であることを示してくれる。そしてところどころにのぞく、彼女自身の生身の経験と実感のこもった声が本書の魅力を増している。

二〇二三年三月

月谷　真紀

University of Oxford, 2017), https://www.empowerwomen.org/en/resources/documents/2017/12/private-sector-engagement-with-womens-economic-empowermentlessons-learned-from-years-of-practice?lang=en.

3. 例えば以下を参照されたい。Linda Scott, Catherine Dolan, and Laurel Steinfield, *Women's Empowerment Through Access to Markets: Maasai Women Development Organization (MWEDO), Arusha, Tanzania* (Oxford: Saïd Business School Series, University of Oxford, 2015), https://www.doublexeconomy.com/my-reports Linda Scott, Laurel Steinfield, and Catherine Dolan, *Women's Empowerment Through Access to Markets: Katchy Kollections, Nairobi, Kenya* (Oxford: Saïd Business School Series, University of Oxford, 2015), https://www.doublexeconomy.com/my-reports
4. Angélica Fuentes, "The Link Between Corruption and Gender Inequality: A Heavy Burden for Development and Democracy," Wilson Center blog, July 2, 2018, https://www.wilsoncenter.org/publication/the-link-between-corruption-and-gender-inequality-heavy-burden-for-development-and; Naomi Hossain, Celestine Nyamu Musembi, and Jessica Hughes, *Corruption, Accountability and Gender: Understanding the Connections* (New York: United Nations Development Program and United Nations Development Fund for Women, 2010), https://www.undp.org/sites/g/files/zskgke326/files/publications/Corruption-accountability-and-gender.pdf; Sangeetha Purushothaman, Tara Tobin, Shruthi Vissa, Priya Pillai, Sarah Silliman, and Carolina Pinheiro, *Seeing Beyond the State: Grassroots Women's Perspectives on Corruption and Anti-Corruption* (New York: United Nations Development Programme, 2012), https://www.undp.org/publications/seeing-beyond-state-grassroots-womens-perspectives-corruption-and-anti-corruption.
5. "Appendix II, Chapter N *bis*–Trade and Gender," Canada-Chile Free Trade Agreement, 2017, https://www.international.gc.ca/trade-commerce/trade-agreements-accords-commerciaux/agr-acc/chile-chili/index.aspx?lang=eng#a5.
6. *Reshaping Trade Through Women's Economic Empowerment: Special Report* (Geneva: International Trade Centre, 2018), https://www.cigionline.org/reshaping-trade-through-womens-economic-empowerment.
7. Charter of the United Nations, Chapter IX, "International Economic and Social Cooperation," Article 55, 1945, http://legal.un.org/repertory/art55.shtml.
8. "119 Nations Back Move to Remove Barriers Limiting Women's Participation in Trade," *Hindu*, December 13, 2017, https://www.thehindu.com/business/Economy/119-nations-back-move-to-remove-barriers-limiting-womens-participation-in-trade/article21581261.ece/.
9. Asia Pacific Forum on Women, Law, and Development, "Women's Rights Groups Call on Governments to Reject the WTO Declaration on 'Women's Economic Empowerment,'" press release, December 12, 2017, https://apwld.org/press-release-164-womens-rights-groups-call-on-governments-to-reject-the-wto-declaration-on-womens-economic-empowerment/.

(July 15, 2009): 203–18.
9. このプロジェクトは「第2モルドバ競争力強化プロジェクト」(CEP-II) と呼ばれた。
Tarik Sahovic, Noa Catalina Gimelli, and Galina Cicanci, *Supporting Women's Enterprise in Moldova* (Washington, DC: World Bank Group, 2018), http://documents.worldbank.org/curated/en/411391516856355553/Supporting-women-s-entrepreneurship-in-Moldova-review-assessment-and-recommendations.
10. Alexandra Gibbs, "Supporting Female Entrepreneurs Could Add $326 Billion to the UK Economy, Review Finds," CNBC, March 8, 2019.
11. Dana Kanze, Laura Huang, Mark A. Conley, and E. Tory Higgins, "Male and Female Entrepreneurs Get Asked Different Questions by VCs — and It Affects How Much Funding They Get," *Harvard Business Review*, June 27, 2017; Dana Kanze, Laura Huang, Mark A. Conley, and E. Tory Higgins, "We Ask Men to Win and Women Not to Lose: Closing the Gender Gap in Startup Funding," *Academy of Management Journal* 61, no. 2 (2018), https://journals.aom.org/doi/abs/10.5465/amj.2016.1215.
12. Saheel Raina, "The Gender Gap in Startup Success Disappears When Women Fund Women," *Harvard Business Review*, July 19, 2016.
13. Lucy Kellaway, "Justine Roberts of Mumsnet," *Financial Times*, December 9, 2013.
14. Natalie Robehmed, "Next Billion-Dollar Startup: Entrepreneurs Create $750M Bra Business by Exposing Victoria's Weakness," *Forbes*, October 18, 2018, https://www.forbes.com/sites/natalierobehmed/2018/10/18/next-billion-dollar-startup-entrepreneurs-create-750m-bra-business-by-exposing-victorias-weakness/.
15. Robehmed, "Next Billion-Dollar Startup."
16. Sally Herships, "Why Female Entrepreneurs Get Less Funding Than Men," *Marketplace*, October 25, 2017.
17. Herships, "Why Female Entrepreneurs Get Less Funding Than Men."
18. Eleanor Steifel, "I Was Told I Didn't Look the Part: The Funding Gap Preventing Millions of Women from Starting Their Own Businesses," *Telegraph*, March 8, 2018.
19. Jenny Tooth, "The Barriers and Opportunities for Women Angel Investing in Europe," UK Business Angels Association, https://www.europeanesil.eu/media/1220/2-f-ukbaa.pdf

第13章　世界市場に参加する
1. Sue Harris Rimmer, *Gender-Smart Procurement: Policies for Driving Change* (London: Chatham House, 2017), https://www.chathamhouse.org/publication/gender-smart-procurement-policies-driving-change.
2. Linda Scott, *Private Sector Engagement with Women's Economic Empowerment: Lessons Learned from Years of Practice* (Oxford: Saïd Business School Series,

Social Psychology 110, no. 6 (2016): 921–29; Ed Leefelt, "This Is a Man's Brain on Testosterone," CBS News, May 4, 2017, https://www.cbsnews.com/news/this-is-a-mans-brain-on-testosterone/; "Testosterone Makes Men Less Likely to Question Their Impulses: Sex Hormone Connected with Greater Reliance on Gut Instincts and Less Self Reflection," *Science Daily*, April 28, 2017, https://www.sciencedaily.com/releases/2017/04/170428154556.htm; Gideon Nave, Amos Nadler, David Zava, and Colin Cramer, "Single Dose Testosterone Administration Impairs Cognitive Reflection in Men," *Psychological Science*, August 3, 2017, https://www.researchgate.net/publication/316001989_Single-Dose_Testosterone_Administration_Impairs_Cognitive_Reflection_in_Men
18. レビューは以下を参照のこと。Meredith A. Jones, *Women of the Street* (New York: Palgrave Macmillan, 2015), 7–22.
19. Melissa S. Fisher, *Wall Street Women* (Durham, NC: Duke University Press, 2011).
20. Andrea Turner Moffitt, *Harness the Power of the Purse: Winning Women Investors* (Los Angeles: Rare Bird Books, 2015).
21. Sylvia Ann Hewlett and Andrea Turner Moffitt with Melinda Marshall, *Harnessing the Power of the Purse: Female Investors and Global Opportunities for Growth* (New York: Center for Talent Innovation, 2014), https://coqual.org/reports/harnessing-the-power-of-the-purse-female-investors-and-global-opportunities-for-growth/

第12章　事業主になる

1. Dame Stephanie Shirley, *Let It Go* (London: Acorn Books, 2013).
2. Louise Tickle, "We Were Part of a Crusade to Get Women into Business," *Guardian*, March 8, 2017; Melissa Pandika, "How Dame Shirley Jumped over the Gender Gap in Tech in the 1960s," NPR, June 12, 2014.
3. Jenna Burch, "Why One Woman Went by the Name Steve," *Self*, April 9, 2015.
4. Linda Scott, *Fresh Lipstick: Redressing Fashion and Feminism* (New York: Palgrave Macmillan, 2004).
5. そう、これは間違いのない数字である。私はファクトチェックした。私と同じように驚いた人には、全世界がキリスト教徒であるわけではないのに対して、エイボンは非キリスト教の大国（例えば中国やインド）に展開しているという事実を考えてほしい。また、ほとんどのキリスト教徒が聖書を一冊（あるいは家庭に一冊）しか持っていないのに対して、エイボンのカタログは隔月で発行される。
6. Mohamed Seedat, "Violence and Injuries in South Africa," *Lancet* 374, no. 9694 (September 19, 2009): 1011–22.
7. Linda Scott, Catherine Dolan, Mary Johnstone-Louis, Maryalice Wu, and Kim Sugden, "Enterprise and Inequality," *Entrepreneurship, Theory and Practice* 36, no. 3 (May 1, 2012): 543–68.
8. Catherine Dolan and Linda Scott, "Lipstick Evangelism: Avon Trading Circles and Gender Empowerment in South Africa," *Gender and Development* 17, no. 2

Entrepreneurship, "21st Century Barriers to Women's Entrepreneurship," July 23, 2014, https://www.sbc.senate.gov/public/_cache/files/3/f/3f954386-f16b-48d2-86ad-698a75e33cc4/F74C2CA266014842F8A3D86C3AB619BA.21st-century-barriers-to-women-s-entrepreneurship-revised-ed.-v.1.pdf.
7. アメリカ国内で女性は900万人を雇用しているとするいくつかの情報源をいくつかインターネット上で見た。これは正しい数字ではありえない。というのも女性が所有する企業は1200万社あるからだ。その従業員が900万人だとすると、相当な割合の企業の従業員数がマイナスになってしまう。そこで私は売上から標準的な従業員数を割り出している情報源を参照することにした。最終的に採用した数字が、女性起業家の代表組織でアメリカ政府の公的機関である米国女性ビジネス協議会の出した2300万人だった。以下のサイトにその数字がある。https://www.nwbc.gov/2009/10/27/the-economic-impact-of-women-owned-businesses-in-the-united-states/.
8. Linda Scott and Elizabeth Paris, "Women Entrepreneurs and Effective Banking in Emerging Markets: BLC Bank Lebanon Proves a Strategy for Financial Inclusion" (Oxford: Saïd Business School Series, University of Oxford, 2019).
9. *MSME Finance Gap: Assessment of the Shortfalls and Opportunities in Financing Micro, Small and Medium Enterprises in Emerging Markets* (Washington, DC: International Finance Corporation, 2017), http://documents.worldbank.org/curated/en/653831510568517947/MSME-finance-gap-assessment-of-the-shortfalls-and-opportunities-in-financing-micro-small-and-medium-enterprises-in-emerging-markets.
10. International Finance Corporation, *MSME Finance Gap 2019* (Washington, DC: International Finance Corporation, 2019); World Bank, *Women, Business and the Law 2014* (Washington, DC: World Bank Group, 2014).
11. Linda Scott and Jiafei Jin, "Finance After Hours" (Oxford: Saïd Business School Series, University of Oxford, 2014).
12. 事例の銀行は実在するが、出版にあたって架空の名前にした。
13. Claire Suddath, "New Numbers Show the Gender Pay Gap Is Real," *Bloomberg Businessweek*, March 29, 2018.
14. Maureen Sherry, "The Brutal Truth About Being a Woman on Wall Street," *Fortune*, August 6, 2016.
15. Sam Polk, "How Wall Street Bro Talk Keeps Women Down," *New York Times*, July 7, 2016.
16. Polk, "How Wall Street Bro Talk Keeps Women Down."
17. その文献のほんの一例を挙げる。これらの論文のいくつかには膨大なレビューも含まれている。Jean-Claude Dreher, Simon Dunne, Agnieszka Pazderska, Thomas Frodl, John J. Nolan, and John P. O'Doherty, "Testosterone Causes Both Prosocial and Anti-Social Status-Enhancing Behaviors in Human Males," *Proceedings of the National Academy of Science* 113, no. 41 (2016): 11633–38; Gary D. Sherman, Jennifer S. Lerner, Robert A. Josephs, Jonathan Renshon, and James J. Gross, "The Interaction of Testosterone and Cortisol Is Associated with Attained Status in Male Executives," *Journal of Personality and*

Gary Bamossy, Søren Askegaard, and Margaret Hogg, *Consumer Behavior: A European Perspective* (London: Financial Times/Prentice Hall, 2005).
4. Michael J. Silverstein and Kate Sayre, "The Female Economy," *Harvard Business Review*, September 2009.
5. Mary Douglas and Baron Isherwood, *The World of Goods* (New York: W. W. Norton, 1982). (『儀礼としての消費——財と消費の経済人類学』、メアリー・ダグラス、バロン・イシャウッド著、浅田彰、佐和隆光訳、講談社、2012年)
6. Douglas and Isherwood, *The World of Goods*, 4.
7. Silverstein and Sayre, "The Female Economy."
8. Linda Scott, Mary Johnstone-Louis, and Catherine Dolan, "Pampers and UNICEF, Part 1: The Marketing Campaign," Saïd Business School Teaching Notes, University of Oxford, October 2011, https://www.doublexeconomy.com/product-page/pampers-and-unicef-teaching-note-part-1-the-marketing-campaign; Linda Scott, Mary Johnston-Louis, and Catherine Dolan, "Pampers and UNICEF, Part 2: Delivering the Vaccine," Saïd Business School Teaching Notes, University of Oxford, October 2011, https://www.yumpu.com/en/document/view/28651017/pampers-and-unicef-part-2-said-business-school-university-of-
9. Dayna Evans, "The Only Way to Know If Striking Works Is to Do It," *New York*, March 7, 2017; Mary Emily O'Hara, "Women's Strike: 'A Day Without a Woman' Events Take Place Worldwide," NBC News, March 8, 2017; Glosswitch, "What Would Happen If the World's Women Went on Strike?," *New Statesman America*, February 9, 2017.

第 11 章　金融からの排除

1. Kessler Psychological Distress Scale, https://www.tac.vic.gov.au/files-to-move/media/upload/k10_english.pdf.
2. L. I. Pearlin and C. Schooler, "The Structure of Coping," *Journal of Health and Social Behavior* (1978): 2–21, https://www.hsph.harvard.edu/health-happiness/pearlin-mastery-scale/.
3. E. Yoon, K. Adams, I. Hogge, J. P. Bruner, S. Surya, and F. B. Bryant, "Development and Validation of the Patriarchal Beliefs Scale," *Journal of Counseling Psychology* 62, no. 2 (2015): 264–79.
4. Michael J. Silverstein and Kate Sayre, "The Female Economy," *Harvard Business Review*, September 2009.
5. Pierella Paci, *Gender in Transition* (Washington, DC: World Bank Group, 2002), http://documents.worldbank.org/curated/en/892681468751807453/pdf/multi0page.pdf; Andrei Kutuzov and Brenda R. Haskins, *Moldova Country Brief: Property and Land Markets* (Madison, WI: Land Tenure Center, University of Wisconsin, 2003), https://kipdf.com/moldova-country-brief-property-rights-and-land-markets_5aca3e031723ddd8f144704a.html
6. Majority Report of the U.S. Senate Committee on Small Business and

Beyond Anger.'"
11. Alexander J. S. Colvin, "The Growing Use of Mandatory Arbitration," *Economic Policy Institute*, April 6, 2018.
12. Justice White, "Separate Opinion," Legal Information Institute, 438 U.S. 265, Regents of the University of California v. Bakke (No. 7811), argued October 12, 1977, decided June 28, 1978, https://www.law.cornell.edu/supremecourt/text/438/265#writing-USSC_CR_0438_0265_ZX1.
13. European Commission, "International Perspectives on Positive Action Measures," 2009, EU Publications, http://bim.lbg.ac.at/files/sites/bim/International%20Perspectives%20on%20Positive%20Action%20Measures.pdf.
14. Petra Foubert, *The Gender Pay Gap in Europe from a Legal Perspective* (Brussels: European Union, 2010). 以下も参照のこと。Sanchari Roy, *Discriminatory Laws Against Women: A Survey of the Literature*, Policy Research Working Paper 8719 (Washington, DC: World Bank Group, 2019), https://www.ssrn.com/abstract=3324761.
15. European Commission, "International Perspectives on Positive Action Measures."

第10章　クリスマス消費八割作戦

1. "How Is Our Economy Impacted by the Holiday Season?," Export-Import Bank of the United States, January 25, 2018, https://grow.exim.gov/blog/how-is-our-economy-impacted-by-the-holiday-season; Larry Light, "Why Holiday Shopping Is So Important for the U.S. Economy," CBS News, November 28, 2016, https://www.cbsnews.com/news/why-holiday-shopping-is-so-important-for-the-economy/; "Consumers Will Spend 4.1 Percent More Than Last Year During Winter Holidays," National Retail Federation, October 24, 2018, https://nrf.com/media-center/press-releases/consumers-will-spend-41-percent-more-last-year-during-winter-holidays; Rod Sides, Bryan Furman, Rama Krishna V. Sangadi, and Susan K. Hogan, "2018 Deloitte Holiday Retail Survey: Shopping Cheer Resounds This Year," Deloitte Insights, October 23, 2018, https://www2.deloitte.com/us/en/insights/industry/retail-distribution/holiday-retail-sales-consumer-survey-2018.html.
2. Tom Hancock, "China's Lunar New Year Spending Growth Slowest Since 2005," *Financial Times*, February 11, 2019.
3. ラマダンの日程は年によって変動し、暦の上で少しずつ移動する。2019年は5月から6月にかけて、2020年は4月から5月にかけてになる。"The Ramadan Effect: How Islam's Holy Month Impacts Business," Harding Loevner, April 2018, https://www.hardingloevner.com/fundamental-thinking/ramadan-effect-how-islams-holy-month-impacts-businesses/; "Big Indian Festivals and Their Effects on the Indian Economy," Economics Club: IMI New Delhi, October 1, 2017; Eileen Fischer and Stephen J. Arnold, "More Than a Labor of Love: Gender Roles and Christmas Gift Shopping," *Journal of Consumer Research* 17, no. 3 (December 1990): 333–45; Michael Solomon,

36. Cary Funk, "Women and Men in STEM Often at Odds Over Workplace Equity," Pew Research Center, January 9, 2018, https://www.pewsocialtrends.org/2018/01/09/women-and-men-in-stem-often-at-odds-over-workplace-equity/.
37. Derek Thompson, "Health Care Just Became the US's Largest Employer," *Atlantic*, January 9, 2018.

第９章　達成されない同一賃金

1. Amelia Gentleman, "'I'm Beyond Anger': Why the Great Pay Gap Reveal Is an Explosive Moment for Gender Equality," *Guardian*, February 28, 2018, https://www.theguardian.com/news/2018/feb/28/gender-pay-gap-reveal-explosive-moment-equality.
2. Gentleman, "'I'm Beyond Anger.'"
3. Hannah Murphy, "UK Pay Data Force Companies to Mind Their Gender Gap," *Financial Times*, September 26, 2017, https://www.ft.com/content/dd21e03e-634a-11e7-8814-0ac7eb84e5f1.
4. BBC Reality Check Team, "Equal Pay: What Is the Extent of the Problem?," BBC News, January 8, 2018, https://www.bbc.com/news/uk-42611725.
5. 積極的差別の原則の根拠となっている条項は第一条第二項の、「(条項は) 女性および男性と比較しての女性の扱いへの言及で構成されるが、逆の場合において男性および女性と比較しての男性の扱いにも同等に適用されるものとして読まれるべきものとする」であるようだ。Equal Pay Act 1970, chapter 41, http://www.legislation.gov.uk/ukpga/1970/41/enacted/data.xht?view=snippet&wrap=true.
6. Noreen Burrows and Muriel Robison, "Positive Action for Women in Employment: Time to Align with Europe?," *Journal of Law and Society* 33, no. 1 (March 2006): 24–41; Julie C. Suk, "Gender Quotas After the End of Men," *Boston Law Review* 93 (2013): 1123–40; Ivana Krstić, "Affirmative Action in the United States and the European Union: Comparison and Analysis," Facta Universitatis, Law and Politics Series 1, no. 7 (2003): 825–43.
7. Claire Suddath, "New Numbers Show the Gender Pay Gap Is Real," *Bloomberg Businessweek*, March 29, 2018.
8. Linda Babcock and Sara Laschever, *Women Don't Ask* (New York: Bantam, 2007). (同じ著者の Women Don't Ask: Negotiation and the Gender Divide (Princeton University Press, 2003) の邦訳は『そのひとことが言えたら…――働く女性のための統合的交渉術』、L・バブコック、S・ラシェーヴァー著、森永康子訳、北大路書房、2005 年)
9. 以下のウェブサイトにて参照資料とともにこの文献の要約を掲載した。Linda Scott, "Why Women Can't Negotiate for Equal Pay," Double X Economy, https://www.doublexeconomy.com/post/why-women-can-t-negotiate-for-equal-pay.
10. May Bulman, "Women in the UK Losing Out on £140 Billion Due to Gender Pay Gap, Figures Show," *Independent*, January 27, 2018; Gentleman, "'I'm

"The Malleability of Spatial Skills: A Meta-Analysis of Training Studies," *Psychological Bulletin* 139 (2013): 352–402.
22. Merim Bilalić, Kerim Smallbone, Peter McLeod, and Fernand Gobet, "Why Are (the Best) Women So Good at Chess?," *Proceedings of the Royal Society* 23, doi:10.1098/rspb.2008.1576; Neil Charness and Yigal Gerchak, "Participation Rates and Maximal Performance: A Log-Linear Explanation for Group Differences, Such as Russian and Male Dominance in Chess," *Psychological Science* 7, no. 1 (1996): 46–51.
23. Hyde, "Gender Similarities Hypothesis."
24. Sebastian Seung, *Connectome: How the Bran's Wiring Makes Us Who We Are* (New York: Mariner Books, 2013)(『コネクトーム――脳の配線はどのように「わたし」をつくり出すのか』、セバスチャン・スン著、青木薫訳、草思社、2015 年); Catherine Vidal, "The Sexed Brain: Between Science and Ideology," *Neuroethics* 5, 295–303.
25. Amber Dance, "A Massive Global Effort Maps How the Brain Is Wired," *Nature*, October 2, 2015, https://www.scientificamerican.com/article/a-massive-global-effort-maps-how-the-brain-is-wired/.
26. Sue V. Rosser and Mark Zachary Taylor, "Why Are We Still Worried About Women in Science?," AAUP, May–June 2009, https://www.aaup.org/article/why-are-we-still-worried-about-women-science.
27. リベラルアーツ出身の読者のために言っておきたいが、この分野が簡単であるとか実用性がないという評価に私は同意しない。私自身、英語を専攻していた。
28. 例えば、Jonathan Zimmerman, "Why Are Schools Discriminating Against Women?," *Christian Science Monitor*, April 8, 2014.
29. Christina Hoff Sommers, *The War Against Boys: How Misguided Feminism Is Harming Our Young Men* (New York: Simon and Schuster, 2001).
30. Vivienne Ming, "The Hidden Tax on Being Different," *HR*, November 23, 2016.
31. 世界経済フォーラムの『グローバル・ジェンダー・ギャップ報告書』を見ると、同報告書が最初に発行された年からずっと、世界のすべての国の民間セクターと公共セクターで男性のほうが多く雇用され、給与が高く、要職を独占していることがわかる。
32. Claudia Goldin, "The Quiet Revolution That Transformed Women's Employment, Education, and Family," *AEA Papers and Proceedings* 96, no. 2 (2006).
33. American Physical Society, "Doctoral Degrees Earned by Women," https://www.aps.org/programs/education/statistics/fraction-phd.cfm. データは 2017 年までのもので、中等後教育総合データシステム(Integrated Postsecondary Education Data System)およびアメリカ物理学会(American Physical Society)から取得している。
34. Fine, *Delusions of Gender*, 76.
35. "The Elephant in the Valley," https://www.elephantinthevalley.com.

11. O'Connor, "Gender on the Brain."
12. O'Connor, "Gender on the Brain."
13. O'Connor, "Gender on the Brain."
14. O'Connor, "Gender on the Brain."
15. Fine, *Delusions of Gender*; Margaret M. McCarthy and Arthur P. Arnold, "Reframing Sexual Differentiation of the Brain," *Nature Neuroscience* 14, no. 6 (2011): 677–87. 以下も参照のこと、Jordan-Young and Rumiati, "Hardwired for Sexism?"
16. Robin McKie, "Why It's Time for Brain Science to Ditch the 'Venus and Mars' Cliche," *Guardian*, December 7, 2013.
17. Camilla Persson Benbow and Julian C. Stanley, "Sex Differences in Mathematical Ability: Fact or Artifact?," *Science* 210 (December 1980): 1262–64; Camilla Persson Benbow and Julian C. Stanley, "Sex Differences in Mathematical Reasoning Ability: More Facts," *Science* 222 (1983): 1029–31.
18. Janet S. Hyde, Elizabeth Fennema, and Susan J. Lamon, "Gender Differences in Mathematics Performance: A Meta-Analysis," *Psychological Bulletin* 107, no. 2 (1990): 139–55; Jacqueline S. Eccles, "Understanding Women's Educational and Occupational Choices: Applying the Eccles et al Model of Achievement-Related Choices," *Psychology of Women Quarterly* 8, no. 4 (1994): 585–610; Judith L. Meece, Jacquelynne E. Parsons, Caroline M. Kaczala, and Susan B. Goff, "Sex Differences in Math Achievement: Toward a Model of Academic Choice," *Psychological Bulletin* 91, no. 2 (1982): 324–48; National Science Foundation, "Science and Engineering Indicators" (2006), https://wayback.archive-it.org/5902/20160210153725/http://www.nsf.gov/statistics/seind06/ ナラティブの概説については以下を参照のこと。Janet S. Hyde and Janet E. Mertz, "Gender, Culture, and Mathematics Performance," *PNAS* 106, no. 22 (2009): 8801–807. 批判的レビューについては以下を参照のこと。Elizabeth S. Spelke, "Sex Differences in Intrinsic Aptitude for Mathematics and Science? A Critical Review," *American Psychologist* 60, no. 9 (2005): 950–58.
19. Janet S. Hyde, "The Gender Similarities Hypothesis," *American Psychologist* 60 (2005): 581–92; Janet S. Hyde, Sara M. Lindberg, Marcia C. Linn, Amy B. Ellis, and Caroline C. Williams, "Gender Similarities Characterize Math Performance," *Science* 321 (2008): 494–95; and Janet S. Hyde, "Sex and Cognition: Gender and Cognitive Functions," *Current Opinion in Neurobiology* 38 (June 2016): 53–56.
20. Luigi Guiso, Ferdinando Monte, Paola Sapienza, and Luigi Zingales, "Culture, Gender, and Math," *Science* 320 (2008): 1164–65.
21. Jing Feng, "Playing an Action Video Game Reduces Gender Differences in Spatial Cognition," *Psychological Science* 18 (2007): 850–55; Jennifer A. Lachance and Michele M. M. Mazzocco, "A Longitudinal Analysis of Sex Differences in Math and Spatial Skills in Primary School-Age Children," *NIH Public Access Manuscript* 116, no. 3 (2006): 195–216. See also D. H. Uttal, N. G. Meadow, E. Tipton, L. L. Hand, A. R. Alden, C. Warren, and N. S. Newcombe,

james-damore-interview/index.html.
6. Lutz Jänke, "Sex/Gender Differences in Cognition, Neurophysiology, and Neuroanatomy," PMC, published online June 20, 2018, https://www.ncbi.nlm.nih.gov/pmc/articles/PMC6013760/; Cordelia Fine, *Delusions of Gender: How Our Minds, Society, and Neurosexism Create Difference* (New York: W. W. Norton, 2010); Rebecca Jordan-Young and Raffaella I. Rumiati, "Hardwired for Sexism? Approaches to Sex/Gender in Neuroscience," *Neuroethics* 5 (2012): 305–15; Daphna Joel, Zohar Berman, Ido Tavor, Nadav Wexler, Olga Gaber, Yaniv Stein, Nisan Shefi, et al., "Sex Beyond the Genitalia: The Human Brain Mosaic," PNAS 112, no. 50 (2015): 15468–73. 以下も参照のこと。Angela Saini, *Inferior: How Science Got Women Wrong and the New Research That's Rewriting the Story* (Boston: Beacon Press, 2017). (『科学の女性差別とたたかう——脳科学から人類の進化史まで』、アンジェラ・サイニー著、東郷えりか訳、作品社、2019年)
7. Lise Eliot, "Single-Sex Education and the Brain," *Sex Roles* 69 (2013): 363–81; Jonathan M. Kane and Janet E. Mertz, "Debunking Myths About Gender and Mathematics Performance," *Notices of the American Medical Society* 59, no. 1 (2012): 10–21.
8. Julie Bort, "Over Half of Google Employees Polled Say the Web Giant Shouldn't Have Fired the Engineer Behind the Controversial Memo," *Business Insider*, August 9, 2017, https://www.businessinsider.com/many-google-employees-dont-think-james-damore-should-have-been-fired-2017-8.
9. Jenessa R. Shapiro, Amy M. Williams, and Mariam Hambarchyan, "Are All Interventions Created Equal? A Multi-Threat Approach to Tailoring Stereotype Threat Interventions," *Journal of Personality and Social Psychology* 104, no. 2 (2014).
10. Cordelia Fine, "Explaining, or Sustaining, the Status Quo? The Potentially Self-Fulfilling Effects of 'Hard-Wired' Accounts of Sex Differences," *Neuroethics* 5 (2012): 285–94; Claude M. Steele, "A Threat in the Air: How Stereotypes Shape Intellectual Identity and Performance," *American Psychologist* 52, no. 6 (1997): 613–29; Thomas A. Morton, Alex Haslam, and Matthew J. Hornsey, "Theorizing Gender in the Face of Social Change: Is There Anything Essential About Essentialism?" *Journal of Personality and Social Psychology* 96, no. 3: 653–64; Vincent Yzerbyt, Steve Rocher, and Georges Schadron, "Stereotypes as Explanations: A Subjective Essentialist View of Group Perception," in *The Social Psychology of Stereotyping and Group Life*, ed. Russell Spears, Penelope J. Oakes, Naomi Ellemers, and S. Alexander Haslam (Cambridge, UK: Blackwell, 1997), 20–50; Johannes Keller, "In Genes We Trust: The Biological Component of Psychological Essentialism and Its Relationship to Mechanisms of Motivated Social Cognition," *Journal of Personality and Social Psychology* 88 (2005): 686–702; Jessica Cundiff and Theresa Vescio, "Gender Stereotypes Influence How People Explain Gender Disparities in the Workplace," *Sex Roles* 75, no. 3–4 (2016): 126–38.

Suicide," BBC Future, March 18, 2019, http://www.bbc.com/future/story/20190313-why-more-men-kill-themselves-than-women.
29. "Asia's Lonely Hearts," *Economist*, August 20, 2011, https://www.economist.com/leaders/2011/08/20/asias-lonely-hearts.
30. Josh Levs, *All In: How Our Work-First Culture Fails Dads, Families, and Businesses — and How We Can Fix It Together* (New York: Harper One, 2015).
31. Grover J. "Russ" Whitehurst, "Why the Federal Government Should Subsidize Childcare and How to Pay for It," March 9, 2017, https://www.brookings.edu/research/why-the-federal-government-should-subsidize-childcare-and-how-to-pay-for-it/.
32. Jon Greenberg, "If Women Worked as Much as Men, Would US GDP Jump 5 Percent?," Politifact, December 12, 2018, https://www.politifact.com/truth-o-meter/statements/2018/dec/12/christine-lagarde/if-women-worked-much-men-would-gdp-jump-5/.

第８章　男脳・女脳の偏見

1. Steve Connor, "The Hardwired Difference Between Male and Female Brains Could Explain Why Men Are 'Better at Map Reading,'" *Independent*, December 2013.
2. Cliodhna O'Connor, "'Brain Study Confirms Gender Stereotypes': How Science Communication Can Fuel Modern Sexism," *Impact Blog*, London School of Economics, February 4, 2015, http://blogs.lse.ac.uk/impactofsocialsciences/2015/02/04/science-communication-gender-stereotypes-sexism/; Cliodhna O'Connor and Helene Joffe, "Gender on the Brain: A Case Study of Science Communication in the New Media Environment," *PLOS ONE* 9, no. 10 (2014).
3. Hannah Devlin, "Science Museum Under Fire over Exhibit Asking If Brains Are Pink or Blue," *Guardian*, September 14, 2016, https://www.theguardian.com/world/2016/sep/14/science-museum-under-fire-exhibit-brains-pink-blue-gender-stereotypes; Mahatir Pasha, "Museum Under Fire for Quiz on Male, Female Brains," CNN, September 14, 2016, https://www.cnn.com/2016/09/14/health/science-museum-brain-quiz-controversy-trnd/index.html.
4. Sarah Ashley O'Brien and Seth Fiegerman, "Fired Engineer: Google Tried to Shame Me," CNN Business, August 17, 2017; Connie Loizo, "James Damore Just Filed a Class Action Lawsuit Against Google, Saying It Discriminates Against White Male Conservatives," *TechCrunch*, https://techcrunch.com/2018/01/08/james-damore-just-filed-a-class-action-lawsuit-against-google-saying-it-discriminates-against-white-male-conservatives/.
5. Michael J. Coren, "James Damore Has Proven the Alt-Right Playbook Can Work in Silicon Valley," *Quartz*, August 19, 2017; Sara Ashley O'Brien and Laurie Segall, "Former Google Engineer: 'I Do Not Support the Alt-Right,'" CNN Business, https://money.cnn.com/2017/08/15/technology/culture/

23. Kathleen L. McGinn, Mayra Ruiz Castro, and Elizabeth Long Lingo, "Learning from Mum: Cross-National Evidence Linking Maternal Employment and Adult Children's Outcomes," *Work, Employment, and Society* 33, no. 3 (April 30, 2018): 374–400.
24. World Economic Forum, *The Corporate Gender Gap Report* (Geneva: World Economic Forum, 2010).
25. John Davis, "Spain's New Sex Czar," A Voice for Men, August 13, 2018, https://www.avoiceformen.com/feminism/spains-new-sex-czar/.
26. Matthew MacWilliams, "The One Weird Trait That Predicts Whether You're a Trump Supporter," *Politico*, January 20, 2016, https://www.politico.com/magazine/story/2016/01/donald-trump-2016-authoritarian-213533.
27. Steve Hendrix, "He Always Hated Women. Then He Decided to Kill Them," *Washington Post*, June 7, 2019, https://www.washingtonpost.com/graphics/2019/local/yoga-shooting-incel-attack-fueled-by-male-supremacy/; Emmet Rensin, "The Internet Is Full of Men Who Hate Feminism. Here's What They Are Like in Person," *Vox*, August 18, 2015, https://www.vox.com/2015/2/5/7942623/mens-rights-movement; "Male Supremacy," Southern Poverty Law Center, https://www.splcenter.org/fighting-hate/extremist-files/ideology/male-supremacy.
28. Aaron Karp, *Estimating Global Civilian-Held Firearms Numbers*, Small Arms Survey (Geneva: Graduate Institute on International and Development Studies, June 2018), http://www.smallarmssurvey.org/fileadmin/docs/T-Briefing-Papers/SAS-BP-Civilian-Firearms-Numbers.pdf; National Institute of Mental Health, "Suicide," https://www.nimh.nih.gov/health/statistics/suicide.shtml; Christopher Ingraham, "There Are Now More Guns Than People in the United States," *Washington Post*, October 5, 2015, https://www.washingtonpost.com/news/wonk/wp/2015/10/05/guns-in-the-united-states-one-for-every-man-woman-and-child-and-then-some/; Kim Parker, Juliana Menasce Horowitz, Ruth Igielnik, J. Baxter Oliphant, and Anna Brown, "The Demographics of Gun Ownership," Pew Research Center, June 22, 2017, https://www.pewsocialtrends.org/2017/06/22/the-demographics-of-gun-ownership/; American Foundation for the Prevention of Suicide, "Suicide Statistics," https://afsp.org/about-suicide/suicide-statistics/（2023年2月時点では Not Found）; Bindu Kalesan, Marcos D. Villarreal, Katherine M. Keyes, and Sandro Galea, "Gun Ownership and Social Gun Culture," *Injury Prevention* 0 (2015): 1–5, https://injuryprevention.bmj.com/content/injuryprev/early/2015/06/09/injuryprev-2015-041586.full.pdf?keytype=ref&ijkey=doj6vx0laFZMsQ2; Lindsay Lee, Max Roser, and Esteban OrtizOspina, "Suicide," Our World in Data, July 2016, https://ourworldindata.org/suicide; Sally C. Curtin, Margaret Warner, and Holly Hedegaard, "Increase in Suicide Rates in the United States, 1999–2014," NCHS Data Brief No. 241, National Center for Health Statistics, April 2016, https://www.cdc.gov/nchs/products/databriefs/db241.htm; Helene Schumacher, "Why More Men Than Women Die by

romania-alabama/; Dirk J. van de Kaa, "Temporarily New: On Low Fertility and the Prospect of Pro-natal Policies," *Vienna Yearbook of Population Research* 4 (2006): 193–211.

15. 産休を提供したり認めたりしている雇用主もいるが、他国のように義務であるわけではない。言い換えれば、出産が権利になっていない。
16. "Employment Characteristics of Families," U.S. Bureau of Labor Statistics, April 18, 2019, https://www.bls.gov/news.release/famee.nr0.htm.
17. "Employment in Families with Children in 2016," *TED: The Economics Daily*, U.S. Bureau of Labor Statistics, April 27, 2017, https://www.bls.gov/opub/ted/2017/employment-in-families-with-children-in-2016.htm.
18. Sarah Jane Glynn, "Breadwinning Mothers Are Increasingly the U.S. Norm," *American Progress*, December 19, 2016, https://www.americanprogress.org/issues/women/reports/2016/12/19/295203/breadwinning-mothers-are-increasingly-the-u-s-norm/.
19. "How Big Is the Wage Penalty for Mothers?," *Economist*, January 28, 2019, https://www.economist.com/graphic-detail/2019/01/28/how-big-is-the-wage-penalty-for-mothers; Henrik Kleven, Camille Landais, Johanna Posch, Andreas Steinhauer, and Josef Zweimüller, "Child Penalties Across Countries: Evidence and Explanations," NBER Working Paper no. 25524, February 2019, https://www.nber.org/papers/w25524.
20. "Analysis: Women Hold Two-Thirds of Country's $1.4-Trillion Student Debt," American Association of University Women, May 21, 2018, https://www.aauw.org/article/women-hold-two-thirds-of-college-student-debt/; "Graduating to a Pay Gap," a report from the American Association of University Women, https://www.aauw.org/research/graduating-to-a-pay-gap/.
21. Rachel G. Lucas-Thompson, Wendy A. Goldberg, and JoAnn Prause, "Maternal Work Early in the Lives of Children," *Psychological Bulletin* 126, no. 6 (2010): 915–42, https://www.apa.org/pubs/journals/releases/bul-136-6-915.pdf.
22. Frances Goldscheider, Eva Bernhardt, and Trude Lappegård, "The Gender Revolution: A Framework for Understanding Changing Family and Demographic Behavior," *Population and Development Review* 41, no. 2 (June 2015): 207–39; 2016 年のアメリカ社会学会第 111 回年次総会で発表された Christin Munsch, Matthew Rogers, and Jessica Yorks, "Relative Income, Psychological Well-Being, and Health: Is Breadwinning Hazardous or Protective?," https://www.asanet.org/press-center/press-releases/being-primary-breadwinner-bad-mens-psychological-well-being-and-health; Michael M. Copenhaver and Richard M. Eisler, "Masculine Gender Role Stress: A Perspective on Men's Health," *Handbook of Diversity Issues in Health Psychology*, ed. Pamela M. Kato and Traci Mann (New York: Plenum Press, 1996), 219–35; Joanna Syrda, "Spousal Relative Income and Male Psychological Distress," *Personality and Social Psychology Bulletin* (October 2019), https://doi.org/10.1177/0146167219883611.

gov/library/publications/the-world-factbook/rankorder/2127rank.html（2023年2月時点では Not Found）の2017年の図表を用いた。United Nations, World Population Ageing, 2015, https://www.un.org/en/development/desa/population/publications/pdf/ageing/WPA2015_Report.pdf も参照のこと。

4. 私自身も長年にわたり公開講座でこの主張をしてきたが、本章では以下に紹介するポピュレーション・アクション・インターナショナルの優れた分析の助けも借りた。Elizabeth Leahy with Robert Engelman, Carolyn Gibb Vogel, Sarah Haddock, and Todd Preston, *The Shape of Things to Come: Why Age Structure Matters to a Safer, More Equitable World* (Washington, DC: Population Action International, 2007).
5. Peter McDonald, "Societal Foundations for Explaining Low Fertility: Gender Equity," *Demographic Research* 28, no. 34 (2013): 991–94; Peter McDonald, "Gender Equity in Theories of Fertility Transition," *Population and Development Review* 26, no. 3 (2000): 427–39; Melinda Mills, Katia Begall, Letizia Mencarini, and Maria Letizia Tanturri, "Gender Equity and Fertility Intentions in Italy and the Netherlands," *Demographic Research* 18 (2008), https://www.demographic-research.org/volumes/vol18/1/default.htm.
6. Paul Collier, *The Bottom Billion* (Oxford: Oxford University Press, 2007).（『最底辺の10億人――最も貧しい国々のために本当になすべきことは何か？』、ポール・コリアー著、中谷和男訳、　日経BP社、2008年）
7. World Economic Forum, *The Global Gender Gap Report* (Geneva: World Economic Forum, 2018).
8. Leahy, *The Shape of Things to Come*.
9. 脆弱な国家の指標として平和基金会の脆弱国家指数（Fund for Peace Fragile State Index, https://fundforpeace.org/2019/04/10/fragile-states-index-2019/）を用いた。
10. Valerie Hudson, Bonnie Ballif-Spanvill, Mary Caprioli, and Chad Emmett, *Sex and World Peace* (New York: Columbia University Press, 2014).
11. Elizabeth Mendes, Lydia Saad, and Kyley McGeeney, "Stay-at-Home Moms Report More Depression, Sadness, Anger," Gallup News, May 18, 2012, https://news.gallup.com/poll/154685/stay-home-moms-report-depression-sadness-anger.aspx.
12. これらの数字については、ユーロモニター（Euromonitor）の一般世帯構成の指標を用いた。https://ec.europa.eu/eurostat/statistics-explained/index.php?title=File:Private_households_by_household_composition,_2007-2017_(number_of_households_in_1_000_and_%25_of_household_types)_new.png.
13. World Economic Forum, *The Corporate Gender Gap Report* (Geneva: World Economic Forum, 2010).
14. Wendell Steavenson, "Ceausescu's Children," *Guardian*, December 10, 2014, https://www.theguardian.com/news/2014/dec/10/-sp-ceausescus-children. 以下も参照のこと。Amy MacKinnon, "What Actually Happens When a Country Bans Abortion," *Foreign Policy*, May 16, 2019, https://foreignpolicy.com/2019/05/16/what-actually-happens-when-a-country-bans-abortion-

時点ではプロジェクトは完了していなかったが、調査の責任者の許可を得て本書に結果を報告している。

9. Rebecca Traister, *All the Single Ladies: Unmarried Women and the Rise of an Independent Nation* (New York: Simon and Schuster, 2016); Marian Botsford Fraser, *Solitaire: The Intimate Loves of Single Women* (Canada: Macfarlane Walter and Ross, 2001); Betsy Israel, *Bachelor Girl: The Secret History of Single Women in the Twentieth Century* (New York: William Morrow, 2002)（『アメリカ女性のシングルライフ——メディアでたどる偏見の100年史』、ベッツィ・イズリアル著、緒方房子監修、長尾絵衣子、柳沢圭子、家本清美訳、明石書店、2004年）; Scott, *Fresh Lipstick*; Kathy Peiss, *Cheap Amusements: Working Women and Leisure in Turn-of-the-Century New York* (Philadelphia: Temple University Press, 1986).
10. Jacob Mincer, "Labor Force Participation of Married Women: A Study of Labor Supply," in *Aspects of Labor Economics*, ed. National Bureau Committee for Economic Research (Princeton, NJ: Princeton University Press, 1962), 63–105; Nancy Folbre, *Greed, Lust, and Gender: A History of Economic Ideas* (Oxford: Oxford University Press, 2009).
11. Betty Friedan, *The Feminine Mystique* (New York: W. W. Norton, 1963).（『新しい女性の創造』、ベティ・フリーダン著、三浦冨美子訳、大和書房、2004年）
12. Ryan Nunn and Megan Mumford, "The Incomplete Progress of Women in the Labor Market," *The Hamilton Project* (Washington, DC: Brookings Institution, 2017); Jonathan Woetzel, Anu Madgavkar, Kweilin Ellingrud, Eric Labaye, Sandrine Devillard, Eric Kutcher, James Manyika, Richard Dobbs, and Mekala Krishnan, *The Power of Parity* (New York: McKinsey Global Markets Institute, September 2015).
13. "President Ronald Reagan's message to Phyllis Schlafly and Eagle Forum members," https://www.youtube.com/watch?v=rON6dgi1W3A.
14. Chafetz and Dworkin, *Female Revolt*.
15. 減少の3分の1は家族への支援がないことが理由である。
16. Francine Blau and Lawrence M. Kahn, "Female Labor Supply: Why Is the U.S. Falling Behind?," in *Discussion Paper Series* (Bonn, Germany: Institute for Study of Labor、IZA, 2013).

第7章　母親になると罰せられる

1. Damian Carrington, "Want to Fight Climate Change? Have Fewer Children," *Guardian*, July 12, 2017.
2. フィリップ・ロングマンが「回復不能点」の意味を説明し、なぜ出生率の破綻が経済的に暗い将来をもたらすのかについて、わかりやすい優れた解説をしている。Phillip Longman, *The Empty Cradle: How Falling Birthrates Threaten World Prosperity and What to Do About It* (New York: Basic Books, 2004).
3. 合計特殊出生率の数字についてはCIAの*World Factbook*, https://www.cia.

新聞社、2000 年）

2. Claudia Goldin, "The U-Shaped Female Labor Force in Economic Development and Economic History," NBER Working Paper Series, no. 4707（Cambridge, MA: National Bureau of Economic Research, 1994）, https://www.nber.org/papers/w4707; Ewa Lechman and Harleen Kaur, "Economic Growth and Female Labor Force Participation — Verifying the U-Feminization Hypothesis; New Evidence for Two Countries over the Period 1990–2012," *Economics and Sociology* 8, no. 1（2015）: 246–57; Paolo Verme, "Economic Development and Female Labor Participation in the Middle East and North Africa: A Test of the U-Shape Hypothesis," *IZA Journal of Labor and Development* 4, no. 1（2015）, http://documents.worldbank.org/curated/en/184611468278682448/Economic-development-and-female-labor-participation-in-the-Middle-East-and-North-Africa-a-test-of-the-u-shape-hypothesis; Constance Sorrentino, "International Comparisons of Labor Force Participation, 1960–81," *Monthly Labor Review* 106, no. 2（1983）: 23–36.
3. Kate Bahn and Annie McGrew, "A Day in the U.S. Economy Without Women," Center for American Progress, March 7, 2017, https://www.americanprogress.org/issues/economy/news/2017/03/07/427556/a-day-in-the-u-s-economy-without-women/; Jason Gold, "Women Are the Key to Economic Growth: Leaving Our Greatest Economic Asset on the Sideline Should Not Be an Option," *U.S. News and World Report*, December 18, 2017, https://www.usnews.com/opinion/economic-intelligence/articles/2017-12-18/women-are-the-key-to-unlocking-americas-economic-growth.
4. 歴史家は奴隷制廃止運動において上流階級の清教徒の女性たちにばかり注目するが、当時は働く女性たちも同程度に活躍していた。中にはジェーン・クロリーやエレン・デモレストのように、全国女性クラブ連合の前身となったソロシスを設立する者もいた。Jennifer Scanlon, *Inarticulate Longings*（New York: Routledge, 1995）; Linda Scott, *Fresh Lipstick: Redressing Fashion and Feminism*（New York: Palgrave Macmillan, 2004）.
5. Eleanor Flexner, *Century of Struggle: The Woman's Rights Movement in the United States*（Cambridge, MA: Belknap Press of Harvard University Press, 1959）; Karen J. Blair, *The Clubwoman as Feminist: True Womanhood Redefined, 1868–1914*（New York: Homes and Meier, 1980）; Glenna Matthews, *The Rise of Public Woman: Woman's Power and Woman's Place in the United States, 1630–1970*（Oxford: Oxford University Press, 1992）.
7. Janet Saltzman Chafetz and Anthony Gary Dworkin, *Female Revolt: Women's Movements in Global Perspective*（Totowa, NJ: Rowman and Allanheld, 1986）, 42.
8. UK Aid が資金提供した女性の仕事と機会（WOW：Work and Opportunities for Women）プログラムによって 2018 年に実施された調査。この調査結果については、2018 年 11 月に女性の経済的エンパワーメントのためのグローバルビジネス連合（Global Business Coalition for Women's Economic Empowerment）に対して行われた特別発表で知った。本書が印刷に回った

newsletter/2018/09/harmful-masculinity.

15. International Labour Organization and Walk Free Foundation, *Global Estimates of Modern Slavery* (Geneva: International Labour Office, 2017).
16. 公平を期して言うと、このような結婚のかなりの数において、誘拐はカップル同意のうえで演じられている。花婿が対価の支払いを避け、花嫁が自分で夫を選べるようにだ。そのため、花嫁の誘拐を同意の有無で切り分けた数字が取得可能かどうかが重要である。キルギスタンの例では、「レイプによる結婚」の３分の１（すべての結婚の約20％に当たる）が実は駆け落ちである。本文に出した数字は女性が強制された例のみを反映している。
17. Roderick Phillips, *Untying the Knot: A Short History of Divorce* (Cambridge, UK: Cambridge University Press, 1991); Coontz, *Marriage, a History*.
18. Phillips, *Untying the Knot*; Sandra Cavallo and Lyndan Warner, eds., *Widowhood in Medieval and Early Modern Europe* (Harlow, UK: Pearson, 1999).
19. Phillips, *Untying the Knot*, 98.
20. Phillips, *Untying the Knot*, 98.
21. David Herlihy, "Land, Family, and Women in Continental Europe, 701–1200," in *Women in Medieval Society*, ed. Susan Mosher Stuard (Philadelphia: University of Pennsylvania Press, 1976), 13–43.
22. Martha C. Howell, *Women, Production, and Patriarchy in Late Medieval Cities* (Chicago: University of Chicago Press, 1986); Heather Swanson, *Medieval Artisans: An Urban Class in Late Medieval England* (Oxford: Basil Blackwell, 1989); Lindsey Charles and Lorna Duffin, eds., *Women and Work in Preindustrial England* (London: Croom Helm, 1985).
23. Susan Mosher Stuard, "Women in Charter and Statute Law: Medieval Ragusa/ Dubrovnik," in *Women in Medieval Society*, ed. Susan Mosher Stuard (Philadelphia: University of Pennsylvania Press, 1976), 199–208; Shulamith Shahar, *The Fourth Estate: A History of Women in the Middle Ages* (New York: Routledge, 1983); Coontz, *Marriage, a History*; Jack Goody, *The Development of the Family and Marriage in Europe* (Cambridge, UK: Cambridge University Press, 1983).
24. Stuard, "Women in Charter and Statute Law," 204.
25. Phillips, *Untying the Knot*; Coontz, *Marriage, a History*.
26. Nina Nichols Pugh, "The Evolving Role of Women in the Louisiana Law: Recent Legislative and Judicial Changes," *Louisiana Law Review* 42, no. 5 (special issue, 1982), https://digitalcommons.law.lsu.edu/lalrev/vol42/iss5/8.
27. Valerie Hudson, Bonnie Ballif-Spanvill, Mary Caprioli, and Chad Emmett, *Sex and World Peace* (New York: Columbia University Press, 2014).
28. Coontz, *Marriage, a History*, 241.

第６章　キッチンからの逃走

1. Amartya Sen, *Development as Freedom* (Oxford: Oxford University Press, 1999).（『自由と経済開発』、アマルティア・セン著、石塚雅彦訳、日本経済

ンガム『善と悪のパラドックス』)、A. P. Elkin, *The Australian Aborigines* (Sydney: Angus and Robertson, 1938) への言及。

6. Jenny Jochens, *Women in Old Norse Society* (Ithaca, NY: Cornell University Press, 1995); A. S. Altekar, *The Position of Women in Hindu Civilization* (Delhi: Motilal Banarsidass, 1956).
7. 家父長制の歴史にメソポタミアの文化と史上初の成文法がいかに重要かをここで述べられるのはもちろん、ゲルダ・ラーナーの先駆的な研究のおかげである。Gerda Lerner, *The Creation of Patriarchy* (Oxford: Oxford University Press, 1986).(『男性支配の起源と歴史』、ゲルダ・ラーナー著、奥田暁子訳、三一書房、1996 年)
8. Deuteronomy 22: 28–29.(『申命記』第 22 章 28 〜 29 節)
9. Lerner, *The Creation of Patriarchy*.(ゲルダ・ラーナー『男性支配の起源と歴史』)
10. Susan Pomeroy, *Goddesses, Whores, Wives, and Slaves: Women in Classical Antiquity* (New York: Schocken Books, 1975); Lloyd Llewellyn Jones, *Aphrodite's Tortoise: The Veiled Women of Ancient Greece* (Wales, UK: Classical Press of Wales, 2003); Stephanie Coontz, *Marriage, a History: How Love Conquered Marriage* (London: Penguin Books, 2006); Marilyn Yalom, *A History of the Wife* (New York: Perennial, 2001)(『〈妻〉の歴史』、マリリン・ヤーロム著、林ゆう子訳、慶應義塾大学出版会、2006 年); Kecia Ali, *Marriage and Slavery in Early Islam* (Cambridge, MA: Harvard University Press, 2010); Altekar, *The Position of Women in Hindu Civilization; Mannarelli, Private Passions and Public Sins*.
11. Judith K. Brown, "A Note on the Division of Labor by Sex," *American Anthropologist* 72 (1970): 1073–78.「コンヴェント(修道院)」に尼僧が隠遁生活を送る施設のイメージしか持たず、私がここに挙げたことに驚く読者もいるだろう。しかし中世から少なくとも 19 世紀初めまで、死別、離別、夫の蒸発、あるいは家族が結婚資金を用意できなかったために未婚だった女性たちは生活のため修道院に送られていた。
12. Shereen El Feki, Gary Barker, and Brian Heilman, *Understanding Masculinities: Results from the International Men and Gender Equality Survey (IMAGES) — Middle East and North Africa* (Cairo and Washington, DC: UN Women and Promundo-US, 2017), https://promundoglobal.org/wp-content/uploads/2017/05/IMAGES-MENA-Multi-Country-Report-EN-16May2017-web.pdf.(2023 年 2 月時点不明)
13. Malcolm Potts and Thomas Hayden, *Sex and War: How Biology Explains Warfare and Terrorism and Offers a Path to a Safer World* (Dallas: Benbella Books, 2008).
14. Stephanie Pappas, "APA Issues First-Ever Guidelines for Practice with Men and Boys," *American Psychological Association* 50, no. 1 (2019), https://www.apa.org/monitor/2019/01/ce-corner. 以下も参照のこと。"Harmful Masculinity and Violence," *In the Public Interest*, American Psychological Association, September 2018, https://www.apa.org/pi/about/

れ）母権社会を探す学者たちの多大な努力の末に、この期待は沈静化した。Eller, *The Myth of Matriarchal Prehistory* を参照のこと。とはいえ、だから家父長制が自然な、必然的な、あるいは不変のものであることにはならない。
38. Robert M. Sapolsky and Lisa J. Share, "A Pacific Culture Among Wild Baboons: Its Emergence and Transmission," PLOS Biology 2, no. 4 (April 13, 2004): e106. 以下も参照のこと。Robert M. Sapolsky, *A Primate's Memoir* (New York: Scribner, 2001)（『サルなりに思い出す事など――神経科学者がヒヒと暮らした奇天烈な日々』、ロバート・M・サポルスキー著、大沢章子訳、みすず書房、2014 年）; Mark Schwartz, "Robert Sapolsky Discusses Physiological Effects of Stress," *Stanford Report*, March 7, 2007, https://news.stanford.edu/news/2007/march7/sapolskysr-030707.html; and "Of Monkeys and Men: Robert Sapolsky Talks About His Years Spent with a Troop of Baboons," *Atlantic*, April 2001, https://www.theatlantic.com/magazine/archive/2001/04/of-monkeys-and-men/303047/.
39. Robert M. Sapolsky, "The Endocrine Stress-Response and Social Status in the Wild Baboon," *Hormones and Behavior* 16, no. 3 (1982): 279–92. イギリスの有名なホワイトホール研究でも同じ発見がなされている。ただしこの研究の被験者は人間の公務員だった。M. G. Marmot, G. Rose, M. Shipley, and P. J. Hamilton, "Employment Grade and Coronary Heart Disease in British Civil Servants," *Journal of Epidemiology and Community Health* 32, no. 4 (1978): 244–49; M. G. Marmot, G. Davey Smith, S. Stansfield, et al., "Health Inequalities Among British Civil Servants: The Whitehall II Study," *Lancet* 337, no. 8754 (1991): 1387–93.
40. Robert M. Sapolsky and Lisa J. Share, "A Pacific Culture Among Wild Baboons: Its Emergence and Transmission," *PLOS Biology*, April 13, 2004, https://journals.plos.org/plosbiology/article?id=10.1371/journal.pbio.0020106.

第 5 章　お金のためでなく愛のために

1. Gayle Rubin, "The Traffic in Women," in *Toward an Anthropology of Women*, ed. Rayna R. Reiter (New York: Monthly Review Press, 1975), 157–210.
2. Robert W. Sussman, *Man the Hunted: Primates, Predators, and Human Evolution* (New York: Basic Books, 2005)（『ヒトは食べられて進化した』、ドナ・ハート、ロバート・W・サスマン著、伊藤伸子訳、化学同人、2007 年）; George Murdock, *The Ethnographic Atlas*, http://eclectic.ss.uci.edu/~drwhite/worldcul/atlas.htm(2023 年 2 月時点不明); Leta Hong Fincher, *Leftover Women: The Resurgence of Gender Inequality in China* (London: Zed Books, 2014).
3. Marcel Mauss, *The Gift: The Form and Reason for Exchange in Archaic Societies*, trans. W. D. Halls (New York: W. W. Norton, 1954), 14.（『贈与論』、森山工訳、岩波文庫、2014 年）
4. Richard Wrangham, *The Goodness Paradox: The Strange Relationship Between Virtue and Violence in Human Evolution* (New York: Pantheon, 2019), 207（ラ

サル——動物学的人間像』、日高敏隆訳、河出書房新社、1969年）だろう。この作品は『デイリー・メール』紙で連載された後、1967年に書籍化された。2011年に『タイム』誌は『裸のサル』を史上最高のノンフィクション本ベスト100に選出した（http://entertainment.time.com/2011/08/30/all-time-100-best-nonfiction-books/slide/the-naked-ape-by-desmond-morris/）。

29. Rebecca Solnit, "Shooting Down Man the Hunter," *Harper's Magazine*, September 1, 2015.

30. Robert W. Sussman, *Man the Hunted: Primates, Predators, and Human Evolution* (New York: Basic Books, 2005)（『ヒトは食べられて進化した』、ドナ・ハート、ロバート・W・サスマン著、伊藤伸子訳、化学同人、2007年）; Robert W. Sussman, "The Myth of Man the Hunter, Man the Killer, and the Evoluation of Human Morality," *Zygon* 34, no. 3 (1999): 453–71.

31. Ester Boserup, *Woman's Role in Economic Development* (London: Earthscan, 1970).

32. Alberto Alesina, Paola Giuliano, and Nathan Nunn, "On the Origins of Gender Roles: Women and the Plough," *Quarterly Journal of Economics* 128, no. 2 (2013): 469–530; "The Plough and the Now," *Economist*, July 21, 2011, https://www.economist.com/node/18986073. Fernand Braudel, *On History* (Chicago: University of Chicago Press, 1982) も参照のこと。

33. Judy Barrett Litoff and David C. Smith, "To the Rescue of the Crops," National Archives' *Prologue Magazine* 25, no. 4 (1993), https://www.archives.gov/publications/prologue/1993/winter/landarmy.html; Melissa Walker and Rebecca Sharpless, *Work, Family and Faith: Rural Southern Women in the Twentieth Century* (Columbia: University of Missouri Press, 2006); Sue Kazeman Balcolm, *Women Behind the Plow: Work Makes Life Sweet* (North Dakota: Tri County Alliance, 2017); Elaine Weiss, *Fruits of Victory: The Woman's Land Army of America in the Great War* (Lincoln, NE: Potomac Books, 2008); Susan Hagood Lee, *Rice Plus: Widows and Economic Survival in Rural Cambodia* (London: Routledge, 2012); H. Elaine Lindgren, *Land in Her Own Name: Women as Homesteaders in North Dakota* (Fargo: North Dakota Institute for Regional Studies, 1991).

34. Theophilus Liefeld, *Faces and Phases of German Life* (New York: Fowler & Wells, 1910).

35. 例えば以下を参照のこと。Peter Frankopan, *The Silk Roads: A New History of the World* (London: Bloomsbury, 2015).（『シルクロード全史——文明と欲望の十字路』上下巻、ピーター・フランコパン著、須川綾子訳、河出書房新社、2020年）

36. Laurel Bossen and Hill Gates, *Bound Feet, Young Hands: Tracking the Demise of Footbinding in Village China* (Stanford, CA: Stanford University Press, 2017).

37. 1970年代以降、フェミニストたちは古代に母権社会があったと強く信じ、実証しようとしてきた。主に家父長制が必然的な、自然な、あるいは不変のものではないと証明するためだ。しかし古代の（あるいはいつの時代であ

Oxford University Press, 2017), 247–62.
20. Cynthia Eller, *The Myth of Matriarchal Prehistory* (Boston: Beacon Press, 2000).
21. Stephanie Coontz, *Marriage, a History: How Love Conquered Marriage* (London: Penguin Books, 2006).
22. Tim Worstall, "The Gender Pay Gap Is the Result of Being a Parent, Not Discrimination," Forbes, October 1, 2015, https://www.forbes.com/sites/timworstall/2015/10/01/the-gender-pay-gap-is-the-result-of-being-a-parent-not-discrimination/#2732829aac7f.
23. Sarah Hrdy, *Mother Nature: Maternal Instincts and How They Shape the Human Species* (New York: Ballantine, 2000).（『マザー・ネイチャー――「母親」はいかにヒトを進化させたか』上下巻、サラ・ブラファー・ハーディー著、塩原通緒訳、早川書房、2005年）
24. Hrdy, *Mother Nature*.
25. Steve Tobak, "The Gender Gap Is a Complete Myth," CBS News, April 11, 2011, https://www.cbsnews.com/news/the-gender-pay-gap-is-a-complete-myth/.
26. Jonathan Gibbons, *Global Study on Homicide* (Vienna: United National Office of Drugs and Crime, 2013). 以下を参照のこと。Federal Bureau of Prisons, May 2019, https://www.bop.gov/about/statistics/statistics_inmate_gender.jsp, and World Prison Brief, February 2016, http://www.prisonstudies.org/news/more-1035-million-people-are-prison-around-world-new-report-shows; Kathryn E. McCollister, Michael T. French, and Hai Feng, "The Cost of Crime to Society: New Crime-Specific Estimates for Policy and Program Evaluation," *Drug and Alcohol Dependency* 100, nos. 1–2 (April 1, 2010): 98–109; Dorian Furtuna, "Male Aggression: Why Are Men More Violent?," *Psychology Today*, September 22, 2014, https://www.psychologytoday.com/us/blog/homo-aggressivus/201409/male-aggression.
27. James Owen, "Men and Women Really Do See Things Differently," *National Geographic*, September 6, 2012, https://www.nationalgeographic.com/news/2012/9/120907-men-women-see-differently-science-health-vision-sex/.
28. 男性＝狩猟者説（Man the Hunter）は文化的な神話にとどまらず、1950年代と1960年代に大流行した霊長類学と進化論の一学派の名称にもなった。男性＝狩猟者説はいまだに、人類学、考古学、霊長類学など多くの学問分野の学派の名称として使われている。この説は影響力のある思想を表すのに使われかつては正統とみなされたが、今では誤りとされ時代遅れとなっている。代表的な出版物は、この説の有力な研究者たちが初めて集まった1966年の学会の後に出た論文集 R. B. Lee and I. Devore, eds., *Man the Hunter* (Chicago: Aldine, 1968), 293–303である。ロバート・アードレイは1961年の『*African Genesis*』（『アフリカ創世記――殺戮と闘争の人類史』、徳田喜三郎、森本佳樹、伊沢紘生訳、筑摩書房、1973年）を皮切りに4連作を著し、何冊かはテレビのドキュメンタリー番組になった。一般向けの解説書として最もよく読まれたのはデズモンド・モリスの『*The Naked Ape*』（1967）（『裸の

8. ランガムは『善と悪のパラドックス』の中で、同じ集団内のオス同士の殺し合いが少ないことを根拠に、人類は他の霊長類と比べれば温和だと主張している。しかし人類は戦争になると他の霊長類よりも殺し合いをする。いずれにしても女性に対する暴力は数に入らないようだ。
9. Harari, *Sapiens.*（ハラリ『サピエンス全史』）
10. Michael Gurven and Kim Hill, "Why Do Men Hunt? A Reevaluation of 'Man the Hunter' and the Sexual Division of Labor," *Current Anthropology* 50, no. 1 (2009): 51–74.
11. John D. Speth, "Seasonality, Resource Stress, and Food Sharing in So-Called 'Egalitarian' Societies," *Journal of Anthropological Archaeology* 9, no. 2 (1990): 148–88.
12. Speth, "Seasonality, Resource Stress, and Food Sharing in So-Called 'Egalitarian' Societies," p. 161, quoting Basil S. Hetzel, "The Chance Nutrition of Aborigines in the Ecosystem of Central Australia," in *The Nutrition of Aborigines in Relation to the Ecosystem of Central Australia: Papers Presented at a Symposium, CSIRO, 23–26 October 1976, Canberra*, ed. B. S. Hetzel and H. J. Frith (Melbourne: Commonwealth Scientific and Industrial Research Organization, 1978), 148–88.
13. Speth, "Seasonality, Resource Stress, and Food Sharing in So-Called 'Egalitarian' Societies."
14. L. R. Lukacs and L. M. Thompson, "Dental Caries Prevalence by Sex in Pre-History: Magnitude and Meaning," in *Technique and Application in Dental Anthropology*, ed. Joel D. Irish and Greg C. Nelson (Cambridge, UK: Cambridge University Press, 2008), 136–77.
15. Alison A. Macintosh, Ron Pinhasi, and Jay T. Stock, "Prehistoric Women's Manual Labor Exceeded That of Athletes Through the First 5500 Years of Farming in Central Europe," *Science Advances* 3, no. 11 (November 29, 2017): eaao3893. Other sources on females in prehistory include Rosemary A. Joyce, *Ancient Bodies, Ancient Lives: Sex, Gender, and Archaeology* (New York: Thames and Hudson, 2008); J. M. Adovasio, Olga Soffer, and Jake Page, *The Invisible Sex: Uncovering the True Roles of Women in Prehistory* (Walnut Creek, CA: Left Coast Press, 2007); Kelley Hays-Gilpin and David S. Whitley, *Reader in Gender Archaeology* (New York: Routledge, 1998); and Margaret Ehrenberg, *Women in Prehistory* (London: British Museum Publications, 1989).（『先史時代の女性——ジェンダー考古学事始め』、マーガレット・エーレンバーグ著、河合信和訳、河出書房新社、1997年）
16. Wrangham, *The Goodness Paradox.*（ランガム『善と悪のパラドックス』）
17. Wrangham, *The Goodness Paradox.*（ランガム『善と悪のパラドックス』）
18. Lisbeth Skogstrand, "The Role of Violence in the Construction of Prehistoric Masculinities," in *Archaeologies of Gender and Violence*, ed. Uroš Matié and Bo Jensen (Oxford: Oxford University Press, 2017), 77–102.
19. Julie Farrum, "Gender and Structural Violence in Prehistoric Peru," in *Archaeologies of Gender and Violence*, ed. Uroš Matié and Bo Jensen (Oxford:

and John C. Mitani, "Hunting Behavior of Chimpanzees at Ngogo, Kibale National Park, Uganda," *International Journal of Primatology* 23, no. 1 (February 2002): 1–28; John C. Mitani, David P. Watts, and Sylvia J. Amsler, "Lethal Intergroup Aggression Leads to Territorial Expansion in Wild Chimpanzees," *Current Biology* 20, no. 12 (June 22, 2010): R507–508; Mike Cummings, "YaleLed Study: Wild Chimpanzees Have Surprisingly Long Life Spans," *Yale News*, March 20, 2017; Alok Jha, "Chimpanzees Expand Their Territory by Attacking and Killing Neighbors," *Guardian*, June 21, 2010; Cheyenne McDonald, "Being a Gangster Pays Off: Members of Uganda's Notoriously Violent Ngogo Chimp Gang Live Twice as Long as Their Neighbors," *Daily Mail*, March 21, 2017; Nicholas Wade, "Chimps, Too, Wage War and Annex Rival Territory," *New York Times*, June 21, 2010; "The Ngogo Chimpanzee Project," http://ngogochimpanzeeproject.org; John C. Mitani, "Diet of Chimpanzees (*Pan troglodytes schweinfurthii*) at Ngogo, Kibale National Park, Uganda, 1. Diet Composition and Diversity," *American Journal of Primatology* 74 (2012): 114–29; Jessica Hamzelou, "Male Chimpanzee Seen Snatching Seconds-Old Chimp and Eating It," *New Scientist*, October 13, 2017; "Female Chimpanzees Know Which Males Are Most Likely to Kill Their Babies," *Science Daily*, October 18, 2018, https://www.sciencedaily.com/releases/2018/10/181018095026.htm.

6. Ann Gibbons, *The First Human: The Race to Discover Our Earliest Ancestors* (New York: Anchor Books, 2007)(『最初のヒト』、アン・ギボンズ著、河合信和訳、新書館、2007年); Kate Wong, "40 Years Afer Lucy: The Fossil That Revolutionized the Search for Human Origins," *Scientific American*, November 24, 2014; Yuval Noah Harari, *Sapiens: A Brief History of Humankind* (New York: Harper Perennial, 2018)(『サピエンス全史――文明の構造と人類の幸福』上下巻、ユヴァル・ノア・ハラリ著、柴田裕之訳、河出書房新社、2016年); Wrangham, *The Goodness Paradox*.(ランガム『善と悪のパラドックス』)
脳の進化については以下も参照した。Rilling et al., "Differences Between Chimpanzees and Bonobos in Neural Systems Supporting Social Cognition"; Michael Balter, "Brain Evolution Studies Go Micro," *Science* 315, no. 5816 (2007): 1208–11; Simon Neubauer, Jean-Jacques Hublin, and Philipp Gunz, "The Evolution of Modern Human Brain Shape," *Science Advances* 24, no. 1 (January 2018): eaao5961; Javier DeFelipe, "The Evolution of the Brain, the Human Nature of Cortical Circuits, and Intellectual Creativity," *Frontiers in Neuroanatomy* 5 (May 16, 2011): 29.

7. 社会的優位性に関する文献は膨大にある。次の文献は基本的な定義を示すとともに遺伝的要素の発見を述べている。Thomas Haarklau Kleppesto, Nikolai Olavi Czajkowski, Olav Vassend, Espen Roysamb, Nikolai Haahjem Eftedal, Jennifer Sheehy-Skeffington, Jonas R. Kunst, and Lotte Thomsen, "Correlations Between Social Dominance Orientation and Political Attitudes Reflect Common Genetic Underpinnings," *PNAS* 116, no. 38 (September 3, 2019): 17741–46.

Society, Biological Sciences 274, no. 1612 (2007): 1009–14; Kristina Cawthon Lang, "Chimpanzee *Pan troglodytes*," Primate Factsheets, April 13, 2006, University of Wisconsin, http://pin.primate.wisc.edu/factsheets/entry/chimpanzee; J. D. Pruetz, P. Bertolani, K. Boyer Ontl, S. Lindshield, M. Shelley, and E. G. Wessling, "New Evidence on the Tool-Assisted Hunting Exhibited by Chimpanzees (*Pan troglodytes verus*) in a Savannah Habitat at Fongoli, Sénégal," *Royal Society Open*, April 2015, https://doi.org/10.1098/rsos.140507; Henry Nicholls, "Do Bonobos Really Spend All Their Time Having Sex?," BBC, March 17, 2016, http://www.bbc.com/earth/story/20160317-do-bonobos-really-spend-all-their-time-having-sex (2023年2月 時点不明) (; Brian Hare and Suzy Kwetuenda, "Bonobos Voluntarily Share Their Own Food with Others," *Current Biology* 20, no. 5 (2010); Emily E. Wroblewski, Carson M. Murray, Brandon F. Keele, Joann C. Schumacher-Stanley, Beatrice H. Hahn, and Anne E. Pusey, "Male Dominance Rank and Reproductive Success in Chimpanzees, *Pan troglodytes schweinfurthii*," *Animal Behavior* 77, no. 4 (2009): 873–85; James K. Rilling, Jan Scholz, Todd M. Preuss, Matthew F. Glasser, Bhargav K. Errangi, and Timothy E. Behrens, "Differences Between Chimpanzees and Bonobos in Neural Systems Supporting Social Cognition," *Social Cognitive and Affective Neuroscience* 7, no. 4 (2012): 369–79; Richard W. Wrangham, Michael L. Wilson, and Martin N. Muller, "Comparative Rates of Violence in Chimpanzees and Humans," *Primates* 47, no. 1 (2006): 14–26; Ewen Callaway, "Loving Bonobos Have a Carnivorous Dark Side," *New Scientist*, October 13, 2008, https://www.newscientist.com/article/dn14926-loving-bonobos-have-a-carnivorous-dark-side/; John Horgan, "Chimp Violence Fails to Support Deep-Roots Theory of War," *Scientific American*, September 17, 2014; Joseph T. Feldblum, Emily E. Wroblewski, Rebecca C. Rudicall, Beatrice H. Hahn, Thais Paiva, Mine Cetinkaya-Rundel, Anne E. Pusey, and Ian C. Gilby, "Sexually Coercive Male Chimpanzees Sire More Offspring," *Current Biology* 24 (December 1, 2014): 2855–60; Stefano Kaburu and Nicholas E. Newton-Fisher, "Egalitarian Despots: Hierarchy Steepness, Reciprocity and the Grooming-Trade Model in Wild Chimpanzees, *Pan troglodytes*," *Animal Behavior* 99 (2015): 61–71.

4. Smuts, "Apes of Wrath"; Melissa Emory Thompson, "Sexual Conflict: Nice Guys Finish Last," *Current Biology* 24, no. 23 (December 1, 2014): R1125–27.
5. John C. Mitani, Thomas T. Struhsaker, and Jeremiah S. Lwanga, "Primate Community Dynamics in Old Growth Forest Over 23.5 Years at Ngogo, Kibale National Park, Uganda: Implications for Conservation and Census Methods," *International Journal of Primatology* 21, no. 2 (April 2000): 269–86; David P. Watts and John C. Mitani, "Infanticide and Cannibalism by Male Chimpanzees at Ngogo, Kibale National Park," *Primates* 41, no. 4 (2000): 357–65; J. S. Lwanga, T. T. Struhsaker, P. J. Struhsaker, T. M. Butynski, and J. C. Mitani, "Primate Population Dynamics over 32.9 Years at Ngogo, Kibale National Park, Uganda," *American Journal of Primatology* 73 (2011): 997–1011; David P. Watts

けるために、女性の農業参加に関する国別データを取得し、同じ国のSIGIスコアと照合した。
30. S. El Feki, B. Heilman, and G. Barker, *Understanding Masculinities: Results from the International Men and Gender Equality Survey (IMAGES) — Middle East and North Africa*（Cairo and Washington, DC: UN Women and Promundo-US, 2017), https://promundoglobal.org/wp-content/uploads/2017/05/IMAGES-MENA-Multi-Country-Report-EN-16.（2023年2月時点不明）

第4章　言い訳にならない言い訳、言い訳できない扱い

1. Pew Research Center, "Breadwinner Moms," May 29, 2013, http://www.pewsocialtrends.org/2013/05/29/breadwinner-moms/; Alexandra Petri, "Science Says Males Must Dominate, According to Erick Erickson," *Washington Post*, May 30, 2013, https://www.washingtonpost.com/blogs/compost/wp/2013/05/30/science-says-males-must-dominate-according-to-erick-erickson/.
2. Kay Prüfer, Kasper Munch, Ines Hellmann, Keiko Akagi, Jason R. Miller, Brian Walenz, Sergey Koren, et al., "The Bonobo Genome Compared with the Chimpanzee and Human Genomes," *Nature, International Journal of Science* 486, no. 7404 (June 28, 2012): 527–31.
3. In addition to Prüfer et al., "The Bonobo Genome Compared with the Chimpanzee and Human Genomes"および後で引用する戦士チンパンジーに関する資料に加え、ボノボとチンパンジーについての資料として以下を参照し　た。Jane Goodall, *Through a Window: My Thirty Years with the Chimps of Gombe*（New York: Mariner Books, 2010)（『心の窓――チンパンジーとの三〇年』、ジェーン・グドール著、高崎和美ほか訳、どうぶつ社、1994年）; Richard Wrangham, *The Goodness Paradox: The Strange Relationship Between Virtue and Violence in Human Evolution*（New York: Pantheon Books, 2017)（『善と悪のパラドックス――ヒトの進化と〈自己家畜化〉の歴史』、リチャード・ランガム著、依田卓巳訳、NTT出版、2020年）; Richard Wrangham and Dale Peterson, *Demonic Males: Apes and the Origins of Human Violence*（New York: Mariner Books, 1997)（『男の凶暴性はどこからきたか』、リチャード・ランガム、デイル・ピーターソン著、山下篤子訳、三田出版会、1998年）; Jared Diamond, *The Third Chimpanzee: The Evolution and Future of the Human Animal*（New York: HarperCollins, 1992)（『人間はどこまでチンパンジーか？――人類進化の栄光と翳り』、ジャレド・ダイアモンド著、長谷川真理子、長谷川寿一訳、新曜社、1993年）; Barbara Smuts, "Apes of Wrath," *Discover Magazine*, August 1995, https://www.discovermagazine.com/health/apes-of-wrath Malini Suchak, Jen Crick, Timothy M. Eppley, Matthew W. Campbell, and Frans B. M. de Waal, "The Roles of Food Quality and Sex in Chimpanzee Sharing Behaviour (*Pan troglodytes*)," *Behavior* 150, no. 11 (2013): 1220–24; Martin N. Muller, Sonya M. Kahlenberg, Melissa Emery Thompson, and Richard Wrangham, "Male Coercion and the Costs of Promiscuous Mating for Female Chimpanzees," *Proceedings of the Royal*

Fetal and Newborn Growth Consortium for the 21st Century, "International Standards for Newborn Weight, Length, and Head Circumference by Gestational Age and Sex: The Newborn Cross-Sectional Study of the INTERGROWTH-21st Project," *Lancet* 384 (2014): 857–68; Francesca Giuliani, Eric Ohuma, Elena Spada, Enrico Bertina, Ayesha S. Al Dhaheri, Douglas G. Altman, Agustin Conde-Agudelo, Stephen H. Kennedy, José Villar, and Leila Cheikh Ismail, "Systematic Review of the Methodological Quality of Studies Designed to Create Neonatal Anthropometric Charts," *Acta Pediatrics* 104, no. 10 (2015): 987–96; José Villar, Aris T. Papageorghiou, Ruyon Pang, Ann Lambert, Eric O. Ohuma, Manorama Purwar, Leila Cheikh Ismail, et al., "The Likeness of Fetal Growth and Newborn Size Across Non-Isolated Populations in the INTERGROWTH-21st Project: The Fetal Growth Longitudinal Study and Newborn Cross-Sectional Study," *Lancet: Diabetes and Endocrinology* 2, no. 10 (2014): 781–92; Fernando C. Barros, Aris T. Papageorghiou, Cesar G. Vicora, Julia A. Noble, Ruyang Pang, J. Iams, Anna Lambert, et al., for the International Fetal and Newborn Growth Consortium for the 21st Century, "The Distribution of Clinical Phenotypes of Preterm Birth Syndrome: Implications for Prevention," *JAMA Pediatrics* 169, no. 3 (2015): 229; Cesar G. Vic tora, José Villar, Fernando C. Barros, Julia A. Noble, Manorama Purwar, Leila Cheikh Ismail, Cameron Chumlea, Aris T. Papageorghiou, et al., for the International Fetal and Newborn Growth Consortium for the 21st Century, "Anthropometric Characterization of Impaired Fetal Growth: Risk Factors for and Prognosis of Newborns with Stunting or Wasting," *JAMA Pediatrics* 169, no. 7 (2015): e151431; José Villar, Fabien A. Puglis, Tanis R. Fenton, Leila Cheikh Ismail, Eleonora Staines-Urias, Francesca Giuliani, Eric O. Ohuma, et al., "Body Composition at Birth and Its Relationship with Neonatal Anthropometric Ratios: The Newborn Body Composition Study of the INTERGROWTH-21st Project," *Pediatric Research* (May 31, 2017).

24. Food and Agriculture Organization, "State of Food and Agriculture," vii, 13.
25. Ester Boserup, *Woman's Role in Economic Development* (London: Earthscan, 1970).
26. Bernice Yeung and Grace Rubenstein, "Female Workers Face Harassment in U.S. Agriculture Industry," NPR, June 25, 2013; Food and Agriculture Organization, "State of Food and Agriculture," 8, 10.
27. Sara Kominers, "Working in Fear: Sexual Violence Against Women Farmworkers in the United States," OXFAM, 2015, https://s3.amazonaws.com/oxfam-us/www/static/media/files/Sexual_violence_against_women_farmworkers_full_doc.pdf
28. Food and Agriculture Organization, "State of Food and Agriculture," 18.
29. Organisation for Economic Co-operation and Development, *SIGI 2019 Global Report: Transforming Challenges into Opportunities*, Social Institutions and Gender Index (Paris: OECD Publishing, 2019), https://doi.org/10.1787/bc56d212-en. 農作業とSIGIスコアの関連についてここで述べたことを裏付

empowerwomen.org/en/resources/documents/2017/12/private-sector-engagement-with-womens-economic-empowermentlessons-learned-from-years-of-practice?lang=en.
13. Scott, *Private Sector Engagement with Women's Economic Empowerment.*
14. Food and Agriculture Organization, "State of Food and Agriculture," vi.
15. Women for Women International, *Ending Violence Against Women in Eastern Congo*, Winter 2007, 20–22、以下に引用されたもの。Valerie Hudson, Bonnie Ballif-Spanvill, Mary Caprioli, and Chad Emmett, *Sex and World Peace* (New York: Columbia University Press, 2014).
16. *WHO Multi-country Study on Women's Health and Domestic Violence Against Women: Summary Report — Initial Results on Prevalence, Health Outcomes and Women's Responses* (Geneva: World Health Organization, 2005).
17. 被害者側を責めるのはドメスティック・バイオレンスの事案でよく見られる。そのため、親密なパートナーからの暴力の発生率とそれに対する態度を査定する調査では、女性を殴るのが許される理由をたずねる一連の決まった質問を使うことが多い。「夕食を焦がす」は標準的なチェックリスト項目である。例えば2016年にはネパールの回答者の68%が、子供の世話を怠った、夫と口論した、性行為を拒んだ、あるいは夕食を焦がした女性は殴られてもいいと答えた。被害者を非難する行動は先進国でもよく見られる。
Enrique Gracia, "Intimate Partner Violence Against Women and Victim-Blaming Attitudes Among Europeans," *World Health Organization Bulletin* 92, no. 5 (May 1, 2014): 380–81; Saraswati Sundas, "Bhutan Tackles Violence Against Women for 'Refusing Sex, Burning the Dinner,'" Reuters World News, March 22, 2016, https://uk.reuters.com/article/us-bhutan-women-abuse/bhutan-tackles-violence-against-women-for-refusing-sex-burning-the-dinner-idUSKCN0WP04E.(2023年2月時点で不明)
18. Amber Peterman, Audrey Pereira, Jennifer Bleck, Tia M. Palermo, and Kathryn M. Yount, "Women's Individual Asset Ownership and Experience of Intimate Partner Violence: Evidence from 28 International Surveys," *American Journal of Public Health* 107, no. 5 (May 2017): 747–55.
20. Malala Yousafzai, *I Am Malala: The Girl Who Stood Up for Education and Was Shot by the Taliban* (New York: Back Bay, 2015), 22.(『わたしはマララ——教育のために立ち上がり、タリバンに撃たれた少女』、マララ・ユスフザイ、クリスティーナ・ラム著、金原瑞人、西田佳子訳、学研パブリッシング、2013年)
21. 性別栄養指標はテキサス大学オースティン校リンドン・ジョンソン公共政策研究科のエリン・レンツの教員紹介ページに記されている。https://lbj.utexas.edu/lentz-erin.
22. World Food Programme, "Women and Hunger: 10 Facts," https://documents.wfp.org/stellent/groups/public/documents/communications/wfp232415.pdf
23. José Villar, Leila Cheikh Ismail, Cesar G. Victora, Eric O. Ohuma, Doug G. Altman, Aris T. Papageorghiou, Maria Carvalho, et al., for the International

One's Own (Cambridge, UK: Cambridge University Press, 1995); Cema Bolabola, *Land Rights of Pacific Women* (Fiji: Institute of Pacific Studies, University of the South Pacific, 1986); Gale Summerfield and Irene Tinker, *Women's Rights to House and Land: China, Laos and Vietnam* (Boulder, CO: Lynne Rienner Publishers, 1999).
2. "Married to the Mortgage," *Economist*, July 13, 2013, https://www.economist.com/china/2013/07/13/married-to-the-mortgage; "Watering the Gardens of Others: China's Women Are Being Shut Out of the Land and Housing Markets," *Economist*, June 12, 2015, https://www.economist.com/asia/2015/06/12/watering-the-gardens-of-others.
3. Food and Agriculture Organization, "Gender and Land Rights Database," http://www.fao.org/gender-landrights-database/data-map/statistics/en/、2019年6月13日にアクセス。
4. FAOのデータは土地所有者の男女比を示す。しかし、男性のほうが広い区画を所有する傾向が高いので、農地面積に占める男性の所有割合は土地所有者としての割合よりも高い。
5. この節はウガンダでの私自身の体験と観察に基づいているが、以下の文献も参考にした。Constitute Project, "Uganda's Constitution of 1995 with Amendments Through 2005" (Constitute Project, 2017), https://www.constituteproject.org/constitution/Uganda_2005.pdf?lang=en; Rachel Loftspring, "Inheritance Rights in Uganda: How Equal Inheritance Rights in Uganda Would Reduce Poverty and Decrease the Spread of HIV/AIDS in Uganda," *University of Pennsylvania Journal of International Law* 29, no. 1 (2014); Valerie Bennett, Ginger Faulk, Anna Kovina, and Tatjana Eres, "Report: The Inheritance Law in Uganda; The Plight of Widows and Children," *Georgetown Journal of Gender and Law* 7 (December 2006): 451.
6. Human Rights Watch, *Just Die Quietly: Domestic Violence and Women's Vulnerability to HIV in Uganda* (New York: Human Rights Watch, 2003), 35.
7. Walsh, *Double Standards*, 13.
8. Walsh, *Double Standards*, 1.
9. Food and Agriculture Organization, "The State of Food and Agriculture: Women in Agriculture, Closing the Gender Gap for Development" (Rome: Food and Agriculture Organization, Economic and Social Development Department, 2010), 3; World Food Programme, "Women and Hunger: 10 Facts," https://documents.wfp.org/stellent/groups/public/documents/communications/wfp232415.pdf
10. Food and Agriculture Organization, "State of Food and Agriculture."
11. Mary Johnstone-Louis, *Case Study: International Women's Coffee Alliance*, Power Shift: The Oxford Forum for Women in the World Economy, 2013, https://www.slideshare.net/ksdinges/power-shift-iwca-case.
12. Linda Scott, *Private Sector Engagement with Women's Economic Empowerment: Lessons Learned from Years of Practice* (Oxford: Saïd Business School Series, University of Oxford, November 2017), https://www.

をクリックし、最終学歴の年を見て算出した。その後、年配の男性と若手男性の比率を計算し、金融学部の教員の総数とビジネススクール全体の教授の総数を比較した。

11. コーン・フェリーの *Gender Equity Final Report* が、UCLA の金融学の教員の妻たちが専業主婦であることにも言及している。また私のインタビューの相手に金融学教員の妻についてたずねてみたところ、ほとんどが彼らの妻は専業主婦であると回答した。Sreedhari D. Desai, Dolly Chugh, and Arthur P. Brief, "The Implications of Marriage Structure for Men's Workplace Attitudes, Beliefs, and Behaviors Toward Women," *Administrative Science Quarterly* 59, no. 2 (2014): 330–65. Korn Ferry, *Gender Equity Final Report*.
12. Waldman, "Harvard Business School Apologizes for Sexism on Campus."
13. Korn Ferry, *Gender Equity Final Report*.
14. Valerie Hudson, Bonnie Ballif-Spanvill, Mary Caprioli, and Chad Emmett, *Sex and World Peace* (New York: Columbia University Press, 2014), 85–86.
15. Joseph A. Vandello, Jennifer K. Bosson, Rochelle M. Burnaford, Jonathan R. Weaver, and S. Arzu Wasti, "Precarious Manhood and Displays of Physical Aggression," *Personality and Social Psychology Bulletin* 35, no. 5 (May 2009): 623–34; Joseph A. Vandello and Jennifer K. Bosson, "Precarious Manhood and Its Links to Action and Agression," *Association for Psychological Science* 20, no. 2 (2011); Joseph A. Vandello and Jennifer K. Bosson, "Hard Won and Easily Lost: A Review and Synthesis of Theory and Research on Precarious Manhood," *Psychology of Men and Masculinity* 14, no. 2 (2013): 101–13; Michael M. Copenhaver, Steve J. Lash, and Richard M. Eisler, "Masculine Gender-Role Stress, Anger, and Male Intimate Abusiveness: Implications for Men's Relationships," *Sex Roles* 42, nos. 5–6 (2000): 405–15; Natasha Kosakowska, "If My Masculinity Is Threatened I Won't Support Gender Equality? The Role of Agentic Self-Stereotyping in Restoration of Manhood and Perception of Gender Relations," *Psychology of Men and Masculinity* 17, no. 3 (July 2016): 274–84.

第３章　必需品を使った支配

1. この節には多数の文献を使用した。土地の権利に特化したものもあれば、土地の所有権と相続を含む配偶者権ないし金融活動に関するものもある。特に女性の財産権を扱った文献には以下のものがある。L. Muthoni Wanyeki, *Women and Land in Africa* (Cape Town, South Africa: David Philip, 2003); Janet Walsh, *Double Standards: Women's Property Rights Violations in Kenya* (New York: Human Rights Watch, 2003); Amy Porter, *Their Lives, Their Wills* (Lubbock: Texas Tech University Press, 2015); Rebecca Sharpless and Melissa Walker, *Work, Family, and Faith* (Columbia, MO: University of Missouri Press, 2006); Carmen Diana Deere and Magdalena Léon, *Empowering Women: Land and Property Rights in Latin America* (Pittsburgh: University of Pittsburgh Press, 2001); Bipasha Baruah, *Women and Property in Urban India* (Vancouver: University of British Columbia, 2010); Bina Agarwal, *A Field of*

Factors for Forced or Coerced Sex Among School-Going Youth: National Cross-Sectional Studies in 10 Southern African Countries in 2003 and 2007," *BMJ Open* 2 (2012): e000754.

3. Quentin Wodon, Claudio Montenegro, Hoa Nguyen, and Adenike Onagoruwa, *Missed Opportunities: The High Cost of Not Educating Girls* (Washington, DC: World Bank Group, 2018), https://openknowledge.worldbank.org/handle/10986/29956; Quentin Wodon, C. Male, A. Nayihouba, A. Onagoruwa, A. Savadogo, A. Yedan, J. Edmeades, et al., *Economic Impacts of Child Marriage: Global Synthesis Report* (Washington, DC: World Bank and International Center for Research on Women, 2018), https://www.icrw.org/wp-content/uploads/2017/06/EICM-Global-Conference-Edition-June-27-FINAL.pdf.
4. Linda Scott, Paul Montgomery, Laurel Steinfield, Catherine Dolan, and Sue Dopson, "Sanitary Pad Acceptability and Sustainability Study," October 2013, https://menstrualhygieneday.org/wp-content/uploads/2016/12/UniversityOxford_SanPads_Kenya_2013.pdf
5. Julie Hennegan, Paul Montgomery, Catherine Dolan, MaryAlice Wu, Laurel Steinfield, and Linda Scott, "Menstruation and the Cycle of Poverty: A Cluster Quasi-randomised Control Trial of Sanitary Pad and Puberty Education Provision in Uganda," *PLOS ONE* 11, no. 12 (2016): e0166122.
6. "Women Faculty Face Bias at UCLA," *Los Angeles Times*, October 8, 2015; Melissa Korn, "Gender Bias Alleged at UCLA's Anderson Business School," *Wall Street Journal*, June 4, 2014; Jodi Kantor, "Harvard Business School Case Study: Gender Equity," *New York Times*, September 7, 2013; Katy Waldman, "Harvard Business School Apologizes for Sexism on Campus," *Slate*, January 29, 2014.
7. Linda Scott, "Let's Be Honest About Gender Discrimination at Business Schools," *Bloomberg*, July 28, 2014. 以下も参照のこと。David Moltz, "The B-School Glass Ceiling," *Inside Higher Education*, February 23, 2010.
8. Bhagwan Chowdhry, "Would a Push to Hire More Women Reduce Gender Pay-Gap? Not Until We Fix the Pipeline," *Huffington Post*, November 30, 2014; Larry Gordon, "Women Faculty Face Bias at UCLA," *Los Angeles Times*, October 4, 2015.
9. UCLAの教員からこう伝えられたのは2014年のことだった。しかし経営コンサルティング会社のコーン・フェリーによる分析も、同校の実証データに基づいて、ジェンダー多様性に対する学長のコミットメントが欠けていることを指摘し、これが多様化が進む障害になっているとした。Korn Ferry, *Gender Equity Final Report*, July 2015, https://www.anderson.ucla.edu/documents/areas/adm/dean/Korn-Ferry-Gender-Study-FINAL.pdf.『ロサンゼルス・タイムズ』も、同校のトップが「ダイバーシティの向上に求められる明確な意思と積極的な行動を示してこなかった」と報じている。Gordon, "Women Faculty Face Bias at UCLA."
10. 各校のウェブサイトを閲覧し、金融学部のページに行って全教員の履歴書

21. *WHO Multi-country Study on Women's Health and Domestic Violence Against Women: Summary Report — Initial Results on Prevalence, Health Outcomes and Women's Responses* (Geneva: World Health Organization, 2005); Anke Hoeffler and James Fearon, "Conflict and Violence Assessment Paper," Copenhagen Consensus Center, August 22, 2014; Bjørn Lomborg and Michelle A. Williams, "The Cost of Domestic Violence Is Astonishing," *Washington Post*, February 22, 2017; Valerie Hudson, Bonnie Ballif-Spanvill, Mary Caprioli, and Chad Emmett, *Sex and World Peace* (New York: Columbia University Press, 2014).
22. Max Roser, "War and Peace," Our World in Data, https://ourworldindata.org/war-and-peace. 以下も参照のこと。Steven Pinker, *The Better Angels of Our Nature: Why Violence Has Declined* (New York: Viking, 2011).（『暴力の人類史』上下巻、スティーブン・ピンカー著、幾島幸子、塩原通緒訳、青土社、2015年）
23. 統計のレビューと議論については以下を参照のこと。Conor Seyle, "Is the World Getting More Peaceful?," OEF Research, a program of One Earth Future, https://oefresearch.org/think-peace/world-getting-more-peaceful.
24. ドワイト・D・アイゼンハワー、米国新聞編集者協会での演説。1953年4月16日。オンラインで閲覧可能。
25. Kevin Bales, *Disposable People: New Slavery in the Global Economy* (Berkeley: University of California Press, 2017).（『グローバル経済と現代奴隷制』、ケビン・ベイルズ著、大和田英子訳、凱風社、2002年）
26. Marianne Egger de Campo, "Contemporary Greedy Institutions: An Essay on Lewis Coser's Concept in the Era of the 'Hive Mind,'" *Czech Sociological Review* 49, no. 6 (2013): 969–86.「貪欲な施設」のもともとの概念はLewis Coserが考案した。以下を参照のこと。Lewis Coser, *Greedy Institutions: Patterns of Undivided Commitment* (New York: Free Press, 1974). 例えば以下を参照のこと。M. G. Marmot, G. Rose, M. Shipley, and P. J. Hamilton, "Employment Grade and Coronary Heart Disease in British Civil Servants," *Journal of Epidemiology and Community Health* 32, no. 4 (1978): 244–49.
27. Kellie A. McElhaney and Sanaz Mobasseri, *Women Create a Sustainable Future* (San Francisco: University of California, Center for Responsible Business, Haas Business School, 2012), https://www.eticanews.it/wp-content/uploads/2012/11/Report-Women_Create_Sustainable_Value.pdf.

第2章　ビッグデータの裏にあるもの

1. 調査を始めた当時、他の学者でこの問題に注目していたのはニューヨークのコロンビア大学メイルマン公衆衛生大学院のマルニ・ソマー博士ただ一人だった。ソマー博士とは知り合いで一緒に働いたこともあるが、彼女も同じように懐疑的に扱われた経験をしていた。その後、博士は衛生用品が貧しい女子生徒に及ぼす影響に焦点を当てた学者とプロフェッショナルのグローバルなコミュニティを創設した。
2. Neil Andersson, Sergio Paredes-Solís, Deborah Milne, Khalid Omer, Nobantu Marokoane, Ditiro Laetsang, and Anne Cockcroft, "Prevalence and Risk

く、今も伸びつつある。これに基づき、今回は控えめに約40%と推計した。以下も参照のこと。Food and Agriculture Organization, "Women in Agriculture: Closing the Gender Gap for Development," in *The State of Food and Agriculture* (Rome: Food and Agriculture Organization of the United Nations, 2011).

11. Ewa Lechman and Harleen Kaur, "Economic Growth and Female Labor Force Participation — Verifying the U-Feminization Hypothesis: New Evidence for 162 Countries over the Period 1990–2012," *Economics and Sociology* 8, no. 1 (2015): 246–57. 働く女性と経済成長についての部分はハーバード大学教授クローディア・ゴールディンの研究をおおいに参考にさせていただいた。例えば以下の文献。Claudia Goldin, "The U-Shaped Female Labor Force in Economic Development and Economic History," NBER Working Paper Series, no. 4707 (Cambridge, MA: National Bureau of Economic Research, 1994).
12. UNICEF, *State of the World's Children*.
13. Quentin Wodon and Benedicte De La Briere, *Unrealized Potential: The High Cost of Gender Inequality in Earnings* (Washington, DC: World Bank Group, Children's Investment Fund Foundation, Global Partnership for Education, Canada, 2018).
14. Lawson and Gilman, *The Power of the Purse*.
15. World Economic Forum, *The Global Gender Gap Report*, 2006–2018.
16. Organisation for Economic Co-operation and Development, *Closing the Gender Gap*.（『OECD ジェンダー白書——今こそ男女格差解消に向けた取り組みを！』、OECD 編著、濱田久美子訳、明石書店、2014 年）
17. 土地所有者については Food and Agriculture Organization, "Gender and Land Rights Database," http://www.fao.org/gender-landrights-database/en/. 富については "Daily Chart: Women's Wealth Is Rising," *Economist*, March 8, 2018, https://www.economist.com/graphic-detail/2018/03/08/womens-wealth-is-rising.
18. *Measuring Women's Financial Inclusion: The Value of Sex-Disaggregated Data* (Washington, DC: Global Banking Alliance for Women, Data 2X, InterAmerican Development Bank, 2015).
19. Susan Harris Rimmer, *Gender-Smart Procurement Policies for Driving Change* (London: Chatham House, 2017); Romina Kazandjian, Lisa Kolovich, Kalpana Kochhar, and Monique Newiak, "Gender Equality and Economic Diversification," International Monetary Fund Working Paper, WP/16/140, https://www.imf.org/external/pubs/ft/wp/2016/wp16140.pdf.
20. Gerda Lerner, *The Creation of Patriarchy* (Oxford: Oxford University Press, 1986)（『男性支配の起源と歴史』、ゲルダ・ラーナー著、奥田暁子訳、三一書房、1996 年）; Janet S. Hyde, Sara M. Lindberg, Marcia C. Linn, Amy B. Ellis, and Caroline C. Williams, "Gender Similarities Characterize Math Performance," *Science* 321 (2008): 494–95; E. Zell, Z. Krizen, and S. R. Teeter, "Evaluating Gender Similarities and Differences Using Metasynthesis," *American Psychologist* 70 (2015): 10–20.

Women?," *Forbes*, January 11, 2019, https://www.forbes.com/sites/johntharvey/2019/01/11/do-women-avoid-economics-or-does-economics-avoid-women/#642585aa2f32; Winkler, "'Hotter,' 'Lesbian,' 'Feminazi.'"

4. "Market Power: Women in Economics," *Economist*, March 23, 2019, 11–12; Daly, "Economics Trails the Sciences in Attracting a Diverse Student Mix"; Wolfers, "Why Women's Voices Are Scarce in Economics"; "Inefficient Equilibrium"; Winkler, "'Hotter,' 'Lesbian,' 'Feminazi.'"
5. "Inefficient Equilibrium."
6. Coyle, "Economics Has a Problem with Women."
7. その最初の試みは実は 1995 年に国連開発計画の人間開発報告書によってなされた。しかし以降は長い空白期間があった。他の機関がジェンダー平等と経済の健全性の関連についての報告を始めたのは、2006 年に世界経済フォーラムが最初の『Global Gender Gap Report(世界男女格差報告書)』を公表したときからである。2006 年から 2012 年にかけて、重要な報告書がいくつか立て続けに発表された。その後は年を追って活動が増えていった。Gender, Equality and Development (Washington, DC: World Bank Group, 2012); Organisation for Economic Cooperation and Development, Closing the Gender Gap: Act Now! (Paris: Organisation for Economic Co-operation and Development, 2011); UNICEF, State of the World's Children: Women and Children — The Double Dividend of Gender Equality (New York: UNICEF, 2007). 2019 年初め現在、主要な機関からの報告書は毎年発表されている。
8. 例えば以下を参照のこと。Ronald Inglehart and Pippa Norris, *Rising Tide: Gender Equality and Cultural Change Around the World* (Cambridge, UK: Cambridge University Press, 2003).
9. Katrin Elborgh-Woytek, Monique Newiak, Kalpana Kochlar, Stefania Fabrizio, Kangni Kpodar, Philippe Wingender, Benedict Clements, and Gerd Schwartz, *Women, Work and the Economy: Macroeconomic Gains from Gender Equity* (Washington, DC: International Monetary Fund, 2013); DeAnne Aguirre, Leila Hoteit, Christine Rupp, and Karim Sabbagh, *Empowering the Third Billion: Women and the World of Work* (New York: Booz and Company, 2012); Sandra Lawson and Douglas B. Gilman, *The Power of the Purse: Gender Equality and Middle-Class Spending* (New York: Goldman Sachs Global Market Institute, 2009); Jonathan Woetzel, Anu Madgavkar, Kweilin Ellingrud, Eric Labaye, Sandrine Devillard, Eric Kutcher, James Manyika, Richard Dobbs, and Mekala Krishnan, *The Power of Parity* (New York: McKinsey Global Markets Institute, 2015); "Pursuing Women's Economic Empowerment, Meeting of the G7 Ministers and Central Bank Governors, June 1–2, 2018, Whistler, Canada," prepared by the staff of the International Monetary Fund, May 31, 2018, https://www.imf.org/en/Publications/Policy-Papers/Issues/2018/05/31/pp053118pursuing-womens-economic-empowerment; UNICEF, *State of the World's Children*.
10. Woetzel et al., *The Power of Parity*, 26. マッキンゼーによれば、2015 年のグローバル平均は 37%だった。しかし、女性の GDP への貢献は大国ほど大き

注

第１章　ダブルＸエコノミー

1. Diane Coyle, “Economics Has a Problem with Women,” *Financial Times*, August 28, 2017, https://www.ft.com/content/6b3cc8be-881e-11e7-afd2-74b8ecd34d3b; Mary Daly, “Economics Trails the Sciences in Attracting a Diverse Student Mix,” *Financial Times*, May 13, 2018, https://www.ft.com/content/d47e885a-539b-11e8-84f4-43d65af59d43; “Inefficient Equilibrium: Women and Economics,” *Economist*, December 19, 2017, https://www.economist.com/christmas-specials/2017/12/19/women-and-economics; Elizabeth Winkler, “‘Hotter,’ ‘Lesbian,’ ‘Feminazi’: How Some Economists Discuss Their Female Colleagues,” *Washington Post*, August 22, 2017, https://www.washingtonpost.com/news/wonk/wp/2017/08/22/hotter-lesbian-feminazi-how-some-economists-discuss-their-female-colleagues/; Justin Wolfers, “Evidence of a Toxic Environment for Women in Economics,” *New York Times*, August 18, 2017, https://www.nytimes.com/2017/08/18/upshot/evidence-of-a-toxic-environment-for-women-in-economics.html; Justin Wolfers, “Why Women’s Voices Are Scarce in Economics,” *New York Times*, February 2, 2018, https://www.nytimes.com/2018/02/02/business/why-womens-voices-are-scarce-in-economics.html; Ann Mari May, “Women Are Missing from Economics. Here’s Why That Matters for All of Us,” *Huffington Post*, June 11, 2018. しかし以下も参照されたい。Mark J. Perry, “Women’s Voices Might Be Scarce in Economics, but They Are Abundant and Over-Represented in Most Academic Fields and Graduate School Overall,” *AEIdeas*, February 4, 2018, http://www.aei.org/publication/womens-voices-might-be-scarce-in-economics-but-they-are-abundant-and-over-represented-in-most-academic-fields-and-graduate-school-overall. ミシガン大学教授のペリーは女性が自発的に他の教科を志向するのだという定まりの主張を行っているが、他の教科には女性が多すぎ（女性の業績のほうが優れているとも認めている）、そのことについて誰も不平を言っていないと異論を唱えてもいる。もし経済学部で女性がいじめやハラスメントを受けているエビデンスがこれほど多くなければ、彼の主張にはもっと説得力があっただろう。Alice Wu, *Gender Stereotyping in Academia: Evidence from Economics Job Market Rumors Forum*（thesis, University of California, Berkeley, December 2017）, https://growthecon.com/assets/Wu_EJMR_paper.pdf.
2. Wolfers, “Why Women’s Voices Are Scarce in Economics”; American Physical Society, “Doctoral Degrees Earned by Women,” https://www.aps.org/programs/education/statistics/fraction-phd.cfm. データは2017年までのもので、中等後教育総合データシステム（Integrated Postsecondary Education Data System）およびアメリカ物理学会（American Physical Society）から取得している。
3. John T. Harvey, “Do Women Avoid Economics . . . or Does Economics Avoid

—— *The Trouble with Testosterone and Other Essays on the Biology of the Human Predicament*. New York: Scribner, 1997.

Seifried, Charlene Haddock. *Pragmatism and Feminism: Reweaving the Social Fabric*. Chicago: University of Chicago Press, 1996.

Sorrentino, Constance. "International Comparisons of Labor Force Participation, 1960–81." *Monthly Labor Review* 106, no. 2 (February 1983): 23–36.

Tyson, Laura, and Jeni Krugman. *Leave No One Behind: A Call to Action for Gender Equality and Women's Economic Empowerment*. United Nations Secretary-General's High Level Panel on Women's Economic Empowerment, 2016.

United Nations Children's Fund. *State of the World's Children: Women and Children, the Double Dividend of Gender Equality*. Geneva: UNICEF, 2007.

United Nations Foundation. "A Roadmap for Promoting Women's Economic Empowerment." United Nations Foundation, ExxonMobil Foundation, 2013.

World Bank. *Women, Business and the Law Report*, 2012–2018. Washington, DC: World Bank Group, 2014.

World Economic Forum. *The Global Gender Gap Report*. Geneva: World Economic Forum, 2006–2018.

Wrangham, Richard. *The Goodness Paradox: The Strange Relationship Between Virtue and Violence in Human Evolution*. New York: Pantheon, 2019.

Yunus, Muhammad. *Creating a World Without Poverty: Social Business and the Future of Capitalism*. New York: Public Affairs, 2007.

—— "Marriage Bars: Discrimination Against Married Women Workers, 1920's to 1950's." In NBER Working Paper Series, no. 2747. Cambridge, MA: National Bureau of Economic Research, 1988.
—— "The Quiet Revolution That Transformed Women's Employment, Education, and Family." *AEA Papers and Proceedings* 96, no. 2 (May 2006).
—— . "The U-Shaped Female Labor Force in Economic Development and Economic History." In NBER Working Paper Series, no. 4707. Cambridge, MA: National Bureau of Economic Research, 1994.
Hays-Gilpin, Kelley, and David S. Whitley. *Reader in Gender Archaeology*. London: Routledge, 1998.
Hrdy, Sarah. *Mother Nature: Maternal Instincts and How They Shape the Human Species*. New York: Ballantine, 2000.
Hudson, Valerie, Bonnie Ballif-Spanvill, Mary Caprioli, and Chad Emmett. *Sex and World Peace*. New York: Columbia University Press, 2014.
Inglehart, Ronald, and Pippa Norris. *Rising Tide: Gender Equality and Cultural Change Around the World*. Cambridge: Cambridge University Press, 2003.
Jaggar, Alison. *Feminist Politics and Human Nature*. Maryland: Rowman and Littlefield, 1988.
Joyce, Rosemary A. *Ancient Bodies, Ancient Lives: Sex, Gender, and Archaeology*. New York: Thames and Hudson, 2008.
Kristoff, Nicholas D., and Sheryl WuDunn. *Half the Sky: Turning Oppression into Opportunity for Women Worldwide*. New York: Vintage, 2010.
Lechman, Ewa, and Harleen Kaur. "Economic Growth and Female Labor Force Participation — Verifying the U-Feminization Hypothesis; New Evidence for 162 Countries over the Period 1990–2012." *Economics and Sociology* 8, no. 1 (2015): 246–57.
Lerner, Gerda. *The Creation of Patriarchy*. Oxford: Oxford University Press, 1986.
Mauss, Marcel. *The Gift: The Form and Reason for Exchange in Archaic Societies*. Translated by W. D. Halls. New York: W. W. Norton, 1954.
Nussbaum, Martha. *Sex and Social Justice*. Oxford: Oxford University Press, 2000.
Phillips, Roderick. *Untying the Knot: A Short History of Divorce*. Cambridge, UK: Cambridge University Press, 1991.
Potts, Malcolm, and Thomas Hayden. *Sex and War: How Biology Explains Warfare and Terrorism and Offers a Path to a Safer World*. Dallas: Benbella Books, 2008.
Prahalad, C. K. *The Fortune at the Bottom of the Pyramid: Eradicating Poverty Through Profits*. Upper Saddle River, NJ: Wharton School Publishing, 2004.
Sachs, Jeffrey. *The End of Poverty*. New York: Penguin, 2006.
Sapolsky, Robert M. *A Primate's Memoir: A Neuroscientist's Unconventional Life Among the Baboons*. New York: Simon and Schuster, 2001.
—— *Behave: The Biology of Humans at Our Best and Worst*. New York: Penguin, 2017.

参考文献

この本には、1,000を超える研究が資料として含まれている。しかし本書の中で、そのすべてを掲載することは現実的ではない。そこで、適宜、巻末の注の中に資料を列挙してある。この短いリストは、私の考え方に影響を与えた研究を知るために選んだ書籍となっている。

Agarwal, Bina. *A Field of One's Own: Gender and Land Rights in South Asia*. Cambridge, UK: Cambridge University Press, 1995.

Bales, Kevin. *Disposable People: New Slavery in the Global Economy*. Berkeley: University of California Press, 2000.

Blau, Francine D., and Lawrence M. Khan. "Changes in the Labor Supply Behavior of Married Women 1980–2000." Cambridge, MA: National Bureau of Economic Research, 2005.

—— "Female Labor Supply: Why Is the U.S. Falling Behind?" In *Discussion Paper Series*. Bonn, Germany: Institute for Study of Labor (IZA), 2013.

—— "Gender Differences in Pay." In NBER Working Paper Series, no. 7732. Cambridge, MA: National Bureau of Economic Research, 2000.

Boserup, Ester. *Woman's Role in Economic Development*. London: Earthscan, 1970.

Coontz, Stephanie. *Marriage, a History: How Love Conquered Marriage*. London: Penguin Books, 2006.

Drakeman, Cynthia. *Leave No One Behind: Taking Action for Transformational Change on Women's Economic Empowerment*. UN Secretary General's High Level Panel on Women's Economic Empowerment, 2017.

Eller, Cynthia. *The Myth of Matriarchal Prehistory*. Boston: Beacon Press, 2000.

Ferber, Marianne A., and Julie A. Nelson. *Beyond Economic Man: Feminist Theory and Economics*. Chicago: University of Chicago Press, 1993.

Fernandez, Raquel. "Culture as Learning: The Evolution of Female Labor Force Participation Over a Century." Cambridge, MA: National Bureau of Economic Research, 2007.

Folbre, Nancy. *Greed, Lust, and Gender: A History of Economic Ideas*. Oxford: Oxford University Press, 2009.

Food and Agriculture Organization. *The State of Food and Agriculture: Women in Agriculture, Closing the Gender Gap for Development*. Rome: Food and Agriculture Organization, Economic and Social Development Department, 2010.

Gibbons, Ann. *The First Human: The Race to Discover Our Earliest Ancestors*. New York: Anchor Books, 2007.

Goldin, Claudia. "Life-Cycle Labor-Force Participation of Married Women: Historical Evidence and Implications." In NBER Working Paper Series, no. 1251. Cambridge, MA: National Bureau of Economic Research, 1983.

索引

著者略歴
リンダ・スコット（Linda Scott）
　国際的に著名な女性の経済開発の専門家、オックスフォード大学起業とイノベーション・DPワールド名誉教授。さまざまなセクターのリーダーを集めるパワー・シフト・フォーラム・フォー・ウィメン・イン・ザ・ワールド・エコノミーと、開発途上国の女性たちのエンパワーメントに取り組む大手多国籍企業のコンソーシアムであるグローバル・ビジネス・コアリション・フォー・ウィメンズ・エコノミック・エンパワーメント（GBC4WEE）を立ち上げ、GBC4WEEではシニアアドバイザーを務めている。チャタムハウスのシニア・コンサルティング・フェローで、世界銀行グループでもジェンダー経済学に関してたびたびコンサルタントを務める。

訳者略歴
月谷真紀（つきたに・まき）
　主な訳書に、ブランシャール／ロドリック『格差と闘え』（慶應義塾大学出版会）、ロビンソン『政府は巨大化する』（日本経済新聞出版）、ゴットシャル『ストーリーが世界を滅ぼす』（東洋経済新報社）、『自分で「始めた」女たち』（海と月社）、『大学なんか行っても意味はない？——教育反対の経済学』（みすず書房）などがある。

性差別《せいさべつ》の損失《そんしつ》—なぜ経済《けいざい》は男性《だんせい》に支配《しはい》され、女性《じょせい》は排除《はいじょ》されるのか

2023年5月1日　第1刷発行
著　者　リンダ・スコット
翻　訳　月谷真紀

発行者　富澤凡子
発行所　柏書房株式会社
　　　　東京都文京区本郷2-15-13（〒113-0033）
　　　　電話（03）3830-1891［営業］
　　　　　　（03）3830-1894［編集］

装　丁　大倉真一郎
ＤＴＰ　株式会社キャップス
印　刷　壮光舎印刷株式会社
製　本　株式会社ブックアート

ISBN978-4-7601-5513-2 C0033